U0513123

青浦文化丛书

上海市青浦区
文化和旅游局
编

QINGLONG TOWN

The Earliest Commercial Port
in Shanghai

青龙镇

上海最早的对外贸易港

上海人民出版社

编辑委员会

主任

沈旖婷

副主任

田惠敏

委员

王　珏　王　正

编著

王　辉

序　言

　　上海是国际化大都市，又是全国历史文化名城，文脉绵延悠长，文化底蕴深厚，江南文化、海派文化、红色文化在这里交相辉映。追根溯源，上海历史源头可追溯到六千年前青浦的崧泽、福泉山，而其城镇、港口发源可追溯到青浦的青龙镇。

　　对于青龙镇，我因工作关系原来知之甚少，仅仅通过考古发掘相关宣传报道、有关学者介绍略知一些。2024 年秋季，我调至青浦区文化和旅游局工作，经常遇到青龙镇遗址保护、考古、利用方面的事宜，促使我对之有更多的学习和更深的了解。

　　回望历史，多维度审视青龙镇，无论在中国、江南历史上，还是在上海、青浦历史上，皆具有较高的历史地位和重要的文化影响。

　　从对外贸易史视角来看，青龙镇是唐宋时期海上丝绸之路的重要港口。海上丝绸之路自秦汉时期发端，至唐宋时期达到兴盛，东部沿海地区相继涌现了广州、泉州、宁波等著名港口，而青龙镇也在这一东西方贸易浪潮中赢得先机，成功转型，发展成东西方经济、文化重要的码头。

　　从江南市镇史视角来看，青龙镇是最早发育发展的江南市镇典型。市镇兴起有许多因素，青龙镇在唐代的设置最初出于军事方面的考量，但最终以发达的航运、商业市镇形态呈现，显示出独特的交通优势、经济活力、文化魅力。

　　从上海港口史视角来看，青龙镇是上海最早的港口。上海有因水而兴、以港兴市的显著历史特点，通过历史文献和考古发现充分证实，其港口源头不是黄浦江畔的十六铺，而是上海最早的母亲河吴淞江畔的青龙镇。

从上海城市史视角来看，青龙镇是上海城镇发源、城市精神发源之一。古代上海往往被认为是从小渔村发展而来，其实早在唐宋时期，青龙镇就以繁华的东南雄镇姿态屹立在东海之滨，更将海纳百川、开放多元的精神品格融入先民基因，成为上海城市精神发育的源流。

从青浦发展史视角来看，青龙镇更是青浦历史进程中的一颗璀璨明珠。从落后的乡村走向繁荣的市镇，从繁荣市镇走向新兴的城市，青浦一路走来，都能见到青龙镇高大伟岸的身影。

因此，探究青龙镇具有重要的文化价值和现实意义。近十余年来，上海博物馆对青龙镇遗址进行了持续的考古发掘，取得了令人瞩目的考古成果，实证了青龙镇是唐宋时期海上丝绸之路的重要港口。目前，包含青龙镇遗址在内的海上丝绸之路保护和申报世界文化遗产工作正在稳步推进，上海西部以青龙镇遗址为重点的古文化廊道打造正在探索之中，青浦最江南、高颜值、创新核的温暖家正在加快建设，这些都需要基础的学术支撑和有力的文化支持。这就是发掘、研究、阐释好青龙镇的理由。

为促进青龙镇遗址的有效保护和活化利用，青浦区文化和旅游局组织力量加强对上海祖港青龙镇的发掘和研究，以进一步剖析青龙镇历史，发掘其背后故事，阐释其文化价值，探究其现实意义，希冀更好地弘扬青浦历史文化，助力青浦文化旅游建设和经济社会发展。

是为序。

沈旖婷

2025 年 2 月 25 日

目录

绪　论

上海这座国际大都市在历史长河中有许多闪光点，其中青龙镇是最耀眼的亮点之一。

青龙镇，犹如一条东方青龙，曾经昂立于吴淞江畔，腾飞于东海之滨。它兴于唐，盛于宋，衰于元，宋时有"小杭州"之谓，是上海第一古镇、最早贸易港和经济中心，也是唐宋时期海上丝绸之路的重要始发港之一，在上海城市史、江南市镇史、中国贸易史和港口史上具有重要影响。青龙镇人文渊薮，地灵人杰，书画家米芾、任仁发，文学家苏轼、苏辙、梅尧臣、秦观、张先，藏书家庄肃，水利家郏亶，政治家章楶……或为官定居，或游历唱和，与其结下一段段剪不断的心绪情缘，彰显出它的无限精彩和魅力。

目前，随着中国"一带一路"倡议逐步实施，中国与世界各国之间的经济文化交流不断增进，各国文明互鉴不断深化；上海正在大力推进国际经济、金融、贸易、航运、科创五个中心和国际文化大都市的建设，因此开展对古代上海地区贸易港青龙镇的研究，梳理其兴起与发展的过程，探究其由盛而衰的缘由，更显历史和现实意义。

本书主要依靠文献、考古和实地调查等资料，结合市镇史、贸易史、港口史，时间跨度以青龙镇最发达精彩的宋代为主，略及唐、元，尝试对青龙镇开展较为全面的研究，通过考订辨析，以厘清该镇发展脉络、性质特点、市镇管理、规模布局、市镇经济和文化及其地位。

一、青龙镇研究的简要回顾

以往对于青龙镇方面的研究，可分两个时段。

第一时段为1980年至2010年，史学界主要依托历史文献结合上海史、江南市镇史、吴淞江变迁对青龙镇进行研究，散见于有关著述和论文中，而未作系统性研究。

1980年，复旦大学历史地理研究所邹逸麟教授撰写《上海地区最早的对外贸易港——青龙镇》，发表于《中华文史论丛》第一辑，首次提出了青龙镇为上海最早对外贸易港的观点，并对置镇年代、地理条件、兴衰过程及其衰落原因作了初步分析，使青龙镇个案研究开始进入学术领域和公众视野。同年，上海社会科学院历史研究所谯枢铭在《社会科学》第6期发表《青龙镇的盛衰与上海的兴起》，也探讨了青龙镇的盛衰过程及其与上海港缘起的关系。1989年，唐振常先生主编的《上海史》出版，书中以《青龙镇盛衰》为题梳理了该镇的兴衰过程。1991年，邹逸麟与茅伯科合著《上海港：从青龙镇到外高桥》，将青龙镇置于上海港沿革中的发轫期予以考察，并论述青龙镇兴起的时空背景。1993年，宋史研究专家、中国社会科学院历史研究所研究员王曾瑜先生在《上海师范大学学报哲社版》第3期发表了《宋代的上海》一文，文中认为宋代青龙镇除商业繁荣、佛寺兴盛外，还具有军事要地的性质，有助于全面认识青龙镇。1999年，马学强在《上海通史》第2卷"古代"部分将青龙镇置于上海古代史中加以简要考察。2007年，邹逸麟又发表学术论文《青龙镇兴衰考辨》，收入《历史地理》第 22 辑，对青龙镇的建置年代、兴衰的历史地理背景作了进一步论述，认为青龙镇存在约 600 余年，作为商业贸易港持续约 130 年，鼎盛时期为北宋熙宁至南宋绍兴年间的近百年，其兴衰与吴淞江及其岔道青龙江的通塞有着密切关系。

2005 年，青浦区文广局曹伟明研究馆员在《探索与争鸣》2005 年第 12 期发表了《上海历史从青龙镇出发》一文，认为青龙镇的古文化和水文化是上海海派文化发生、发展、繁荣的源头，并为近现代上海形成国际性经贸中心注入了深厚的历史文化底蕴。2006 年又发表了《从青龙镇到上海港》一文，分析了青龙镇文化的特征，提出了其具备的文化多样性、包容性、创造力是上海城市精神的重要源头这一论点。

2010 年及 2011 年，笔者先后撰写《宋元时期青龙镇市镇布局初探（上、下）》，发表于上海市历史博物馆丛刊《都会遗踪：上海往事探寻》《沪城往昔追忆》。该文通过文献与实地调查结合的方式对青龙镇市镇布局作了初步研究。

其他学者如陈高华、黄纯艳、傅宗文、陈国灿、马小奇等从宋代海外贸易、宋代城镇史、上海港口史等角度都不同程度地涉及青龙镇的相关研究。[1]

第二时段为 2011 年至 2022 年，青龙镇遗址考古开始启动和推进，许多重要考古成果披露，激起了学界和社会的普遍关注，兴起了青龙镇研究热，引发了青龙镇与上海城市关系、上海与海上丝绸之路关系的深入研究。

青龙镇遗址考古始于 2010 年，此后几乎未中断，取得了丰硕的考古成果，实证了青龙镇为上海最早贸易港和海上丝绸之路重要港口。2012 年，上海博物馆考古研究部在《东南文化》第 2 期发表《上海市青浦区青龙镇遗址 2010 年发掘简报》，将第一次考古发掘成果予以报告。此后，又陆续发表发掘简报，刊登于《上海文博论丛》2013 年第 1 期、《东南文化》2014 年第 4 期。2022 年，上海博物馆在此基础上梳理出版了《青龙镇 2010—2015 年发掘报告》。

2017 年 3 月 9 日至 5 月 30 日，上海博物馆举办"千年古港——上海青龙镇遗址考古特展"，展出考古发掘出土文物 100 余件。配合展览，上海博物馆出版《千年古

---

〔1〕 详见陈高华、吴泰：《宋元时期的海外贸易》，天津人民出版社 1981 年版；黄纯艳：《宋代海外贸易》，社会科学文献出版社 2003 年版；傅宗文：《宋代草市镇研究》，福建人民出版社 1989 年版；陈国灿：《南宋城镇史》，人民出版社 2009 年版；《上海港史》（古、近代部分），人民交通出版社 1990 年版。

港——上海青龙镇遗址考古精粹》《考古·古港——上海青龙镇的发掘与发现》两部图书，介绍了历年的发掘情况和出土的精品文物。是年9月29日至翌年1月3日，青浦区博物馆策划举办"青龙镇与海上丝绸之路"展览，与市民分享青龙镇遗址最新考古和学术成果，在社会各界引起了强烈反响。有关学者则运用热释光、光谱手段对青龙镇遗址出土部分瓷器进行年代和窑口的检测分析，取得一定成果。

张倩、殷荣辉在《宋史研究论丛》第28辑发表《宋代东南沿海镇市发育研究——以两浙路青龙镇为中心的考察》，探讨了青龙镇发育的过程、特点。张剑光在《社会科学》2019年第3期发表《宋元之际青龙镇衰落原因探析——兼论宋元时期上海地区对外贸易的变迁》一文，对青龙镇衰落原因作了较为详尽的探讨。

二、相关历史文献资料

由于青龙镇志的散佚，现存有关青龙镇的文献史料比较缺乏，大多散见于历代方志和其他文献中，给全面研究该镇状况带来了较大的难度。因此，对相关文献史料进行梳理，有助于认知和探究青龙镇。

青龙镇为吴越之地，唐宋时期分属苏州昆山县、华亭县和浙西路嘉兴府华亭县管辖。北宋中期，青龙镇之名开始见诸史籍。目前，能够见到记载青龙镇的最早文献是成书于北宋元丰三年（1080）的《九域志》："紧，华亭。州东北一百二十里。一十三乡。青龙一镇。一盐监。浦东、袁部、青墩三盐场。有金山、松陵江、华亭海。"[1]此记载非常简单，仅记录了青龙镇的名称和隶属。苏州地区现存最早的地方志书——唐代陆广微所撰《吴地记》，成书于宋初的地理总志《太平寰宇记》，均未见相应记载。

《九域志》世称《元丰九域志》，是北宋中叶的一部地理总志，由王存主编，曾肇、李德刍共同修撰。书成之后，又经多次修订，最终所反映的政区基本为元丰八年之制。该志主要记载了元丰三年土贡数额及城、镇、堡、寨、山岳、河泽的分布，据统计有关镇名达1880余个，而青龙镇即其中之一。

稍后，元丰七年朱长文所撰的《吴郡图经续记》，其中记载有关青龙镇的状况稍

---

[1]《元丰九域志》卷第五"两浙路"，中华书局1984年版，第220页。

详，卷上"海道"条目中记载："吴郡，东至于海，北至于将，旁青龙、福山，皆海道也。"[1]卷中"水"条目中记载："今观松江正流下吴江县，过甫里，径华亭，入青龙镇，海商之所凑集也。《图经》云：松江东泻海曰沪渎，亦曰沪海。今青龙镇旁沪渎村是也。"[2]又载："沪渎，松江东泻海曰沪渎。陆龟蒙叙矢鱼之具云：列竹于海滋曰沪。盖以此得名。今其旁有青龙镇，人莫知其得名之由，询于老宿，或云因船得名。……则青龙者，乃战舰之名。或曰青龙舟孙权所造也，盖昔时尝置船于此地，因是名之耳。"[3]简要介绍了青龙镇的性质和得名的由来。

朱长文（1039—1098），字伯原，号乐圃、潜溪隐夫，平江府（今苏州）人。嘉祐四年（1059）进士，元祐（1089—1094）中起教授于乡，召为太学博士，迁秘书省正字、秘阁校理等职。家居二十年，筑藏书楼"乐圃坊"，藏书两万余卷，多有珍本秘籍，以此闻名于京师。其致仕回乡后，编纂《吴郡图经续记》一书。该书是一部关于吴郡（今苏州和上海地区）的重要地方志书，共分上、中、下三卷，在上卷中将"海道"作为独立的条目予以载录，青龙镇即其一。

宋代记载青龙镇最系统、详备的文献则是《云间志》，该志于绍熙四年（1193）成书，又称《绍熙云间志》，是现存首部华亭县（今吴淞江以南上海地区）的地方志书，也分上、中、下三卷。在卷上"镇戍"一节中将青龙镇作了独立的介绍："青龙镇去县五十四里，居松江之阴，海商辐辏之所。镇之得名莫详所自，惟朱伯原《续吴郡图经》云：昔孙权造青龙战舰置之此地，因以名之。国朝景祐中置文臣理镇事，以右职副之，今止文臣一员。政和间改曰通惠，高宗即位复为青龙云。"[4]同时，《云间志》把与青龙镇相关的重要名迹、寺观、碑记也予以收录，使后人得以比较全面地了解该镇状况。

《青龙赋》一文也是记录青龙镇风貌的重要文献，由迪功郎应熙所撰，最早收录

---

〔1〕《吴郡图经续记》卷上"海道"，江苏古籍出版社1998年版，第17页。
〔2〕《吴郡图经续记》卷中"水"，第47、48页。
〔3〕《吴郡图经续记》卷下"往迹"，第59页。
〔4〕《绍熙云间志》卷上"镇戍"，嘉庆古倪园刊本，第4页。

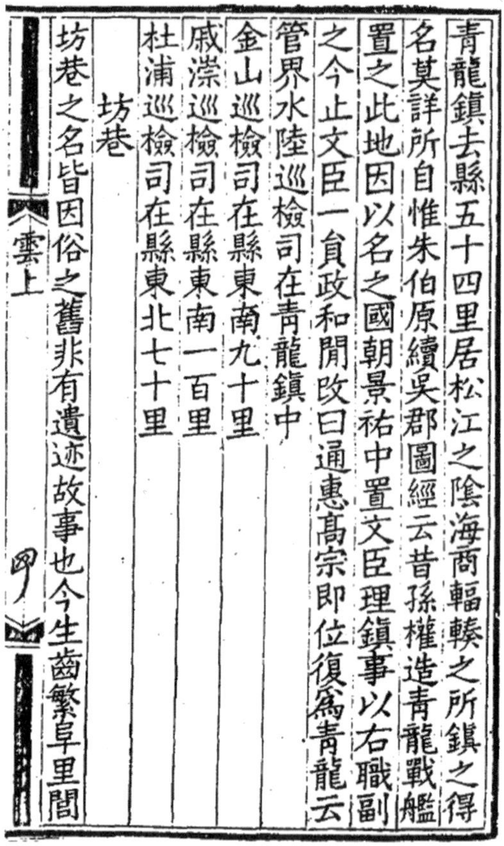

青龍鎮去縣五十四里居松江之陰海商輻輳之所鎮之得
名莫詳所自惟朱伯原續吳郡圖經云昔孫權造青龍戰艦
置之此地因以名之國朝景祐中置文臣理鎮事以右職副
之今止文臣一員政和閒改曰通惠高宗即位復爲青龍云
管界水陸巡檢司在青龍鎮中
金山巡檢司在縣東南九十里
戚漴巡檢司在縣東一百里
杜浦巡檢司在縣東北七十里

坊巷
坊巷之名皆因俗之舊非有遺迹故事也今生齒繁阜里閈

《绍熙云间志》记载的青龙镇
图1

于明万历《青浦县志》[1]，后嘉庆《松江府志》等方志多有载录。此文以赋的文体形式生动描写了宋代青龙镇的繁华景象，具有一定的溢美夸张性，但留存有关青龙镇的史料比较缺乏，此赋仍不失为全面了解和研究青龙镇的重要历史文献。对于此赋的作者、撰写年代和句义，笔者曾撰《〈青龙赋〉考释》一文，专门作了详细的考述，提出其作者不是有关学者认为的周庄始祖周应熙，撰写的年代在青龙镇学建成之年——

---

[1] 万历《青浦县志》卷七"词赋"，《稀见中国地方志汇刊》第1册，中国书店1992年版，第1135、1136页。

嘉定十五年（1222）至咸淳年间（1265—1274）这一时段内，文献信息的可信度较高[1]。这里需要修正的是应熙撰文的时间下限为宝庆年间（1225—1227），因为赋中有"胜果寺、圆通寺，遗俗虑而忘忧"之句，说明胜果寺、圆通寺在应熙撰赋时还存在，而胜果寺于北宋乾德年间（963—968）所建，至"宝庆间毁于风雨"[2]。因此，《青龙赋》撰写的年代应在南宋嘉定十五年至宝庆年间，即公元1222年至1227年这最多六年的时间段里。故这篇重要文献在《云间志》为何没有被收录的问题也就迎刃而解了。

有关宋代文献记载青龙镇状况的还有《宋会要辑稿》《吴郡志》《舆地纪胜》《建炎以来系年要录》等。《宋会要辑稿》是清代徐松根据《永乐大典》中收录的宋代官修《宋会要》加以辑录而成，全书366卷，卷帙浩大，内容丰富，十之七八为《宋史》各志所无，是研究宋朝法律典制和经济状况的重要史料。其中"职官""方域""食货"等条目均收录了有关青龙镇的状况，尤其"职官"条目将青龙市舶务设置过程和时间予以记录，"食货"条目将熙宁十年（1077）青龙镇上交的商税数额详细地记录了下来，使后世对该镇商业的发达程度有了具体的了解和认识。《舆地纪胜》是南宋中期王象之纂成的一部地理总志，核述严谨，其中简略地提及青龙镇的位置和"海商辐辏"的情况。[3]李心传《建炎以来系年要录》则记录建炎三年（1129）至绍兴三年（1134）朝廷在青龙镇布防等情况，体现该镇在东南沿海军事方面的重要性。

宋代有关青龙镇的文献记载较多，这与该镇的兴盛及其地位上升时段是完全吻合的。

南宋之后由于地理环境及水系变迁，青龙镇逐渐走向衰落，虽然历代方志对青龙镇皆有记载，但大多只是引用前志材料，如元至元《嘉禾志》及明弘治《上海志》、正德《松江府志》、嘉靖《上海县志》、崇祯《松江府志》和历代《青浦县志》等相关

---

[1] 上海市历史博物馆集刊《都会遗踪》，2012年第4辑。

[2] 崇祯《松江府志》卷五十二"寺院三"，《日本藏中国罕见地方志丛刊》，书目文献出版社1991年版，第1374页。

[3] （宋）王象之：《舆地纪胜》卷三"嘉兴府·景物下"曰："青龙镇，去华亭县五十里，居松江之阴，海商辐（辏）之所。"

方志。当然，这些方志也补充记录了前志未载录的重要内容和信息。比如，至元《嘉禾志》记录了青龙镇衰落的状态；弘治《上海志》首次记录了青龙镇为"小杭州"之说以及所属的"三十六坊"和有关桥梁的名称；正德《松江府志》、嘉靖《上海县志》、崇祯《松江府志》则在弘治《上海志》的基础上，比较详细地记录了"三十六坊"和桥梁的部分方位和年代，为剖解青龙镇的市镇布局提供了有益的信息。

总之，这些文献大多零碎，不成系统，但是仍然为后人全面认识和研究青龙镇提供了富有价值的文献信息。

三、青龙镇志成书的问题

　　除了上述所列的历史文献外，世传还有青龙镇志。这是一个美丽的传说还是真实的故事？如果真的存在，其作者是谁，又编纂于什么年代？在实地调查的过程中，一些年老的乡亲不时提到这些问题。在查阅相关文献之后，答案是肯定的。

　　修志存史历来是我国的优良传统。至宋代，上至郡州，下延县镇，各地修纂方志已经蔚然成风，青龙镇也不例外。

　　弘治《上海志》卷之二"镇市"条目介绍青龙镇时透露出了相关信息，"梅圣俞以叔询知苏州，尝往来其间，有《江上观潮》诸诗及载坊三十六、桥二十二"[1]。此载是否为青龙镇志，虽然没有明确，但是确实记载了，并为弘治《上海志》所采用。

　　刊于正德七年（1512）的《松江府志》卷首中提及曾"参据旧志并引用诸书"，共 57 种，《青龙杂志》则名列其中，并明确地被列在第 11 种。[2]有力地证明了《青龙杂志》此书不但纂成，而且在明代中后期尚有传本，并被大量引用。

　　《青龙杂志》的作者为梅尧臣。梅尧臣（1002—1060），字圣俞，宣州宣城（今属安徽）人，北宋著名诗人，世称"宛陵先生"。曾任太常博士、国子监直讲、尚

---

〔1〕　弘治《上海志》卷二"镇市"。
〔2〕　正德《松江府志》卷二"镇市"，台湾成文出版社有限公司 1984 年版，第 20 页。

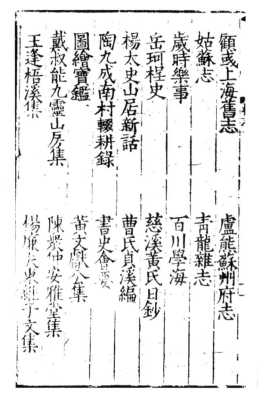

正德《松江府志》参引的《青龙杂志》书名
图 2

书都官员外郎，参与编撰《新唐书》，并为《孙子兵法》作注。弘治《上海志》所载，梅尧臣因叔父梅询任苏州知府，尝往来于苏州与青龙镇之间。后其内侄谢景温任华亭县令[1]，两人交往密切，故对青龙镇非常熟悉，有条件和能力编撰《青龙杂志》。

继梅尧臣《青龙杂志》之后，南宋嘉定年间青龙监镇林鉴曾续纂镇志。崇祯《松江府志》第四十二卷"文学"条目中提到任青龙直学的杜可久时这样记述："杜可久，平章杜祁公衍之后，为青龙直学，有文行立，日课以训迪诸生，勤敏不倦，士

---

〔1〕《绍熙云间志》卷中"知县题名"，第 33 页。

友乐之，遂家于西霞浦。墓在杜村。《青龙志》云：今子孙散居华亭、海上，代有闻人。"[1]光绪《青浦县志》中"吴元炳"所作的序中称，"梅圣俞、林鉴皆尝撰《青龙镇志》，又勒方琦、刘瑞芬二序所记亦同，并谓两志今不传"。光绪《松江府志》卷九"山川志"中"青龙江""白鹤江"条目，也均引自《续青龙志》，因此，除《青龙杂志》外还有《续青龙志》。

由此，有关青龙镇志出现了四个名称，即《青龙杂志》《青龙志》《青龙镇志》《续青龙志》。其实青龙镇志只有二部，即《青龙杂志》和《续青龙志》。《青龙杂志》为梅尧臣所纂，当以正德《松江府志》所载志名为准；而《续青龙志》即《青龙志》，作者应当为林鉴，相对前志《青龙杂志》之名而说。"青龙镇志"则是通称而已。

林鉴，南宋淳祐年间（1241—1252）（一作嘉泰元年）任青龙监镇，曾大力整治坊巷、桥梁、道路，使青龙镇市貌焕然一新。梅尧臣《青龙杂志》至林鉴《续青龙志》，有约200年的时间间隔，作为东南雄镇的青龙镇续修镇志也在情理之中。作为监镇，林鉴更具有利条件和相应之责来修撰镇志。

从编纂年代来推算，《青龙杂志》应该是上海地区最早的方志了，比《绍熙云间志》至少要早一百多年。可惜的是，无论是《青龙杂志》还是《续青龙志》，与其他众多文献一样，如今消失得无影无踪，给后人探究青龙镇带来了极大的困难和无尽的烦恼。真心希望有朝一日它们能够重现于世。

据统计，宋一代共编纂过镇志四部，即梅尧臣《青龙杂志》、常棠《澉水志》、沈平《乌青记》、张即之《桃源志》。其中三部已佚，至今只有《澉水志》留存，澉水即嘉兴府海盐县澉浦镇，与青龙镇距离比较近，唐开元五年（717）由张庭珪上奏置镇。《澉水志》于南宋绍定三年（1230）由修职郎、监澉浦镇税兼烟火公事罗叔韶嘱谒常棠纂成，共八卷，分十五门，记述了宋代海盐澉浦镇社会经济发展的情况。史称该志体例精严，纲目清晰，叙述简赅，为《青龙杂志》《续青龙志》的体例、纲目提供了合理的想象参考空间。

---

[1] 崇祯《松江府志》卷四十二"文学"，第1090页。

四、青龙镇考古发掘

　　青龙镇遗址考古勘探和发掘是最近十余年上海地区最重要的考古工作之一，也是取得最为丰硕成果的考古工作，为研究该镇发展状况提供了可靠的实物例证和考古依据，弥补了史料的不足。尤其是2016年青龙镇航标灯塔隆平寺塔基的发现，引起了社会的极大轰动。2017年4月，青龙镇遗址被评为"2016年全国十大考古发现"之一。鉴于其重要价值，2019年10月被公布为第八批全国重点文物保护单位。

　　青浦地处上海西郊，有着"上海之源"之誉，历来是上海考古的重地和"热点"，境内崧泽、福泉山等著名的史前遗址的考古发现将上海的历史推前到了距今六千前的新石器时代，彻底改写了申城的历史，见证了上海史前文化的辉煌。为揭示青龙镇原有的风貌，了解遗址的布局和文化内涵，2010年开始，上海博物馆考古部带着上海历史考古中以吴淞江、沪渎垒、城镇发展、航运、对外贸易等为对象的学术课题，将青龙镇列入了上海大遗址考古计划。

　　在此之前，青龙镇因开挖河道曾进行过两次简单的发掘清理工作。1988年8月，在青龙镇市河老通波塘西岸的青龙村双浜生产队开凿窑河时，出土了一些唐宋时期的瓷碗、铁牛等遗物，引起了青浦博物馆和上海博物馆考古部的关注。不久，又发现了数口唐代水井，在一水井中出土了一件精美的五代越窑莲花盏，在另一水井中出土了两件完整的晚唐长沙窑执壶，即椰枣雄狮贴花壶和胡人乐伎贴花壶，成为研究青龙镇

青龙镇出土的五代越窑莲花盏
图 3

发展状况的重要实物标本。[1] 翌年 8 月，在开挖油墩港鹤星村仓西生产队河段时发现了三口宋代水井和一条大木板，水井经清理没有发现文物。笔者正好参与了上述两次清理工作。鉴于青龙镇遗址的重要性，青浦博物馆于 2001 年开始将其列为重要的不可移动文物点，予以登录在册。

自 2010 年至 2023 年十四年间，上海博物馆对青龙镇遗址进行多次考古勘探和发掘，总发掘面积约 8000 平方米，其中 2010 年至 2016 年共发现了建筑基址 8 处、灰坑 144 个、灰沟 28 条、墓葬 4 座、水井 69 口、炉灶 7 个、铸造作坊 1 处、佛塔遗迹 1 处。主要收获体现在以下几个方面：

一是基本搞清了遗址的范围。2014 年 11 月至 2015 年 6 月，上海博物馆考古研究

---

[1] 青浦博物馆编：《五秩风华——上海市青浦区博物馆五十周年纪念文集》，《探幽忆录》，上海社会科学院出版社 2008 年版，第 59 页。

部联合陕西龙腾勘探有限公司对青龙镇遗址进行勘探，勘探面积近 138.4 万平方米，发现遗迹现象 196 处，基本摸清了青龙镇遗址的范围与地层堆积情况，其范围北界可能至青龙港，南界可能至青龙村，南北长约 3 公里，东西最宽处约 1 公里，最窄处约 400 米，主要沿着今老通波塘两岸分布，总面积约 2 平方公里。为编制保护规划与科学研究奠定了较好的基础。

二是发现了唐宋时期重要市镇遗存。唐代遗存主要有建筑基址、铸造作坊、水井、瓷器堆积点、灰坑等，主要分布于今青龙村即原青龙镇南部区域。宋代则有更多发现，如建筑基址、水井、灰坑、灰沟等，今青龙村、塘湾村、鹤联村都有不同程度的发现，可谓遍及原青龙镇，还发现保存较好的青砖路面、少量墓葬。

三是发现了宋代隆平寺塔基及其地宫。隆平寺塔据文献记载不仅为佛塔建筑，而且是指示商船入青龙镇港口的航标塔。2015 年 10 月至 2016 年 10 月，对发现的塔基和地宫进行发掘，出土散水、角柱、副阶铺装莲花柱础、倚柱、壸门等塔基的关键部分，显示塔基平面呈八角形，散水直径 21.7 米，副阶直径 14.23 米，塔身直径 8.9 米，壸道宽 1.28 米，为复原隆平寺塔平面结构提供了重要的线索。塔心室为正方形，边长 4.5 米。在塔心室地坪下约 2 米处发现了复杂的梁架结构，用边长近 8 米的木梁围成一个方框，四角上分别搭一根抹角横梁，中间置两根长近 8 米、宽 0.6 米的十字形木梁与抹角横梁垂直，在抹角梁与木框的相交处，下置缸基承重。十字形木梁下部正好是地宫的上口。地宫则位于十字形木梁下侧，由砖砌而成，平面呈长方形，东西长 1.48 米，南北宽 1.2 米，高 1.42 米，地宫宫室内壁为石板砌筑，长 74 厘米，宽 24 厘米，高 30 厘米。地宫中部放置一个木函，函外左右各有一座阿育王塔，宫室内满铺大量各时代钱币，共计 10693 枚。木函为四重套函，由外向内依次为木函、铁函、木贴金椁、银棺，最内重银棺供奉有木贴金释迦牟尼涅槃像，身下铺有芥粒大小的五色石子，身旁有乳香。铁函的一角还放置有一个铜瓶，瓶内有 4 颗实心的圆珠，其中 3 颗为水晶质，它们都应该属于舍利。四重函内还装藏有银箸、铜鎏金匙、银钗、银鎏金龟、铜镜、水晶念珠等近 40 件（组）供养品。

四是出土了大量唐宋时期外销瓷。2010 年至 2016 年，发掘出土了数十万片残碎瓷片，其中经过拼对可复原瓷器达 6000 余件，它们大多数是来自福建、浙江、江西、

唐代瓷片堆
图 4

唐代建筑遗存（由北向南摄）
图 5

青龙镇出土的唐鹦鹉衔绶带铜镜
图 6

隆平寺塔塔基十字形木梁和地宫
图 7

隆平寺塔地宫出土的北宋鎏金阿育王塔
图 8

湖南等南方窑口的产品。唐代以越窑、德清窑、长沙窑为主，主要器形有碗、盏、罐、壶、盂、洗等。至宋代渐转为以福建窑口、浙江龙泉窑、江西景德镇窑等为主，主要器形有碗、盏、罐、壶、盏托、炉、瓶、盂、洗等。其中福建窑口瓷器的种类最多，共计有 20 余个窑口，主要在闽江流域，其中以闽清义窑、东张窑、磁灶窑、同安窑、建窑、浦口窑、遇林亭窑、怀安窑等窑口为主。这与文献记录相吻合。青龙镇遗址考古出土的瓷器数量巨大，窑口丰富，且与目前朝鲜半岛和日本考古发现的器物组合十分相似，考古发现与文献相印证，证明了青龙镇是海上丝绸之路重要的贸易港口之一。[1]

青龙镇遗址尤其是隆平寺塔基及其地宫的发现，引起了学界的广泛关注，许多考古专家和历史学者普遍认为，过去只关注泉州、宁波等港口，没有提到上海，而青龙镇遗址非常重要，是海上丝绸之路的宝贵遗产，是上海城镇发展史上的重要发现，确证了青龙镇是上海最早的对外贸易港口，改写了以往对海上丝绸之路贸易路线与格局的认识。[2]

目前，持续多年的考古发掘只是揭露了青龙镇的"冰山一角"，相信今后考古一定会有更多的新发现，未来青龙镇许多未解之谜也将深度解开。

---

〔1〕 上海博物馆编著：《青龙镇 2010—2015 年发掘报告》，上海古籍出版社 2022 年版，第 11 页；中国考古学会编：《中国考古学 2017 年鉴》，中国社会科学院出版社 2018 年版，第 158—160 页；上海博物馆编：《考古·古港——上海青龙镇的发掘与发现》，上海古籍出版社 2017 年版，第 16—90 页。
〔2〕 上海博物馆编：《考古·古港——上海青龙镇的发掘与发现》，第 91—95 页。

五、青龙镇走访调查

　　2003 年 6 月至 8 月，因青浦博物馆新馆建设的需要，笔者和同事张力华、胡钢及青浦电视台总编室主任黄明新一起对青龙镇进行了首次走访调查，基本了解了青龙镇的范围、主要坐标点和相关遗迹。

　　2013 年 10 月至 12 月，笔者又与上海博物馆考古研究部研究馆员何继英、馆员王建文一起，重新进行调查，尤其对原有疑问之处重点采访调查。现将第二次调查情况记录于后。

　　10 月 28 日，首先至白鹤镇青龙村东的陆家队、艾祁村两个自然村调查。陆家队发现有不少老河埠。艾祁村位置僻静，东有艾祁港，港上跨艾祁桥，该桥高大宏伟，桥拱保存基本完好，西侧桥拱石刻有捐者姓名，字刻模糊。该村 151 号村民宅前有一不知名的老石桥，年代看似久远。老石桥西南为艾祁庙旧址，现为青云纸箱厂厂房。艾祁村据文献记载是元代任仁发家族的居留地。因此这里发现不少青石板，地表发现有不少古瓷片，当为青龙镇的东郊。清中期，形成小集镇[1]，至 20 世纪中期衰落。该村东现为华新镇淮海村。后沿着艾祁港向北至塘湾村。艾祁港在村北约 300 米处折向西北，而村中塘湾古桥（庆泽桥）跨艾祁港。村东北新建一座塘湾庙，为两开间

---

〔1〕 乾隆《青浦县志》卷十三 "市镇"。

平房。

10月29日，至重固镇章堰村、新丰村南部调查。章堰村原为古镇，因北宋枢密使章楶筑堰居此而名，这里离青龙塔约2公里，当是宋代青龙镇的南郊，至清代晚期形成市镇[1]，旧有"金章堰、银重固"之称，现保存了镇市的基本格局，虽显破落，环境却很整洁。镇市呈丁字形沿河分布，西为南北向崧泽塘，金泾河自西向东贯穿，沿河老河埠很多。镇东首为修葺的城隍庙，庙南有兆昌古石桥，河西首与崧泽塘交汇处则横卧着一座石拱桥——金泾桥。镇市上尚保存不少砖木结构的老房子，但很破旧。据当地老者说，章堰镇原有22厅，即22座规模较大的住宅，分属王、袁、顾、陈、章、李等大族，其中金泾河北的顾家厅最大，前后有四棵，现残存仪门和前棵客厅。现保存尚好的有袁家厅、沈宅。高家台是任仁发家族墓群的所在地，村民大多姓高而名，位于新丰村南部。任仁发家族墓在1952年被当地村民盗掘后被发现[2]，坐落在村西的台地上，其北近200米为东西向的横浜滩河，西为湮没的宋泾港，该墓群当地村民叫作"王坟"，规模很大，都为青石室墓，现能看到其中的三座，这里距青龙塔约1.5公里，元代时这里是上海县青龙镇"新江乡松泽里郭巷泾"一带[3]。墓南300米处即范泾队，分东、西范家队，艾祁港由村东折西经此再往南流淌。据村民反映，该村原有一段市街，跨艾祁港上有一石拱桥称北店桥；村后曾有墓地，出土过少量的唐代瓷片、宋元时期的瓷片和韩瓶，推测此处是青龙镇郊区的最南端，为青龙镇的专属墓区。在任仁发家族墓西北是前民生产队，原名庙前村，是猛将庙的所在地，庙东、南、北三面有河浜环绕。据当地村民反映，此庙原来规模较大，20世纪60年代"破四旧"时被拆除，现留存少数青石柱础，其中一方直径约60厘米，可见庙宇建筑确实不小。数年前村民在原址上自发搭建了一间小庙用以祭祀。

11月4日上午，至新丰村村部附近进行调查。通波塘流经村部，其南有一石梁子成桥跨通波塘，其北正在建水泥桥以方便村民出行。村部西北、通波塘西岸为陆家宅基生产队，发现河岸有不少老河埠，据老村民反映通波塘上原有北杨家桥，早已被

---

[1] 光绪《青浦县志》卷二"镇市"。

[2] 沈令昕、许勇翔：《上海市青浦县元代墓葬记述》，《文物》1982年第7期，第54—59页。

[3] 出土的元任仁发墓志等皆这样记载，参见上海青浦博物馆编：《青浦碑刻》，1998年8月印刷。

今任仁发家族墓（由南向北摄）
图 9

猛将庙旧址柱础
图 10

拆。陆氏历来是华亭地区的大姓，出自三国华亭侯陆逊，陆家宅基可能出自其后裔而名，现陆姓村民很多。推测此地是宋代青龙镇登云坊所在地，为该镇市核心地带的南缘，隔河为杨家队、庄家台。下午，至白鹤镇杜村、王泾村进行调查。杜村位于白鹤镇南的东大盈港西岸，南宋后期因青龙镇望族、西霞杜氏第四世杜九成迁居于此而名，当是青龙镇的西郊。明代中后期杜村沿河形成集市，称"杜村市"[1]，一直延续至新中国成立后，现尚存许多老河埠、老石头和两座民国年间所筑的传统民宅，但没有杜姓村民居住。整个村落东临开阔的东大盈港（旧称大盈浦），北有小溪落书浜（旧称洛书浜），环境优美幽静，非常整洁，是理想的居住地。在杜村西北的王泾村叶泾生产队调查了大盈寺，大盈寺即宋代的布金寺，现仅存一栋破败不堪的殿宇，而其后耸立着一棵树龄达650余年的古银杏，还残存直径达60厘米的莲花形青石柱础，可见该寺历史之久和规模之巨。寺北有一条西霞浦，流经王泾村王家生产队，折向北达吴淞江，东至白鹤镇南入东大盈港。靖康之难后，大理寺丞杜缙随宋室南迁，始居于此而成为有名的望族，世称西霞杜氏[2]。调查时王家生产队没有明显的遗迹，故所居具体位置不详，推测在西霞浦与东大盈港交汇处，与杜村南北相对应，这里现为白鹤镇南的老镇区。

11月5日上午，到白鹤镇青龙村宋泾生产队、重固镇新丰村庄家台生产队调查。宋泾生产队在青龙村部东侧，只有8户人家，村河岸留存少量老河埠。庄家台位于通波塘东岸，这里四周小溪环绕，大小竹园不少，老石头和河埠很多，少数河埠石级为武康石，武康石主要在宋代时开采使用，可以作为断代遗物。推测此村原是宋末元初藏书家庄肃居住处，现尚有6户庄姓人家，概为其后裔。据当地村民反映，杨、潘、姚等姓皆为外迁户。下午则至白鹤镇白鹤村杏花村生产队调查。杏花村原是青龙镇西郊的名村，北临青龙港，东依白鹤镇工业园区，西靠白鹤镇，这里不仅自然环境变化很大，而且总体环境脏乱差，现有30多户人家，有高、姚、潘、袁、沣、王诸姓。

11月7日，至白鹤镇塘湾村岳庙和陈泾岸两个生产队调查。岳庙村生产队分南、

---

〔1〕 弘治《上海志》卷二"镇市"。
〔2〕《西霞杜氏世谱》卷二"世述·杜缙"，上海图书馆藏本。

今岳庙旧址（由西南向东北摄）
图 11

北两个自然村，北岳村当是青龙镇的最东北部，北面即吴淞江。这里旧有岳庙，临岳庙江，现尚存遗址，留存不少石头墙基。据村民反映，此庙规模颇大，在 20 世纪 50 年代初期被拆除，建筑构件移到四江口用于建房。陈泾岸生产队也分南、北陈泾岸两个自然村，又称河北、河南，在岳庙村南，中间隔陈泾岸河，河岸边留存不少老河埠。河北村内留存不少老石头墙基，其中一户村民的石头墙基长约 40 米，看来原建筑规模不小。据村民说，沿河原有一条用青砖铺成的老街，后来被敲掉。而村西有一老石桥，名狮子桥，早已拆除。这里距旧青浦民办小学仅 500 米左右。

11 月 8 日上午，至白鹤镇塘湾村将军浜、青龙村金家浜生产队调查。将军浜村因东依将军浜而名，北临泗大泾，将军浜西岸有不少老河埠。村北沿将军浜西岸有堤

将军浜村北的堤岸（由南向北摄）
图 12

何家角村崧泽塘东
岸的老河埠
图 13

岸，堤岸较为明显，高约1米，宽约20米。金家浜村沿将军浜东岸分布，只有少数老石头留存。下午，至重固镇最西北的徐姚村何家角、库桥进行调查。两村沿着崧泽塘分布。据村民说，旧青浦砖石老街曾延续到何家角村，村南原有何家桥这一老石桥，早已拆除。沿崧泽塘尚存不少老河埠。村上还有5家村民姓何。此村推测为南宋中医世家何氏在青龙镇的居留地。库桥村在何家角南，据村民说这里原有粮仓，故名库桥。村内又建有库桥，该桥为三跨大型石梁桥，20世纪60年代被拆除。村民都姓冯。

11月18日，至白鹤镇塘湾村镇北、东街、镇南三个生产队进行调查。这三个生产队是青龙镇市核心区域的北部，位于通波塘东岸，北有陈泾岸河，南有泗大泾，都为通波塘的支流。现保存着一条老街，贯穿南北，老街两侧还有少量老宅、几家杂货店、理发店。陈泾岸河与通波塘交汇处跨有万安桥，桥石为武康石，北岸是旧青浦民办小学，为宋代隆平寺、明代城隍庙旧址，尚有残石留存。东街与镇南两个生产队以泗大泾为界。总体上，这一带民宅建筑最为密集，留存的老河埠、老石头也特别多。

今旧青浦老街
图14

11月19日，到重固镇最北端的新丰村栅桥生产队进行调查。栅桥村又名闸桥村，因原建有栅桥而名，当地村民说以前船只到青龙镇经过此桥须缴纳过桥费。该村位于通波塘西岸，北临东山港。东山港为通波塘支流，蜿蜒曲折，旧谚"青龙十八弯、摇到吃夜饭"即指这条河流。村北与村西为高台墓地，经过20世纪五六十年代拆除平整，现尚存几座古墓葬，多为砖室墓，少数为石室墓。村中有一小溪，留存老河埠。按位置来看，这里是青龙镇市核心区域的南部。

11月20日，至白鹤镇鹤联村仓桥、太南、太东、仓南生产队调查。仓桥分仓东、仓西两个自然村，北依青龙港，西靠油墩港，东临崧泽塘，村北原有一座石桥——仓桥，后改为水泥桥，跨青龙港，桥东不远青龙港折向北经白鹤镇沈新村渡头浦生产队。桥东南埭为玄帝庙旧址，民国《青浦县续志》载有此庙，据村民反映其规模不大，现村民在旧址上恢复祭祀。这一带当是青龙镇官仓所在地。仓东村东南侧有太平桥，跨崧泽塘。太南在仓东的南面，两村以荷花池为界。太东与太南两村以崧泽塘为界。仓南则在太南生产队的西侧，陆家潭穿村而过。这一带老河埠保存较多，当是青

今青龙港仓桥村段
（由东向西摄）
图15

龙镇市核心区域的西北部。

11月26日，到白鹤镇青龙村平桥、鹤联村小关桥、酒坊桥生产队进行调查。平桥位于通波塘东岸，有平桥河而隔为平南、平北两个自然村。村中路两侧保存许多老石块，当是青龙镇沿街建筑遗存。此村村民以冯姓为主。小关桥、酒坊桥村位于通波塘西岸，分别与对岸的镇南、东街、镇北生产队相望。小关桥村因村北建有小关桥而名。通波塘由酒坊桥村北折向西流，与青龙港相接。酒坊桥村东因原建有酒坊桥而名，现桥东尚存桥基石。这一带是青龙镇市核心区域的中部和北部。

11月27日，至青龙村青龙、庙泾生产队进行调查。青龙生产队是青龙寺、塔的所在地，其南有陆家潭江这一小溪流过，溪南曾有增仙墩遗迹，为唐代著名道士王可交升仙台遗址，现荡然无存。而庙泾位于通波塘西岸、平桥村西南，村东跨通波塘上建有太傅庙桥。这一带是青龙镇核心区域的东南部和南部。

通过调查，基本搞清了青龙镇的四至范围、重要坐标点、部分大族的居留地等方面的内容，为剖解青龙镇的市镇布局、主要坊巷和建筑位置奠定了扎实的基础。

六、青龙塔建筑考古

　　青龙塔是青龙镇保存为数不多的地面建筑遗存。为搞清该塔的建筑年代、结构、特点、营造方式，2023 年 9 月至 10 月，青浦区文化和旅游局、青浦区博物馆联合复旦大学国土与文化资源研究中心对青龙塔开展建筑考古课题研究，进行建筑测绘、科技检测和铭砖拓印，发现许多带有纪年、捐砖者姓名和数量的铭砖。通过检测，大部分青砖、木料等建筑材料时代为宋代，少部分建筑材料为唐代晚期。铭文有"弟子曹元政舍塔砖一万片资一宅先灵生方""临江乡大厂村弟子刘承□并家眷等舍塔□""先灵生方丙戌岁记"，等等。取得较多的调研成果，助力青龙镇研究。[1]

---

〔1〕　上海市青浦区文化和旅游局、青浦区博物馆、复旦大学国土与文化资源研究中心编著：《上海青龙塔建筑考古调查与研究报告》，2024 年 12 月。

第一章　青龙镇的崛起

　　唐天宝五年（746），在今吴淞江南岸设置军事据点青龙镇。青龙镇相传因三国东吴孙权建青龙战舰而得名。随着江南地区的进一步开发，青龙镇控江连海，迅速崛起，发展成为上海地区最早的海内外贸易港和经济文化重镇。北宋景祐年间（1034—1037）始设文官监镇以理镇务。大观年间（1107—1110），青龙镇改名通惠镇。绍兴元年（1131），复名青龙，并专设海外贸易管理机构市舶务。鼎盛时期，青龙镇市井繁华，商贾云集，人称"小杭州"。

一、地理位置

关于青龙镇的地理位置，文献记载非常清楚，即"去（华亭）县五十四里，居松江之阴"[1]，"瞰松江上，据沪渎之口"[2]，嘉兴城水路"东至青龙镇一百九十五里"[3]。松江即今吴淞江，元代前常用此名。沪渎，又称沪渎江，即松江下游的名称，松江东泄入东海的一段，河面宽阔，呈喇叭口形态。青龙镇就是处在喇叭口的南岸。具体来讲，位居吴淞江中游青龙江南岸，宋元时南距华亭县城约30公里；西距苏州城约60公里；西南至秀州城约110公里；东距上海镇约40公里。

按唐宋时期行政区域来说，天宝十年（751）华亭设县前，青龙镇地属苏州昆山县；设县后，青龙镇隶属苏州华亭县。后晋天福四年（939），改嘉兴为秀州，华亭县改属秀州。据旧志载，唐代华亭县管辖22个乡，宋初改为17个乡，元丰年间（1078—1085）裁为13个乡，新江乡是其中之一[4]，青龙镇即地属新江乡四十五保[5]。弘治《上海志》卷之二"镇市"条目介绍青龙镇时这样记载："青龙镇，称龙江，在

---

〔1〕《绍熙云间志》卷上"镇戍"，第4页。

〔2〕《绍熙云间志》卷下"记"，陈林：《隆平寺经藏记》，第36页。

〔3〕至元《嘉禾志》卷第一"道里"。

〔4〕康熙《松江府志》卷二"疆域志二·乡保"。

〔5〕《绍熙云间志》卷上"乡里"载："新江乡在县北七十里，四保十二村，管里二。"其中四十五保即新江乡所辖四保之一。

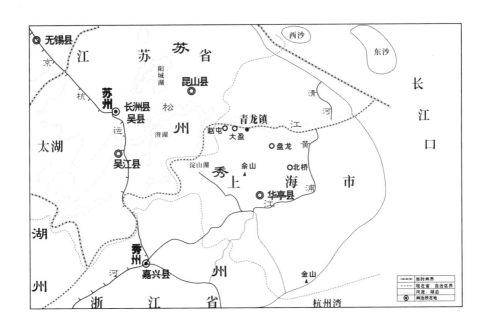

宋代青龙镇位置图
图16

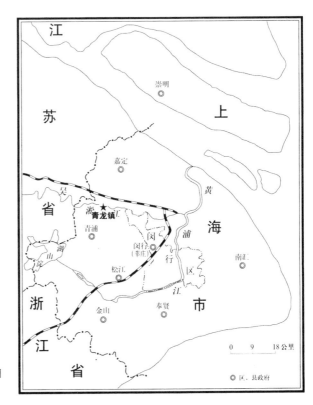

今青龙镇位置图
图17

四十五保，去县西七十里。"后来除了属县变更外，青龙镇地属新江乡四十五保的行政区域至清光绪年间（1875—1908）一直保持不变。[1]

按现今行政区域位置来说，青龙镇主要位于今上海市青浦区白鹤镇东部，处于东经120°53′—121°17′，北纬30°59′—31°16之间，涉及白鹤镇青龙、塘湾、鹤联、白鹤村4个行政村和重固镇北部的章堰、新丰、徐姚3个行政村，而小部分位于上海市嘉定区安亭镇下属的黄渡镇老街区（详见后文）。

---

[1] 光绪《青浦县志》卷二"镇市"。

二、置镇年代

据正德《松江府志》记载，青龙镇设置于唐天宝五年，并设镇将和副将以防御，"青龙镇在青龙江上，天宝五年置。按昆山、常熟、海盐、吴江唯有县镇，而华亭县外又有青龙者，旧为江海要害地也，建镇之年出《青龙赋》。宋制县镇，青龙镇仍旧，外设防城兵百五十人，巡检司四。青龙镇祥符间以镇将理财，景祐中监以文职"。[1]这是目前见到的有关青龙镇明确纪年的最早记录。稍后的嘉靖《上海县志》又有同样的记载："青龙镇，唐天宝五年建，有将有副职，在防御。宋祥符以镇将理财，景祐中以文资监镇。"两者文字有详略，但建镇时间相同。

而此前唐宋元时期的相关文献中并没有青龙置镇的确切年代。为此，不少学者对青龙镇置于唐天宝五年这一说法提出了疑义，例如邹逸麟教授在《青龙镇兴衰考辨》一文中明确提出唐天宝五年置镇说不成立，认为此前文献中没有确切记载而至明中期志书中反倒出现是不可思议的。笔者则认为唐天宝五年置镇说是能够成立的。

首先，正德《松江府志》修纂时直接参考和引用了尚存的梅尧臣《青龙杂志》一书，没有必要造假。《松江府志》的编撰者为官至南京礼部尚书的华亭人顾清，其居官讲名节，修志重史笔，编纂严谨，不太可能冒杜撰的嫌疑和风险。顾清在府志的自

---

[1] 正德《松江府志》卷十四"兵防"，第607页；嘉靖《上海县志》卷六"公宇"。

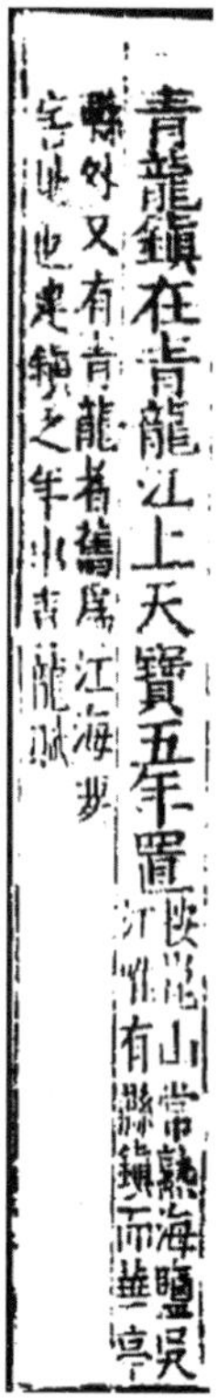
青龍鎮在青龍江上天寶五年置按崑山常熟海鹽吳江並有縣鎮而華亭
縣外又有青龍者蓋瀕江海要
害地也建鎮之年小青龍城

正德《松江府志》
载青龙镇建置年代
图 18

序中写道：“《云间志》历岁久远，今已无全书，其余虽存，而后生之得见者已鲜……故今并取诸本，参互考证，会以成编。”此志纂修时，参引书目多达数十种，后世松江府纂修郡县志，多以此志引征史料为据。此志记事上起春秋战国，下讫明正德初年（1491），综合古今，内容详尽。《郑堂读书记补逸》称“其书取诸旧志，参订考证，正讹补阙”，“详博而不伤于冗滥，叙述亦具史体，堪与王守溪《姑苏志》并称焉”。雷琳《云间志略》称顾清“素留心经济，而复注念桑梓，遂加修辑，成一郡信史”。《四库全书总目》卷七十三《史部、地理类存目二》也予以称赞：“其书颇详悉有体，稍胜他舆论之冗滥。”

其次，从青龙镇所处的位置来看，此地历来为江海要冲，控江连海，据沪渎之口，为海上进入吴中腹地的第一哨所，置镇防御极为必要，"古人于海道，固为之防矣。"[1]青龙镇这一带的军事重要性早在东晋时已被认识到，咸和年间（326—334），吴国内史虞谭就在吴淞江南岸沪渎海口即青龙镇附近构筑海防要塞沪渎垒，"以防海寇"，民以安堵。至隆安四年（400），吴国内史袁山松重修加固沪渎垒，又称袁崧城，驻军戍守以防农民军孙恩。虽然第二年袁山松被孙恩击败导致沪渎垒破毁[2]，但其扼江口的军事战略的地位是显而易见的。正德《松江府志》卷二十一"古迹"条目记载青龙镇附近建有古代烽火墩，南为白茅墩，其东有逢阵墩，"盖古人所筑以防海处"。直至南宋，青龙镇仍然发挥着军事要地的作用。为防南下的金将完颜兀术，建炎四年（1130）前后，宋将刘晏率骑兵"赤心队"一百五十骑戍卫该镇；同时，韩世忠上奏朝廷，"乞留青龙镇，以待邀击"金兵，在沪渎一带"大治战舰"，并于青龙镇驻前军加以布防[3]。不久，韩世忠的舰队正是由吴淞江入海，再进入大江，堵截北归的金军，进行黄天荡战役。绍兴元年，盗匪邵青"自镇江引舟师驻于崇明镇"，朝廷命武将王德前往招捕而驻军于青龙镇。[4]绍兴二年（1132），京东路沿海范温率领一支北方抗金武装，乘船泛海归宋，"诏温以舟师屯青龙镇"，翌年正月范温"自青龙镇以所部行在"。[5]绍兴三年，南宋叛将徐文自明州（今宁波）"夜以所部泛海舟而循"，经过青龙镇至海门县。[6]宋孝宗乾道六年（1170），朝廷在平江（今苏州）许浦设立水军基地，至淳熙五年（1178）有人建议："沿浦泥沙胶舟，利屯轻舸，若战舰当泊青龙镇。"[7]此建议得到宋廷批准，从此青龙镇也一度成为重要军港，"所管南船（指福建路所建的海船）寄泊青龙"，淳熙十一年因"青龙港窄狭，水流浚急"，将南船尽数"移戍昆山县顾泾港"[8]，青龙镇作为军港从而撤废。光绪《青浦县志》说"青龙之防

---

〔1〕《吴郡图经续记》卷下"往迹"，第59页。

〔2〕《绍熙云间志》卷上"古迹"，第27页。

〔3〕《宋史纪事本末》卷六十四；《宋史》卷三百六十四《列传·韩世忠传》《列传·刘晏传》。

〔4〕《三朝北盟会编》卷一百四十九；《建炎以来系年要录》卷四十八"绍兴元年十月"。

〔5〕《建炎以来系年要录》卷五十七"绍兴二年八月辛亥"，卷六十二"绍兴三年正月丁丑"；《三朝北盟会编》卷一百五十五。

〔6〕《建炎以来系年要录》卷六十四"绍兴三年四月辛亥"，卷六十五"绍兴三年五月丙辰"。

〔7〕（宋）周必大：《周益国文忠公集·平园续稿》，《和州防御使赠少师赵公神道碑》。

〔8〕《宋会要辑稿》"食货五十之三十"，中华书局1957年版，第5671页。

在唐宋为要害"[1]，比较客观地评价了其军事战略地位，因此在唐天宝五年青龙镇置军镇是合乎逻辑的。

再次，从最近十多年考古发现来判断，青龙镇在唐代设置也符合情理。经勘探，唐时青龙镇镇域面积达2平方公里，仅在发掘的约1600平方米范围内的同一区域，就发现了唐时期的3处建筑遗址、1处铸造作坊遗址和1处瓷片堆。这些发现有力表明唐代青龙镇已经形成了规模较大、人口众多的聚居区，经济文化也颇为发达。虽然没有发现建置的直接证据，但是这些考古发现仍不失为判断青龙镇建置年代的重要实物依据。

另外，嘉兴府海盐县澉浦镇的设置也给予了相应的启示。澉浦镇于唐开元五年设置。青龙镇稍晚29年，几乎与之同时代设置，两镇的距离也仅约120公里，当属近邻。表明太湖平原的苏州、嘉兴地区因经济发展、军事防卫的需要设立军镇的必要性。

鉴于上述理由，正德《松江府志》和嘉靖《上海县志》有关青龙镇设置于唐天宝五年的记载当是可信的。

此外，青龙镇至宋淳化二年（991）重新建置，并设镇将以理镇事。许多文章引用了此说，此说出自《宋会要辑稿》"方域"一二之一八："秀州海盐县宁海镇，淳化二年置；青龙镇，大观中改名通惠镇，绍兴元年复。"概因句读之误引起的，即误读为"秀州海盐县宁海镇；淳化二年置青龙镇，大观中改名通惠镇，绍兴元年复"。为此邹逸麟先生在《青龙镇兴衰考辨》一文中予以了纠正。

对于此后青龙镇的沿革状况基本无异议。北宋大中祥符年间（1008—1016），以镇将理财，符合北宋初期镇将职能转化的史实。景祐年间青龙镇设文官监镇以理镇务。[2]大观年间，青龙镇改名通惠镇。绍兴元年，复名青龙。

上述引发出"青龙镇是否为上海第一古镇"的话题。

从现存历史文献来看，上海地区没有比青龙镇设置更早的市镇了。绍熙《云间

---

[1] 光绪《青浦县志》卷十"兵防"。
[2] 嘉靖《上海县志》卷六"公宇"。

志》卷上"镇戍"和"封域"条目记载："华亭襟带江海，上而吴晋，近而吴越，尝筑城垒置防戍，所以控守海道者至矣。今沿海镇寨倍于他邑，是亦捍置上流之意云"，"今县有华亭镇印……《祥符图经》载镇在（县）西南二百步，而《元丰九域志》则废矣。如自镇为县，则新史《舆地志》诸书不应略而不言也"。从中透露出这样的信息：华亭县除了青龙镇以外，在华亭县城确实设置了华亭镇这一军镇，华亭县建置于天宝十年，若华亭镇此时设置，也要比青龙镇晚五年，加上由于没有记载其建置的确切年代，并早在《元丰九域志》撰成前已经废止，华亭镇有理由被排除在外。

华亭县境内另一个较早的市镇是上海镇。上海镇由上海务发展而来，上海务因地近上海浦而来。上海浦又名海上浦，是吴淞江下游的一条支流，在北宋初期其名才开始出现。上海务是朝廷在此设立的税务机构，应在上海浦之名出现之后。后商贾在这里逐渐云集，大约至咸淳年间（1265—1274）才发展成为较大规模的商贸市镇，时"有市舶、有榷场、有酒库、有军隘，官署、儒塾、佛仙、宫观、甿廛、贾肆"[1]。到元至元二十九年（1292），在上海镇的基础上设置了上海县，隶属松江府。这样算来，上海镇比青龙镇晚至少数百年。

而上海地区其他市镇大多形成于明清两代，历史就更晚。因此，青龙镇为上海第一古镇是当之无愧的。

---

〔1〕 弘治《上海志》卷五"建设志·公署"，唐时措《县署记》。

三、镇名由来

青龙镇之名的出现，目前发现最早的历史文献是成书于北宋元丰三年（1080）的《九域志》，其卷第五"两浙路"中提及："华亭……青龙一镇"，仅记录了青龙镇之名，未载镇名的由来。对该镇镇名的来历，早在北宋后期就不清楚了，"人莫知其得名之由"，只留下了有关传说，这可能是建镇历史较久的缘故。

1. 青龙战舰的传说

关于青龙镇此名的来历，与三国东吴孙权将建造的青龙战舰放置于此地的传说有关。

青龙战舰的传说最早见于元丰七年（1084）朱长文所撰的《吴郡图经续记》。南宋《绍熙云间志》在上卷"镇戍"一节中虽然将青龙镇作为独立的条目予以载录，但是也仅沿袭了《吴郡图经续记》的说法。后历代方志文献都沿用了青龙战舰说，可谓历代认同了此说法。

在此基础上，由陈继儒、俞廷谔等修纂的崇祯《松江府志》阐述了青龙战舰说，"孙权尝造战舰于此破曹军赤壁，因号青龙舰"[1]，"吴王孙权代兄领兵割据江东，欲攻曹操，大造青龙战舰，命周瑜、程普各领万人，与刘备俱进，遇于赤壁，大破曹

---

[1] 崇祯《松江府志》卷五"水"，第114页。

孙权像
图19

军，遂识武功，因名其地为青龙江，后为青龙镇"[1]。故而现今许多宣传报道中引用了这一说法。光绪《青浦县志》更将孙权建青龙战舰的时间明确锁定为建安二十四年（219），"建安二十四年，吴孙权造青龙战舰于江，名曰青龙，此镇名所自始也"。[2]

青龙战舰说带着浓烈的传说色彩，已经无从考证，但是此说也有一定的合理性。三国时青龙镇一带属于东吴的辖区。公元200年，孙权在其兄孙策死后，基本控制了江东的局面。为稳固自己的势力，他凭着长江之险，大练水兵，积极备战，抵抗北方的曹操。208年，孙权与刘备联合在赤壁打败曹操，从此奠定了三国鼎立的局势。在赤壁之战中，孙刘联军以弱胜强的重要因素就是拥有一支英勇善战的水军和实力非凡

---

[1] 崇祯《松江府志》卷二十八"王霸治绩"，第729页。
[2] 光绪《青浦县志》卷一"疆域上·沿革"。

1987 年中国军事博物馆复原的赤壁之战中的斗舰（长 37.4 米，宽 9 米，高 7 余米）

图 20

的舰队。而东吴造船技术在三国中处于领先水平，能够建造大型的楼船战舰。《三国志·吴书·贺齐传》记载孙权所造战舰"雕刻丹镂，青盖绛襜，……蒙冲（冲锋舰）、斗舰（主力舰）之属，望之若山"，《梁书》"诸夷传"记载孙权曾遣宣化从事朱应、中郎康泰航海出使东南亚诸国。北周庾信曾在《哀江南赋》一词中这样写道："排青龙之战舰，斗飞燕之船楼。"青龙乃威震四方的神兽，东吴孙权雄踞江东时欲以青龙为标志建造战舰也在情理之中。

那么，孙权为何将建造的青龙战舰安放在后来发展成青龙镇的这个地方呢？

东吴造船业发达，曾设典船校尉加以管理，并在沿海的永嘉（今温州）、建安（今福州）建有横屿船屯、温麻船屯等造船基地[1]。青龙镇地理位置重要，水路交通便

---

〔1〕《三国志·吴书·孙皓传》。

捷，船只置于此地有利于航行往来。"孙吴战舰造青龙，镇号青龙地扼冲。浮海载兵伐辽去，定知江口出吴淞"[1]。加上该地区又在孙权的重臣顾雍、陆逊的封地辖区之内，出于安全等各方面考虑，孙权将青龙这一王牌战舰安放在吴淞江畔的青龙镇地区作为船舶基地是有可能的。

2．其他民间传说

至今青龙镇所属的青浦区白鹤镇一带，还流传着如"白鹤姑娘战胜青龙""卫温建青龙战舰"等传说。

白鹤姑娘战胜青龙的传说：很久以前，白鹤镇边的那条河不叫"白鹤江"，而被称作"美池"。那里的乡民安居乐业，过着平和、安宁的幸福日子。不知什么时候，安宁的小镇飞来了一条大青龙，它呼风唤雨，作威作福，还要当地的老百姓每年献一个黄花闺女和十头牛供它享用，把百姓们害得苦不堪言，怨声四起。看着百姓们在水深火热中度日如年，有一位美丽的姑娘决定替天行道，除掉这条大青龙，但不知道用什么方法。一次，她听说有一位仙鹤公公能够除掉大青龙，而仙鹤公公却住在远在千里之外的鹤山上的鹤洞里。为了拯救百姓，小姑娘下定决心到鹤山向仙鹤公公求救。于是她不怕危难，长途跋涉，历经千辛万苦来到了鹤山。仙鹤公公问她："你想为民除害，这是好事，可是你愿意牺牲你自己吗？""愿意！为民除害，就是上刀山、下火海我也愿意！"姑娘斩钉截铁地回答。仙鹤公公微笑着点了点头，拿起羽毛扇轻轻一扇，顿时，姑娘就变成了一只美丽的白鹤。白鹤姑娘飞回家乡，与大青龙展开了殊死搏斗，终于杀死了大青龙，可她自己也身负重伤、奄奄一息。白鹤姑娘临死前，怕大青龙还魂过来，便用尽最后的力气，衔来一块块石头，垒起一座塔，镇住青龙，使它永世不能再危害百姓。这座塔便是后来的青龙塔。白鹤姑娘也气竭力尽，一头栽进了青龙塔边的"美池"里。人们为了纪念这位勇敢无畏的白鹤姑娘，就把"美池"改称为"白鹤江"。这美丽的传说，使"白鹤"和"青龙"这两个地名延续至今。[2]

---

〔1〕（清）张春华、秦荣光等：《沪城岁事衢歌·上海县竹枝词·淞南乐府》，上海古籍出版社1989年版，第41页。

〔2〕贾云峰：《你不知道的上海青浦》，上海文艺出版社2010年版，第46、47页。

卫温建青龙战舰的传说：相传三国时代，这里是东吴孙权的辖地。有一年孙权决定沟通一下大陆和台湾的联系，那时台湾叫夷洲，派大将卫温领兵前往。卫温领命后坐上大船，直往夷洲方向行驶。但船开到海中，就被风浪推了回来，一连几次都是这样。卫温着急了，就去找足智多谋的同僚诸葛恪商量。诸葛恪掐指一算，说是大海里有一只水怪，专门捣乱，所以将军过不去。卫温一听，忙请教有何办法镇住这只水怪。诸葛恪讲水怪怕青龙，有了青龙保护，海船就可以通过了。卫温问这青龙哪儿去找，诸葛恪道这也不难，只要把大船造成青龙的样子，水怪在海中真假难辨，也就不敢出来兴风作浪与将军作对了。卫温如实向孙权禀报后，便找了个地方大兴工程，很快便造出了一条青龙战舰。真灵，乘了这条青龙战舰，卫温和诸葛恪一路顺风到了夷洲。从此，大陆和宝岛之间的联系加强了。为了纪念这次具有历史意义的远航，造船的地方便被命名为青龙镇。[1]

这些历史和民间传说故事为青龙镇披上了一层神秘的面纱，也为之增添了浓浓的人文气息。

3. 东方的象征

笔者认为，青龙镇得名与所处的方位有着极大关系。

龙是中华民族的图腾，自黄帝受命于天，威泽四方，成为中华民族的象征。在东方传说中，青龙身似长蛇，麒麟首，鲤鱼尾，面有长须，犄角似鹿，有五爪，相貌威武无比。而青龙与白虎、朱雀、玄武又合为中国传统文化中的四象。根据五行说，青龙代表东方的灵兽，代表春季；又在中国二十八星宿中，青龙是东方七星（角、亢、氐、房、心、尾、箕）的总称。青龙镇位居东海之滨，其方位恰恰与青龙相合，为东方的象征而威震四海。因此，青龙镇蕴含着傲立东方之深意。

当然还有一种可能，青龙镇得名与北侧的青龙江走势有关，青龙江至少在北宋初期是一条蜿蜒曲折的河流，犹如其东面的蟠龙浦"如龙之盘"而得名，详见后文。

---

〔1〕陆健、赵亦农主编：《中国民间故事全书》（上海·虹口卷）上册，知识产权出版社2011年版，第330页。

汉代画像砖中的青龙

图 21

4. 青龙镇其他名称

龙江。此得名与地处青龙江畔有关，弘治《上海志》载："青龙镇，称龙江，在四十五保，去县西七十里。"正德《松江府志》曰："青龙镇，在四十五保，松江南青龙江上，一名龙江"。[1]万历《青浦县志》、崇祯《松江府志》、光绪《青浦县志》等方志都如此记名。龙江之名起于唐宋还是明代，或者为当时的俗名就不得而知了。

通惠。该名一度为官方名称，但是时间不长，仅存在了约二十年，即始于大观年间（1107—1110），讫于建炎四年，绍兴元年恢复青龙旧名。[2]《绍熙云间志》认为该

---

〔1〕 弘治《上海志》卷二"镇市"；正德《松江府志》卷九"镇市"。

〔2〕《宋会要辑稿》"方域六之十六"，第7413页，"方域十二之十八、十九"，第7528、7529页；《绍熙云间志》卷上"镇戍"，第4页。对于青龙镇复名时间，《绍熙云间志》与《宋会要辑稿》记载不同，前者曰："高宗即位，复为青龙云"，为建炎元年（1127），后者曰："绍兴元年复"。《宋会要辑稿》"职官四四之一三"记载建炎四年十月十四日提举两浙路市舶刘无极奏文等多次提及"通惠镇"之名，而"职官四四之一六"提及绍兴三年"青龙"等市舶场务情况，未提及"通惠"之名，由此断定《绍熙云间志》记载不确，故修正。

镇改名始于政和年间并不准确。[1]青龙镇改名和其他地方一样，缘于宋徽宗大观年间朝廷对地名避讳的规定，当时"讥讳日广，县邑有君、主、龙、天、万年、万寿之类称呼，例皆改易"[2]。"通惠"即"通商互惠"之意，很贴切地反映了青龙镇的市镇性质和海外贸易发展的状态，表明了朝廷的关注和认可度。

旧青浦。这是明代晚期开始当地百姓对青龙镇的俗称。嘉靖二十一年（1542），青浦建县，县治设于青龙镇，后青浦县撤废。万历元年（1573），青浦复县，县治从青龙镇迁至唐行镇（今青浦老城区），至此，旧青浦镇开始成为当地百姓对其的一贯叫法，直到如今。"明之隆庆，始建青浦邑于此，万历初复移去，筑城于唐行镇而定居焉，故又称旧青浦。"[3]

另外，笔者清楚地记得，在旧青浦中学就读初中时，旧青浦老街一理发店对面竖有一块古石碑，上清晰刻有"山海镇"三字，20世纪80年代末尚存，至今不知其意，询问附近的老年人也不清楚此碑的来历和意义。

---

〔1〕《绍熙云间志》卷上"镇戍"，第4页。

〔2〕《宋会要辑稿》"方域六之十六"，第7413页。

〔3〕（清）诸嗣郢：《重兴青龙隆福寺碑记》，青浦博物馆编：《青浦碑刻》，1998年，第97页。青浦建县时间为明嘉靖二十一年，此"隆庆"之说为误。

四、兴起的历史背景

唐宋青龙镇的兴起与江南地区的开发紧密相连。

青龙镇地处太湖平原东侧吴淞江流域水网地带，这里自然条件优越，为著名的江南水乡。气候属亚热带海洋性季风气候，四季温暖湿润，雨量充沛，全年平均气温在16 ℃左右。地势平坦，地面高程一般在2.8米—3.5米，土地肥沃，江河纵横，湖荡密布，盛产鱼虾，适宜水稻种植，历来是典型的鱼米之乡。

青龙镇位于上海第一条海岸线古冈身之西，为上海最早成陆的地区之一，距今七千年前就已经成陆。这里也是上海最早开发的地区，附近的崧泽、福泉山遗址考古表明新石器马家浜文化时期已有上海先民在此开拓耕耘，生息繁衍，历经数千年的开发绵延不绝。

先秦至唐代时期，黄河流域的中原一带是我国的政治、经济、文化重心，始终处于领先地位，包括今上海地区的江南则比较落后，一度被称为文明未开的"蛮夷"，在全国经济文化版图上处于边缘地位。这种发展格局直至唐宋时期才发生根本改变。

商代泰伯、仲雍奔吴，带来了中原的先进文化和技术，成为江南开化之始。春秋战国时期，周室式微，诸侯渐起，吴、越两国曾逐鹿中原而称霸。后楚国兴起，春申君黄歇改封于江东吴地，以今苏州为封地都邑，大兴水利，造福一方，深得民心。战国时期，包括上海在内的太湖地区处于自给自足、不富不贫的自然经济状态。"楚越

崧泽遗址出土的崧泽
文化竹编纹带盖陶罐
图 22

（含吴）之地，地广人稀。饭稻羹鱼，或火耕而水溽，果隋蠃蛤，不待贾而足。地势
饶食，无饥馑之患，以故呰窳偷生，无积聚而多贫。是故江淮以南，无冻饿之人，亦
无千金之家。"[1] 这种状态与考古发现基本吻合，如青浦境内属于春秋战国这一时期的
遗址共有崧泽、福泉山等 12 处，遗址规模都不大，出土文物以带有吴越特征的印纹
陶器为主，少数出土精美的原始青瓷器，而在福泉山遗址发现的四座战国墓内，出土
具有楚国风格的陶器，个别墓葬随葬双尾龙纹玉璧等重器，表明墓主人身份较高。

　　秦汉时期，中央集权和大一统的格局为江南地区发展助力。秦王政二十五年（前
222），秦将王翦横渡长江一举灭楚。秦王嬴政统一六国后，在全国废除分封诸侯制，
实行郡县制。全国共分三十六郡，而以吴越地置会稽郡，郡治在吴县（今苏州市）。
会稽郡辖二十四县，将周敬王六年（前 514）所置的长水县改名为由拳县，县治在今
嘉兴市南，上海大部分地区属会稽郡由拳县。为加强和巩固中央集权，秦始皇多次出

---

〔1〕《史记》卷一百二九《货殖列传》。

巡，"筑驰道，东穷燕齐，南极吴楚"，其中一条驰道大堰路从今青浦南境和松江西境的横山、小昆山、泖河（旧名谷水）一带穿过，可西通吴城（苏州）。公元前206年，刘邦灭秦建汉。汉景帝前元三年（前154），吴王刘濞兴兵叛乱，失败被杀，封地被撤，由拳改为娄县，仍属会稽郡。东汉顺帝永建四年（129），拆分会稽郡为二，钱塘江东为会稽郡，西则为吴郡，娄县隶属吴郡。汉时，由于国家安定和铁器牛耕等中原先进生产技术的不断输入，江南地区得到较快发展。"夫吴自阖闾、春申、王濞三人，招致天下之喜游子弟，东有海盐之饶，章山之铜，三江五湖之利，亦江东一都会也。"[1] 同时，西汉"独尊儒术"后，儒家文化的蔓延和渗透，使吴越地区人们趋向讲究礼义，社会风尚也从崇尚武勇向追求文雅转变。福泉山遗址一地曾发现了迄今上海规模最大的汉代墓地，墓葬达96座，少数墓主的身份较高。随葬品比较丰富，主要有青釉硬陶罐、壶、瓿、盆、鼎等组合性陶器和五铢钱、琉璃珠、铜矛、铜镜、青石砚等，表明西汉时期上海地区经济、社会发展达到了一定的水平。

至东汉晚期，朝廷分崩离析，而豪门世族势力扩张起来，纷纷盘踞一方，形成了诸侯割据的局面。三国东吴孙权割据江东后"务农重谷"，苦心经营江南多年，使吴越地区逐渐"谷帛如山，稻田沃野，民无饥岁"。[2] 同时，顾氏、陆氏等江东大族兴起。顾雍曾被封娄县令，官至丞相。东汉末建安二十四年陆逊破蜀兵建功被封华亭侯、娄县侯后，"造池亭华丽"，位居三泖九峰之间的今青浦、松江一带成为陆氏家族的庄园和家山。顾氏、陆氏家族的兴盛，对于上海地区的发展有着重要意义。

两晋南北朝时期，政权更替频繁，各种动乱使北方经济濒于崩溃，北人被迫纷纷南迁避乱，流民相率渡江，"中州士女避乱江左者十六七"，形成"北人南徙"之大浪潮。大量人口的南迁，南北文化的碰撞和交融，尤其是先进的中原文化和农业生产技术的输入，加速了江南地区的开发，相对安定的江南地区从此走上了全面开放和加速发展的历史阶段。建康（今南京）、广陵（今扬州）、京口（今镇江）、山阴（今绍兴）发展成繁华都会，大片卑湿之地被开垦成良田。南朝时的江南已经是"良畴美柘，畦

---

〔1〕《史记》卷一百二九《货殖列传》。

〔2〕《三国志·吴书·吴主权》。

陆逊像
图 23

陆机像
图 24

畎相望，连宇高薨，阡陌如绣"[1]，"江南之为国盛矣。……地广野丰，民勤本业，一岁或稔，则数郡忘饥"[2]。

中国经济重心开始向东南倾斜的同时，江南文化也相应有所发展。包括今上海地区的吴地"山泽多藏育，士风清且嘉"，涌现了以陆机、陆云为代表的文化精英，东晋南朝时建康已经成为全国学术中心。诚如谭其骧先生所言：永嘉以后，"中原遗黎南渡，虽为民族一般之趋势，然其间要以冠冕缙绅之流尤盛……考东晋、南朝虽立国江左，然其庙堂卿相，要皆以过江中州人士及其后裔任之……自是而后，东南人物声教之盛，遂凌驾北土而上之"。[3]

当时青龙镇一带还是海滨的渔村，当地百姓安居乐业，以捕鱼为生，发明了一种叫"扈"的工具，巧妙利用潮水的涨落方式捕鱼，"吴郡娄县界淞江之下，号曰沪渎，此处有居人以渔者为业"[4]。南朝顾野王《舆地志》称："插竹列海中，以绳编之，向岸张两翼，潮上而没，潮落而出，鱼蟹随潮碍竹不得去，名之曰扈。"唐代诗人陆龟蒙在《渔具诗序》中解释："网罟之流，列竹于海澨，曰沪"，成为今上海的简称"沪"的由来。

这一时期此处发生了一件"沪渎浮海石像"的神奇佛教故事，轰动了吴地。晋建兴元年（386），在时属吴郡娄县的吴淞江沪渎口，当地渔民遥见海中有二座石神像浮水而来，疑为海神，引起了四方民众的轰动，过了几天吴县佛教信士朱膺清等众人将二石像奉迎到苏州通玄寺，像背则题刻有"维卫"和"迦叶"二佛的名字，便迎登宝殿，顿时神验屡彰，光明七日七夜不绝。这一神奇故事，被后来的南朝梁简文帝萧纲所撰《吴郡石像碑》记录下来。"沪渎浮海石像"这一著名的佛教故事在敦煌莫高窟第323洞窟南壁的唐代壁画中予以生动描绘，可见其在佛教史上的深远影响。

隋唐是我国封建社会高度发达的时期。开皇九年（589），隋朝重新统一全国，结束了长期动乱割据的局面。至618年，唐高祖李渊推翻隋朝，以长安为首都建立唐

---

〔1〕《陈书》卷七《宣帝纪》。
〔2〕《宋书》卷五十四《孔季恭等传》。
〔3〕谭其骧：《晋永嘉丧乱后之民族迁徙》，载《长水粹编》，湖北教育出版社2000年版，第220页。
〔4〕《全梁文》卷十四《吴郡石像碑》。

敦煌莫高窟唐代壁画"沪渎浮海石像故事"
图 25

朝。随着先进生产技术的传播和大量人口的南迁，隋唐时期江南经济和文化得到进一步开发，全国经济重心也逐步转移至南方。至唐代后期，吴郡（苏州）已发展成名望全国的"雄郡"。[1]五代十国时期，吴越王钱镠以杭州为中心建立了吴越政权，相对北方战乱不断，南方则比较安定，钱镠在政治上贯彻"以民为本，民以食为天"的国策，奖励垦荒，大修圩田，兴修水利，发展农桑，同时为增加财政收入，积极鼓励海内外贸易，使吴越逐渐变成全国富庶地区。

宋代是我国历史上经济与文化最为繁荣的朝代之一。至北宋元丰年间，苏州地区"井邑之富，过于唐世，郛郭填溢，楼阁相望，飞杠如虹，栉比棋布，近郊陋巷，悉

---

〔1〕《吴郡图经续记》卷上"封域"，第 5 页。

鬒以鬙。冠盖之多，人物之盛，为东南之冠"。〔1〕宋室南渡加速了江南地区的开发，至南宋更是"苏湖熟，天下足"，"国家根本，仰给东南"，"东南之地，繁华富贵，甲于天下"〔2〕，全国经济重心完成了从北方中原转移至南方的进程。

华亭县的设置极大地促进了青龙镇的发展。据唐李吉甫所撰地理总志《元和郡县志》载，唐天宝十年吴郡太守赵居贞向上奏请批准：分割昆山南境、嘉兴东境、海盐北境设置华亭县，隶属吴郡（苏州）。其名取自东吴陆逊华亭侯之封，境域大致为今上海吴淞江之南的地区，青龙镇从此改属华亭县。华亭县的设置，一方面反映了该地区经济实力的增强和人口的增加，另一方面加快了区域的开发和经济社会的全面发展。

华亭地处东南沿海，"负海枕江，原野衍沃，川陆之产兼而有焉"〔3〕，"地东南负海北通江，有鱼盐稻蟹之饶"〔4〕。经过开发后，此地变成了水稻高产区，水稻种植一年达到二熟。据唐陆广微《吴地记》记载，华亭县管辖 22 个乡，有户 12780 个，税茶盐酒等 72182 贯 431 文。当时华亭县的上级吴郡共辖吴县、长洲、嘉兴、昆山、常熟、华亭和海盐 7 个县，设有 194 个乡，有户 143261 个，税茶盐酒等钱总额 692885 贯 76 文。无论是辖乡、籍户还是上交税额，华亭处于吴郡七县中的中下水平，但是户均税额则处于中等偏上水平。

这种发展状况在新中国成立后的不少考古发现得到了印证。2011 年 3 月，在青龙镇东南约 10 公里处的徐泾镇金联村曾发现了唐代窖藏钱币达 230 千克，钱币绝大多数为唐代"开元通宝"，表明此地经济发展达到较高水平。

华亭设县后经历三百多年的开发，至北宋后期，华亭已是"据江瞰海，富室大家，蛮商舶贾交错于水陆之道，为东南第一大县"〔5〕。至南宋绍兴年间，"衣冠之盛为江浙诸县之最"〔6〕；绍熙年间，"今华亭稼穑之利，田宜麦禾，陆宜麻豆，其在嘉禾之

---

〔1〕《吴郡图经续记》卷上"城邑"，第 6、7 页。
〔2〕《建炎以来系年要录》卷九"建炎元年九月壬辰"。
〔3〕《绍熙云间志》卷上"物产"，第 8、9 页。
〔4〕正德《松江府志》卷十二"学校上"，许克昌《华亭修学记》，第 485、486 页。
〔5〕（宋）孙觌：《鸿庆居士集》卷三十四，《宋故右中奉大夫直秘阁致仕朱公墓志铭》。
〔6〕正德《松江府志》卷十二"学校上"，许克昌《华亭修学记》，第 485、486 页。

福泉山遗址出土的
唐越窑青瓷罐
图 26

徐泾镇金联村
出土的钱币
图 27

邑则又最腴者也。……舶货所辖海物惟错"[1]，"华亭为今壮县，生齿繁夥，财赋浩穰"[2]。户籍也达到了 9 万 7 千个[3]，比唐后期增加了许多，其中包含许多外籍人口。从现存上海地区出土的唐宋墓志来看，这些外籍人口有的远自今河南、山东、湖北、福建等地，有的则来自附近的江苏、浙江等地[4]，反映了唐宋时期华亭地区的人口构成状况。

在这样的大背景下，青龙镇迅速崛起并非偶然。

〔1〕《绍熙云间志》卷上"物产"，第8、9页。

〔2〕《绍熙云间志》"序"。

〔3〕《绍熙云间志》卷上"版籍"，第8页。

〔4〕参见中国文化遗产院等编：《新中国出土墓志》（上海、天津卷）上册录用的唐宋墓碑，文物出版社 2009 年版。

五、良好的港口条件

一个发展海内外贸易的城市的成立首先要具备基本的航运港口条件。作为商贸重镇青龙枕江负海，北依吴淞江，东临东海，地理位置优越，"控江而淮浙辐辏，连海而闽楚交通"，[1]具有良好的航运港口条件和区位优势，从而因水而兴。

（一）黄金水道吴淞江

上海地区为长江口岸冲积平原，沿海皆为泥沙滩涂，又江河出海口风涛激流，潮汐涨落显著，不利于大型船只停泊，需要深阔绵长、与大海相接的内河作为运输航道，河岸则作为港口码头。宋代楼钥曾谈及浙江（钱塘江）河口渡船的风险："江水之险，无如钱塘，不惟水面阔远，风涛可畏，加以沙涨无定，日有改易，大驾驻跸，往来尤众。绍兴初年，渡舟屡有覆溺。"[2]这种风险在其他出海河口同样存在。

---

〔1〕 万历《青浦县志》卷之七"词赋"，应熙《青龙赋》，第1135页。
〔2〕 （宋）楼钥：《攻媿集》，《论浙江渡船》。

青龙镇地处太湖平原的水网地带，利用水路运输极为方便。而最大的依靠就是北侧的吴淞江。

吴淞江，古称松江，又名松陵江、笠泽、吴江，源出太湖瓜泾口，现全长125公里，历来是太湖下游主要入海水道之一。《尚书》云："三江既入，震泽底定。"三江即松江、娄江和东江，为震泽（今太湖）下游主要泻水道。后娄江、东江淤塞消失，仅存松江。据载，唐代时吴淞江宽达20里，宋时也达9里，全长260里[1]，烟水浩渺，极为宽阔。北宋郏侨曾载"吴淞古江，故道深广，可敌千浦"[2]，元末顾观《过松江》诗云："吴淞三万六千顷，震泽与之俱渺茫。鸿雁一声天接水，兼葭八月露为霜。微风远引渔人笛，落日偏惊贾客船。三十年来此来往，尘缨犹未濯沧浪。"[3]吴淞江下游沪渎江与东海相接，出海口呈喇叭形，更是"茫然无辨"[4]，而称"沪海"[5]。2010年青龙镇首次考古发掘时，在今鹤联村仓西生产队段的青龙江北岸进行了勘探，发现地下为纯净的河相沉积泥沙层，没有任何文化地层，表明唐宋时吴淞江南岸达到今青龙江北岸、旧青浦民办小学（上海博物馆青龙镇遗址考古工作站，原隆平寺）北侧一线，远比今日吴淞江宽阔，这与文献记载相吻合。根据复旦大学历史地理研究所张修桂教授分析，吴淞江河口东在东晋至初唐时到达今上海江湾、花木镇一线，北宋初期因海岸线东移延伸至浦东里护塘北段。[6]青龙江是吴淞江中游的一段弯曲河道，南宋范成大《吴郡志》卷十九"水利下"载，"太湖之水，流入松江，接青龙江东入于海"。张修桂教授《青龙江演变的历史过程》一文对青龙江、吴淞江、青龙镇之间的关系进行了梳理，并作上述观点。[7]青龙江西连大盈浦，东接顾会浦，而泄于沪渎以入海。元宋以前，浩瀚无涯。[8]如今青龙江称青龙港，河面狭窄成宽仅20米至30米的小河流。

---

〔1〕 嘉庆《上海县志》卷一"疆域"；《吴郡图经续记》卷中"水"，第48页。
〔2〕 （明）归有光：《三吴水利录》卷一"郏侨书"。
〔3〕 陈元生、高金波主编：《历代长江诗选》，长江文艺出版社1993年版，第772页。
〔4〕 崇祯《松江府志》卷五十二"寺院三"，《灵鉴宝塔铭》，第1372页。
〔5〕 《吴郡图经续记》卷中"水"，第22页。
〔6〕 张修桂：《青龙江演变的历史过程》，《历史地理》第二十二辑，第337页。
〔7〕 张修桂：《青龙江演变的历史过程》，《历史地理》第二十二辑，第335页。
〔8〕 崇祯《松江府志》卷五"水"，第114页。

吴淞江流域水系发达，支流众多，宋时"或五里七里而为一纵浦，又七里或十里为一横塘"[1]，其南岸主要支流有赵屯、大盈、崧子、顾会、盘龙等五大浦[2]，这五大浦都布列于青龙镇的东西两侧或流经镇市。

顾会浦是吴淞江青龙江段南岸的一条重要支流，又称"通波塘"，流经青龙镇，也是青龙镇的主要市河。"直县（华亭）西北走七十里，趋青龙镇浦曰顾会，南通漕渠，北达松江。"[3]北宋时吴淞江支流都比较深阔，"其塘浦阔者三十余丈，狭者不下二十余丈，深者二、三丈，浅者不下一丈"[4]，顾会浦大概也是如此。南宋乾道元年（1165）诏开顾会浦，翌年因流入华亭县城北门通波门改称通波塘。后称流经华亭、娄县境内者为"通波"，流经青浦境内赵巷、重固者为"顾会"，自重固经青龙镇达白鹤江者为"青龙"，一河三名。至明清时日趋狭浅，成为宽20米左右的一般河流。现称"老通波塘"。

大盈浦位于顾会浦西，南接淀山湖，经白鹤汇达吴淞江，浦阔三十余丈。王安石诗有"徒嗟大盈浦，浩浩无春秋"之句，即指此浦。现称"东大盈港"，由青浦老城区北门起，流经天一、杜村、白鹤，北入吴淞江，全长14.9公里，河面宽30米，深2.5米，可通航60吨级船只。

赵屯浦位于大盈浦之西，南接淀山湖，北达吴淞江，浦阔五十余丈。现称"西大盈港"，自松江区汤庙村起，南接泖河，北经青浦莳沃塘、大盈镇、赵屯镇而入吴淞江，全长14公里。河面宽40米，水深3米，可通航100吨级船只。

崧子浦从顾会浦分流出来，往北注入吴淞江。现新通波塘为其部分故道，利用旧华潮浦、嵩塘等老河身加以取直、浚深、拓宽，流经青浦徐泾、赵巷、凤溪、华新诸镇，北入吴淞江，全长16公里。

盘龙浦位于崧子浦东，因形状流势委蛇曲折如龙之盘而得名，旧有盘龙汇，其上

〔1〕（明）归有光：《三吴水利录》卷一"郏亶书"。

〔2〕嘉靖《上海县志》卷一"山水"。

〔3〕《绍熙云间志》卷中"水"，《重开顾会浦记》，第23页。

〔4〕（宋）范成大：《吴郡志》卷十九"水利"，郏亶《治田利害七论》，载《江苏地方文献丛书》，江苏古籍出版社1999年版，第267页。

游为盘龙塘。现称"蟠龙港"，南通松江区境的黄浦江，北入闵行区境的吴淞江，全长 11.4 公里，水深 1.5 米，宽仅 15 米。[1]

深阔的吴淞江可负载大型的商船来回航行，成为一条黄金水道和经济动脉，沟通东西南北。停泊于青龙镇的商船一路西行上溯可以顺利到达经济发达的吴中腹部苏州；东面经过沪渎江直接通向大海，与中国沿海诸港、东南亚各国相连；南面可以通过吴淞江支流与华亭县城、秀州相接；北面可以通过其支流与长江相通。

（二）兴修水利保通航

吴地地势低洼，吴淞江作为太湖的主要泄水河道，自北宋以后因泥沙沉积、海潮顶托、两岸围田而日益缩窄，经常导致泄水不畅，造成流域内经常发生严重的洪涝灾害。疏治吴淞江及其支流成为宋朝吴中地区经略水利的头等大事，一方面出于保障此地发达的农业生产和百姓生活的需要，另一方面出于确保经济贸易重镇青龙通航的要求。

根据唐宋以后历代文献记载，现将唐宋元时期青龙镇附近吴淞江及其支流主要治理情况作一统计：

唐

元和五年（810），苏州刺史王仲舒筑吴淞江堤。

天祐元年（904），吴越命都水庸田司督疏导吴淞江及诸河。

宋

景祐二年（1035），苏州知府范仲淹开五大浦，疏导诸水入于吴淞江。

---

[1]《绍熙云间志》卷中"水"，第 24 页；《青浦县志·自然地理·水系》，上海人民出版社 1990 年版，第 110—112 页。

宝元元年（1038），两浙路转运副使叶清臣凿青龙江、盘龙汇等入吴淞江出海。

庆历元年（1041），华亭知县钱贻范开顾会浦由青龙江达吴淞江。

嘉祐年间（1056—1063），两浙路转运使李复圭、昆山县令韩正彦开凿白鹤汇。

元丰年间（1078—1085），华亭盐监章㝎疏治青龙江。

元祐三年（1088），常平使者调苏、湖、常、秀州民夫浚青龙江。

绍圣年间（1094—1097），两浙转运使毛渐开大盈、顾会诸浦入吴淞江。

崇宁年间（1102—1106），漕使郏亶浚治白鹤汇。

大观三年（1109），中书舍人许光凝开淘吴淞江置闸。

政和四年（1114），疏浚顾会浦，并置闸。

宣和元年（1119），两浙路提举常平赵霖兴修青龙江，自白鹤汇至艾祁浦。

绍兴十五年（1145），秀州通判曹泳重开顾会浦。

乾道二年（1166），两浙路转运副使姜诜浚通波塘。

淳熙二年（1175），清淤吴淞江沙泥，并浚通波、盘龙、蒲汇等塘。

淳熙十四年（1187），疏浚青龙江。

元

大德八年（1304），平章燕只吉台·彻里浚治吴淞江。

大德十年（1306），都水监任仁发浚治吴淞江及其支流。

从以上可清晰地看出，唐至元阶段中，宋代是吴淞江及其支流治理的主要时期，共计 15 次之多，其中与青龙镇直接有关的河道疏治达 13 次，显示出朝廷对青龙镇的重视。

1. 青龙江裁弯

主要是盘龙和白鹤两大汇的开凿裁弯。

"汇"一般指河水的汇集，也指弯曲的河道。清流与浑流交互影响后泥沙沉积，河水排泄不畅而使河道弯弯曲曲成大小不一的汇。"松江东注委蛇曲折，自白鹤汇极于盘龙浦环曲而为汇，不知其几，水行迂滞，不能径达于海。今所开松江自白鹤汇之北，直泻震泽之水，东注于海，略无迁滞处，是以吴中得免水患。"[1]吴淞江"江流自湖至海，凡二百六十里，岸各有浦，凡百数，其间环曲而为汇者甚多，赖疏瀹而后免于水患"。[2]

盘龙汇就是吴淞江中游最大的汇，位于青龙镇东（今青浦区徐泾镇盘龙村一带）。"松江一曲，号曰盘龙"[3]，"介于华亭、昆山之间，步其径绕十里许，洄穴迂缓逾四十里"，委蛇曲折"如龙之盘"，盘龙汇之名也由此而出。今当地尚有"龙江十八弯，看看一眼眼，摇到吃夜饭"之谚。盘龙汇形成后，"江流为之阻遏，盛夏大雨则泛滥，沦稼穑，坏屋庐，殆无宁岁"[4]。为此，苏州知府范仲淹曾筹划治理，但效果不明显。宝庆元年，两浙路转运副使叶清臣开凿盘龙汇，将弯弯曲曲的河道拉直变成新渠，即盘龙浦的一部分，这样直接排水导入吴淞江下游的沪渎后再入海，从而从根本上解决了这一带的水患，同时保证了青龙江下游航运的通畅。

青龙镇西著名的白鹤汇，"大盈浦，南接淀山湖，经白鹤汇以达吴淞江"，宋代曾有三次开凿裁曲拉直。第一次是嘉祐年间，吴中水灾，两浙路转运使李复圭、昆山县令韩正彦"如盘龙之法"开凿白鹤汇。第二次为崇宁年间，漕使郑宣浚治白鹤汇，"遂为民利"[5]。宣和元年，两浙路提举常平赵霖兴修青龙江，自西面的白鹤汇至东面的艾祁浦，为其整个"一江、一港、四浦、五十八渎"水利工程的重要组成部分，其中"华亭县青龙江，自白鹤汇开修至艾祁浦口。长十三里，面阔十五丈，底阔九丈，深一丈二尺。通役六十一万二千八百余工"。[6]

青龙江上下游白鹤和盘龙两汇的开凿裁弯后，使"道直流速，其患遂弭""江浦通快"，极大地改善了青龙镇的航运条件，对青龙镇商贸的持续兴盛产生了积极的影响。

至淳熙十四年，旱久导致华亭境内河流断绝，华亭县令刘璧"相视青龙江可通潮

---

[1]《绍熙云间志》卷中"水"，第24页。

[2]《吴郡图经续记》卷中"水"，第48页。

[3] 弘治《上海志》卷二"水类·盘龙浦"。

[4]《吴郡图经续记》卷下"治水"，第53页。

[5]《绍熙云间志》卷中"水"，第24页；《宋史》卷九十六"河渠志六"。

[6]（宋）范成大：《吴郡志》卷十九"水利下"，第289、290页。

而堙废已久，集丁夫给官米，不越五日濬七十余里，潮达县市"[1]，对青龙镇水上交通的改善起到积极作用。

2. 顾会浦疏治

顾会浦是青龙镇的主要市河，其通航与否直接关系到青龙镇的商贸兴衰，"舟艎去来，实为冲要，平畴芳甸，傍罗迤逦，灌溉之厚，民斯赖焉"。[2]

据宋庆历二年章岷《重开顾会浦记》、绍兴十五年杨炬《重开顾会浦记》、乾道二年许克昌《华亭县浚河置闸记》等记载，顾会浦至少三次疏浚。首次疏治的原因是顾会浦"自干山之阳，地形中阜积淤不决，渐与岸等，每信潮吐纳射及半道而止者垂三十年"。遂于庆历元年由华亭知县钱贻范组织，自青龙江达吴淞江，"增深四尺，概广八丈，无虑役工十万二千九百五十"。第二次疏治为绍兴十五年，由秀州通判曹泳重开，原因是"河久不浚而沦塞，淤淀行为平陆"，于是役工二十万，用粮以石计七千二百，为钱以缗计二万五千，"自十月二十有六日役三月而河成，起青龙浦及于（华亭县）北门，分为十部，因形势上下为级十等，北门之外增深三尺，而下至镇浦极于一丈，面横广五丈有奇，底通三丈，据上流筑两挟堤，因旧基为闸而新之复，于河之东辟治行道，建石梁四十六通诸小泾，以分东乡之渟浸不浃"。第三次为乾道二年，转运副使姜诜浚通波塘，原因是"松江，太湖而注于海，而所入之道岁久填阏，雨少过涯，则泛滥弥漫，决齧隄防，浸灌阡陌。迺隆兴甲申秋八月淫雨害稼，明年大饥"，"乃浚河自干山达青龙江口二十有七里，其深可以负千斛之舟"，"凡浚河之工万有一千二百，浚河靡钱缗九千三百五十四，粟石二千三百有九十"。[3]当然，在庆历二年前应还有疏浚工程，否则章岷不会所撰题为《重开顾会浦记》。疏浚后，"万民赖之"，通波塘可以"负千斛之舟"，即60吨以上船舶的通航能力。

两浙路提举常平赵霖曾分析兴修水利有五大之利，其中第五条论说很清晰、到

---

〔1〕（宋）袁燮：《絜斋集》卷十二，《端明殿学士通议大夫签书枢密院事崇仁县开国伯食邑七百户食实封一百户累赠太保罗公行状》。
〔2〕《绍熙云间志》卷下"记"，第26页。
〔3〕《绍熙云间志》卷下"记"，第26、27页，第38、39页，第39—41页。

位："今开浦置闸……港浦既已深阔，积水既已通流，则泛海浮江，货船木栿，或遇风作，得以入口住泊。或欲住卖，得以归市出卸。官司遂可以闸为限，拘收税课，以助岁记。五利也。"[1]代表了当时宋廷官员兴修水利有益于通商收税的基本认识。

时势造青龙。最终，历史将青龙镇推向了舞台，成为名望东南的雄镇。

---

[1]（宋）范成大：《吴郡志》卷十九"水利下"，第287页。

六、军事据点向经济重镇的成功转型

青龙镇于唐天宝五年设置。初设时为军事据点，至晚唐北宋初成功转型为经济贸易重镇。

《新唐书》"兵志"曰："兵之戍边者，大曰军，小曰守捉，曰城，曰镇。"宋代之前，朝廷一般在边境形胜之地设置军镇作为军事据点，驻兵戍守，管理军务。军镇于十六国时期开始设置，以加强边民管理，防御外敌，如"刘、石、苻、姚时，于今州里西七里置杏成镇，常以兵守之"[1]。其最高长官为镇将，镇将下有各类属官，以佐之执行军政事务。至北魏为巩固边防和占领区的统治广泛设置，并实行军镇制度，与州的行政级别相当。据统计境内设有军镇约一百个，如从公元429年起在北方边境设置沃野、怀朔、武川、抚冥、柔玄、怀荒等六大著名军镇以防游牧民族柔然侵扰。此后镇的设置由边境扩散到内地要冲地带，并为后代所沿袭。

进入唐代后，军镇的设置更为广泛，其制度更趋完善，并分上镇、中镇、下镇三等，各设镇将，镇副录事、参军等，相对军、守捉、城而言为规模较小的军事据点，"制：刺每五百人为上镇，三百人为中，不及三百人为下。置将、副掌捍御。又置仓曹、兵曹掌仓库、戎器之类"[2]。据傅宗文先生统计，唐代在全国设有军镇245个，其

---

〔1〕（唐）李吉甫：《元和郡县图志》卷三"关内道三·坊州"。

〔2〕（宋）谈钥：《嘉泰吴兴志》卷十"管镇"，载《宋元方志丛刊》第五册，中华书局1990年版，第4730页。

中上镇 20 个，中镇 90 个，下镇 135 个。[1] 如为巩固西北边防于贞观二十二年（648）设置龟兹、焉耆、于阗、疏勒等著名的安西四镇。而东南的吴郡地区为了沿海防御的需要，军镇设置也非常普遍，所属的昆山、常熟、华亭、海盐、吴江县皆有镇将以沿海防御之处，据《祥符图经》载，昆山镇在县东一里，常熟镇在县南二百步，吴江镇在县下。[2] 设于唐开元五年（717）的海盐县澉浦镇位于杭州湾北岸，"东枕大海，相望秦驻跸山，实为险要"[3]，其设置也出于海上防御之目的。

地处东南沿海的华亭县，其军事战略地位极为重要，绍熙《云间志》卷上"镇戍"条目正确评估了华亭县军事战略地位："华亭襟带江海，上而吴晋，近而吴越，尝筑城垒置防戍，所以控守海道者至矣。今沿海镇寨倍于他邑，是亦捍置上流之意云。"而青龙镇位于吴淞江沪渎的咽喉，是海上进入吴中腹地的第一隘口，更为华亭海防要害之地，起到控守海道的关键作用，其战略地位是不言而喻的。一般县内只在县城置镇，唯独华亭县设有华亭和青龙两个镇，"按昆山、常熟、海盐、吴江唯有县镇，而华亭县外又有青龙者，旧为江海要害地也"。青龙镇下辖兵员 150 人，属于下镇。

军镇设置局面一直延续至五代。至北宋初，随着国家的安定，军镇建置逐渐被取消，其最高长官镇将的军事职权收归到所属县的县令和县尉手中。"国初镇将虽存，而县令及尉实掌其权"，[4]"本朝平定诸国，收藩镇权。县之有兵者，知县带都监或监押，存者特曰监镇，主烟火兼征商。至于离县稍远者，则有巡检寨"[5]。如吴郡地区的昆山镇、常熟镇、华亭镇至元丰《九域志》时皆已废置。[6] 没有被取消的军镇，其军事的职能淡化，逐渐转到财税等镇务其他管理事权方面。

从历史来看，市的产生远比镇要早，两者又是两个不同的概念。"市"本意就是市场，即做买卖的地方、交易场所。《周易·系辞》有"日中为市"，后成为城的附属设施，筑城必辟市；农村交易场所也称市，如集市、草市。镇则是军队驻防地点，始

〔1〕 傅宗文：《宋代草市镇研究》，福建人民出版社 1989 年版，第 19 页。
〔2〕《绍熙云间志》卷上"封域"，第 2 页。
〔3〕（宋）常棠：《澉水志》上卷"形势"，载《宋元方志丛刊》第五册，第 4660 页。
〔4〕《绍熙云间志》卷上"封域"，第 2 页。
〔5〕（宋）谈钥：《嘉泰吴兴志》卷十"管镇"，第 4730 页。
〔6〕《绍熙云间志》卷上"封域"，第 2 页。

于十六国时期。因驻军处常有商贩聚集，至宋代，在县以下人口密集、商业发达之地设置镇，"民聚不成县而有税课者，则为镇，或以官监之"[1]，"诸镇置于管下人烟繁盛处，设监官，管火禁或兼酒税之事"[2]。至明代，市与镇没有大的区别，不过在规模上有所差异，一般镇大于市，弘治《吴江县志》称"人烟凑集之处，谓之市镇"，正德《姑苏志》云"商贾所集谓之镇"。在行政上，市镇都是县以下的一级建置，又有称关、店、集者，实际相当于市镇。由此产生了独特的市镇经济现象。

中国古代市镇经济从宋代开始兴盛。因商业、手工业的发展，地处一些交通要道的草市以至墟集转化为市镇，一些驻军处人烟繁聚亦成市镇。有关学者据《宋会要辑稿》统计，北宋有商税务达 2100 多所，除设于州、府、县治者外，有 866 所设于市镇，尤以江南地区为多。南宋市镇持续发展，市镇数量大幅增加，呈现出全面繁荣的景象。宝庆《四明志》记鄞县有市镇 18 个，慈溪县有 16 个，定海县有 13 个；景定《建康志》记全府有淳化等 14 个镇、汤泉等 20 余市；南宋吴自牧《梦粱录》记临安（今杭州）附近有 15 个市镇；至元《嘉禾志》记嘉兴地区有 18 个市镇。

"镇的历史，在宋代时进入全新的时期，完成了角色的转变。它一改前代军事据点的性质，朝着'准政区'及县下'小都市'两个方向发展，在国家的经济体系中占据着越来越重要的地位。"[3]随着江南深度开发和商品经济的发展，地处江海要冲的青龙镇与其他一些镇市一样人烟繁盛起来，从以军事防御性质为主的军镇开始逐渐向以商业贸易性质为主的市镇转变。北宋大中祥符年间（1008—1016），以镇将理财。景祐年间（1034—1038），始设文官理镇事，"祥符间以镇将理财，景祐中监以文职"[4]。以此为标志，青龙镇成功地实现了这一性质的转化。

当然，如前文所述，宋代青龙镇因地理位置的重要性仍然发挥着军事要地的功能，但已退居次要地位，被商埠这一主要功能所替代。

---

[1] （宋）高承：《事物纪原》卷七"州郡方域部·镇"。
[2] 《宋史》卷一百六十七"职官志七"。
[3] 王旭：《宋代县下基层区划的"双轨体制"研究——以太湖流域的乡、镇为中心》，暨南大学博士学位论文 2017 年。
[4] 正德《松江府志》卷十四"兵防"，第 607 页。

七、市镇发展的阶段

青龙镇由小到大，由兴及盛，其发展轨迹大致经历了形成期、成熟期、鼎盛期三个阶段。

（一）第一阶段：形成期

从唐中期至北宋初期，前后分别以唐天宝五年建置和北宋大中祥符年间以镇将理财为标志，经历大约270年，至祥符年间镇市初具规模。此为军镇时期，至晚期成功实现向商业市镇的转化。这一阶段因文献记载很少，为我们了解青龙镇带来了难度，但从一些佛寺的创立和考古发现方面可以看到发展的状况。

这一阶段佛寺方面开始兴盛，青龙镇三大主要寺刹相继创建。天宝二年（743）也就是置镇的前三年，青龙镇南部兴建了第一座寺院——报德寺（宋更名隆福寺，后俗称青龙寺），因地处青龙镇之南，故称南寺。长庆年间（821—824），该寺增建了寺塔（青龙塔）；又在报德寺其北约1.5公里处新建了国清寺（宋称隆平寺），因位于镇

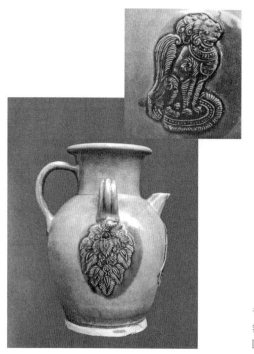

青龙镇出土的唐代长沙
窑椰枣狮子纹执壶
图 28

北故称北寺。[1] 北宋乾德年间，又在镇西部建胜果寺，俗称西寺。三大寺的创设体现了当时崇佛的社会风尚，同时表明镇区在逐渐扩大，居民在不断增加。还有唐景福元年（892），由道士叶管辖创建了通玄观。[2]

考古发现，唐代时期的遗存非常丰富集中，铸造作坊、水井、建筑等遗存和大量生活用品的发现表明，青龙镇在唐代已经人烟稠密，经济文化比较发达繁荣，市镇规模也达到约 2 平方公里。青龙镇及其附近地区历来不是瓷器生产地，大量外来瓷器的发现表明除了满足本镇消费外，该区域还作为商品的集散地和销往其他地区的中转站，其中许多外销瓷——长沙窑、德清瓷瓷器的发现更表明了海外贸易活动在唐代后期已经蓬勃开展起来，商埠港口也初露端倪。

[1]《绍熙云间志》卷中"院记"，第 11 页；崇祯《松江府志》卷五十二"寺院三"，第 1370—1374 页。
[2] 万历《青浦县志》卷三"祠庙"，第 1030 页；崇祯《松江府志》卷五十二"道观"，第 1393 页。

（二）第二阶段：成熟期

从北宋早期到晚期，前后分别以景祐年间设文官理镇事和大观年间改名通惠镇为标志，经历大约 80 年的发展，确立了青龙镇作为商贸重镇和港口的地位。

这一时期海内外贸易得到快速发展，据宋嘉祐七年（1062）《灵鉴宝塔铭》载："自杭、苏、湖、常等州月日而至，福、建、漳、泉、明、越、温、台等州岁二三至，广南、日本、新罗岁或一至……"[1] 至元丰五年（1082），青龙镇更出现了"风樯浪舶，朝夕上下"的兴盛局面，成为海商辏集之地[2]。《宋会要辑稿》"食货志"记载，熙宁十年，青龙镇上交的商税就达 15879 贯 400 文，而华亭县城只有 10618 贯，同时在秀州地区设置的 17 个酒务中排在第 2 位，超过了所属的华亭县城，仅次于州城。

这一阶段青龙镇的市镇规模迅速扩大，外来人口纷纷迁居此地，"富商巨贾、豪宗右姓之所会"[3]，出现了"人乐斯土，地无空闲"的盛况。嘉祐七年建隆平寺宝塔[4]，康定年间（1040—1041）建广利桥，熙宁五年（1072）建广济桥[5]。这一切表明青龙镇依赖海内外贸易正走向繁荣。

（三）第三阶段：鼎盛期

从北宋晚期至南宋晚期，前后以青龙镇于大观年间改名通惠镇和景定年间（1260—1264）上海市舶务的设置为标志，大约经历 150 年的发展而达到鼎盛。

这一时期青龙镇仍然是华亭县主要的良港，海内外贸易得到持续发展。其间虽然

---

〔1〕 崇祯《松江府志》卷五十二 "寺院三"，《灵鉴宝塔铭》，第 1372 页。
〔2〕 《绍熙云间志》卷下 "记"，"陈林《隆平寺经藏记》"，第 36—38 页。
〔3〕 《绍熙云间志》卷下 "记"，"陈林《隆平寺经藏记》"，第 36—38 页。
〔4〕 崇祯《松江府志》卷五十二 "寺院三"，《灵鉴宝塔铭》，第 1372 页。
〔5〕 正德《松江府志》卷十 "桥梁"，第 386—388 页。

因青龙江浦一度淤塞，"少有蕃商舶船前来"，但是不久朝廷就着手"开修青龙"，使"江浦通快"。到宣和元年，华亭又出现了"蕃商舶船辐辏住泊"的盛况。[1] 建炎三年金兀术渡江南侵时，"所过燔灭一空，而华亭独亡恙"[2]，使青龙镇免遭战祸，保持市镇持续繁荣。为加强海外贸易管理，绍兴元年青龙镇正式设置市舶务[3]，翌年朝廷又将两浙路市舶司从杭州迁至华亭县城，极大地促进了该镇海内外贸易的进一步发展。绍兴年间（1131—1162）"商贾舟船多是稍入吴淞江，取江湾浦入秀州青龙镇"[4]，南宋后期"市廛杂夷夏之人，宝货富东南之物"，青龙镇成为名望东南的"海商辐辏之所"。[5]

海内外贸易的繁盛依旧支撑着该镇的发展，市镇规模继续扩张，据考古勘探分析，镇区面积扩大到 3 平方公里，是唐代的 1.5 倍。一批桥梁营建改善了镇内交通，如乾道八年（1172）建广顺桥，淳熙年间（1174—1189）建阜通桥，庆元年间（1195—1200）建庆安桥、滑石桥[6]。而至嘉定十五年（1222）监镇赵彦敫创建镇学，淳祐年间监镇林鉴大力加强市政建设，扩展市镇规模，整治交通和市容市貌[7]，极大地提升了青龙镇的品位和影响力。

"惟此人杰而地灵，诚非他方之可及"，鼎盛时期的青龙镇有"三亭、七塔、十三寺、二十二桥、三十六坊"，是名副其实的"巨镇""雄镇"。

---

[1]《宋会要辑稿》"职官四四之十一"，第 3368 页。

[2]（宋）孙觌：《鸿庆居士集》卷三十四，《宋故右中奉大夫直秘阁致仕朱公墓志铭》。

[3]《宋会要辑稿》"职官四之十六"，第 3371 页。

[4]《宋会要辑稿》"食货十七之三六"，第 5101 页。

[5]《绍熙云间志》卷上"镇戍·青龙镇"；（宋）王象之：《舆地纪胜》卷三"两浙西路"。

[6] 正德《松江府志》卷之十"桥梁"，第 386—388 页。

[7] 光绪《青浦县志》卷十四"职官上·名宦传"。

八、"小杭州"之称

近代上海开埠后发展成远东最大的国际都市,被人称为"东方的巴黎"。而近千年前的青龙镇被称作什么呢?

青龙镇鼎盛时期因市井繁华,烟火万家,犹如一都城,故被当时人称作"小杭州",以此来赞誉它的美丽、发达和富裕。光绪《青浦县志》卷三十"杂记下·遗事"条目下这样记载青龙镇:"青龙镇在吴淞之滨,南宋时海舶所集,有三亭、七塔、十三寺,烟火万家,谓之小杭州。"

那么,"小杭州"之称始于何时?此称未见绍熙《云间志》、至元《嘉禾志》,而最早见于历史文献的是弘治《上海志》,其卷之二"镇市"条目这样的记述:

> 青龙镇……宋政和间改曰通惠,后复旧称,市舶提举司在焉。时海舶辐辏,风樯浪楫,富商巨贾、豪宗右姓之所会也,人号小杭州。梅圣俞以叔询知苏州,尝往来其间,有《江上观潮》诸诗及载坊三十六、桥二十二。米芾亦以治事至,见陈林所记"爱而书之"。元末其市渐徙于太仓。

后被许多方志载录,内容大同小异,如正德《松江府志》载:

青龙镇……有坊三十六、桥三十，桥之有亭宇者三，有二浮图，南北相望，江上有龙舟夺锦之盛，人称小杭州。[1]

难道这是明代人开始称之？不是的，应该始于南宋，因为青龙镇最辉煌的时期是在青龙镇改名通惠镇之后，此时期无论市镇规模还是整体实力都超过了前代。清代青浦人诸联将"小杭州"之说始于五代，"至五代犹称雄镇，号小杭州"[2]，应当没有这么早。

谚语"上有天堂，下有苏杭"，将苏州、杭州比之人间天堂，以此形容苏州、杭州的美丽与富庶。此谚出自北宋范成大的《吴郡志》："谚曰：'天上天堂，地下苏杭'。"[3]此后全国各地也常将美丽富裕的地方比作苏州、杭州。如浙江温州，在北宋时期已经称作"小杭州"，"一片繁华海上头，从来唤作小杭州"[4]；奉化县南60里的鲒埼镇曾被比作临安，其濒临象山湾，从宋宁宗初年起，因"商舶往来，聚而成市"，"日益繁盛，邑人比之临安"。[5]

那么，青龙镇为何称"小杭州"而不是"小苏州"等其他称呼？

靖康二年（1127）北宋灭亡后，宋高宗赵构南渡将临安（杭州）定为国都，杭州从此成为大宋的政治、经济和文化中心。杭州山水佳丽，又发达富庶，成为当时人们心向往之的大城市、好地方，比之苏州更强更好。因此，将青龙镇称作"小杭州"更符合大众心理和情感。

同时，作为东南雄镇的青龙被称作"小杭州"也恰如其分地体现了该镇的规模、特点和盛况。

---

〔1〕正德《松江府志》卷九"镇市"，第332页。
〔2〕（清）诸联：《明斋小识》卷六"青龙寺"。
〔3〕（宋）范成大：《吴郡志》卷五十"杂志"。
〔4〕光绪《永嘉县志》卷三十三。
〔5〕《宝庆四明志》卷第十四，《奉化县志》卷第一"官僚·鲒埼寨巡检"，载《宋元方志丛刊》第五册，第5128页。

第二章 青龙镇管理机构

管理机构是市镇发展的必要条件，其设置的背后反映了市镇的发展状态。青龙镇自建置之日起就设立相应的管理机构，后随着镇市性质和发展状况发生变化而调整和完善。

青龙镇管理机构设置可分为军镇和市镇两个时期，前后职能完全不同。按照唐代兵制，军镇职能是军事防御、驻兵戍守。青龙镇军镇时期不出此制，并设镇将为最高长官，配置副将、镇副录事、参军等辅佐之，以管理军务。北宋初，随着国邦的稳定和市镇经济的发展，军镇的军事职能大为降低削弱，其最高长官镇将的军事职权收归到县令和县尉手中，"国初镇将虽存，而县令及尉实掌其权"[1]。大中祥符年间，青龙镇以镇将理财，转到镇的财政管理[2]。至景祐年间设文官理镇事后，青龙镇作为军镇的职能已经名存实亡。虽然文献未见镇将废止的确切时期，推算应当也在景祐期间。

---

[1]《绍熙云间志》卷上"封域"，第 2 页。
[2] 正德《松江府志》卷十四"兵防"，第 607 页。

光绪《青浦县志》曾把南宋将领刘晏作为建炎年间在任的镇将予以记载[1]，这是不准确的，因为建炎年间已是南宋初年，镇将之职早已废止多年，不符合常理。《宋史·刘晏传》这样记述其生平和驻屯骑兵于青龙镇的经过：

> 刘晏，字平甫，严州（今浙江建德）人。入辽，举进士，为尚书郎。宣和四年，帅众数百来归，授通直郎。金人犯京师，以晏总辽东兵，号"赤心队"。建炎初，从刘正彦击淮西贼丁进。进党颇众，晏所提赤心骑才八百，乃为五色旗，使骑兵持之，循山而出，一色尽则以一色易之。贼见官军累日不绝，颜色各异，遂不战而降。迁朝散郎。正彦反，晏谓其部曲曰："吾岂从逆党者耶？"以众归韩世忠。世忠追正彦及苗傅于浦城，以晏骑六百为疑兵于浦山之阳，贼大骇，晏以所部力战。正彦既擒，世忠上其功，迁一官。金人犯建康，杜充兵溃，世忠退保江阴，晏领赤心百五十骑屯青龙。群寇犯常州，郡守请晏为援，晏以精锐七千人出奇破之。进直龙图阁。保马迹山以捍寇，寇再至，晏选舟师迎战，降其众千五百人，郡人为晏立生祠。戚方围宣城，急命晏往援，晏至城下，未立营垒，出不意直捣方帐下，方大惊却走。晏欲生致方，单骑迫之，方率其众迎战，晏不能敌，犹手杀数十人，为贼所害。事闻，赠龙图阁待制，官其子四人，于死所立庙曰义烈，岁时祀之。[2]

从以上可知，刘晏只是因抵抗金兵南下曾率其精锐骑兵"赤心队"一百五十骑一

---

[1] 光绪《青浦县志》卷三十"杂记下·补遗"。
[2]《宋史》卷四百五十三"列传第二百一十二·忠义八·刘晏"。

时驻扎于青龙镇而已，实际上并没有被授予镇将之职。

市镇时期，青龙镇许多管理机构相继设立，"有治、有学、有狱、有库、有仓、有务、有茶场、酒坊、水陆巡司"[1]，并配置相应的文职官员替代武职官员来管理有关市镇事务，以适应市镇发展的要求。同时，体现出宋代行政系统下延、"皇权不下县"改观的总体趋势。

---

[1] 正德《松江府志》卷九"镇市"，第332页。

一、监镇署

监镇是镇一级基层主要官员，相当于现在的镇长。宋代一般在人口、市镇规模较大的市镇设置监镇一职，"诸镇置于管下人烟繁盛处，设监官，管火禁或兼酒税之事"[1]。按照宋代职官制度，监镇主要职责是掌一镇"巡逻、盗窃及火禁之事，兼征税、榷酤，则掌其出纳会计，镇寨凡杖罪以上，并解本县，余听决遣"[2]，负责一镇的治安、征税、财务和一般的刑事司法等事务的管理。其官阶一般为从九品，被授文林郎、迪功郎、修职郎、儒林郎或三班借职、三班奉职等低级文武职官。但是监镇官因各镇地位的高低等级也有所不同，青龙镇监镇据《永乐大典》记载，在南宋后期《吏部条法》被列入较高等级的《尚书左选格》，规定"先注亲民资序人及次任京官，不破选、通差"，显示一定的资历要求，表明该镇的重要性。其职权范围也有所差异。

青龙镇设置监镇官员始于景祐年间，"置文臣理镇事，以右职副之，今止文臣一员"[3]，"自景祐至今，皆京寺清秩，兼以治人"[4]其设置至少延续至元初至元年间，

---

〔1〕《宋史》卷一百六十七"职官志七"。
〔2〕（元）马端临：《文献通考》"职官考"十七。
〔3〕《绍熙云间志》卷上"镇戍"，第4页。
〔4〕正德《松江府志》卷二十"寺观下"，《隆平寺宝塔铭》。

"今镇治延袤，有学有狱"[1]，隶属达鲁花赤管军中万户府。[2]嘉靖《上海县志》记有5位监镇[3]，光绪《青浦县志》据前志梳理共有11位监镇传名，较早的为孙揆、石怀玉、陈回。孙揆于宝元年间（1038—1040）在任，石怀玉、陈回于嘉祐年间（1056—1063）在任。在留存的嘉祐七年《隆平寺宝塔铭》一文中署名的石怀玉官职为三班奉职、监青龙镇酒税、茶盐同管、勾烟火公事，陈回为给事中、太子中舍、监海盐县盐场、权管勾青龙镇务烟火公事、骑都尉。[4]据弘治《新安文献志》卷九十四"程克俊家传"条目记载，南宋前期饶州浮梁（今江西浮梁县）人程洧以右宣教郎任"秀州青龙监税"，其父即绍兴年间曾任签书枢密院使兼参知政事的程克俊。

宋代青龙镇著名的监镇有米芾、赵彦敔、林鉴、娄（一作魏）大年。

宋四家之一的米芾（1051—1107）于元丰五年曾任此职。绍熙《云间志》卷下载陈林《隆平寺经藏记》中最后落款云："元丰五年春正月冯翊陈林记。襄阳米芾治事青龙，宾老相过出此文，爰而书之。"明确记载了其任职青龙镇这样一段鲜为人知的史实，而且于当年正月曾为该镇北的隆平寺亲笔手书经藏记。可惜，米芾亲笔的书法未能保存。根据此载，任职青龙镇时米芾为32岁，此前任长沙掾。清翁方纲考订的《米海岳年谱》等籍并没有记载米芾在青龙镇任职的这段经历，与其在此任职的时间不长有关，因为当年秋天他已至黄州（今湖北黄冈市），并初识苏轼，翌年就到杭州任观察推官了。据此，罗勇来、衡正安先生认为米芾任青龙镇监镇大约只有半年的时间。[5]但是这段短短的经历，为青龙镇增添了浓厚的人文色彩。

赵彦敔，字仲和，嘉定年间任文林郎、华亭县青龙监税兼烟火公事（监镇）。嘉定十五年倡建青龙镇学，使百里之间弦歌相闻，风俗纯美。兵部侍郎杜孝严以"彦敔有官不显，有民不多而所知者本所务者大"称之。[6]

---

[1] 至元《嘉禾志》卷第一"镇市"。
[2] 崇祯《松江府志》卷二"沿革"。
[3] 嘉靖《上海县志》卷四"管师"。
[4] 正德《松江府志》卷二十"寺观下"，《隆平寺宝塔铭》；光绪《青浦县志》卷三十"杂记下·遗事·补遗"。
[5] 罗勇来、衡正安：《米芾研究》"宦历行踪"，文物出版社1012年版，第60页。
[6] 正德《松江府志》卷二十三"宦迹上·赵彦敔传"，第1055页；光绪《青浦县志》卷十四，"职官·名宦传"。

米芾像
图 29

　　林鉴，字岂尘，长邑（今属福建福州）人，淳祐七年（1247）进士。淳祐年间（一作嘉泰元年）任青龙监镇，曾大力整治坊巷、桥梁、道路，使市貌肃然。[1]

　　娄大年，一作魏大年，淳祐年间曾任青龙监镇，曾修治镇署，署内增建拂云亭、无倦堂、翦韭亭。[2]

　　监镇办公之所即镇署（镇治）。青龙镇署具有一定的规模，淳祐年间由监镇林鉴、娄大年修治，建有无倦厅（堂）、宣敕堂、手诏亭、晓示亭、税亭、拂云亭、剪韭亭

---

〔1〕《淳熙三山志》卷第三十二"人物类七"，《钦定四库全书·史部一一》；光绪《青浦县志》卷十四"职官·名宦传"。

〔2〕正德《松江府志》卷十一"官署下"，第477、478页；光绪《青浦县志》卷二"疆域下·衙署"。

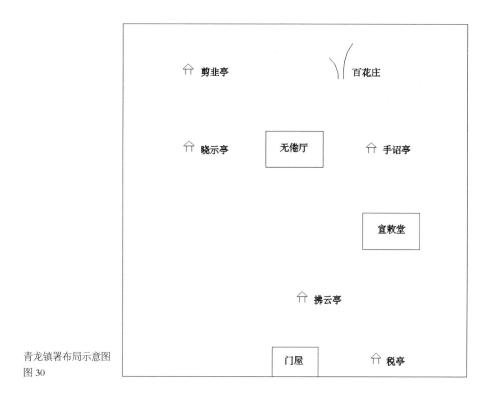

青龙镇署布局示意图
图30

和百花庄等建筑和园囿。无倦厅为镇署厅事；手诏亭和晓示亭在镇治东西两侧，晓示亭为政府向民众公布条令之处；税亭位于附近的江上，可能便于征税；拂云亭，在镇治前，因面临水竹而名。清黄霆《松江竹枝词》有"拂云亭上翠烟生，布谷声中雨乍晴"之句[1]；剪韭亭在镇园。镇治旁边建有百花庄，百花庄原为真一道院，为张氏所据，后废，由林鉴筑墙限之杂植卉木，故名。[2]

关于青龙镇镇署地点，历史文献没有直接记载，在崇祯《松江府志》卷之三"桥梁"条目中提及有一座镇家桥，该桥"在镇治南陈泾上"[3]，为寻找镇署提供了重要线

〔1〕顾炳权编著：《上海历代竹枝词》，上海书店出版社2001年版，第16页。
〔2〕正德《松江府志》卷十一"官署下"，第477、478页。
〔3〕崇祯《松江府志》卷三"桥梁"，第88页。

索。依此，镇署在陈泾北面。

陈泾即今陈泾岸河，位于青龙镇东北部，东西流向，是通波塘北部的一条支流。陈泾岸河西端北岸为今白鹤镇旧青浦民办小学（隆平寺旧址），隆平寺西南则有一座寺桥，又名香华桥、迎恩桥，位于"陈泾口"，据此，陈泾即今陈泾岸河。旧青浦小学东面是今塘湾村陈泾岸自然村，陈泾岸村因陈泾岸河相隔而分为河南、河北村。陈泾岸河两岸地势比较高，为建筑遗存所致。

笔者询问当地年长者，对方仅知道青浦老县衙门的大致位置，就是位于陈岳公路东侧、北陈泾岸村（河北村）西侧旱地，但是不知道青龙镇衙的位置。查阅万历等《青浦县志》，青浦县署就是在青龙镇署的基础上改建而成。明嘉靖二十一年青浦建县时县治设在青龙镇，"改镇为县"；三十二年撤县建制后县署遂废弃，一度改成新泾巡检司治所，"鞠为茂草，惟存屋三楹，改名新泾巡检司"。至万历元年复县后县治从青龙镇移至唐行镇，建新署时又"撤青龙旧廨，杂以新材，够成邑宇"。[1]清乾隆时新泾巡检司迁移至青浦章堰镇，此后青龙镇署完全荒废。其旧址成为菜地，看不到任何踪迹，但是当地百姓数百年世代相传而有所指。因此，青龙镇署位于今陈岳公路东侧、塘湾村河北自然村，这与文献记载是吻合的。

据载，镇署西有平理坊，东有通惠坊，"平理坊，镇治西"，"通惠坊，镇治东，取镇旧名"。[2]其东北还有镇学。

---

〔1〕 万历《青浦县志》卷一"公署"，第996页；"旧署·青龙官廨"，第1000页。
〔2〕 正德《松江府志》卷九"坊巷"，第327页。

二、巡检司

巡检之职源自唐、五代，至宋代广泛设置，成为社会治安管理网络中重要组成部分。

巡检司是北宋开始设立的县以下基层治安机构，沿袭至清代，相当于现在的派出所、海事处。一般设置在关津港口要道，职责是巡检来往车船、缉捕盗贼、监察走私和抽取货税等，置有巡船和巡兵，巡检为其主官。宋代县级治安分隶县尉、巡检。两者平级，县尉从九品，巡检使臣充，地位相当。县尉治县城，而乡里归巡检，县尉司所辖治安人员称弓手，巡检司所辖称土兵，人数自数十名至上百名不等。宋代华亭县境内共设有管界水陆、金山、戚漴和杜浦四个巡检司。[1]

管界水陆巡检司即设置在青龙镇，简称青龙巡检司，位居华亭四大巡检司之首，这是其地位所决定的。青龙镇是华亭主要商贸港口，面临的吴淞江为水上要道，来往船只尤其是往来青龙镇开展贸易的海船众多，治安环境复杂，可能有海盗出没，"专俟番船到来，拦截行劫"[2]，所以，管界水陆巡检司不仅要承担一般巡检司的职责，而且要担负起保护港口和出入港商船安全之职，职权范围包括管理水陆两

---

〔1〕《绍熙云间志》卷上"镇戍"，第4页。
〔2〕《西山文集》卷一五，《申尚书省乞措置收捕海盗》，文渊阁《四库全书》本。

路，比一般巡检司大，如明州（今宁波）定海县下属的澥浦镇也曾设水陆管界巡检司[1]。青龙巡检司的设置至少始于北宋初期。官至左领军卫将军、淮南东路都巡检使的王乙于景德（1004—1007）后曾担任青龙镇巡检之职。根据王令所撰《叔祖左领军卫将军致仕王公行状》和王安石所撰《右领军卫将军致仕王君墓志铭》推测，王乙在任青龙镇巡检时约40岁，这样算来，青龙镇在公元1020年前即设置了巡检司这一治安管理机构。据天圣三年（1025）吕谔所撰《福善寺铸钟记》，天圣初期，太原人王继赟也曾任青龙巡检。[2]嘉祐年间，右侍禁贺□也曾担任青龙管界水陆巡检。[3]

王乙（978—1050），字次公，元城（今河北大名）人，为北宋著名诗人王令的叔祖父。出生于武官世家，祖父王庭温于开宝年间（968—976）任泰宁军节度副使，父亲王奉谭任右班殿直，被赠左武卫大将军。景德年间受诏献秘书，补三班借职，后巡睦、衢、婺三州私茶盐，改三班奉职，任温、台、明、越四州巡检，又监越州西兴镇兵马，因才干出众被他的上级某转运使推荐改任秀州青龙镇巡检；累迁至内殿崇班、阁门祗候、淮南东路都巡检使；皇祐二年（1050），年七十三，以右领军卫将军致仕，卒于海州（今江苏连云港）。[4]王令5岁丧父母后，随王乙居广陵（今江苏扬州），撰有《广陵集》。

元代时管界水陆巡检司为华亭七司（金山、戚漴、杜浦、淀山湖、上海、邹城）之一[5]，元代青龙镇人、著名书画家和水利家任仁发年轻时曾任水陆巡检官。管界水陆巡检司确切地点不详，绍熙《云间志》只记载"在青龙镇中"[6]，正德《松江府志》记有"兴贤坊，巡检司前"[7]，即位于兴贤坊北，推测在通波塘东岸的青龙镇中部，今塘湾村东街生产队。具体废止年代也不清楚，推测延续至元末。

---

〔1〕《宝庆四明志》卷第十八，第13页；《定海县志》卷第一，"官僚"，第5131页。

〔2〕光绪《青浦县志》卷二十九"杂记上·寺观"，《吕谔福善寺铸钟记》。

〔3〕正德《松江府志》卷二十"寺观下"，《隆平寺宝塔铭》。

〔4〕（宋）王令：《广陵集》卷二十，《叔祖左领军卫将军致仕王公行状》，上海古籍出版社1980年版；《全宋文》卷一四一八，"王安石五六"，《右领军卫将军致仕王君墓志铭》。

〔5〕至元《嘉禾志》卷第七"徼巡"。

〔6〕《绍熙云间志》卷上"镇戍"，第4页。

〔7〕正德《松江府志》卷九"坊巷"，第327页。

明万历年间又设新泾巡检司于青龙镇。新泾巡检司始建于洪武六年（1373），初建地点不在四十五保的青龙镇，而在二十九保。[1] 迁至青龙镇时，治所利用了旧青浦县署，清乾隆年间（1736—1795）因镇破败萧条又迁到了青龙镇南侧的章堰镇。[2]

---

[1] 崇祯《松江府志》卷二十五"兵防"，第640页。

[2] 万历《青浦县志》卷一"公署"，第999页；崇祯《松江府志》卷二十五"兵防"，第640页；光绪《青浦县志》卷三"建置·旧署"。

三、税务

　　务是古代基层征税机构，一般设在县及以下较大规模的乡镇，相当于现在的税务所。宋代因商品经济发展很快和政府财政的紧张，在各地普遍设置了务这一基层征税机构，以加强基层财税的征收和管理。其主官为监税官。而上级称作司，下级为场。

　　青龙镇曾设务这种机构有三个：税务、酒务和市舶务。三者职能和征税范围完全不同。青龙税务简称青龙务，征税范围要比酒务和市舶务宽泛，犹如综合性的税务机关。青龙税务与酒务两者在历史文献中或笼统一说，或混为一谈，以致今人无法搞清，其实是不正确的。绍熙《云间志》记载青龙镇的上级华亭县设有税务、东税务、酒务，"税务在县西七百步"，"东税务在县东八百步"，"酒务在县西五百九十步"。[1]虽然不清楚税务与东税务之间的关系如何，但税务与酒务分设是非常明确的。由此，青龙镇税务与酒务应当也是分设的。

　　青龙税务的设置年代当在北宋熙宁前。《宋会要辑稿》"食货志"记录了熙宁十年前后秀州地区下属七个场务上交商税状况，"秀州：旧在城及华亭、青龙、澂浦、广陈、崇德、海盐七场，岁三万三千六百六十四贯"[2]，青龙镇是其中之一。青龙镇是

---

〔1〕《绍熙云间志》卷上"场务"，第 11 页。
〔2〕《宋会要辑稿》"食货十六之九"，第 5077 页。

纳税大镇，在北宋中期其商品贸易已经非常兴盛，熙宁十年，青龙镇上交的商税达15879贯403文。若不设税务，无法承担起这么繁重的征税工作。青龙税务这一机构设置延续至元代，为松江府下属七个基层税务之一，至元年间某年曾征收酒课七十八定、税课二十五定一十八两二钱、河泊课一定八两八钱二分四厘。[1]

青龙税务的主官一般由监镇充任，如监镇赵彦敩其职务就是青龙监税兼烟火公事。办公地点应在青龙镇署内，曾设税亭于镇署附近的江上，可能出于征税方便的缘故。

---

[1] 至元《嘉禾志》卷第七"廨舍"，卷第六"征榷"。

四、酒务

酒务是管理酒业的机构，其职责是负责酒曲生产、管理酒业市场、征收酒税等，类似于酒类专卖局，其主官称监酒官。

我国古代朝廷为垄断市场、谋取暴利，对盐、酒等特殊商品实行官府专卖的禁榷制度，这种专卖制度始于汉武帝时期。宋代为加强酒业市场的垄断，实行严格的官酤法，由官府统一设酒务造曲酿酒，禁止民户私自酿酒出售，民户只能从酒务批发酒零售，违者处以重罚，并设地界，禁止界外酒、曲至界内出售。建隆二年（961），宋太祖颁布"货造酒曲律"，规定"私造曲十五斤者，死；酿酒入城市者三斗，死；不及者，等第罪之。买者，减卖人罪之半，告捕者，等第赏之"[1]。酒务一般设在州县和部分村镇，委派监官管理和执行。据统计，北宋中后期全国设有酒务1861个，每年所收酒税占政府货币总收入的20%—35%不等，成为国家极其重要的税源。[2]华亭县设酒务和监酒官实施本境域酒业的管理和征税，所收酒税非常丰厚。绍熙年间（1190—1194）"酒务清煮两界祖额六万六千二百五十贯一百四十八文，递年趁办实一十一万五百八十九贯一百六十文"，同期的夏税也仅为153353贯115文，相当于夏

---

[1] 赖琪、陈琛编译：《宋太祖治国圣训》，中国华侨出版社1995年版，第284页。
[2] 石见：《宋代的酒务与酒课》，《中国经济史研究》1994年第2期。

20 世纪 30 年代
所摄酒瓶山遗迹
图 31

税的 72%。[1]

　　青龙酒务至少在北宋中期已经设置，为秀州下属 17 个酒务之一[2]，承担着青龙镇及其附近地区的官酒酿造、打击私酿行为和征收酒税等职责，"以三乡之折为一邑之酿本，三乡即新江、海隅、北亭"[3]。按青浦县建置时割上海县新江、海隅、北亭三乡和华亭县修竹、华亭二乡之地来看，青龙酒务的管理范围即今青浦区东部地区，不仅仅局限于本镇。崇祯《松江府志》引《松事丛说》云："青龙……江南所卖官酒于此制造，并设酒务焉"[4]，夸大了青龙酒务的管理范围和酿酒产量。熙宁十年，青龙镇所收酒税排在秀州城的第二位，超过了当时的华亭县城。[5]可见，青龙镇酒业之盛。但

〔1〕《绍熙云间志》卷上"廨舍"，第 10 页；"税赋"，第 13 页。
〔2〕《宋会要辑稿》"食货一九之一二"，第 5129 页。
〔3〕正德《松江府志》卷十"官署上"，第 447 页。
〔4〕崇祯《松江府志》卷二"沿革"，第 48 页。
〔5〕《宋会要辑稿》"食货一九之一二"，第 5129 页。

另一方面反映了酒税之重。绍兴年间，上交的酒税已经几倍于前，使民户不堪重负，乾道年间曾始议蠲减。[1] 青龙酒务概延续至南宋末年，因青龙镇衰落而废止。从至元年间青龙务所收酒税来看，此时可能与青龙务合并或由其收缴。

青龙镇又辟有酒坊，亦宋建，在酒坊桥侧。[2] 此酒坊即酿酒作坊，应是青龙酒务管理下的酿造官酒之处，相当于现在的国营酒厂。

青龙酒务位于该镇名迹酒瓶山旁边。"酒瓶山在四十五保三区青龙镇酒务场旁，相传宋韩世忠以酒劳军瓶积成山，今遗址尚存。"[3] 而酒瓶山是重要的坐标点，具体位置在今塘湾村村部北约200米处，曾出土了大量的宋代陶质酒瓶，当为青龙酒坊遗物。可惜酒瓶山遗迹于20世纪60年代因平整土地被毁，今原址上建起了居民住宅。这样看来，青龙酒务治所位于镇署西南约400处。

---

〔1〕 光绪《青浦县志》卷二"疆域下·衙署"。
〔2〕 正德《松江府志》卷十"官署上"，第447页。
〔3〕 光绪《青浦县志》卷十二"名迹·古迹"。

五、造船场

造船场，相当于今造船厂。宋代在沿海港口都建有造船场，负责建造、修理船舶，并派驻造船监官予以管理。华亭县置有造船场，"官廨舍在县西南五百四十步"。[1]

青龙镇造船场置于北宋宣和七年（1125）或稍后。宝庆《四明志》载：（造船场）"宣和七年，两浙运司乞移明、温州船场并就，镇江府奏辟监官二员、内一员兼管买木场。未几，又乞移于秀州通惠镇（即青龙镇），存留船场官，外省罢从之。中兴以来复置监官于明州"。[2] 两浙转运司鉴于青龙镇海运的迅速发展，遂上奏将明州造船场迁移到青龙镇。其废止年代和地址不详，地址推测在镇北的青龙江畔，今鹤联村酒坊桥生产队北侧，以利于木材的水上运输和船只修造。

---

〔1〕《绍熙云间志》卷上"廨舍"，第9、10页。
〔2〕宝庆《四明志》卷第三"叙部下·仓库务场局院等"，第5031页。

六、市舶务

市舶机构是唐代至明代初期设于各海港的海外贸易管理机关，相当于现在的海关，大致分司、务、场三个等级。其职责是检查进出船舶蓄货、征榷、抽解、贸易诸事，"以来远人，通远物"[1]。唐玄宗开元年间（713—741）在广州创设市舶使官员。宋代重视海外贸易，曾在广州、杭州、明州、温州、密州、秀州等地设市舶机构，市舶收入也成为朝廷财政收入的重要来源。市舶司官员主要由市舶使（提举）、市舶判官（监舶务）、干办公事等不同级别的官员组成，市舶使和市舶判官多由地方主要官员兼任，有时由知州兼，有时由转运使兼。如叶清臣开凿盘龙汇时即担任两浙诸州水陆计度转运副使兼提点市舶司之职。[2]

北宋初期，华亭县的海外贸易由两浙路市舶司管理。两浙路市舶司于太平兴国九年（984）至雍熙四年（987）在杭州始设。[3]为便于管理，政和三年（1113），华亭县设置市舶务，专置监官一员，隶属两浙路市舶司。[4]

海外贸易的兴盛催生了青龙市舶务的设立。为减少青龙镇至华亭县城商贾往返之

---

[1]《宋史》卷一百六十七"职官志七"。
[2]《绍熙云间志》卷下"祭文"，叶清臣《祭沪渎龙王文》，第48、49页。
[3]《宋会要辑稿》"职官四四之一"，第3364页。
[4]《宋会要辑稿》"职官四四之一一"，第3369页。

劳，提高工作效率，建炎四年，朝廷户部计划将华亭市舶务移到青龙镇，在第二年在青龙镇独立设置市舶务[1]（详见后文）。市舶机构的设置，促进了青龙镇海内外贸易的进一步发展，巩固了它在江南的海外贸易地位，是该镇走向鼎盛的重要标志。

按照级别，作为最基层的市舶机构，青龙市舶务应称作青龙市舶场，但是历史文献大多称其市舶务，少数还称其市舶司，"宋元间入贡皆由青龙市舶司，后徙于四明"[2]。概为该镇海外贸易地位较高之故。

青龙市舶务设置延续至宋末元初，弘治《上海志》曾记载"丹凤楼，在（上海）县东北，宋咸淳八年孟秋青龙市舶三山陈珩书、建"[3]，说明至少在咸淳八年（1272）青龙市舶务还继续存在。后因吴淞江淤塞严重，海舶无法驶入青龙海港，到元初至元年间，"无复海商之往来矣"，青龙市舶务失去了应有的价值而被撤废[4]，但具体撤废年代不详。

关于青龙市舶务的位置没有任何文献记载，推测离港口码头或镇署不远的地方，这样管理起来比较方便。

---

[1]《宋会要辑稿》"职官四四之一六"，第3371页。
[2] 弘治《上海志》卷二"水类"，第2页。
[3] 弘治《上海志》卷五"堂宇"，第22页。
[4] 至元《嘉禾志》卷第一"镇市"。

七、镇学

我国历代具有办学的优良传统，州、县以上行政区域都要兴办各级学校来培养人才、推行教化。学校一般由官府举办，并设置教谕、训导等专职官员加以管理，教学内容为以孔孟学说为主的儒学。宋代以后，地方学校一般分府、州、县三级，分别称府学、州学和县学，镇学则比较少，只有规模很大的市镇才有实力设置。

青龙镇学由监镇赵彦敬创建，于南宋嘉定十四年（1221）开始兴建，至第二年建成。兵部侍郎杜孝严详细记述了镇学的筹建过程和面貌：赵彦敬刚到青龙镇就职的那天就想拜谒先圣孔子，手下却告知青龙镇没有拜谒孔子的地方，听后他非常无奈，迫切感到青龙兴办镇学的重要性。于是积极谋划，并向上级作了请示。又亲自捐出俸禄三十万加以倡导。太守郑某闻后非常赞赏，并拨款三十万资助兴办，极大地激励了赵彦敬和全镇民众。在各界的支持下，镇学于1221年夏天动工，翌年春天就建设完工。共花费三千缗，都由一镇的各界人士捐资，其中陈公廙一人捐助三分之一，又捐田租六百斛作为丁祭公养之用。建成后，全镇市民欢呼雀跃，父子兄弟奔头相告，成为一大盛事。

青龙镇学规模较大，广袤百丈，中间为讲堂，讲堂两侧为先贤祠和魁星祠，东面建有大成殿，西面建有博文、敏行、思忠、笃信四斋。另外建有门屋、廊庑、仓库、庖湢等辅助用房，学院内利用空闲之地修筑射圃，疏浚清池，种植花竹，周围建

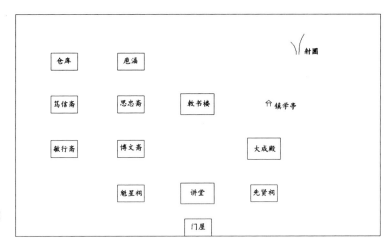

青龙镇学布局示意图
图 32

有围墙。

创建于元祐五年（1090）的华亭县学建有明伦堂和居仁、由义、隆礼、育才、养性五斋[1]，而青龙镇学的规模绝对不亚于华亭县学。明清方志中记载镇学内还建有聚星堂（概为初建时的魁星祠）、敕书楼、镇学亭，并留存许多唐宋时期的诗词石刻。[2]

镇学亭下尚有泉井，相传该井与惠山泉相通，因宋时改镇名为通惠而得名，号称"天下第六泉"，这是根据唐进士张又新《煎茶水记》转引刘伯刍对此泉水的品评，从而成为青龙镇名迹。[3]

王昶修纂的乾隆《青浦县志》揣测青龙镇学是由学塾改建而成[4]，从上述史料可以清楚地看出青龙镇学完全是新建的，并非由学塾演变而来。

青龙镇学的位置靠近镇署，位于"镇治之东北二百步"。按现今地理位置，位于

〔1〕《绍熙云间志》卷上"学校"，第7页。
〔2〕万历《青浦县志》卷一"学校"，第999页；光绪《青浦县志》卷三十"杂记下·遗事"。
〔3〕万历《青浦县志》卷三"古迹"，第1050页；光绪《青浦县志》卷十二"名迹·古迹"。
〔4〕光绪《青浦县志》卷三十"杂记下·遗事·补遗"。

下马处石碑
图33

陈岳公路东侧、陈泾岸河北侧的河北生产队东部。2015年4月，在塘湾村东街生产队东部、泗大泾北一农户宅后发现一块长条形花岗石碑，上阳刻"圣旨：官员下马处"字样。古代一般在文庙前立有下马石，以示对孔夫子的尊敬。此石碑应是青龙镇学前的遗物。

青龙镇学作为青龙镇上的最高学府，不仅培养了人才，而且促进了镇风的转变，"孝弟辑睦之风兴矣"。监镇赵彦敬也因此位列青龙名臣而载入史册。

此后，青龙镇学由"里人任、陈二大姓尝修饰之"[1]，推测任氏即任仁发家族，陈

---

〔1〕 正德《松江府志》卷十三"学校下"，589—591页。

氏即中议大夫、同知赣州路总管府事陈明家族，此两家族为青龙镇上的官宦世家，有能力出资来修饰。元代后镇学情况不详，至明代万历时已荒废〔1〕，现荡然无存。

青龙镇学设有专职的教谕、直学来管理并教授。教谕掌教导、祭孔，相当于今教导处、德育处；直学掌钱谷，相当于总务处。文献记载担任青龙镇学教谕、直学的有元代四位，皆有一定的名望，其中三位来自本镇，一位来自附近的太仓，可见元朝选拔基层教谕一般采取就近的方式。

杜可久（1239—1301），字维征，号柳溪，青龙镇人，为北宋祁国公、平章杜衍之后。曾任青龙直学，有文行立，日课以训迪诸生，勤敏不倦，不愧师道。士友乐之。其墓在杜村（今属白鹤镇）。《青龙志》云：今子孙散居华亭、海上，代有闻人。〔2〕

任良辅（1289—1350），字子翼，号肃斋，青龙镇人，义士任仲夫之子、任仁发的侄子。曾任松江府青龙镇儒学教谕及宁国路太平县儒学，转平江路儒学，后升信州路叠山书院山长。〔3〕

瞿智，名荣智，字睿夫，一字慧夫。元诗人。其先为嘉定州人，其父瞿晟始迁昆山娄江。瞿智与弟瞿信齐名，称"二瞿先生"。嗜学明《易》，博雅善诗，文采彪蔚，名流引重，以书法勾勒兰花，笔致妙绝。至正四年（1344）辟授青龙镇学教谕，任职时间达十余年。后迁镇江路学录，摄绍兴府录判，不久弃官而去。尝与著名文人黄潜、段天佑、成廷珪、张雨诸君友善。就任青龙镇学教谕时，张雨等八位好友以诗酒相送，成廷珪赠诗云："老夫亦有鹅溪涓，也欲相从看书兰"，亦极一时之盛。至青龙后，曾筑通波草堂（通波阁）于镇上。《元诗选》三集辑有其《睿夫集》一卷。〔4〕

〔1〕 万历《青浦县志》卷一"学校"，第1000页。
〔2〕 崇祯《松江府志》卷之四十二"文学"，第1090页；光绪《青浦县志》卷十三"职官上"；《西霞杜氏世谱》卷二"世述"，上海图书馆藏本。
〔3〕 上海青浦博物馆编《青浦碑刻》，《任良辅墓志》，第30、31页。
〔4〕 光绪《青浦县志》卷十三"职官上"，卷三十"杂记下·遗事"；（元）王逢：《梧溪集》卷第四，《题鹤州所藏瞿睿夫勾勒兰有引》；《元诗选》三集"瞿博士智"，第624页。

八、茶、盐税场

我国是茶的故乡，至唐宋始饮茶之风盛行，而利润丰厚的茶业也成为政府征收的对象，唐代开始征收茶税，宋代实施榷茶制度，茶税成为宋廷重要财政收入。为此，朝廷在重要的产茶区和交易场所设置了专门的茶税场以征茶税，并设监茶官来管理。华亭县虽然不是产茶区，不种植茶叶，但是为重要的消费交易市场，绍熙年间仅"住卖茶递年九十万一千七百一十九斤"[1]，设置茶税场也成为理所当然之事。

青龙镇是消费型市镇，也曾设置茶税场，一说于宋代，另一说为元代设置，"茶、盐税场在青龙，宋置"[2]，宋时有"茶场"[3]，"青龙茶税场，以上并元建"[4]。从监镇石怀玉"茶盐同管"之职权来看，至少北宋中期即已设置茶税场。但茶税场具体撤废年代和地点不详。

盐税也是政府的重要税源。华亭滨海，历来是产盐大县，也是重要的海盐交易地区。绍熙年间，监盐统县祖额近547300多硕，住卖盐递年近70万斤。其沿海地带大多设有盐场，曾置浦东、袁部、青村、青村南、青村北、下砂、南跄等7个盐场，并

---

[1]《绍熙云间志》卷上"场务"，第11页。
[2] 光绪《青浦县志》卷二"疆域下·衙署"。
[3] 正德《松江府志》卷九"镇市"，第332页。
[4] 正德《松江府志》卷十"官署上"，第446页。

设有监盐官专门管理和征收盐税。[1]章粢年轻时曾任将作监主簿，监华亭盐，曾疏浚青龙江以便盐运。[2]

青龙镇也曾设盐税场，"盐场、酒务宋时极盛"，以征收盐税[3]。至少在北宋中期即已设立，其撤废年代、地点也不详。

〔1〕《绍熙云间志》卷上"场务"，第11页。
〔2〕 光绪《青浦县志》卷三"建置·坛庙"，章宪文《家庙记》。
〔3〕 光绪《青浦县志》，《重修青浦县志序》。

九、监狱

宋代时期，监狱在府、州、县普遍设置，县以上由录事参军、司隶参军掌管，县级由县令执掌。其管理人员有门子、狱子、杖直、押狱、节级等[1]。市镇设置监狱则比较少见，只有人口规模大、社会犯罪率高的市镇才予以设置。

青龙镇设有监狱。始建年代不详，参考监镇、巡检司等机构，监狱所设时间估计与其同步，即北宋初期。元代延续，"今镇治延袤，有学有狱"[2]。明嘉靖二十一年青浦独立设县，作为县治的青龙镇，原有的镇狱可能升格为县狱，直至三十二年（1553）撤县为止。

参照县狱规制，青龙镇狱由监镇掌管，其下有相应的狱吏管理日常事务。

青龙监狱地点无考，推测应该在镇署内或附近，以便就近管理。

---

[1] 张兆凯：《中国古代司法制度史》，第四编第四章《宋元时期的监狱制度》，岳麓书社2005年版，第296页。
[2] 至元《嘉禾志》卷第一"镇市"。

十、仓、库

仓即粮仓。库则种类较多，有酒库、醋库、军库等，均由官府置办、管理，故称官仓、官库。宋代，在县以上普遍设置官仓，名"常平仓""惠民仓""广惠仓"等，承担储粮、平粜、赈济之职。而官库则因地因情而设，并无定制。至于县以下的市镇一般不设官仓、官库，只有人口规模大的市镇或军事重镇才予以设置。华亭县于嘉祐八年（1063）、元祐元年（1086）在县城分别建置了济民仓和常平仓。[1]

据正德《松江府志》记载，青龙镇"有库、有仓"[2]，并予以分设。其设置与青龙镇巨大的规模有着极大关系，目的是满足本镇及其周边地区存储谷粮、调剂粮源、平抑粮价、赈济居民的需要，起到社会保障和稳定的作用。

青龙仓的建置年代概也在宋代。其地点可以从现存的地名、村名得到相应的位置。今白鹤镇鹤联村有一个名叫仓桥的自然村，位于青龙港南岸、油墩港东侧，东距旧青浦老街约 1 公里，仓桥村分仓东、仓西和仓南三个生产队，仓东和仓西生产队以一小水沟为界。这些村名应该非常古老，世代相沿，无疑是青龙仓之名的残留，从而为青龙仓的确切位置提供了有价值的线索。现观之形势，其地处青龙镇西北侧的青龙

---

[1] 《绍熙云间志》卷上"仓库"，第 13 页。
[2] 正德《松江府志》卷九"镇市"，第 332 页。

江南岸，水上运输极为方便，地势高亢，比较适宜建筑粮仓，以此断定青龙仓即在今仓桥村，确切位置是仓东、仓西生产队的交界处。故而，在青龙仓东面的村舍被称作仓东，西面的则称仓西，南面的则称作仓南。

据笔者父亲和当地老人说，20世纪70年代疏浚青龙港时，在河底曾经出土过许多很粗的木桩，木桩呈一行行有序排列，深打在河底，显然系人工有意识所为，推测这些木桩就是青龙仓的码头构件。笔者也清楚地记得，小时候曾在这里游泳，感觉这里的河水特别深。现江边尚存少量磨损严重的武康石、青石板作为村民河埠石级，概也为当时青龙仓码头的构件，而使用武康石是断定宋代建筑的重要标志。各种信息综合起来，佐证了青龙仓所处的上述位置。

青龙库概是酒库或军库。因为该镇酒业发达，曾设酒务和酒坊，所以设立酒库的可能性很大。青龙镇宋初前又是军事要镇，设立军库完全有必要，所以也不排除青龙库为军库的可能性。其位置可能与青龙仓相近，或者选在其他地方。今青龙村西崧泽塘旁边（属重固镇徐姚村）有一自然村名叫库桥的，是否与其相关就不得而知了。

总之，青龙镇在宋代设有13个不同性质和职能的管理机构，可以说非常完备，这是当时一般市镇所无法比拟的。其中与市场经济有直接关系的有监镇署、税务、酒务、造船场、市舶务、茶税场和盐税场等7个，为管理机构总数的近60%，顺应了青龙镇市镇经济发展的要求，体现了该镇商贸型市镇的显著特点，表明政府管理和驾驭市场经济能力的增强。

另外，青龙镇在明代开始设置急递铺，时称青龙铺，承担地区官方邮驿之职。至元《嘉禾志》曾记载元代松江府设有邮铺14处，其中未见青龙铺，至弘治《上海志》始见其载，"青龙铺、艾祈铺在四十五保"。[1]

---

〔1〕 弘治《上海志》卷五"公署"，第19页。

表1 青龙镇管理机构

序号	机构名称	建置年代	撤废年代	史载位置	现今位置
1	镇将署	唐天宝五年	宋景祐年间或前后	不详	不详
2	监镇署	宋景祐年间	元代	陈泾北，平理坊东，通惠坊西	白鹤镇塘湾村陈泾岸河北侧的河北生产队西侧
3	管界水陆巡检司	宋天圣二年前	元代	青龙镇中兴贤坊后	推测在白鹤镇塘湾村东街生产队
4	税务	北宋初	元代	不详	不详
5	酒务	北宋初	南宋末	酒瓶山旁，熙春坊后	白鹤镇塘湾村村部北约200米
6	造船场	宋宣和七年或稍后	不详	不详	推测在白鹤镇鹤联村酒坊桥生产队北侧
7	市舶务	宋绍兴元年	宋末元初	不详	不详
8	镇学	宋嘉定十五年	明代	镇治东北200步	白鹤镇塘湾村河北生产队东部
9	茶税场	宋	宋	不详	不详
10	盐税场	宋	宋	不详	不详
11	监狱	北宋初	元	不详	不详
12	官仓	宋	宋	不详	白鹤镇鹤联村仓东、仓西生产队交界处
13	官库	宋	宋	不详	不详

表2 青龙镇史载任职官员

职官名称	人名	任职时间	籍贯
监镇	孙揆	宋宝元年间	
	石怀玉	宋嘉祐年间	
	陈回	宋嘉祐年间	
	米芾	宋元丰五年	太原
	赵庚夫	宋嘉定十二年前	寓居兴化军（今福建莆田）
	赵彦敔	宋嘉定年间	
	林鉴	宋淳祐年间	长乐（今福建福州）

职官名称	人　名	任职时间	籍　贯
监镇	娄（魏）大年	宋淳祐年间	
	程　洧	南宋前期	饶州浮梁（今江西浮梁县）
	曹附凤	南宋	华亭贞溪（今属青浦区练塘镇）
	孙忠谟	宋	
	李　淇	宋	
	温　革	宋	
镇学教谕、直学	杜可久	宋	华亭青龙镇
	任良辅	元	华亭青龙镇
	瞿睿夫	元	昆山太仓
	杜友直	元	华亭青龙镇
管界水陆巡检	王　乙	北宋初期	元城（今河北大名）
	王继赟	宋天圣二年	太原
	贺　□	宋嘉祐七年	
	任仁发	元	华亭青龙镇
市舶官	陈　珩	宋咸淳八年	长乐三山（今福建福州）

注：表2根据嘉靖《上海县志》卷四"管师"、乾隆《青浦县志》卷二十一"官师年表·监镇"、光绪《青浦县志》卷三十"杂记下·补遗"和其他文献资料整理。关于曹附凤，据光绪《青浦县志》卷二十"人物·忠义传"载，为南宋后期华亭小蒸（今属青浦区）人。温革，《宋人传记资料索引》第四册第306页有传记，但两者是否为同一人暂无法考证。《宋人传记资料索引》云："温革本名豫，因耻与降金宋将刘豫同名愤而改称为革，字叔皮，惠安（今福建泉州）涂寨温厝人。北宋政和五年进士，历官秘书郎。绍兴初，被命使河南修山陵，归奏以实。忤秦桧意，出为延平太守。后为临漳太守，深得民意。累官至福建转运使，著有《分门琐碎录》类书一部。"

第三章　青龙镇市镇布局

　　空间布局是研究城镇基本形态和发展状况的主体内容。对于湮没在地下千年的青龙镇而言，由于缺乏详细的历史文献，要剖解其市镇布局是一大难题。但不是无计可施、无迹可寻。在现有的条件下，凭借现存少量文献，开展相应的实地调查，结合最新考古成果，即采用"史""地""物"相互参证的方式，不失为解决上述难题的可行途径。由于采用了这一"三结合"的研究方法，从而对青龙镇市镇空间布局的科学推断获得了较为理想的结果。

　　从目前青龙古镇所处区域实地调查来看，其没有受到大规模建设的干扰和破坏，其地貌和地下遗存大多保持了原状，这为考古发掘提供了比较理想的原始底层结构，也为研究青龙镇的基本范围和布局提供了有利条件。

一、空间扩张路径和范围

实地观察发现，青龙古镇核心区域的现今地貌非常明显，一般地表远高出周边农田，高程达到 4.0—5.5 米，而周围农田仅为 2.5—4.0 米；地层表面夹杂着不少古代砖瓦和陶瓷散片，基本沿着各条河流分布。这对探寻和界定青龙镇的基本范围和布局是非常有利的。

青龙镇形成发展主要跨越唐宋两代，其间镇区空间始终处于动态扩张状态，明显呈现出由南到北、由东到西的发展趋势。具体来说，青龙镇唐代初建时在镇南的青龙寺附近形成，并沿着今老通波塘下游两岸分布，后往北向吴淞江方向拓展；至宋代，镇区向四周尤其由东向西沿着今崧泽塘下游两岸迅速扩展。青龙镇三大寺刹的建造时间很能体现这种扩张趋势，镇上历史最早的建筑是始建于唐天宝二年的报德寺，该寺位于镇的南部，俗称南寺。长庆元年（821），在离报德寺 1.5 公里的镇北建隆平寺，俗称北寺。乾德年间，在镇西建胜果寺，俗称西寺。这种扩张态势由考古勘探和发现完全证实——在镇南青龙寺附近发现了非常丰富的唐代和宋代遗存，而在镇的西部仅发现宋代遗存，却没有发现任何唐代遗存。这种扩展态势反映了青龙镇强劲的吸纳力，其动力来源于市镇经济的迅猛发展和人口的急剧增长。

根据考古勘探、实地调查和文献记载综合推断，唐代青龙镇区（市镇核心区域）的大致范围是：东至今白鹤镇青龙村的青龙寺、塘湾村旧青浦民办小学（原吴淞江南

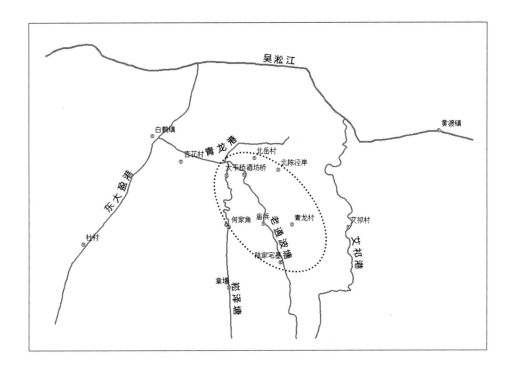

宋代青龙镇区范围图（注：椭圆形内为镇核心区域）

图34

岸的隆平寺）东侧一线，西至青龙村庙泾生产队、鹤联村酒坊桥生产队一线；南至青龙寺南的青龙生产队、重固镇新丰村栅桥生产队一线，北至旧青浦小学、酒坊桥生产队一线，面积约2平方公里。宋代鼎盛时期由镇区和近郊两大部分构成。镇区大致范围是：东至今青龙村生产队、塘湾村将军浜、北岳生产队一线，西至重固镇徐姚村库桥生产队、白鹤镇鹤联村太东、仓西生产队一线，南至重固镇新丰村陆家宅基、杨家桥一线，北至青龙港南岸的仓西生产队、北岳生产队一线，镇区总面积约3平方公里。而近郊大致范围是：东至青龙村艾祁生产队、北岳生产队一线，西至白鹤镇杜村、王泾村一线，南至重固镇新丰村范泾生产队、章堰村一线，北至鹤联村仓西、塘湾村北岳生产队一线。而东北个别区域远达今嘉定区黄渡镇老街区，这里有三十六坊之一的攀龙坊（详见后文）。近郊总面积约22平方公里。总之，青龙镇是规模巨大的市镇。

二、东市、西市之分

今日上海市区以黄浦江为界，可分浦东、浦西两大城区。宋代青龙镇也可分为东江市和西江市两大镇区，笔者简称为东市、西市。从地形来看，主要有两条纵向的河流贯穿整个镇区，一是东面的通波塘，古代俗称东江、东浦，崇祯《松江府志》载便民桥、具足桥等诸桥"俱东江上"；二是西面的崧泽塘，古代俗称的西江、西浦。东市沿着通波塘下游两岸分布，西市则沿着崧泽塘下游布列，为青龙镇镇区划分的显著特点。从历史文献、地貌和考古勘探来看，东市范围远比西市大得多。

一般认为，宋代青龙镇仅沿着通波塘两岸分布，即现今俗称旧青浦镇这一区域。其实还有西市的存在，为多数学者所未知。

应熙《青龙赋》曰："凝眸绿野桥边，几多风景；回首西江市上，无限逍遥。"这里提及"西江市"这个名称。西江又称西浦，即今崧泽塘北段。崧泽塘又称崧宅塘，因流经南段的崧泽村而名，现为青龙港南侧的支流，也是宋代吴淞江中段青龙江南侧的支流。此河上曾建有太平桥、西栅桥、西亭桥等诸桥，"太平桥，在西江上"，"西灌桥在青龙镇西浦上，四十六保四区"，"西栅桥，在西江上，养蚕浦南"。[1]北宋文人李行中在自作的《醉眠亭》诗中说道："一水近通西浦路，客来犹可棹渔船。"[2]沿

---

〔1〕 万历《青浦县志》卷二"桥梁"，第1006页；崇祯《松江府志》卷三"桥梁"，第88页。

〔2〕 绍熙《云间志》卷下"诗"，第6页。

西江（今崧泽塘）分布着太平坊、崇义坊等坊巷（详见后文）。所以青龙镇西市是客观存在的。第一次青龙镇考古发掘，在此区域曾发现了宋代建筑和水井等遗存；2016年在隆平寺塔地宫中出土一小银棺，长12厘米，宽5厘米，高5.5厘米，盖顶上錾刻"秀州嘉兴县五福乡今寄华亭县青龙西浦居住弟子徐函贵妻唐八娘为在堂母亲曹十四娘子舍"，也充分证明了这点。

崧泽塘西侧今鹤联村仓桥生
产队发现的宋代建筑遗址
图 35

隆平寺塔地宫出土的小银棺
图 36

三、三十六坊等考述

青龙镇规模巨大，镇上亭台楼阁林立，寺刹宫观相望，长桥短梁相接，阛阓繁华，拥有"三亭、七塔、十三寺、二十二桥、三十六坊"。三亭、七塔、十三寺、二十二桥、三十六坊是宋代青龙镇的主要建筑和街坊，是研究宋代青龙镇市镇布局状况的关键和主体内容，也是开启青龙镇的一把钥匙。因此对它们作一一考证，意义非同寻常。

"三十六坊"等说法最早见于弘治《上海志》，此后，正德《松江府志》、崇祯《松江府志》和万历《青浦县志》及以后方志都予以了记载，但是记载的版本较多，并不统一。弘治《上海志》转引梅圣俞《青龙杂志》记载青龙镇有"坊三十六""桥二十二"；正德《松江府志》载有"坊三十六""桥三十"，"桥之有亭宇者三"，"二浮图"；万历《青浦县志》说青龙镇有"古刹三""坊三十六""亭台三十二"。光绪《青浦县志》载有"三亭""七塔""十三寺"，比较接近现代的通俗说法。那么宋代青龙镇究竟有多少亭、桥、塔、寺、桥、坊？现根据"三亭""七塔""十三寺""二十二桥""三十六坊"的思路分别逐一考察。

（一）三亭

"三亭说"见于光绪《青浦县志》卷三十"杂记下·遗事"。初见其载，笔者以为是建于镇上园林宅第中的风景亭，拙作《宋元青龙镇市镇布局初探》一文根据记载曾梳理出醉眠、拂云和水心三亭。史载，醉眠亭由北宋文人李行中隐居青龙后所筑，因苏轼所题额和众多文人相唱和而名。[1]拂云亭由南宋监镇娄大年所建，位于镇署内。[2]水心亭由元代章伯颜所建，亭内书有"表里澄清如此水，行藏端正在吾心"之联而名。[3]细查诸方志文献实非也，故作如下更正。

青龙镇"三亭"实际上都为桥亭，即建于桥梁上的亭子。正德《松江府志》载青龙镇上"桥之有亭宇者三"。[4]那么"三亭"所指哪三个桥亭？历史文献虽然没有直接记载其名，但是所处的桥梁记载比较详细清楚，这些记载包括学名、俗名、建设年代和大致位置，从而为寻找和了解"三亭"提供了有力的证据。

> 广利桥，即南亭桥，宋康定元年建，国朝正统丙寅桥邻费全重建，亭凡三间，雕阑曲折如画，数百年前之胜仅见此尔；
> 广利桥又名南亭，在青龙镇，宋康定年造；
> 广利桥，即南亭桥，在庙泾上。
>
> 广济桥，即中亭桥，宋熙宁五年建，今废；
> 广济桥，即中亭桥，在通波塘上，熙宁建；
> 广润桥，即西亭桥，宋乾道八年建，今废；
> 广润桥，即西亭桥，在西浦上。[5]

---

〔1〕《绍熙云间志》卷下"诗"，第8页。
〔2〕万历《青浦县志》卷一"旧署"，第999页。
〔3〕弘治《上海志》卷五"堂宇"。
〔4〕正德《松江府志》卷九"镇市"，第332页。
〔5〕正德《松江府志》卷十"桥梁"，第386—388页；万历《青浦县志》卷二，"桥梁"，第1006、1007页；崇祯《松江府志》卷三"桥梁"，第88页。

从以上记载不难分析出青龙镇"三亭"所指,即南亭(广利桥亭)、中亭(广济桥亭)和西亭(广润桥亭)。而南亭、中亭、西亭之名当为俗称,因所处青龙镇的地理位置而得名。现依此作大概复原:

1. 南亭

南亭本名"广利桥亭",建于北宋康定元年(1040),明正统十一年(1446)费全加以重建。亭建有三间,雕梁画栋,装饰华丽,可能为三亭中最考究漂亮的一座。地址位于青龙镇南部的庙泾上。庙泾在何处?地名保存着历史的记忆,具有延续性的特点。庙泾又称庙浜。今白鹤镇青龙村有一自然村,其位置在今老通波塘西岸,村前即为庙泾这一自然小河道。该村北侧曾考古发现了唐代铸造作坊和瓷片堆积等遗存。按照位置,南亭与庙泾是非常吻合的。那么,庙泾的"庙"指何庙?太傅明王庙。其位置又在哪里?要考证太傅明王庙的确切位置,首先罗列一下其附近建筑的相关记载:

> 太傅明王庙,青龙太傅桥西,相传萧望之显灵于此,监镇祀如城隍神。[1]
> 太傅桥,在通波塘上,太傅庙前,至正十一年建。[2]太傅桥,至正间造,南栅桥北,四十五保。[3]
> 南栅桥,在通波塘上,太傅桥南。[4]
> 同福坊,太傅庙前。
> 阜民坊,南栅桥。
> 振文坊,南亭桥北。[5]

这里牵涉到太傅明王庙、太傅桥、南栅桥、同福坊、阜民坊、振文坊几个名称,

---

〔1〕 正德《松江府志》卷十五"祠庙",第 696 页。
〔2〕 正德《松江府志》卷十"桥梁",第 386—388 页。
〔3〕 万历《青浦县志》卷二"桥梁",第 1006 页。
〔4〕 崇祯《松江府志》卷三"桥梁",第 88 页。
〔5〕 正德《松江府志》卷九"坊巷",第 326—328 页。

只要搞清其中一处的相对位置，其他地名的位置都可迎刃而解。其中南栅桥为所知的重要坐标，笔者曾到此桥考察过，1989 年前还保留着，是一座由青石构成的单孔石拱桥，跨老通波塘，但因破旧不堪，村民往来不安全，于 1989 年被拆除。其位置在栅桥（闸桥）自然村东北侧、通波塘与陆家台江交汇处北侧，按照南栅桥和庙泾的位置，太傅明王庙等的位置也非常清楚了：

太傅明王庙，简称太傅庙，即位于今庙泾小河北侧的庙泾自然村，靠近老通波塘。太傅桥，因太傅庙而名，位于今庙泾自然村东的老通波塘上，现改为水泥桥。同福坊，位于太傅庙南，即今庙泾自然村南部。阜民坊，按照此地地貌，位于南栅桥西，即今闸桥自然村。而南亭桥，位于今庙泾这一小河上，靠近老通波塘。振文坊，位于南亭桥北，即今青龙村庙泾生产队。

2. 中亭

中亭实名"广济桥亭"，因位于青龙镇中部的通波塘上而名，建于北宋熙宁五年，至明正德时已经废毁。[1]

其附近建筑和坊巷罗列如下：

具足庵，在青龙镇中亭桥东。[2]
中和坊，中亭桥、和丰店口。
平康坊，中亭桥西，有瓦市在焉。[3]

今青龙村北部、纪白公路南侧有一个名为平桥的自然村，该村坐落于老通波塘两岸，其位置与文献所记的中亭桥、平康坊一致，都属于镇的中部，由此推断平桥村之名应当从平康坊演变而来。青龙镇另有一平理坊，位于镇治西，在镇东北部，与平康坊有一段距离，应与平桥村没有关系。因此，中亭桥就横跨在今平桥自然村的老通波塘上。

---

〔1〕 正德《松江府志》卷十"桥梁"，第 386 页。
〔2〕 光绪《青浦县志》卷二十九"杂记上·寺观"。
〔3〕 正德《松江府志》卷九"坊巷"，第 326—328 页。

这样，平康坊可确定在今老通波塘西岸的平桥村西部，而中和坊和具足庵则位居东岸的平桥村东部，其西南即南亭桥北面的振文坊。

3. 西亭

西亭实名"广润桥亭"，建于南宋乾道八年。由于记载不详，加上没有其他旁证，无法考证出具体位置，推测在今鹤联村太东生产队南部的崧泽塘上。

亭有顶无墙，是我国最具代表性和特色的传统建筑样式。初为停息之意，《释名》曰："亭者，停也。人所停集也。"在桥上建亭，可以供人休憩、纳风乘凉、遮挡日雨，更能登高赏景、怡人心情，往往成为一地的风雅景致。盛唐时期园苑之中筑亭已很普遍，并开始在桥上建造廊亭。[1] 白居易《登香山寺记》说道："登寺桥一所，连桥廊七间。"至宋代，桥亭之筑已经比较普遍，如距青龙镇西南约 45 公里的青浦区金泽古镇，是著名的桥乡，镇上曾建有桥亭的古桥有三座，其中建于南宋景定年间（1260—1264）的万安亭桥最为有名，"亭建如穿廊，数间飞出，其出尽处，又有佛庐相向，高与亭埒，亭中四望，水天一碧"，成为金泽镇上一大胜景，也成为文人笔下的主题。王桓作《金泽亭桥诗》："湖西风景好，亭榭映垂虹。潇洒秋烟外，玲珑夕照中。渊灵营别室，僧呗出禅宫。夜泊闻歌咏，凭栏有醉翁。"[2] 反映出桥亭内外美丽景色和舒缓心境。该桥为单孔石拱桥，紫色武康石材质，桥长 32.4 米，宽 3.1 米，拱跨10.2 米，高 4.8 米。南宋画家李嵩《水殿招凉图》中绘有三间廊亭式桥梁，宋画《千里江山图》《江山秋色图卷》也绘有亭桥，可见其形制。而青龙镇南亭桥建有亭三间，应当为三间式廊亭桥，与《水殿招凉图》中的廊亭桥相似。中亭桥、西亭桥的样式可能与南亭桥一致，也有可能为单间的廊亭桥。

青龙镇三亭与桥梁横卧于诸江之上，为青龙镇著名景致，由此也不难理解《青龙赋》中"宝塔悬螭，亭台驾霓"之句的含义和意境了。

当然，除桥亭外，青龙镇上还建有许多其他性质和类型的亭子，点缀于镇市之中，分布在各个区域。如镇署内建有手诏亭、晓示亭、税亭、拂云亭、剪韭亭等五

---

〔1〕 萧默主编：《中国建筑艺术史》上册，文物出版社 1999 年版，第 515 页。
〔2〕 （清）周凤池：《金泽小志》卷一"桥梁"。

亭，镇学内也建有亭；私人宅园内建有醉眠亭、水心亭和泳飞亭等。[1]

（二）七塔

塔是佛教特有的建筑，一般称佛塔、宝塔，原是印度梵文 Stupa（窣堵波）的音译，又称浮屠、浮图，为梵文 Buddastupa 的音译，原意为坟墓，用来供奉和安置舍利、经文及各种法物。自汉代佛教传入中国后，塔的建筑形式融入中国重楼元素，主要沿着楼阁式方向发展，另外还有密檐式等形式。

青龙镇上"宝塔悬螭"，建有七塔。"七塔说"见于光绪《青浦县志》，然正德《松江府志》载仅有二塔，应该远不止这一数量。

1. 隆福寺塔

隆福寺塔位于青龙镇南部，原青龙村村部西南约 200 米，俗称"青龙塔"。始建于唐长庆年间，是青龙镇最早建造的佛塔。初名报德寺塔，宋时随寺更名隆福，也是早期海舶入青龙港的重要航标。历代多次修葺，宋庆历年间（1041—1048）修治，元大德三年（1299）、致和元年（1328）、至正三年（1343）分别由青龙镇人任仁发及其子贤德、孙士质修缮，明崇祯十七年（1644）邑人朱明镜又重修，清康熙年间（1662—1722）寺僧净斯也修治。康熙五十四年（1715），玄烨南巡赐名"吉云禅寺"，塔也随之更名。[2]现依然耸立于寺旁、陆家湾北侧，是青龙镇七塔中唯一幸存者，成为研究青龙镇的重要物证和坐标。

早期，在青龙塔附近曾发现"唐长庆元年"铭砖。[3]2023 年 10 月，青龙塔建筑考古工作中，发现塔身砌置了许多铭砖，铭砖多为青龙镇和外地众信徒捐助塔砖的姓

---

〔1〕 正德《松江府志》卷九"坊巷"，载"恩波坊，泳飞亭南"，第 326 页。

〔2〕 万历《青浦县志》卷三"寺观"，第 1026 页；崇祯《松江府志》卷五十二"寺院三"，杨维桢《重修隆福寺宝塔并复田纪略》，第 1370、1371 页；光绪《青浦县志》卷二十九"杂记上·寺观"。

〔3〕 吴贵芳：《上海唐代铭刻考录》，载《上海图书馆建馆三十周年纪念论文集（1952—1982）》，上海图书馆编印，1983 年，第 259 页。

青龙塔部分铭砖拓片
图 37

名、捐砖数量，部分为纪年铭砖，如"婺州客人王赞并妻宋二娘舍一千片""丙戌岁记"等。婺州为今浙江金华的古称，隋开皇十三年（593）置。与文献对照，丙戌当为宋庆历六年（1046），时青龙塔作过大修，由本镇和外邑等民间人士共同捐资修缮，这与文献记载修缮时间吻合，也与隆平寺塔建造的资金来源和组织一致，体现青龙镇市民对佛教的信仰状况。

隆福寺塔为砖身楼阁式塔，平面八角形，直径 6.6 米，开四门，逐层转换。具有宋代佛塔基本风格。共有七层，原高 41.5 米，现残高 29.9 米，每层置腰檐，砖砌斗拱，出挑木构件平座栏杆。内壁平面方形，逐层内收并旋转 45°。现仅存砖身，腰檐、平座、楼板、楼梯尽失。塔刹为崇祯十七年所铸的青铜质葫芦形宝瓶，1954 年被雷击

青龙塔

图 38

落，现收藏于青浦博物馆。1992 年前塔身倾斜已经非常严重，1991 年 11 月至翌年 4 月，上海市文物管理委员会邀请建筑纠偏专家曹时中成功纠偏，并维修加固。1962 年该塔被公布为上海市文物保护单位。[1]

2. 隆平寺塔

位于青龙镇北部的隆平寺内，即今旧青浦民办小学、上海博物馆青龙镇遗址考古工作站内。所属隆平寺始建于唐长庆元年（821），而塔建于北宋天圣年间（1023—

---

[1] 上海市青浦区文化广播影视管理局编：《水乡遗韵——上海市青浦区第三次全国文物普查图录》，上海社会科学院出版社 2011 年版，第 74 页。

隆平寺塔塔基发掘现场
图 39

1032），由信徒松榗、越诸、葛果、颜霸等合谋创建。嘉祐七年，隆平寺名僧灵鉴为纪念建塔而撰有《隆平寺宝塔铭》，又称《灵鉴宝塔铭》。

隆平寺塔比隆福寺塔更靠近吴淞江，根据考古勘探，仅离吴淞江南岸大约 300 米，所以成为海舶进出青龙港的主要航标。据《灵鉴宝塔铭》记载，当时吴淞江河面宽阔浩瀚，与海相连，茫然无辨，尤其是遇到大风巨浪，海船因辨别不清方向常常无法顺利入港，容易飘入深波触礁，发生沉船事故，因此建造高塔可以安置舍利，更为海舶指引导航，有利于其安全进出青龙海港。"此镇西临大江，与海相接，莽然无辨，近无标准，远何由知，故大舟迅风直过海口，百无一二而能入者。

因此失势飘入溁波石礁，没舟陷人屡有之矣。若建是塔，中安舍利，远近知路，贾客如归，观者若知，心至宝塔，彼岸高出。"宝塔共有七层，高耸云霄，为当时青龙镇重要的标志，也起到"永镇江圻"[1]的作用。明万历元年青浦复县时，宝塔坍毁。[2]

隆平寺塔塔基及其地宫发现是青龙镇遗址考古的重大发现。经过发掘，塔基平面呈八角形，当为楼阁式塔，与青龙塔形制相同，散水直径达 21.7 米，副阶直径 14.23 米，塔身直径 8.9 米，壶道宽 1.28 米，推测其高度超过 50 米，并且，从发现的石柱础、绿琉璃釉龙纹瓦当等建筑构件来看，该塔建筑远比青龙塔高大雄伟得多。此外，考古还发现了"陆仁安并妻孟十娘舍八万四千片""郁四娘舍一片用充塔下用"等许多铭砖，可见隆平寺塔也是由民间众力捐助建成的。[3]

灵鉴所撰《隆平寺宝塔铭》和陈林撰、米芾手书《隆平寺经藏记》两篇记文流传于世，不仅为后人了解这座名刹本身的发展情况提供了第一手资料，更为了解和研究青龙镇的发展状况和对外贸易状态提供了可靠的文献依据和珍贵的史料。

3. 胜果寺塔

胜果寺塔位于胜果寺内。而胜果寺"在隆福、隆平之西"，宋乾德年间（963—968）建造，"有浮图一座"。绍圣年间（1094—1098）吕益柔撰有《妙悟大师希最塔铭》传世，这样算来胜果寺至少有希最塔一座，也有可能浮图一座即指希最塔。宝庆间该寺毁于风雨，塔随之毁。[4]

胜果寺塔铭砖
朱书铭文
图 40

---

〔1〕 崇祯《松江府志》卷五十二"寺院三"，《灵鉴宝塔铭》，第 1372 页。
〔2〕 万历《青浦县志》卷三"寺观"，第 1026 页。
〔3〕 上海博物馆编：《千年古港——上海青龙镇遗址考古精粹》，上海书画出版社 2017 年版，第 66、78、79 页。
〔4〕 崇祯《松江府志》卷五十二"寺院三"，第 1374 页。

2016年，鹤联村酒坊桥生产队西侧菜地发现一朱笔书写的铭砖，该铭砖长31.8厘米，宽14.0厘米，厚5.0厘米，一侧朱书"□胜果寺宝塔□"字样。[1] 由此推测，胜果寺塔及其寺院应该在此或附近。后在此进行小面积的考古发掘，但暂未发现寺院和塔的遗存。

4. 畅法华塔

畅法华塔是为埋葬畅法华的舍利而建的石塔，建于天圣末年（1031），位于隆福寺门左侧[2]，毁废年代不详。

畅法华即会畅，闽人（今福建人），俗姓陈，隆福寺名僧。驻锡隆福寺时，日诵《法华经》一部或二部而三十余年不辍，以示虔诚，故人呼畅法华。其80岁时示寂，火化时体柔色润，舍利皆五色。[3]

5. 妙普塔

妙普塔是为埋葬名僧妙普的舍利所建的佛塔。具体位置不详。

妙普，号性空，自号桃花庵主，南宋汉川（今属湖北）人。因追船子和尚遗风，结茅庐在青龙江上。好吹铁笛，放旷自乐。示寂后众奉其舍利，建塔于青龙镇。[4]

以上青龙镇五座佛塔是非常明确的，尚缺其他二塔的相关记录。但是七塔的可能性还是非常大的。镇上佛教兴盛，寺刹众多，加上涌现的名僧不少，与之匹配的佛塔也必然较多，只是缺乏相关记载而已。

（三）十三寺

"十三寺说"见于光绪《青浦县志》，此寺当为寺、庵的统称。万历《青浦县志》

---

〔1〕 青浦博物馆藏品档案，《青龙镇遗址发现胜果寺铭砖》，2017年。
〔2〕 正德《松江府志》卷二十"寺观下"，浩弘《僧畅法华行业记》；崇祯《松江府志》卷五十二"寺院三"，第1371页。
〔3〕 崇祯《松江府志》卷四十五"人物·方外"，第1177页。
〔4〕 崇祯《松江府志》卷四十五"人物·方外"，第1177页；光绪《青浦县志》卷二十九"杂记·方外传"。

说有"古刹三"，仅指青龙镇隆福、隆平、胜果三大寺，总量远远不止此数。现根据文献梳理于下：

1．隆福寺

隆福寺是青龙镇上最早建立的佛寺，位居青龙镇十三寺之首，始建于唐天宝二年，初名报德寺，宋代更名"隆福"，宋代名僧畅法华、妙普曾驻锡该寺讲经护法，使之名扬一时。清康熙五十四年玄烨南巡赐名"吉云禅寺"，并御书"精严寿相"额，又赐僧暹水晶观音一尊、紫衣一袭、萱花画扇一柄，被供奉于大殿中。自康熙四十九年（1710）始共17年，寺僧净斯重建大雄、地藏、韦驮诸殿，并建普同塔，后智操继之，筑揖秀、且歇二堂。乾隆三十九年（1774）蒋浦人徐葵建文觉堂、澄怀堂、地藏殿等。嘉庆三年（1798）废于火。道光年间重建大殿，建大悲阁、西水庵、禅堂

今青龙寺

图 41

等。咸丰年间战乱多毁，仅存南北二殿。[1] 1994年后陆续修复重兴，如今发展成为远近闻名的寺刹。

关于隆福寺的始建年代，《绍熙云间志》记为长庆元年，[2]与杨维桢《重修隆福寺宝塔并复田纪略》中载天宝二年相差甚远。笔者赞同杨维桢所记年代，因为佛寺建造一般是先寺后塔，若长庆元年建寺，那么与塔几乎同时，并不符合常规。

隆福寺位于青龙镇南部，原青龙村村部西侧，古代俗称南寺，与隆平寺南北相望，现俗称青龙寺，是研究青龙镇的重要坐标。附近记载有许多名迹、坊巷与桥梁，现罗列如下：

> 王可交升仙台，隆福寺前……今遗迹具存。[3]
> 迎仙坊，隆福寺前，以近升仙台名。
> 仙坛坊，升仙台下。[4]
> 香华桥，隆平寺南。
> 孩儿桥，在隆福寺南，又名渡僧桥，元至正间建。
> 长生桥，在青龙隆福寺，四十五保三区。
> 林家桥，隆福寺东南。
> 郏家桥，在隆福寺东南，天启五年重建，更名秀龙桥。
> 马桥，在青龙隆福寺东，四十五保。[5]

根据上述记录，在隆福寺南集聚了青龙镇著名胜迹王可交升仙台，由升仙台而名的迎仙、仙坛二坊以及香华桥等6座桥梁。隆福寺南侧今有一条陆家湾河，该河上曾建有香华桥、孩儿桥等桥梁，应该为基本未变的老河道。按此可确定相应的位置，村

---

〔1〕光绪《青浦县志》卷二十九"杂记上·寺观"；青浦博物馆编：《青浦碑刻》，第96、161页。
〔2〕《绍熙云间志》卷中"院记"，第11页。
〔3〕正德《松江府志》卷二十一"古迹"，第936页。
〔4〕正德《松江府志》卷九"坊巷"，第326—328页。
〔5〕正德《松江府志》卷十"桥梁"，第386—388页；万历《青浦县志》卷二"桥梁"，第1006、1007页；崇祯《松江府志》卷三"桥梁"，第88页。

河往南依次为迎仙坊、升仙台和仙坛坊。

2．隆平寺

隆平寺是青龙镇三大佛寺之一，本名国清院，始建于唐长庆元年（821），宋太平兴国中（976—984）僧宝重修缮；天圣年间，松榗等信徒倡建隆平寺塔；治平四年（1067），邑人陈守通出钱购置经书；熙宁五年（1072）至元丰四年（1081）为之建藏经阁。明嘉靖二十一年青浦建县后因县治设在青龙镇，该寺遂改为青浦县城隍庙，万历元年县治移至唐行镇时，曾设想将青浦县城隍庙迁到唐行镇，结果未成，新的青浦县城隍庙建成后该庙成为县城隍庙的别庙。太平天国时期别庙多数建筑毁于战火，同治十一年（1872）里人重建庙宇，庙东建有寺，仍为隆平寺

旧青浦小学门前的残石为隆平寺遗存（2013 年摄）
图 42

旧名。[1]后又毁，成废墟。新中国成立后，在旧址上曾建有旧青浦小学、中学，现为旧青浦民办小学校址、上海博物馆青龙镇遗址考古工作站，其内尚存部分断基石础。

隆平寺因留存灵鉴所撰《隆平寺宝塔铭》和陈林撰、米芾书《隆平寺经藏记》而闻名一时。从《隆平寺经藏记》一文可知藏经阁的筹建过程和建筑风貌。

青龙镇三大寺刹中隆福、胜果二寺建成后都筑有藏经阁（楼），唯独隆平寺未建。治平四年，镇人陈守通出资购置经书 5048 卷，但藏经无所，在当地百姓的支持下，藏经阁于熙宁五年季秋开工建设，至翌年孟春土建竣工，但是未及装饰。元丰四年，吴兴州（今湖州）通判曹永逸[2]、王景琮两名官员来青龙镇，见藏经楼历时近十年未能全部完工就加以督促。不久，经镇人卢远等十人合力谋划，终于在元丰五年全部完工。

据载，隆平寺藏经阁极为崇高宏伟，装饰华丽精巧，南北袤长二丈有二，共有三层，上层绘以八天宫，下层绘以二铁围山（金刚山），内置藻井，旁列天神、力士诸雕塑，其梁柱、横梁、椽檩、护栏、窗户都精雕细琢，并施以彩绘、金错。共花费三百万。所藏佛教经书五千四十八卷，有迦叶之集四箧、大智文殊之集八藏。

隆平寺位于青龙镇北部，故俗称北寺，北临吴淞江，南依陈泾，按现在位置即旧青浦小学校址、上海博物馆青龙镇遗址考古工作站，成为青龙镇北部的重要坐标。其西南有一座香华桥，"在陈泾口，隆平寺前，又名迎恩"。[3]现名万安桥。

3. 胜果寺

胜果寺是与隆福寺、隆平寺齐名的寺刹，建于北宋乾德年间。寺内有沈光碑、浮图一座，寺前有放生亭。南宋宝庆年间该寺毁于风雨，[4]放生亭则移至镇税务亭东。[5]

---

[1] 《绍熙云间志》卷中"院记"，第 11 页；万历《青浦县志》卷三"寺观"，第 1026 页；崇祯《松江府志》卷五十二"寺院三"，第 1370、1371 页；光绪《青浦县志》卷二十九"杂记上·寺观"。

[2]（宋）谈钥：《嘉泰吴兴志》卷八"公廨·州治"，第 4722 页。

[3] 正德《松江府志》卷十，"桥梁"，第 388 页；万历《青浦县志》卷二，"桥梁"，第 1006 页；崇祯《松江府志》卷三，"桥梁"，第 88 页。

[4] 崇祯《松江府志》卷五十二，"寺院三"，第 1374 页。

[5] 康熙《青浦县志》卷二，"园庐"。

名僧希最在胜果寺内一次讲经时，忽然"于空中得朱书数十字，自称汉朝烈士沈光大略悔过谢罪之语"。寺遂刻有沈光碑，《青龙赋》有"著沈光之显迹，石刻堪求"之句即指此。

其原有位置比较模糊，"在隆福、隆平之西"，那么应该在通波塘西面，其南侧有还珠坊，"还珠坊，胜果寺前"。若隆平寺塔铭砖所在区域准确，推测在今鹤联村酒坊桥生产队西侧、鹤星路东侧。2015年推测在小关桥生产队南部，现作上述修改。

4. 布金寺

在镇西大盈江西侧（今白鹤镇王泾村叶泾生产队），故俗称"大盈寺"。唐大和二年（828）建，名法云禅院。嘉祐年间，陈舜俞曾撰有经藏记。治平元年（1064）易

大盈寺（2013年摄）

图43

今额。绍兴年间复为禅院。[1]宋嘉祐年间郡武弁颜霸等修，元至元间僧性开重修，有巨金浮江而至，为寺胜迹。[2]现尚存一大殿和一棵树龄650余年的银杏，殿宇于2023年修缮，修缮时发现在中开间南侧一木梁上写有"大清光绪贰年岁次丙子""桃月谷旦正口重建佛殿"字样，可见此殿曾于1876年重建过。2023年白鹤镇政府和青浦区文旅局又出资修缮大殿。这里东距青龙镇镇区约2公里，与望族杜氏的居留地西霞、杜村同属青龙镇西郊，故列入。

5. 罗汉教寺

在今嘉定区黄渡镇，建炎年间由僧人法裕创建，"创于赵宋建炎间，历元明以来，时一修建，盖千百年古刹也"。[3]清康熙丙辰（1676）修葺，现废。黄渡镇元时形成集镇，传说战国楚春申君黄歇治理吴淞江而名。宋时在吴淞江下游沪渎北岸，距离青龙镇约3公里，这一带有青龙镇三十六坊之一的攀龙坊、龙王庙，故将该寺归入青龙镇。

6. 普光寺

即普光教院，在青龙镇西南，属"四十六保二区"，南宋绍熙五年（1194）章庙（今重固镇章堰村）人杜国珍所建，僧印开山，建有劲节亭，开禧二年（1206）宝谟阁学士黄由曾作院记。元末因徭役废，明洪武中僧慧镜重立，正统初僧湛秋渊始建法堂，成化年间僧普馨修复大雄殿、天王殿、山门、钟楼等。嘉靖间建旧县时拆毁殆尽，明末时仅存寺基、僧田。[4]

7. 真如寺

万历《青浦县志》、崇祯《松江府志》记有："真如寺，在青龙南"，"真如寺，在青龙镇南"。[5]可知此寺的存在，位于青龙镇南部，具体位置和始建年代不详。

8. 通惠寺

万历《青浦县志》、崇祯《松江府志》记有"便民桥在通惠寺南，青龙东，

---

〔1〕《绍熙云间志》卷中"寺观"，第9页。
〔2〕万历《青浦县志》卷三"寺观"，第1027页；光绪《青浦县志》卷二十九"杂记上·寺观"。
〔3〕（清）章树福：《黄渡镇志》，"寺观""黄渡罗汉教寺"；张建华、陶继明主编：《嘉定碑刻集》，刘起《罗汉教寺记》，上海古籍出版社2012年版，第875页。
〔4〕正德《松江府志》卷二十"寺观下"；万历《青浦县志》卷三"寺观"，第1026、1027页。
〔5〕万历《青浦县志》卷三"寺观"，第1026页；崇祯《松江府志》卷五十二"寺院三"，第1374页。

四十五保"，"便民桥，在通波塘上，通惠寺南"。[1]可知此寺的存在，且位于通波塘便民桥的北面，大致位置推测在今塘湾村镇南生产队西北侧，详见后文。始建年代无法考证。

9. 福寿寺

正德《松江府志》记有"福寿坊，福寿寺路"[2]，可知该寺位于福寿坊旁边，大致位置推测在今鹤联村太东生产队东南侧，详见后文。始建年代无法考证。

10. 圆通寺

嘉靖《上海县志》卷六"祠庙寺观"载"胜果寺、圆通寺，俱在青龙镇"，南宋应熙《青龙赋》写有"胜果寺、圆通寺，遗俗虑而忘忧"。具体位置和始建年代不详。

11. 赤乌庵

万历《青浦县志》载"赤乌庵，在四十五保一区十二图，相传三国吴赤乌年造，故名"[3]，具体位置不详。

12. 具足庵

光绪《青浦县志》载有"具足庵，在青龙镇中亭桥东"[4]，位于中和坊附近，即今平桥村东部。具体修建年代不详。

13. 观音庵

《青龙赋》记曰："奇哉圣母祠，异唉观音庵"，据此观音庵始建年代该在《青龙赋》撰写前，确切位置不详。

根据上述统计，青龙镇上恰好建有 13 座寺庵，与光绪《青浦县志》十三寺说一致，始建年代有早有晚。而"寺之隶镇者三"，即指隆福、隆平、胜果三大寺，不仅始建年代早，而且规模和影响力大，为青龙镇主要寺刹，所以历代记载比较详细。

另外，青龙镇在元代时还建有法会、普明、戴坟三座寺庵。法会庵，至正十六年

〔1〕万历《青浦县志》卷二"桥梁"，第 1006 页；崇祯《松江府志》卷十五"祠庙"，第 696 页。
〔2〕正德《松江府志》卷九"坊巷"，第 326—328 页。
〔3〕万历《青浦县志》卷三"寺观"，第 1028 页。
〔4〕光绪《青浦县志》卷二十九"杂记上·寺观"。

（1356）由僧古鉴创建，"在四十五保青龙南"，[1]另一说在旧县治附近[2]，地址有出入，无法考证哪个正确。普明庵，"在四十五保，元时邑人任总管建"[3]，任总管即任明，因继嗣于姑夫、湖广等处泉货少监陈勇，而改姓为陈，官至同知赣州路总管府事。[4]戴坟庵，"在四十五保三区，元至正十年邑人戴诚甫建，僧学开山"。[5]后二座寺庵具体位置不详。崇祯《松江府志》记有"真静桥，真静庵前，诸从礼建"，[6]可知真静庵在真静桥北，而诸从礼据光绪《青浦县志》卷二十一"人物五·懿行传"记载为明代晚期青浦人，号海门，监生，曾建青浦县城北门外的海门桥，由此真静庵可能为明代所建，故暂将其排除，特此修正。这样上述数量与文献记录的相符。

青龙镇十三寺原样如何不得而知，但是从国内现存的部分壁画和寺庙建筑可窥见一斑。唐代寺宇一般以佛殿为中心，为具有中轴线、布局规整的院落，建筑风格雄浑宽大。位于山西五台山西麓豆村的佛光寺大殿是现存最早的木结构建筑之一，建于晚唐大中十一年（857），为一座中型殿堂，面阔七间，通长34米；进深四间，通宽17.66米，屋顶为单檐庑殿，内设佛坛，置有释迦、阿弥陀、弥勒坐像、乘象普贤、乘狮文殊等晚唐造像。宋代寺宇建筑风格趋向柔和巧丽，造型富于变化，加工更精细化，尤其元符三年（1100）李诫所编《营造法式》颁布后重要建筑趋向规范。如河北正定隆兴寺是北宋营造的寺刹，主要建筑分布于一条南北中轴线及其两侧，其摩尼殿、转轮藏殿为宋代遗构，前者为七间十二架梁，长33.32米，宽27.08米，单檐歇山顶；后者上层为三间六架梁，长13.36米，宽12.75米，重檐歇山顶。[7]至元代，南方地区基本保持了南宋轻巧绚丽风格，如元代所建的上海真如寺大殿。

---

〔1〕 万历《青浦县志》卷三"寺观"，第1028页。

〔2〕 万历《青浦县志》卷二"桥梁"，第1006页。

〔3〕 万历《青浦县志》卷三"寺观"，第1028页。

〔4〕 中国文化遗产研究院等编：《新中国出土墓志》（上海、天津卷）上册，《元故中议大夫、同知赣州路总管府事陈公墓志铭》，第22页。

〔5〕 万历《青浦县志》卷三"寺观"，第1028页。

〔6〕 崇祯《松江府志》卷十五"祠庙"，第696页。

〔7〕 萧默主编：《中国建筑艺术史》上册，第328、359—361、425、435、436页。

表 3　青龙镇寺庵

序号	名称	始建年代	废止年代	史载地址	现今地址
1	隆福寺	唐天宝二年		青龙镇南	白鹤镇青龙村村部西侧
2	隆平寺	唐长庆元年	建国初期	青龙镇北	白鹤镇塘湾村旧青浦民办小学
3	胜果寺	北宋乾德年间	南宋宝庆年间	隆福寺、隆平寺之西	推测白鹤镇鹤联村小关桥生产队南部
4	布金寺	唐大和二年		镇西大盈	白鹤镇王泾村叶泾生产队
5	罗汉教寺	南宋建炎年间	不详	松江府上海县黄渡镇	嘉定区黄渡镇
6	普光寺	南宋绍熙五年	明末	青龙镇西南	重固镇章堰村
7	真如寺	不详	不详	青龙镇南	无法考证
8	通惠寺	不详	不详	便民桥北侧	推测白鹤镇塘湾村镇南生产队西北侧
9	福寿寺	不详	不详	福寿坊附近	推测白鹤镇鹤联村太东生产队
10	赤乌庵	相传三国赤乌年间	不详	四十五保一区十二图	无法考证
11	具足庵	不详	不详	青龙镇中亭桥东	白鹤镇青龙村平桥生产队东部
12	圆通寺	不详	不详	不详	无法考证
13	观音庵	不详	不详	不详	无法考证

青龙镇除建有众多寺庵外，各类祠庙宫观也非常多，"镇盛时庙宇也盛"[1]。主要有太傅庙、东岳别庙等 7 座，现一并予以考察。

1．太傅明王庙

太傅明王庙简称太傅庙，庙内祭祀西汉太子太傅、经学家萧望之，犹如镇的城隍神，"相传萧望之显灵于此，监镇祀如城隍神"。[2]

萧望之（约前 114—前 47），字长倩，为汉初丞相萧何的六世孙，东海兰陵（今山东苍山兰陵镇）人，徙杜陵（今陕西西安东南）。萧望之是西汉宣帝、元帝倚重的

---

〔1〕　正德《松江府志》卷十五"祠庙"，第 693 页。
〔2〕　正德《松江府志》卷十五"祠庙"，第 696 页。

青龙镇出土的萧望之石造像
图44

大臣，官至御史大夫、左冯翊、大鸿胪、太子太傅，又是著名的经学家，其博览群书，学识渊博，曾主治《齐诗》，兼学诸经，是汉代《鲁论语》的知名传人。

青龙太傅庙始建年代不详，但应该比较早，以"监镇祀如城隍神"之载来看至少在北宋初期已经建筑。其位置在太傅桥前，据当地老村民反映，该庙在20世纪70年代尚存，在今青龙村庙泾生产队东南侧、村河庙泾北侧。2013年8月，在疏浚该庙西北侧的通波塘时发现了一尊石造像，具有唐末宋初的石雕风格，当为萧望之造像。

2. 东岳别庙

东岳别庙，在青龙镇，临万柳堤。[1]

---

〔1〕 正德《松江府志》卷十五"祠庙"，第693页。

岳庙，在（华亭）县治东南，别庙三，一在青龙万柳堤……。[1]

我国古代具有对山川自然神祇崇拜的信仰传统，尤以五岳（泰山、衡山、华山、恒山、嵩山），四渎（长江、黄河、淮河、济河）为崇，分别立庙祭祀。东岳即位居东方的泰山，象征泰山的东岳帝是沟通天地的神灵，也是主宰人间生死福祸、掌管七十二司、十八层地狱的冥王，每年农历三月二十八日为其圣诞之日，"其神掌天下人民之生死，（南宋）诸郡邑皆有行宫奉香火"。[2]青龙镇上建有东岳别庙，简称岳庙，即《青龙赋》所提到的岳祠，庙内供奉象征泰山的东岳大帝，其始建年代至少在《青龙赋》撰写前，即南宋宝庆年前。同治十一年修，光绪、民国年间改称其为岳少保祠[3]，概历久误传之故。

东岳别庙是青龙镇的重要坐标，20世纪50年代初尚存，后被拆除成废墟，地址在今白鹤镇塘湾村北岳村东北侧。今岳庙村之名由此而来。其附近有万柳堤、万柳桥、万柳堤坊、崧高坊。

万柳桥，在镇东一里余，万柳堤上。

万柳堤坊，与崧高并，岳庙路。

崧高坊，金狮桥东。

吉利桥，又名金狮子桥，在镇东金泾口。[4]

万柳桥、万柳堤坊，因旁边有万柳堤而名，万柳堤因"柳允中之祖植万柳于龙江堤上因名"，是青龙镇上著名的景致。按现今位置，在青龙镇东一里余、纪白公路北侧、岳庙村和泗大泾南侧有一名叫将军桥的自然村，旁边有一条村河将军浜。笔者母

---

〔1〕 崇祯《松江府志》卷五十二"道观"，第1397页。

〔2〕 （宋）吴自牧：《梦粱录》卷二"二十八日东岳圣帝诞辰"。

〔3〕 光绪《青浦县志》卷三"建置·坛庙"；民国《青浦县续志》卷三"建置·坛庙"。

〔4〕 崇祯《松江府志》卷三"桥梁"，第88页；万历《青浦县志》卷二"桥梁"，第1006页；正德《松江府志》卷九"坊巷"，第326—328页。

亲曾告知笔者，20世纪70年代曾疏浚将军浜，在河道一侧发现过许多的树根，由此推测为万柳之遗留，万柳堤也当为南北向，大致在今将军浜一线，这样与北面的东岳别庙、嵩高坊基本处于南北一条并行线上，与史载"万柳堤坊，与嵩高并，岳庙路"是吻合的。因此，推测万柳堤坊在今将军桥村比较合理。

3. 二圣庙

二圣庙又名"双忠庙""双圣庙"，因祭祀唐代安史之乱时的忠臣张巡、许远两位英雄而名，宋建炎元年敕建。[1]"二圣庙，在青龙镇，下多宝藏，土人往往得之，祀唐张巡、许远，又名双忠庙"，[2]《青龙赋》记曰"曾闻二圣之感应，曾卫高皇之危急"之句即出典于此。

张巡（708—757），蒲州河东（今山西永济）人。开元进士，精通兵法，官至御史中丞。"安史之乱"时屡次挫败叛军，至德二年（757），安禄山之子安庆绪派部将尹子琦率十三万精锐军南下攻打江淮屏障——睢阳（今河南商丘睢阳），张巡和许远等数千人，在内无粮草、外无援兵的情况下死守睢阳，杀伤敌军数万，有效阻遏了叛军南犯之势，遮蔽了江淮，但终因寡不敌众，被俘英勇就义。据说死后被追封为"通真三太子"。

许远（709—757），字令威，杭州盐官（今浙江海宁西南）人，高宗宰相许敬宗之玄孙，历仕侍御史、睢阳太守。安禄山造反后，与张巡协力守睢阳城，后失去外援，被俘杀害。

张巡、许远死后，历朝不断加封这两位忠臣、英雄，以示其为"忠义报国"的楷模，许多地方建有双忠庙或双忠圣庙，作为保护神。宋朝时尊张巡、许远为"保仪大夫""保仪尊王"，元顺帝时加封许远为"护国忠靖威显景祐真君"，明洪武四年（1371）封许远为"睢阳太守许公之神支"，春秋时进行公祭。两公在民间的影响则更大，民间有人称许远、张巡两人为"文安尊王"和"武安尊王"，两人被合称"文武尊王"。

---

〔1〕 光绪《青浦县志》卷三"建置·坛庙"。
〔2〕 崇祯《松江府志》卷十五"祠庙"，第696页。

张巡像
图 45

许远像
图 46

　　作为军事重镇，青龙建双圣庙以护佑一方当在情理之中。该庙废毁年代不详。

　　二圣庙位于通波塘滑石桥附近、望江桥之南，"滑石桥，在二圣庙，通波塘上"，"望江桥，二圣庙北，今废，通波塘上"。[1]"望江桥"即登上此桥就能望到宽阔的吴淞江之意，按位置只有在隆平寺附近才能如愿看到，因此推测望江桥在隆平寺之北面，即今旧青浦小学的北面，其南为滑石桥。笔者询问当地老者，今鹤联村酒坊桥生

---

[1] 万历《青浦县志》卷二"桥梁"，第1006页。

青龙镇镇区北端区域发现的宋代建筑、灰坑等遗存
图 47

产队和旧青浦小学北侧确实有一座很大的石桥，抗战时期被日军炸毁，20 世纪 60 年代还可看到桥基石，由此推测为望江桥或滑石桥。

隆平寺北侧当是吴淞江故道，而吴淞江南岸边界即青龙镇区北端边界究竟到达何处是个亟待探明的问题。镇区北端区域非常重要，这里涉及商船入港区域，集中了文献记录的来远坊、安流坊、望江桥等坊巷、桥梁，又是南宋水军可能驻扎的地方，只能通过考古勘探和发掘来破解。2016 年至 2022 年，上海博物馆考古研究部在老通波塘东侧、姚进江北侧区域进行了重点发掘，发掘面积约 2000 平方米，发现了密集丰厚的市镇遗存堆积，有宋代公共建筑基址、青砖道路、水井、灰坑和许多陶瓷器等。推测二圣庙在此区域比较合理，而吴淞江南岸边界应当在隆平寺北侧约 300 米一线。

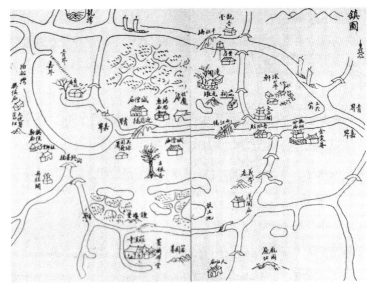

清代章树福《黄渡镇志》载土地祠（原沪渎龙王庙）位置
图48

4．龙王庙

即通济龙王祠。正德《松江府志》载"攀龙坊，龙王庙前"。〔1〕绍熙《云间志》记有通济龙王祠，"在沪渎"，相传五代吴越时已建祠庙，北宋景祐五年两浙路转运副使叶清臣因浚盘龙汇，曾祈祷于此，并复新祠貌，祠内留存叶清臣《祭沪渎龙王文》刻石，该祭文流传于世。〔2〕据清章树福《黄渡镇志》载，沪渎龙王庙位于吴淞江北岸的黄渡镇（今属嘉定区），离青龙镇区近3公里，"元大德八年，都水监李果建。明天顺二年，嘉定知县龙晋重修。在今咸号十九图，庙宇坍废。国朝嘉庆九年，里人改为土地祠"。〔3〕宋代时，位于沪渎岸边的黄渡镇还没有形成，因此，从所建位置来看，通济龙王祠与龙王庙两者实际上是同一座祠庙。《黄渡镇志》所载该庙建造时间较晚，盖章树福没有掌握前者资料之故。

---

〔1〕 正德《松江府志》卷九"坊巷"，第326—328页。
〔2〕《绍熙云间志》卷中"祠庙"，第16页。
〔3〕（清）章树福：《黄渡镇志》卷九"神祠"。

龙王是深受古代百姓欢迎的神之一，龙王信仰在古代颇为普遍。唐宋时，帝王封龙神为王。唐玄宗时诏祠龙池，设坛官致祭，以祭雨师之仪祀龙王。宋太祖沿用唐代祭五龙之制，宋徽宗大观二年（1108）诏天下五龙皆封王爵，封青龙神为广仁王，赤龙神为嘉泽王，黄龙神为孚应王，白龙神为义济王，黑龙神为灵泽王。

青龙镇龙王庙则祭祀吴淞江之神，以祈求龙王治水，利于农事，明代范纯《龙王庙记》曰："吴淞江为太湖咽喉……汪洋浩荡，一或震激泛滥，则江南之民其鱼鳖矣……独是江赖以吐纳湖水，且滋溉农田，民食因之，以足其所系，为尤重也。"[1]

5. 章庙

章庙，为青龙章氏香火院，又称庄敏公庙，以祭祀北宋政治家、庄敏公章楶，纪念其疏治青龙江的功绩，"庄敏公少时为将作监主簿，监华亭盐，曾浚青龙江以便盐运，其事《宋史》不载，见之于公兄望之《贻公书》。青龙江在宋时水泛溢，公疏导

今章堰城隍庙山门
图49

---

〔1〕（清）章树福：《黄渡镇志》卷九"神祠"。

有法，海滨之田遂为沃土。土人报功公，祀至于今不废"。[1]也依此推测所建时间在北宋。

该庙位于四十六保二区，即今重固镇章堰村，万历二十六年（1598）章槱后裔章宪文、懋文等重修。[2]后改为青浦城隍庙别庙，俗称章堰城隍庙。在苏州城内建有章庄敏公祠，则称章太师家庙。2021年对山门进行了修缮。

6. 圣母祠

《青龙赋》记曰："奇哉圣母祠，异哉观音庵"，依此青龙镇建有圣母祠，其始建年代当在《青龙赋》撰写之前，具体位置不详。

全国许多地方都建有不同时期的圣母祠，内陆地区圣母祠供奉的圣母大多是中华民族的共同祖先女娲，少数为华岳三娘。《说文解字》曰："娲，古之神圣女，化万物者也。"《列子》曰："伏羲女娲，蛇身人面，有大圣之德。"现存遗迹有山西太原晋祠、山东宁阳县神童山、四川汶川石纽山、北京石景山等地的圣母祠；而东南沿海地区与内陆不同，主要供奉海神圣母。海神圣母又称天妃、娘妈、天后、妈祖，相传她本姓林，名默娘，为福建莆阳湄洲屿人，生于北宋初期，能预知人祸福，为乡人所敬重，死后被当地居民视为海上保护神而得到尊奉，至南宋时圣母信仰之风传播到沿海各地，"不特盛于莆，闽、广、江、浙、甸皆祠也"[3]，并受到加封。青龙镇作为沿海港口，亦建圣母祠供奉海神天妃以护佑海航的平安。

7. 通玄观

道教场所称观或道院。通玄观于唐景福元年（892）由道士叶管辖创建，为史载青龙镇最早建立的道观。明洪武六年（1373）道士秦守宗重修。[4]废毁年代不详。

其地点"在四十五保青龙镇东"[5]，附近有亨衢坊、龙江福（胜）地坊，"亨衢坊，

---

[1] 光绪《青浦县志》卷三"建置·坛庙"，《章宪文家庙记》。
[2] 光绪《青浦县志》卷三"建置·坛庙"，《章宪文家庙记》。
[3] 咸淳《临安志》卷七三"祠祀三"。
[4] 万历《青浦县志》卷三"祠庙"，第1030页；崇祯《松江府志》卷五十二"道观"，第1393页。
[5] 万历《青浦县志》卷三"祠庙"，第1030页。

三、三十六坊等考述　　135

今艾祁庙旧址
图 50

通玄观西","龙江福（胜）地坊，通玄观前"。[1]大致位置推测在今塘湾村镇南生产队东部。

　　唐宋时期庙观建筑与寺庵基本相同，唯独没有塔这种建筑形式。现存的太原晋祠圣母殿、苏州玄妙观三清殿为其中代表，晋祠圣母殿建于北宋天圣年间，面阔五间，前檐进深两间，为重檐歇山顶。玄妙观三清殿建于南宋淳熙六年（1179），为九间十二架梁，长 43.87 米，宽 25.47 米，重檐歇山顶。依此，也可见青龙镇有关祠庙道院的建筑形式。

　　以上这些寺庙宫观始建年代不同，时间跨度从唐至元不一。青龙镇建有如此众多的寺庙宫观，反映了该镇居民多样化的民间信仰状况。

---

[1]　正德《松江府志》卷九"坊巷"，第 326—328 页。

另外，还有两座庙宇始建年代较晚，即艾祁庙、猛将庙。

艾祁庙在正德《松江府志》已有记载，可知始建年代当在明正德前，20 世纪 80 年代被拆除。因位于艾祁浦旁而名，"艾祁庙，以浦名"，"艾祁庙，在艾祁港滨"，"艾祁庙，以地名。"〔1〕现今位置在白鹤镇青龙村东面的艾祁自然村南部，东临艾祁港，北依陆家潭河，为青浦凌云纸箱厂厂址。

"猛将庙在任墓西北"〔2〕，任墓即任仁发之墓，位于今重固镇新丰村高家台生产队。猛将庙在墓西北侧的前民（旧称庙前）生产队，当地人称北猛将庙，另有猛将庙在南面的重固镇，称南猛将庙。万历四十二年（1612）因刘猛将显灵于此，乡人遂建庙祭祀。〔3〕清光绪《青浦县志》还有相关记载，20 世纪 60 年代"破四旧"时被拆除。

猛将姓刘，当地民间传说刘猛将小名刘活宝，是南宋时期抵抗金兀术的一位少年英雄。当时韩世忠屯兵于青龙镇，与金兀术交战，结果韩世忠因多喝酒被兀术战败而逃，兀术趁机追杀，途中走出少年刘活宝，他赤着膊，手拿两把菜刀，一口气砍死好几个金兵。兀术大怒下令活捉刘活宝，结果损失了两名战将，兀术欲射暗箭，刘活宝眼明手快，将一把菜刀投掷过去，切断了兀术的一个手指头，顿时金兵大乱。韩世忠也率兵杀来，将金兵打败。为此，韩世忠设宴招待刘活宝，并任命他为右前锋将军，随其作战，但他因家母病重推辞。后韩世忠班师回京，将刘活宝杀退金兵之事禀告了皇帝，此时刘活宝已被恶毒的后母推入河中淹死了。皇帝知悉后，敕封他为"天曹府护国天王，北宝殿猛将"，并为之建庙。当地百姓每逢农历八月十八举行庙会，以祭祀这位少年英雄。〔4〕

在吴越地区，建造猛将庙比较普遍，猛将多为专司驱蝗的神灵，以护佑庄稼丰收。关于刘猛将其人，历来说法不一，清嘉定县石冈（今嘉定区马陆镇）《重修刘猛将军庙碑记》的作者赵晓荣记录有宋代抗金名将刘锜、刘锜弟刘锐、南宋金坛人刘宰、元末江淮指挥使刘承忠等，赵晓荣本人主张为刘锐，刘锐曾任权镇江府驻扎御前

〔1〕 正德《松江府志》卷十五"祠庙"，第 695 页；崇祯《松江府志》卷十五"祠庙"，第 696 页。
〔2〕 崇祯《松江府志》卷五十二"道观"，第 1397 页。
〔3〕 康熙《青浦县志》卷八"祠庙"。
〔4〕 吴跃进、缪京主编：《上海历史之源——福泉山》，上海文汇出版社 2007 年版，第 144—146 页。

诸军都统制。[1]上海地区一般在春耕开始前，秋天收获前盛行迎神赛会，以祭祀刘
猛将。[2]

表 4　青龙镇庙观

序号	名称	祭祀对象	始建年代	废毁年代	史载地址	现今地址
1	太傅庙	西汉萧望之	不详	20 世纪70 年代	太傅桥西	白鹤镇青龙村庙泾生产队
2	东岳别庙	东岳泰山大帝	不详	20 世纪 50年代初	临万柳堤	白鹤镇塘湾村北岳庙生产队
3	二圣庙	唐张巡、许远	不详	不详	望江桥南	推测在白鹤镇塘湾村姚进江北侧
4	龙王庙	吴淞江神	不详	明代	攀龙坊北	嘉定区黄渡镇老街区
5	章庙	北宋章粢	不详	不详	四十六保二区	重固镇章堰村东首章堰城隍庙
6	圣母祠	海神林妃	不详	不详	不详	无法考证
7	通玄观	不详	唐景福元年	不详	青龙镇东，西为亨衢坊、南为龙江福（胜）地坊	推测在白鹤镇塘湾村镇南生产队东部

（四）二十二桥

　　"二十二桥说"最早见于弘治《上海志》，载曰"梅圣俞……及载坊三十六、桥
二十二"，而正德《松江府志》载有"桥三十"，万历《青浦县志》、崇祯《松江府志》
都记有 50 座之多。造成数量差异的原因应是修建年代先后或材料来源不同所致。因
弘治《上海志》和正德《松江府志》编撰时间较早，所记桥梁更接近青龙镇原有的

---

〔1〕 张建华、陶继明主编：《嘉定碑刻集》，赵晓荣《重修刘猛将军庙碑记》，第 918、919 页。
〔2〕 徐华龙：《上海风俗》，上海文艺出版社 2009 年版，第 270 页。

状况。

弘治《上海志》卷之五"津梁"条记载青龙镇所属的四十五保拥有桥梁25座："南栅桥、高视桥、上达桥、望江桥、青龙江桥、太傅桥、滑石桥、四远桥、玄武塘桥、阜通桥、广利桥、艾祁桥、朱墅浦桥、广顺桥、中正桥、驼峰桥、史墓泾桥、重固桥、淮浦桥、赵浦桥、秋末泾桥、永积桥、合浦桥、四孔桥、坊桥，俱四十五保"。[1]记载比较简单，仅有桥名。

正德《松江府志》卷之十"桥梁"条记有30座，除桥名外还记有部分桥梁的建修年代和地址，相对记载比较详细。

> 望江桥，二圣庙北。
>
> 广利桥，即南亭桥，宋康定元年建，国朝正统丙寅桥邻费全重建。亭凡三间，雕阑曲折如画，数百年前之胜仅见此尔。
>
> 广济桥，即中亭桥，宋熙宁五年建，今废。
>
> 广润桥，即西亭桥，宋乾道八年建，今废。
>
> 阜通桥，一名通泽，又名车栏，淳熙间建。
>
> 庆安桥，即酒坊桥，庆元间建。
>
> 滑石桥，同上。
>
> 寺桥，元延祐年建。
>
> 板桥，一名众安桥，至正六年建。
>
> 太平桥，七年（至正）建。
>
> 太傅桥，十一年（至正）建，太傅庙前。
>
> 吉利桥，同上。
>
> 长生桥、虹桥、新桥、马桥、关桥
>
> 南栅桥、西栅桥、上达桥、中正桥
>
> 高视桥，跨顾会浦，桥之最高者，因名。

---

〔1〕弘治《上海志》卷五"津梁"，第23、24页。

四远桥

万柳桥，万柳堤上。

养蚕浦桥

香华桥，隆平寺南。

绿野桥、镇街桥

艾祁桥，以浦名。

赵浦桥、淮浦桥、朱墅浦桥、玄武塘桥、青龙江桥

以上四十五保。自望江至镇街俱在青龙镇，余在东西道中，废毁多矣。[1]

根据正德《松江府志》记载，艾祁桥、赵浦桥、淮浦桥、朱墅浦桥、玄武塘桥、青龙江桥等 6 座桥梁不在青龙镇上，因此青龙镇建有 28 座桥梁。这一数量相对准确，所以依此进行考述。

青龙镇东、西市分别有通波塘、崧泽塘两条主要干流穿镇而过。据实地调查，流经青龙镇的这两条河流及其支流大多不变，唯河道缩窄、河床变浅而已。今老通波塘青龙镇区段东侧支流由南至北分别为陆家台江、金家浜、平桥浜、泗大泾、陈泾岸河；西侧支流为东山港、庙浜、青龙新开河（窑河）、老浜、平桥浜、小关桥河。今崧泽塘青龙镇区段北部支流较少，东侧由南至北分别为小关桥河、三官塘；西侧为陆家潭、荷花池。

（1）跨通波塘干流桥梁

跨通波塘的桥梁由南至北分别是：虹桥、高视桥、南栅桥、太傅桥、广济桥（中亭桥）、关桥、庆安桥（酒坊桥）、滑石桥、望江桥。

1. 虹桥

"虹桥，四十五保，在高视桥南。"推测其位置在青龙镇区南端，今重固镇新丰村陆家宅基生产队的通波塘上。此桥可能为叠梁结构的虹桥，犹如北宋张择端《清明上河图》中的汴水虹桥。

---

〔1〕 正德《松江府志》卷十"桥梁"，第 388—390 页。

2．高视桥

"高视桥，跨顾会浦，桥之最高者，因名。"该桥为青龙镇上最高桥梁，当为高大的石拱桥。其北面桥梁密度已经很高，有南栅桥、太傅桥等诸桥，故推测其位置在青龙镇南端比较合理，大致在今重固镇新丰村北部庄家台的通波塘上。其北有仰高坊、西有登云坊，"仰高坊，高视桥北"，"登云坊，高视桥西"。

3．南栅桥

"南栅桥在太傅桥南，四十五保"，"南栅桥，在通波塘上，太傅桥南"。光绪十年（1884）里人陶润芝募修。[1]该桥为青龙镇南部的重要坐标，其旁有阜民坊。前文已谈及，不再赘述。这里需要指出的是，"栅"应是当时船只进入镇区河道的阻挡物，一是治安防卫之需，二是向商船收税之用。澉浦镇也建有栅桥，在"镇西三里。本镇纂节发引收税之处。"[2]青龙镇另一座西栅桥概也如此。

4．太傅桥★（★为元代所建桥梁）

"太傅桥，在通波塘上，太傅庙前，至正十一年建"，"太傅桥至正间造，南栅桥北，四十五保"，乾隆三十五年（1770）由梅肇荣重建。[3]该桥因近太傅庙而名，位于今庙泾自然村东的老通波塘上，现改为村水泥桥。询问当地村民，原为石拱桥，原址在庙泾生产队东南侧，改为水泥桥后已经北移约十米。

5．广济桥（中亭桥）

"广济桥，即中亭桥，宋熙宁五年建，今废"，"广济桥，即中亭桥，在通波塘上。熙宁建。"前文已谈及，不再赘述。

6．关桥

"关桥，在通波塘上，庆安桥南"，道光三年（1823）里人陈香圃等予以重修。[4]笔者在上小学时到旧青浦街上买东西经常走过此桥，记得是一座高大的石板桥，位置在今白鹤镇鹤联村小关桥河北侧一点，其东岸即清末御医陈莲芳故居，该故居一度改

〔1〕民国《青浦县续志》卷五"水利下·桥梁表"。

〔2〕（宋）常棠：《澉水志》上卷"桥梁门"，第4664页。

〔3〕光绪《青浦县志》卷五"桥梁"。

〔4〕民国《青浦县续志》卷五"山川下·桥梁表"。

关桥旧址
图 51

为加工食面的作坊，供应附近村民食用，因此关桥可以作为青龙镇中部的重要坐标。其西侧有桂枝坊、上达坊，东侧有皇华坊，"桂枝坊，关桥西"，"上达坊，关桥西"，"皇华坊，关桥东，张提举宅路"。

7.庆安桥

"庆安桥，即酒坊桥，庆元间建"，"庆安桥，在通波塘上，即酒坊桥"。位于鹤联村酒坊桥生产队北部，今桥基尚存，可以作为青龙镇北部的坐标。今酒坊桥生产队因此桥而得名。

8.滑石桥

"滑石桥，宋庆元中造，近青龙，四十五保"，"滑石桥，在二圣庙，通波塘上"。

酒坊桥旧址

图 52

旁有二圣庙，推测在今鹤联村酒坊桥生产队北侧。

9. 望江桥

"望江桥在青龙镇双圣庙北，今废，四十五保"，推测在今塘湾村镇北生产队北部。其南有双圣庙、安流坊，北有来远坊，"安流坊，望江桥南"，"来远坊，望江桥北"。

以上跨通波塘桥梁为9座，应当建于明正德前。另有以下3座桥梁，也跨通波塘，被万历《青浦县志》和崇祯《松江府志》所载录，可能始建年代在正德后，也有可能为前志所漏载。

"便民桥，在通波塘上，通惠寺南"，其东有便民坊，"便民坊，便民桥东"。推测在今塘湾村镇南生产队的通波塘上。

"庆源桥，在通波塘上。庆源桥在四十五保三区重固镇，有二座"，此桥因位于重固镇，可以排除在外。

"会龙桥，在通波塘上，今名王家桥"，具体位置不详。

通波塘是青龙镇的主要干流。为保障大型海舶的通行，该河流上的桥梁建筑技术要求高，桥的建筑高度也需要达到较高水平，当以石拱桥为主，因此推测上述桥梁大多为高大的石拱桥。

（2）跨通波塘支流桥梁

通波塘各支流桥梁，由南往北分别是：

▲陆家台江、陆家湾

在今青龙寺南陆家台江、陆家湾或附近消失的河道上建有不少桥梁，现罗列如下：

10．上达桥

"上达桥在南栅桥南，四十五保"，"上达桥，南栅桥南，合浦上"，看来该桥与上达坊没有关系。合浦当为通波塘与支流的交汇处，按所处南栅桥南与现今地形，推测上达桥跨今青龙村陆家台江西端比较合理。

11．长生桥

"长生桥在青龙隆福寺，四十五保三区。"

12．绿野桥

"绿野桥，在青龙长生东，四十五保"，"绿野桥，在长生桥北"。《青龙赋》中曰"凝眸绿野桥边，几多风景"，即指此桥，说明该桥始建年代至少在南宋后期前。

13．马桥

"马桥在青龙隆福寺东，四十五保。"

▲庙浜（庙泾）

14．广利桥

"广利桥，即南亭桥，在庙泾上。"建于康定元年（1040），为目前所知青龙镇上最早建设的一座桥梁，也是最华丽精致的桥梁，位于今青龙村庙浜上。前文已述，不再重复。

▲金家浜

15. 板桥（众安桥）★

"板桥在四十五保，今名众安"，"板桥，又名众安，至正六年建"。推测在今青龙村平桥生产队南侧的金家浜上，因为此处没有相应的桥梁记载。其南有连魁坊，"连魁坊，板桥南，取曾兼修、曾信连魁之义"。

▲泗大泾（金泾）

泗大泾古称金泾，位于今泗大泾上的桥梁有2座：

16. 吉利桥（金狮子桥）★

"吉利桥即金狮子桥，在青龙镇，元至正间造"，"吉利桥，又名金狮子桥，在镇东金泾口"。金泾即今泗大泾，吉利桥即位于今泗大泾与老通波塘交汇处的旧青浦老街中段，现被村水泥桥所替代，为青龙镇中部重要坐标，其东有崧高坊。

17. 阜通桥（通泽、车栏桥）

"阜通桥又名广济桥、车栏桥，宋淳熙年造，在四十五保"，"阜通桥，一名通泽，又名叉栏，在金泾上"，跨今泗大泾，当在吉利桥之东。其北为云津坊，"云津坊，阜通桥北，镇学路口。"

▲陈泾岸河

陈泾岸河古称陈泾，民国间写作岑泾[1]，其南有一座香华桥，"在陈泾口，隆平寺前"，因此今陈泾岸河即古代的陈泾。其名可能与宋代著族陈氏有关，详见后文。原陈岳村之名即由陈泾这条河流与岳庙这座庙宇组合而成，其源头当为陈氏家族与东岳别庙的组合。

位于今陈泾岸河的桥梁有以下3座：

18. 寺桥（香华、迎恩桥）★

"寺桥在隆平寺西南，又名迎恩，元延祐年造，元至正年重修，四十五保"，"香华桥，在陈泾口，隆平寺前，又名迎恩"。正德《松江府志》载"香华桥，隆平寺

---

〔1〕 民国《青浦县续志》卷五"山川下·桥梁表"。

今迎恩桥

图 53

南"，将此桥与寺桥单独列开，实际上是同一座桥梁。该桥于清嘉庆四年（1799）重建，改称万安桥，俗称城隍庙桥[1]；2009 年上海市文物局曾出资修缮。其东北侧即隆平寺旧址，西南侧即青浦区文物保护单位土地庙新四军标语墙。现该桥为单跨平梁桥，桥长 13.08 米，宽 3.4 米，高 3.8 米。两端为实体桥台，无石阶。两边用镂空紫色武康石作护栏，有莲花形望柱和抱鼓石，呈现明显的宋桥风格。该桥为目前青龙镇上幸存的两座桥梁之一，也是保存最好的一座桥梁，是青龙镇重要坐标，具有较高的文物价值。

---

〔1〕 民国《青浦县续志》卷五"山川下·桥梁表"。

19. 镇家桥

万历《青浦县志》作镇街桥，"在镇治南陈泾上"。位于迎恩桥东，跨塘湾村河北、河南生产队的陈泾岸河。

20. 新桥

"新桥在法会庵南，旧县前，四十五保"，位于镇家桥附近。

▲ 将军浜

21. 万柳桥

"万柳桥，四十五保，在万柳堤上"，推测在今塘湾村将军浜上。

22. 中正桥

具体位置和建修年代不清楚。

23. 四远桥

具体位置和建修年代不清楚。

弘治《上海志》、正德《松江府志》没有收录，而万历《青浦县志》、崇祯《松江府志》收录跨通波塘支流的桥梁还有：

"孩儿桥又名渡僧，在青龙镇，元至正间造"，"孩儿桥，在隆福寺南，又名渡僧桥，元至正间建。"

"香花桥，在隆福寺前，四十五保。"

"林家桥，在隆福寺南"，"林家桥，隆福寺东南。"

"郏家桥，在四十五保，隆福寺东南"，"郏家桥，在隆福寺东南，天启五年重建，更名秀龙桥"。

具足桥，光绪《青浦县志》载有"具足庵，在青龙镇中亭桥东"，推测在具足庵附近，即位于中和坊附近，也就是今平桥村东部，依此推断此桥跨平桥浜。

"小关桥，在合浦上"，此合浦指通波塘及其西侧支流今小关桥河交汇处，位于鹤联村小关桥生产队东端，此桥桥基尚存，可定确切位置。

此外，隆福寺东的艾祁浦（今艾祁港）上建有艾祁桥、史家庄石桥。"艾祁桥在隆福寺东，四十五保三区。"因跨艾祁浦而名，明洪武十二年（1397）始建，清乾隆四十二年（1777）重建。艾祁桥现尚存，位于今青龙村艾祁生产队，为单孔石拱桥，

小关桥旧址

图 54

青石材质，桥长 27.8 米，宽 3.3 米，高 4.65 米，为并联拱券，拱跨 12.2 米。"史家庄石桥，在四十五保一区三图，跨艾祁梢，元至正间里人任彦诚建。"

"永安桥，在四十五保三区，万历十二年造。"

"会龙桥在四十五保三区，洪武中造。"

"亭桥，在四十五保三区。"

"起龙桥，在四十五保三区。"

"范铭桥，在四十五保一区七图，跨唐漕浦，嘉靖十三年范铭建。"

"梁武石桥，在四十五保一区十三图，跨东汇浦，元至元间造，相传梁武帝尝在此故名。"

"永兴桥，在猛将庙前。"在今重固镇新丰村前民生产队。

"皇华桥，在皇华浜。"可能与皇华坊有关。

"塔桥、阜民桥、酒瓶桥。"阜民桥可能与阜民坊有关。

崇祯《松江府志》称以上通波塘及其支流诸桥"俱在东江上"。

（3）跨崧泽塘及其支流桥梁

由北至南有以下数桥：

24．太平桥★

"太平桥，在西江上"，"太平桥，在青龙，元至正造，四十五保"。

笔者就出生于此桥旁边的太平桥村，对此桥和周边环境非常熟悉。此桥北距青龙港仅约300米，位于太平桥村东南侧，桥东为太东生产队，桥西为仓桥生产队，桥

太平桥（2003年摄）

图55

南则为太南生产队。太平桥为单跨石梁桥，长约 5 米，宽 2 米，桥堍一侧材料为武康石质，现改为村水泥桥。因东有太平坊而名，"太平坊，太平桥东"。东另有崇义坊，"崇义坊，太平桥东，义役庄在焉"。按照地形来看，此桥处于青龙镇西市的中部，是青龙镇西市的重要坐标。

25．西栅桥

"西栅桥，在青龙养蚕浦南，四十五保"，"西栅桥，在西江上，养蚕浦南"。其旁边有见山坊，西有合浦坊，"见山坊，西栅桥，取道昆山淀山路"，"合浦坊，西栅桥西"。

要确定西栅桥位置首先要搞清养蚕浦这条河流。据载，养蚕浦上有养蚕浦桥，"养蚕浦桥，在青龙太平桥南"，而太平桥的位置已经非常清楚。观之此地地形、河道，太平桥之南只有一条当地村民称作荷花池的断头小河浜，推测荷花池即养蚕浦的残留，其南为太南生产队，这里地势高阜，住宅密集，太南生产队南面为陆家潭的小村河，与崧泽塘交汇，由此推断合浦坊就是崧泽塘、陆家潭交汇处的太南生产队，西栅桥则位于太南的西江崧泽塘上，与对岸的太东生产队相接。

西栅桥旁边的见山坊为青龙镇西市至"昆山、淀山"的必经之路，交通便利，昆山即位于今松江区的小昆山，北距青龙镇约 20 公里；淀山位于今青浦区淀山湖南侧，属朱家角镇，在青龙镇西南约 25 公里，由此推测见山坊位于陆家潭南岸的太东生产队南部，这里往南至昆山、淀山极为方便。

26．广润桥（西亭桥）

"广润桥，即西亭桥，在西浦上"，为青龙镇三亭桥之一，建于南宋乾道八年。具体位置不详，但是按照崧泽塘上桥梁的密集度，此桥推测在西栅桥南面比较合理，大致位置在今陆家潭南岸的太东生产队南部。

27．养蚕浦桥

"养蚕浦桥，在青龙太平桥南"，推测在今鹤联村仓东与太南生产队交界的荷花池上。

跨西浦崧泽塘及其支流的桥梁在崇祯《松江府志》记载的还有见山桥、西灌桥两座桥梁。见山桥仅载其名，推测在见山坊附近，因坊而名。"西灌桥，在青龙镇西浦上，四十六保四区。"按此桥所处四十六保位置，当与青龙镇西市有一段距离，推测在广润桥南。[1]

总之，青龙镇上述27座桥梁，其中包含5座元代桥梁，剩下的正好是22座桥梁，应当是宋代所建的实际桥梁，与弘治《上海志》的记载是完全相符的。

青龙镇地处江南水乡，水多自然桥也多，是名副其实的桥乡，"上海（县）则在青龙者为盛"[2]。文献最早的为建于康定元年的广利桥（南亭桥），实际应该远比此桥早；桥梁类型主要为石拱桥、石梁桥，少数为造型独特的亭桥、虹桥，成为著名景致；桥梁密度很高，分布于镇的各大浦小泾，便于利涉交通。这与发达雄厚的经济实力是分不开的。

元代时随着青龙镇的衰落，许多桥梁因无力修缮而倒塌，至明正德年间已是"废毁多矣"，留存至今的则更少，仅存元代所建的寺桥和太平桥两座桥梁。

中国古代桥梁起源甚早，从现存汉代画像石来看，至东汉已能建造拱桥。[3]至隋代，石拱桥建造达到极高水平，李春所建的河北赵县安济桥为杰出代表。宋元时期，桥梁的建筑技术与水平更趋成熟，形式多样，当时石拱桥造型优美，坡度平缓，如有"上海第一古桥"之称的金泽镇普济桥，建于南宋咸淳三年，系单孔石拱桥，紫色武康石料，长25.5米，宽2.7米，高4.8米，拱跨10.5米；位于青浦区练塘镇的顺德桥始建于元至正三年，系三跨平梁桥，长17.5米，宽2.4米，高4米，桥柱由三根石柱并立而成，上置横梁，再置6根楠木，桥前端用长条石铺搁在楠木上，两侧有护栏、望柱及抱鼓石，具有元代梁桥特征。[4]这些宋元桥梁为了解青龙镇桥梁的建筑技术、艺术和样式提供了较好的实物例证。

---

[1] 上述青龙镇桥梁资料来源于万历《青浦县志》卷二"桥梁"，第1006、1007页；崇祯《松江府志》卷三"桥梁"，第88页。

[2] 正德《松江府志》卷十"桥梁"。

[3] 转引自萧默主编：《中国建筑艺术史》上册，第373页。

[4] 上海市青浦区文广影视局编：《水乡遗韵——上海市青浦区第三次全国文物普查图录》，第128、139页。

（五）三十六坊

　　"三十六坊说"是最没有异议的。此说最早见于弘治《上海志》，但仅记载了坊名，正德《松江府志》不仅记载其名，更记有具体位置，所以后诸方志都加以直接收录引用，成为研究青龙镇的重要文献。正德《松江府志》纂成时，三十六坊已经全部废毁，而所记内容如此翔实，应当是直接抄录和引用了南宋林鉴所纂的《续青龙志》，更显珍贵，这为我们解剖青龙镇市镇布局提供了珍贵而详细的第一手资料。现转引如下：

　　　　恩波坊，泳飞亭南。

　　　　攀龙坊，龙王庙前。

　　　　招鹤坊，白鹤渡东。

　　　　便民坊，便民桥东。

　　　　亨衢坊，通玄观西。

　　　　中和坊，中亭桥、和丰店口。

　　　　云津坊，阜通桥北，镇学路口。

　　　　先登坊，镇学路，旧名天灯巷。

　　　　龙江福地坊，通玄观前。

　　　　平理坊，镇治西。

　　　　通惠坊，镇治东，取镇旧名。

　　　　崧高坊，金狮桥东。

　　　　万柳堤坊，与崧高并，岳庙路。

　　　　熙春坊，酒务前。

　　　　兴贤坊，巡检司前。

　　　　皇华坊，关桥东，张提举宅路。

　　　　上达坊，关桥西。

　　　　连魁坊，板桥南，取曾兼修曾信连魁之义。

振文坊，南亭桥北。

仰高坊，高视桥北。

同福坊，太傅庙前。

阜民坊，南栅桥。

迎仙坊，隆福寺前，以近升仙台名。

仙坛坊，升仙台下。

登云坊，高视桥西。

桂枝坊，关桥西。

还珠坊，胜果寺前。

太平坊，太平桥东。

平康坊，中亭桥西，有瓦市在焉。

崇义坊，太平桥东，义役庄在焉。

合浦坊，西栅桥西。

福寿坊，福寿寺路。

见山坊，西栅桥，取道昆山淀山路。

至喜坊，西江下，取客舟至喜之意。

来远坊，望江桥北。

安流坊，望江桥南。

以上三十六坊在青龙镇，宋淳祐十一年镇官林鉴立，今废。[1]

要研究上述青龙镇三十六坊，首先要搞清楚"坊"的概念及其在此三十六坊中的含义。

坊一般指街巷（坊巷）、标榜功德的建筑物（牌坊）、手工业产品加工场所或店铺（作坊、店坊）三种场所。从三十六坊名字来看，首先可以将第三种作为作坊或店坊之坊排除掉。而从单纯的名称和三十六坊被建立者和时间来看，仅为标榜功德性质的

---

[1] 正德《松江府志》卷九"坊巷"，第326—328页；崇祯《松江府志》卷三"坊表"，第76页。

牌坊，其实不然，实际上为坊巷入口的标志物、装饰物，其后所代表的是某个坊巷，通俗来说就是现代的居民区。

"在城邑为坊，田野为村"。[1]"坊"又称"闾""里"，作为城邑中基本的居住规划单位，与商业区"市"相对应。宋代以前，中国城市实行严格的坊市制度，把全城分割为若干封闭的"坊"作为居住区，商业与手工业则限制在一些定时开闭的"市"中，全城实行宵禁，以加强城市的管理。如西汉长安城有160闾里，分布在城北及长乐宫、未央宫之间。北魏时，洛阳城筑里323个，每里300步见方，犹如棋盘布列。隋唐改称城内里为坊。隋唐长安有110坊，坊内辟十字街或横街。至唐代后期，随着商业的发展，扬州等一些商业城市突破了传统的坊市制，坊与市融合，不再设置坊墙，从封闭逐渐走向开放，夜市也逐渐兴盛起来。至北宋，都城汴京（今开封）等许多城市纷纷打破坊市格局，允许商人经商，街巷上随处可以开设店铺，走向商业化、市民化，成为中国城市发展的转折。及至南宋，各城市中的坊巷完全替代传统的里坊成为城市空间布局的主要构成，为此各方志和其他相关文献大多将"坊巷"作为独立的条目予以记载。从《东京梦华录》《梦粱录》《武林旧事》等籍和传世的《平江图》来看，北宋汴京、南宋临安（杭州）、平江（苏州）等一线大城市所立之额坊（坊门）虽名为坊，实际所指的是额坊内的街巷。如南宋都城临安设有九厢，其中"左一南厢所管坊巷：曰大隐、安荣、怀庆、和丰，并在清河坊内南首一带。左一北厢所管坊巷：曰吴山坊，即吴山井巷。清河坊，与南瓦子相对。融和坊，即灌肺岭巷。新街融和之北太平坊，通和相对。市南坊，即巾子巷。市西坊，俗呼坝头，又名三桥街，并在御街西首一带。南新街，御史台相对。康裕坊，俗呼八作司巷。后市街、吴山北坊西相对。泰和坊，俗呼糯米仓巷。天井坊，即天井巷，旧名通坊。稍西龙舌头路中和坊，元呼楼店务巷，旧名净因坊。仁美坊俗呼不坂巷，在通判北厅之东。近民坊，府治东。流福坊，府治前西。丰裕坊，凌家桥西。美化坊，府学西。八巷并在清河坊北首一带，直至州府沿河至府学前凌家桥西"。[2]其他坊巷也同。延至

〔1〕《宝庆四明志》卷第三"坊巷"，第5020页。
〔2〕（宋）吴自牧：《梦粱录》卷七"禁城九厢坊巷"。

许多州、县城等二、三线城市也是如此，如明州（今宁波）共设四厢，有51个坊，其中东北厢"千岁坊，南湖头西，南厢交界。安平坊，天庆观前。阜财坊，小梁街巷口。开明坊，鄞县前。拱星坊，廊头巷口。富荣坊，能仁寺巷口，西北厢交界。广慧坊，大梁街巷口。泰和坊，县河下。宣化坊，魏家巷口"。[1]吴兴（今湖州）属下的安吉县城有临苕坊、寰庆巷等12个坊13个巷。[2]直至一些大的市镇也以坊巷为主，构成市镇的基本布局。如海盐县澉浦镇，绍定年间主要有8个坊巷，"阜民坊，在镇前街西。张家街，在镇市北。张塔街，在镇市南。义井巷，在镇市南。塘门街，在镇市南。广福坊，在镇前街东。马官人街，在镇市南。海盐街，在镇北"。[3]青龙镇东的上海镇，咸淳年间有拱辰坊、洪辰坊、文昌坊、福会坊、致民坊等五坊。[4]

由此，青龙镇三十六坊中的"坊"乃为坊巷之意，三十六坊就是有36个坊巷，按现代通俗讲法有36个居民小区。这些坊巷于淳祐年间经过监镇林鉴大力整治，其坊巷前的额坊也于淳祐十一年（1251）由其所立。

三十六坊是青龙镇的主要构成，搞清其方位也就基本上搞清了市镇的平面布局，因此是考证的重点。根据记载位置，参照已有的坐标和上述有关考述，按照东市、西市两大镇区来区分，一一考证其所在现今的大致位置和分布区域。有的坊因资料不全无法考证的，则列在最后。

东市：

宋代青龙镇东市因范围很大，可划分成南部和北部两个区域，大致以今纪白公路为界。下面由南至北依次排列：

▲南部

1. 登云坊

"登云坊，高视桥西。"此坊位于高视桥西，即通波塘西岸。高视桥位置前文已作

〔1〕《宝庆四明志》卷第三"坊巷"，第5021页。
〔2〕（宋）谈钥：《嘉泰吴兴志》谈志二"坊巷"，第4690页。
〔3〕（宋）常棠：《澉水志》上卷"坊巷门"，第4663页。
〔4〕弘治《上海志》卷五"堂宇"，董楷《受福亭记》。

推测，在今重固镇新丰村段通波塘上，而登云坊北有仰高等诸坊，密度非常高，没有空间余地。另外，此坊名为登云，其意推测为登上云间（华亭别称）也，是青龙镇至华亭县城的最近处，所以推测其位置在青龙镇南端比较合理，大致在今重固镇新丰村北部陆家宅基。元代嘉兴城内有一登春坊，"名义通春波门，故取熙熙然如登春台之义"[1]，为登云坊之名的来历提供了启示。

2. 仰高坊

"仰高坊，高视桥北。"高视桥为青龙镇上最高桥梁，仰高坊之名可能与高视桥有关。推测在通波塘东岸，若在西岸，其位置可写为"登云坊北"即可，没有必要写为高视桥北，因此其大致位置推测在今通波塘东岸的重固镇新丰村庄家生产队。

3. 阜民坊★（★为位置相对明确者）

"阜民坊，南栅桥"，此坊即在南栅桥旁边。在通波塘东岸还是西岸？南栅桥是青龙镇南部重要坐标，前文已述位置非常明确，其西为栅桥自然村，因桥而名，属白鹤镇青龙村。观此村地势比较高，当为古老聚落遗留，因此今栅桥村应该就是阜民坊的方位所在。

4. 振文坊★

"振文坊，南亭桥北"，而"广利桥，即南亭桥，在庙泾上。"庙泾也称庙浜，位于今青龙村庙浜生产队南部。因此，南亭桥之北即今庙浜生产队为振文坊所在区域。

5. 同福坊★

"同福坊，太傅庙前。"太傅庙位于太傅桥西，太傅桥则跨通波塘，现改为水泥桥，前文已作考证。庙泾生产队因太傅庙而名，因此同福坊在今庙浜南侧，与太傅庙、振文坊隔庙浜相望。

6. 连魁坊

"连魁坊，板桥南，取曾兼修、曾信连魁之义。"曾兼修、曾信应当是青龙镇上两

---

[1] 至元《嘉禾志》卷二"坊巷"。

位兄弟，两人连魁中举，此坊也由此得名。板桥又名众安桥，前文已作推测，在平桥村南的金家浜上，由此连魁坊位于金家浜南。这里考古发现了唐宋时期的建筑和水井遗存。

7. 平康坊★

"平康坊，中亭桥西，有瓦市在焉。"瓦市在崇祯《松江府志》中作"瓦寺"，不是现在所指的买卖砖瓦的市场，而是宋元时期城市内演艺活动的集中地，瓦市内一般有勾栏等各种演出场馆。平康坊这里明确为瓦市之集，为研究青龙镇的市民生活提供了珍贵的信息。

平康坊之名直接取自唐长安城内的平康坊，功能也一致。平康坊为长安外郭城坊里之一，是当时娱乐宴饮消费区，据五代王仁裕《开元天宝遗事》卷二记载，"长安有平康坊，妓女所居之地，京都侠少萃集于此，兼每年新进士，以红笺名纸游谒其中，时人谓此坊为风流薮泽。"

今青龙村北部的平桥自然村之名来源于平康坊，所以此坊在今通波塘西岸的平桥村菜地。

8. 中和坊★

"中和坊，中亭桥、和丰店口。"中亭桥大致位置前文已作考述，在今平桥村段的通波塘上，中和坊应在今平桥村东部北侧，与西部的平康坊隔河相望。

和丰店为一名店，也是青龙镇唯一传世的店铺，为研究青龙镇商业状况提供了信息。南宋临安城也有一名叫和丰的酒楼，是著名的官办酒楼，由武林园南上库开设。[1]

以上八坊为青龙镇东市南部通波塘两岸所能排列的坊巷情况。

9. 迎仙坊★

"迎仙坊，隆福寺前，以近升仙台名。"该坊因靠近升仙台而名。升仙台为唐代著名道士王可交升仙之处，现当地村民称作增仙墩。隆福寺即现在的青龙寺，为青龙镇南部重要坐标，寺前有一陆家湾（陆家台江的一部分），按此迎仙坊的位置在今陆家

---

[1] （宋）周密：《武林旧事》卷六"酒楼"。

湾南侧、青龙生产队北部。

10. 仙坛坊★

"仙坛坊，升仙台下。"也因旁边有升仙台而名。按方位记载，迎仙坊、升仙台与仙坛坊三者位置由北至南依次排列，所以仙坛坊在今青龙生产队南部。

以上二坊为通波塘南部支流陆家台河、隆福寺旁边的坊巷情况。

▲北部

11. 崧高坊★

"崧高坊，金狮桥东。"金狮桥即金狮子桥，又名吉利桥，"在镇东金泾口"。前文已作考述，金泾即今泗大泾，吉利桥即位于今泗大泾与通波塘交汇处的旧青浦老街中段，现被村水泥桥所替代，为青龙镇中部重要坐标。崧高坊在金狮桥东面，但在泗大泾北面还是南岸未见记载，推测在其南，今塘湾村镇南生产队北部，因为泗大泾之北已有兴贤坊。

12. 皇华坊★

"皇华坊，关桥东，张提举宅路。"关桥是青龙镇中部的重要坐标，位于今鹤联村小关桥河北侧一点，其东岸即清末御医陈莲芳故居，故居前确有一条巷路，即宋时的张提举宅路。据此，皇华坊就是位于今塘湾村东街生产队西南侧、旧青浦镇老街西侧。提举是宋代以后始设主管专门事务的职官，如"提举常平"、"提举市舶"、"提举学事"等等，张提举宅就是担任提举的张姓住宅。

皇华坊之名可能与皇华浜、皇华桥有关，"皇华桥，在皇华浜"。坊、桥、浜竟然同名，推测地点位置应该相近。元代嘉兴城内也有同名的坊巷，"名义宋浙西提举任清叟居于此，故立是名，盖取皇华使臣之义"。[1]青龙镇皇华坊是否如嘉兴皇华坊之意就不清楚了。

13. 桂枝坊★

"桂枝坊，关桥西。"此坊位置明确在关桥西侧，即今鹤联村小关桥生产队。

桂枝坊，又名折桂坊，当与夺冠登科之寓意有关。折为摘取之意，桂为桂树的

---

〔1〕 至元《嘉禾志》卷二"坊巷"。

枝条。因桂树叶碧绿油润，我国古代把夺冠登科比喻成折桂，古时科举考试正处在秋季，恰逢桂花盛开的时候，故借喻高中状元。南宋严州（今建德、桐庐等地）城内有一双桂坊，其名来源于"元丰八年州人倪直侯、直孺兄弟同榜登科，里人为名之"。[1]

14. 上达坊★

"上达坊，关桥西"，应该与桂枝坊相邻。观之今小关桥生产队的区域范围确实比较大，有一条东西向的村河名叫小关桥河，为通波塘西侧支流，将小关桥生产队分成南北两片，推测上达坊在小关桥河北侧。

15. 还珠坊

"还珠坊，胜果寺前。"胜果寺推测位于酒坊桥生产队西侧，如是，该坊当在酒坊桥生产队南部。

16. 熙春坊★

"熙春坊，酒务前"。酒务前文已作考述，其位于青龙镇名迹酒瓶山旁边。酒瓶山是重要的坐标点，现属塘湾村镇北生产队，具体位置在今陈泾岸河南岸 100 米处。

熙春坊之名与此地设有酒务、酒坊有关。春即酒之意，为唐代人称法，后延续，比如今全国十大名酒之一的剑南春酒，产于四川省绵竹市，因绵竹在唐代属剑南道，故称"剑南春"，早在唐代就出产闻名遐迩的名酒"剑南烧春"。南宋临安城内有一熙春楼，也与酒有关；[2]元代嘉兴城内有一燕春坊，"名义巷通酒库、熙春楼，故立是名，盖取游燕之义"[3]。熙春坊含义也与上述一致。

17. 云津坊★

"云津坊，阜通桥北，镇学路口"。阜通桥又名广济桥、车（叉）栏桥，跨金泾（今泗大泾），当在吉利桥之东。青龙镇学靠近镇署，位于"镇治之东北二百步"，其南有一条镇学路，南北向，与南面东西向的金泾河形成交叉，云津坊又与先登坊基本

---

〔1〕《淳熙严州图经》卷一"坊市"，载《宋元方志丛刊》第五册，第 4291 页。

〔2〕（宋）周密：《武林旧事》卷六"酒楼"。

〔3〕至元《嘉禾志》卷二"坊巷"。

处于南北一条线上。按现今位置，该坊大致位于泗大泾北、陈岳公路西侧的塘湾村东街生产队东南部。

18．先登坊★

"先登坊，镇学路，旧名天灯巷。"按上述推理，先登坊在云津坊的北侧，大致位置在今塘湾村镇北生产队东北部。

19．平理坊★

"平理坊，镇治西。"镇治即镇署，在今塘湾村北陈泾岸村（河北生产队）西侧，而平理坊则位于镇署西侧，其名可能与此地近镇衙，市民到镇衙评道论理有关。

20．通惠坊★

"通惠坊，镇治东，取镇旧名。"该坊得名于青龙镇的旧名通惠，位置在镇署东侧，今塘湾村北陈泾岸村东部。

21．万柳堤坊★

"万柳堤坊，与崧高并，岳庙路。"因建在万柳堤侧而名，旁有万柳桥，"在镇东一里余，万柳堤上"。按照一里余的距离，万柳堤坊推测在今塘湾村将军桥生产队比较合理。其北面为崧高坊、镇署、东岳别庙。

22．来远坊

"来远坊，望江桥北。"望江桥前文已作推测在塘湾村镇北生产队北侧的老通波塘上，因此来远坊在老通波塘西侧、姚进江北侧。

"来远"就是招徕远方的客商之意。宋代泉州设有来远驿，为外国商人居住之驿站，犹如现在的涉外宾馆。[1]而来远坊则是海外商人的居住区，观此地方位，为青龙镇区最北端的坊巷，与靠近吴淞江南岸，便于海船停靠和进出，与朝廷对外商居住区的有关规定相吻合。它与其西侧的至喜坊比较接近，南面则为安流坊、二圣庙。

23．安流坊

"安流坊，望江桥南。"其名来历不详，可能和当时人们希望吴淞江平静地流淌的

---

〔1〕（宋）楼钥：《攻愧集·汪公行状》。

心愿有关。按照来远坊推测的位置，此坊推测在青龙镇北端，位于今塘湾村镇北生产队北侧姚进江北岸，其北有来远坊。

以下四坊因没有可定位的坐标，位置考证比较困难，但在青龙镇东即通波塘东岸是没有问题的。

24. 兴贤坊

"兴贤坊，巡检司前"，而巡检司在青龙镇中。

25. 便民坊

便民坊位于"便民桥东"，而便民桥在"青龙东，在通波塘上，通惠寺南"。

26. 龙江福（胜）地坊

龙江福地坊在弘治《上海志》中名为龙江胜地坊，在"通玄观前"。通玄观位于镇东，西有亨衢坊。

27. 亨衢坊

"亨衢坊，通玄观西"。因通玄观的位置无法考证，亨衢坊的位置只知在镇东，具体不详。从字面来看，亨衢是四通八达的大街之意，亨衢坊可能沿着青龙镇的主要街道而建。观之现存街巷，只有镇东的旧青浦老街为主要街道，贯穿整个镇市南北，由此推测亨衢坊在今旧青浦老街附近。

排除法也是一种推断的好办法。比照一至二十二坊，可以清晰发现，这些坊都分布于青龙镇东市的南部或者北部，而南、北交界处一段正好是空白点，即今纪白公路北侧至旧青浦镇老街中心理发店，也就是今平桥村东部的中和坊北侧至关桥东侧的皇华坊，这里是青龙镇东市中段的核心，现住宅密集，无法确定位置的便民等 4 个坊应当在此区域内。

同时惊喜地发现，正德《松江府志》记载的三十六坊位置并不是杂乱无章，出于方便，相近的各坊一般相对集中、有秩序地记录。为此，不妨作以下推测：

"熙春坊，酒务前。兴贤坊，巡检司前。皇华坊，关桥东，张提举宅路。"按这样的记载顺序，兴贤坊推测处在熙春坊与皇华坊之间，就是在今旧青浦老街东侧的塘湾村东街生产队，与巡检司在镇中的记载相吻合。

"招鹤坊，白鹤渡东。便民坊，便民桥东。亨衢坊，通玄观西。中和坊，中亭桥、和丰店口。"招鹤坊远在今鹤联村仓西生产队西侧的西市，而便民坊、亨衢坊在东市，方位上与招鹤坊没有任何关系，推测与中和坊比较接近，当在其北。便民坊推测在亨衢坊之北，因为西侧的便民桥跨通波塘，横跨通波塘上的中亭桥与关桥两者之间的距离较远，便民桥在此两座桥梁中间比较合理，因此推测便民坊在今塘湾村镇南生产队西北部。而亨衢坊在其南比较合理，其东为通玄观，南近中和坊，大致位于今纪白公路北侧的镇南生产队南部。

由此在通玄观之南的龙江福地坊推测位于今镇南生产队东南侧比较合理。

如是，前文有关巡检司、通玄观、便民桥的大致位置也可迎刃而解。巡检司即在旧青浦老街东侧的东街生产队，通玄观在今旧青浦老街东侧的镇南生产队南部，便民桥则在附近的通波塘上。

西市：

28. 至喜坊★

"至喜坊，西江下，取客舟至喜之意。"至喜坊位于西江即今崧泽塘的下口，其北侧就是宽阔的吴淞江中段青龙江，是各类商船无论远近首先到达青龙镇的地方，故有"客舟至喜"之含义。推测该坊在崧泽塘东岸，与其东的安流坊、来远坊正好隔通波塘相望。这里地势较高，现为鹤联村太南生产队的旱菜地。

29. 太平坊★

"太平坊，太平桥东。"太平桥是青龙镇西市最明确的坐标，前文以述。按现在位置，太平坊是在今鹤联村太东生产队北部。

今太平桥村划分为太东、太南两个生产队，其旁有太平桥，这些地名、桥名都源自太平坊。

30. 崇义坊★

"崇义坊，太平桥东，义役庄在焉。"崇义坊因此处有义役庄而名。与太平坊同在太平桥东，推测在太平坊北，即今鹤联村太东生产队北部、太南生产队旱菜地。

义役是由多位应役户联合出田或出资买田，并按户等排定役次，以田产供当役户承役的方式。义役庄就是基金联合会式的互助组织，其公产通常为田产，称为"义役田"，一定程度上起到了社会保障的作用。义役最早出现于南宋初期的婺州金华县，后得到推广。[1]南宋端平三年（1236），华亭知县杨瑾曾"纠钱置产"，建立义役田庄。[2]

31．合浦坊★

"合浦坊，西栅桥西"，"西栅桥，在西江上，养蚕浦南。"前文已作考述推论，合浦即指交汇的今崧泽塘与陆家潭，合浦坊在跨崧泽塘的西栅桥之西，这里只有今太南生产队，此处地势很高，村民住宅密集，村区面积较大，估计合浦坊是规模较大的居民区。

32．见山坊

"见山坊，西栅桥，取道昆山、淀山路"。见山坊因能看见南面的昆山（今松江区小昆山）、西南的淀山（位于青浦区朱家角镇淀山湖南侧）而名，推测见山坊位于陆家潭南岸的太东生产队南部，这里往南到昆山、淀山非常方便。

33．招鹤坊

"招鹤坊，白鹤渡东"。白鹤渡是吴淞江中段青龙江的一个津渡，主要承担青龙江南北两岸的人货摆渡，原有白鹤汇，宋代曾三次开凿，位置在今青浦区白鹤镇一带，白鹤渡应当也在今白鹤镇附近。因此招鹤坊在今白鹤镇东面。1989年8月在开挖油墩港鹤联村仓西生产队河段时曾发现三口宋代水井和一条大木板，又观之此处地形，今仓西生产队西部比较吻合，所以推测招鹤坊位于仓西生产队西部，其东即为青龙仓。

今鹤联村为原鹤星与五联两个行政村合并组成的，鹤星村之名可能来源于招鹤坊。

由于东市已经没有空间可布列，下面2个坊作为西市的坊巷来推测：

34．恩波坊

"恩波坊，泳飞亭南"。恩波、攀龙与招鹤三坊在正德《松江府志》是一起记载的，推测距离比较接近，如此的话，恩波坊应该在青龙仓东侧今仓东生产队北部、鹤

---

[1] 周扬波：《南宋义役的利弊：以社团为角度的考察》，《浙江师范大学学报》（社会科学版）2007年第2期。
[2] 正德《松江府志》卷六"徭役"，第132页。

星路北侧比较合理，与至喜坊隔"西江"崧泽塘相望，其名可能与北临青龙江有关。首次青龙镇考古发掘时在仓桥生产队东北部旱地（当地村民称此处为大坟头）曾经发现宋代建筑遗址，20世纪60年代平整土地时曾发现许多大青石板，可能为古建筑遗存。

35. 福寿坊

"福寿坊，福寿寺路"。福寿坊因福寿寺而名。按记载顺序的话，推测在合浦坊与见山坊之间，大致位于今太东生产队东南部，福寿寺也在此。这里离青龙镇东市比较近。

其他区域：

36. 攀龙坊★

"攀龙坊，龙王庙前。"此坊之名与龙王庙有关。清章树福《黄渡镇志》载："攀龙坊，宋咸淳十一年青龙监镇林鉴立，在今咸号十九图龙王庙前，久废"[1]，与正德《松江府志》的记载是完全一致的。其位于青龙镇东北近3公里的沪渎北岸，今嘉定区黄渡镇老街区，远离青龙镇区。

这样，青龙镇三十六坊的大致方位基本清楚，其中22个坊因有相应的坐标各自位置相对明确，其他14个坊则根据记载和实地考察尽量合理推测它们的大致位置。

表5　青龙镇三十六坊

序号	坊名	史载地址	现今地址	备注
1	登云坊	高视桥西	重固镇新丰村陆家宅基生产队	推测
2	仰高坊	高视桥北	重固镇新丰村庄家台生产队	推测
3	阜民坊	南栅桥	重固镇新丰村栅桥生产队	
4	振文坊	南亭桥北	白鹤镇青龙村庙浜生产队	
5	同福坊	太傅庙前	白鹤镇青龙村庙浜南	
6	连魁坊	板桥南	白鹤镇青龙村平桥金家浜南	推测

---

〔1〕（清）章树福《黄渡镇志》卷一"坊表"。

序号	坊名	史载地址	现今地址	备注
7	平康坊	中亭桥西	白鹤镇青龙村平桥生产队西、通波塘西岸	
8	中和坊	中亭桥、和丰店口	白鹤镇青龙村平桥生产队	
9	迎仙坊	隆福寺前，以近升仙台名	白鹤镇青龙村陆家湾南侧、青龙生产队北部	
10	仙坛坊	升仙台下	白鹤镇青龙村青龙生产队南部	
11	崧高坊	金狮桥东	今白鹤镇塘湾村镇南生产队北部	推测
12	皇华坊	关桥东，张提举宅路	今塘湾村东街生产队西南侧、旧青浦镇老街西侧	
13	桂枝坊	关桥西	白鹤镇鹤联村小关桥生产队北部	
14	上达坊	关桥西	白鹤镇鹤联村小关桥生产队北部	
15	还珠坊	胜果寺前	白鹤镇鹤联村酒坊桥生产队南部	推测
16	熙春坊	酒务前	白鹤镇塘湾村镇北生产队	
17	云津坊	阜通桥北，镇学路口	白鹤镇塘湾村东街生产队东南部	
18	先登坊	镇学路，旧名天灯巷	白鹤镇塘湾村镇北生产队东北部	
19	平理坊	镇治西	白鹤镇塘湾村北陈泾岸村西侧	
20	通惠坊	镇治东，取镇旧名	白鹤镇塘湾村北陈泾岸村西侧	
21	万柳堤坊	与崧高并，岳庙路	白鹤镇塘湾村将军桥生产队	推测
22	来远坊	望江桥北	白鹤镇塘湾村镇北生产队姚进江北侧	
23	安流坊	望江桥南	白鹤镇塘湾村镇北生产队姚进江北侧	
24	兴贤坊	巡检司前	白鹤镇塘湾村东街生产队	推测
25	便民坊	便民桥东	白鹤镇塘湾村镇南生产队西北部	推测
26	龙江福地坊	通玄观前	白鹤镇塘湾村镇南生产队东南部	推测
27	亨衢坊	通玄观西	白鹤镇塘湾村镇南生产队南部	推测
28	至喜坊	西江下，取客舟至喜之意	白鹤镇鹤联村太南生产队的旱菜地、崧泽塘下游东岸	

序号	坊名	史载地址	现今地址	备注
29	太平坊	太平桥东	白鹤镇鹤联村太东生产队北部	
30	崇义坊	太平桥东，义役庄在焉	白鹤镇鹤联村太东生产队北部、太南生产队旱菜地	
31	合浦坊	西栅桥西	白鹤镇鹤联村太南生产队	
32	见山坊	西栅桥，取道昆山、淀山路	白鹤镇鹤联村太东生产队南部	
33	招鹤坊	白鹤渡东	白鹤镇鹤联村仓西生产队西部	
34	恩波坊	泳飞亭南	白鹤镇鹤联村仓东生产队	推测
35	福寿坊	福寿寺路	白鹤镇鹤联村太东生产队东南部	推测
36	攀龙坊	龙王庙前	嘉定区黄渡镇老街区	

注：此表三十六坊顺序按照上述考证的大致方位来排序。

上述青龙镇三十六坊除攀龙坊外，构成了其镇市的核心区域，奠定了该镇基本的空间格局。这些坊巷集中于东市的通波塘和西市的崧泽塘两岸，其中东市有登云坊等27个坊，占总坊数的75%；西市有至喜坊等8个坊，占22%，东市的坊巷数量远多于西市，所体现的区域面积也远高于西市，这与实地调查的地貌是相互吻合的。稍作细分，东市北部有15个坊，分布密度最高；其次为西市，有8个坊；而东市南部虽有10个坊，但是占地面积较大，分布密度则最低。详见图56—59。

青龙镇三十六坊之名的来历，一是因表达良好愿望而生，如阜民、振文、平康等坊皆是；二是因某名胜古迹而起，如迎仙坊、仙坛坊与王可交升仙台有关，万柳堤坊与万柳堤有关，攀龙坊与龙王庙有关；三是因官员、士人居住而名，"旧通衢皆立表揭为坊名，凡士大夫名德在人者，所居往往以名坊曲"[1]，如皇华坊与张提举居此有关，连魁坊与曾氏兄弟考取功名有关。

为便于了解，将青龙镇现存的重要坐标点梳理如下：

---

[1]（宋）范成大：《吴郡志》卷二"风俗"，第13页。

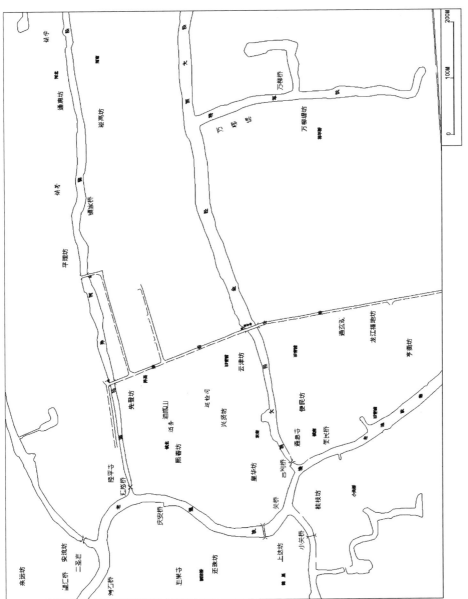

青龙镇东市北部布局示意图

图56

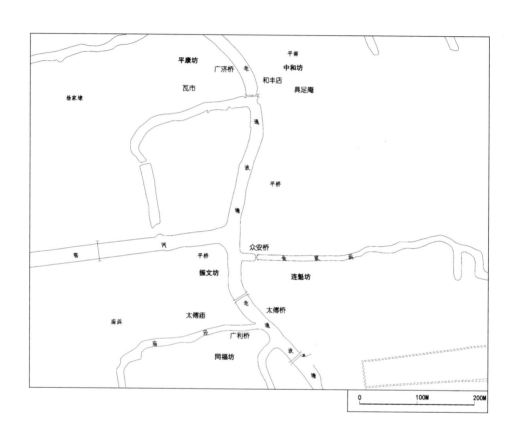

青龙镇东市中部布局示意图

图 57

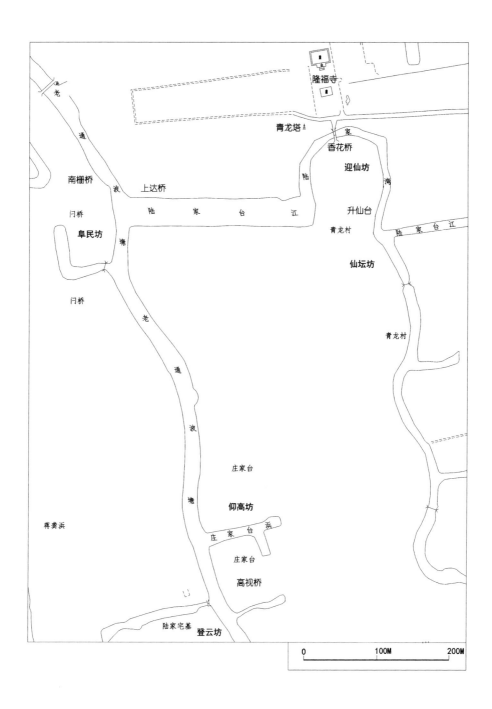

青龙镇东市南部布局示意图

图 58

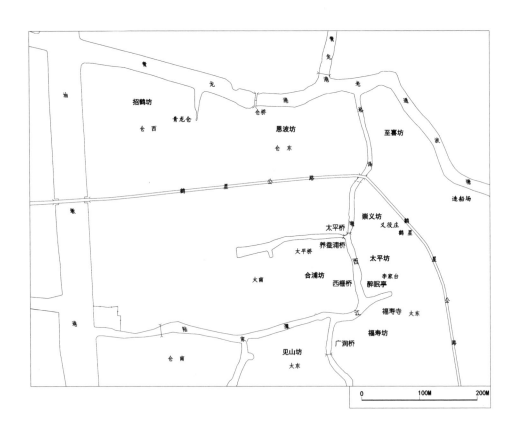

青龙镇西市布局示意图

图 59

表 6　青龙镇重要坐标古今对照

类　别	今　名	古　名
河流	老通波塘	通波塘、顾会浦、东江
	崧泽塘	西江、西浦
	青龙港	青龙江
	陈泾岸河	陈泾
	泗大泾	金泾
	艾祁港	艾祁浦
	庙泾、庙浜	庙泾
桥梁	闫桥	南栅桥
	太傅庙桥	太傅桥
	关桥	关桥
	酒坊桥	酒坊桥、庆安桥
	万安桥	迎恩桥（香华桥、寺桥）
	太平桥	太平桥
寺庙等	青龙寺	报德寺、隆福寺、南寺
	旧青浦小学	隆平寺、北寺
	章堰城隍庙	章庙
	岳庙	东岳别庙
村落	青龙	青龙寺
	庙泾	太傅庙
	平桥	平康坊
	关桥	关桥
	太平桥	太平坊
	仓桥	青龙仓
	杏花村	杏花村
	岳庙	东岳别庙
	章堰	章庙
	杜村	杜村
其他	酒瓶山	酒坊
	增仙墩	王可交升仙台
	任仁发家族墓	任氏墓

四、市镇功能分区探析

市镇功能分区是按照功能要求进行分区布置，组成一个互相联系、布局合理的有机整体。经历数代官员尤其是监镇林鉴有意识的大力整治和规划建设，"坊巷、桥梁、道路悉平治，入境肃然"[1]，青龙镇呈现出比较明显的功能分区，主要有居民区、客商居住区、大族居住区、商业娱乐区、港口码头区、行政管理区和风景名胜区七个部分，构成了区划合理、发育良好的市镇平面布局。

（一）一般居民区

仰高坊等35个坊巷为青龙镇居民区的主体，是青龙镇布局的主要构成，这些坊巷沿着河道集中分布。在东市共有26个坊，其中通波塘东岸有18个坊，自南往北依次为仰高坊、迎仙坊、仙坛坊、连魁坊、亨衢坊、龙江胜地坊、兴贤坊、中和坊、便民坊、崧高坊、皇华坊、熙春坊、云津坊、先登坊、平理坊、通惠坊、万柳

---

[1] 光绪《青浦县志》卷十四 "职官下·名宦传"。

堤坊、安流坊；西岸有 8 个坊，依次为登云坊、阜民坊、振文坊、同福坊、平康坊、还珠坊、桂枝坊、上达坊。西市共有 8 个坊，其中崧泽塘东岸有 4 个坊，由北往南依次为至喜坊、崇义坊、太平坊、福寿坊；西岸为 4 个坊，依次为招鹤坊、恩波坊、合浦坊和见山坊。唯有攀龙坊则偏离镇区中心，在吴淞江的北岸今嘉定区黄渡镇老街区。

（二）蕃商居住区

蕃商居住区即来远坊。"来远"就是"招徕远方的客商"之意，该坊与泉州来远驿的性质相同，地点在青龙江南岸的"望江桥北"，据前文推测位于今白鹤镇塘湾村镇北生产队姚进江北侧。

国外海商来中国进行海外贸易，路途遥远，加上受气候、季风影响，一般经历时间较长，只能在港口居留。唐宋时期朝廷对国外商人居留地作了明文规定，不得在城居住，"毋得多市田宅，与华人杂处"[1]。因此朝廷在通商港口都专门开辟"蕃坊"来解决蕃商的住宿问题，并设置蕃长来管理，如"广州蕃坊，海外诸国人聚居，置蕃长一人，管勾蕃坊公事。专切招邀蕃商入贡，用蕃官为之"[2]。青龙镇作为"海商辏集之所"，蕃商云集，也必然需要"蕃坊"这样的居住区来解决和管理国外海商的居住问题，来远坊正是为来青龙镇进行海外贸易的蕃商专门设置的居住区"蕃坊"。

---

〔1〕《续资治通鉴长编》卷第一百十八。
〔2〕（宋）朱彧：《萍洲可谈》卷二，转引自段金录、姚继德主编：《中国南方回族经济商贸资料选编》，云南民族出版社 2002 年版，第 72 页。

（三）大族居住区

青龙镇上豪宗右姓所会，一部分大族居住在镇区，如张提举居住于皇华坊，曾兼修、曾信居住于连魁坊；还有相当部分选择在近郊各处筑室定居。如章氏、杜氏居住于镇南的章庙（今重固镇章堰村），另一支西霞杜氏居住于镇西的西霞浦，杜村（今白鹤镇南西霞浦附近、杜村）；任氏居住于镇东的艾祁浦（今白鹤镇青龙村艾祁生产队），离镇区中心都有0.5至2公里不等的距离。这些大户人家选择近郊，出于以下方面的考虑：一是可以远离喧嚣的镇区，而交通又相对方便；二是避开空间狭隘的镇区，利于筑室拓宅。

（四）商业娱乐区

作为商贸巨镇，青龙镇必然有相应的商业娱乐区，成为市镇布局中的重要构成。对于商业区的状况，相关文献记载很少，只有零星记载。如中和坊、中亭桥附近有和丰店。与商贸有关的坊名有通惠坊、亨衢坊、熙春坊，村名有杏花村，在《青龙赋》中又有龙江、四宜等名楼，这些或多或少带有商业印记。如今虽然难觅当年商业繁华的景象，但是东市还保存着一段花岗石铺设的老街，即今旧青浦老街，依稀能看出昔日青龙镇阛阓繁华的风貌，也为寻找宋代青龙镇商业娱乐区提供了有益的启示。

旧青浦老街是一条长街，在中段两旁现在仍然开设一些茶馆、杂货店、理发店等小型店铺。这条长街宽3至4米，北段可至旧青浦小学，南可延伸至青龙村平桥生产队南端，而文献记载的熙春坊、亨衢坊、中和坊、和丰店也恰好位于这条长街两侧。从所处位置和环境来看，旧青浦老街位置适中，西距通波塘仅50至100米不等，南北贯穿整个青龙镇东市的核心地带，依此推断这条长街就是青龙镇的主要商业街，今天看到的只是其残影而已。另外，这条长街北部可能延伸到原吴淞江南岸的来远坊。

青龙镇北端考古发
现的宋代青砖路面
图 60

2023 年，在此考古发现了一条残存的宋代竖砌青砖道路，距地表约 1 米，路面宽约
2.5 米，南北向，平面呈弧形，向两侧低倾，而道路两侧又有建筑基址遗存。这条道
路与现今保存的石街基本处在一条线上，应当相连，是贯穿青龙镇北部的主要商业
街，对研究青龙镇道路形制和构筑方式乃至市镇布局具有重要价值。

娱乐生活是都市生活的重要组成部分，人称"小杭州"的青龙镇也自然而然形成
了娱乐区。此镇娱乐区为宋代流行的瓦市勾栏聚集区，设在平康坊，处于青龙镇南
部，位置在今青龙村平桥生产队的通波塘西岸，"平康坊，中亭桥西，有瓦市在焉"。
《青龙赋》所作"讴歌嘹亮，开颜而莫尽欢欣；阛阓繁华，触目而无穷春色""杏脸舒
霞，柳腰舞翠"描绘的歌舞升平情形指的就是此地。

（五）港口码头区

作为贸易港口，青龙镇必然建有相当规模的专用码头。从东海吴淞江入海口回溯到青龙港有数十公里的距离，而一般海舶选择停泊在水面相对开阔而安全，又离镇较近的地方，这样便于海商进出口货物的申报和市舶官员的查验。

20世纪70年代疏浚青龙港和通波塘时，青龙港西至杏花村东至仓东段、通波塘酒坊桥村北部段河底都曾发现许多成排的木桩。2012年年底青龙镇第二次勘探时又在酒坊桥村北部发现了许多宋代瓷片。这与来远坊、至喜坊所处的地理位置是基本吻合的。这些木桩等码头遗物的发现和来远坊、至喜坊的记载为探寻青龙港码头提供了重要的线索。

由此，不妨作以下推论，宋代青龙镇码头主要沿着青龙江分布，码头数量也不止一个。因性质不同，码头可分为进出口货物、谷粮、酒品和客船四种类型码头。

进出口货物码头当在来远坊附近，就是今塘湾村镇北生产队北侧青龙江、通波塘北段东岸一带，这里不仅出入港方便，而且东距镇衙只有数百米的距离，便于官员对进出港船舶的查验和征税。宋代对外贸易的码头一般都设有来远亭或市舶亭，如明州市舶务"濒（甬）江，有来远亭……贾舶至，验核于此，历三门以入务而闭衢之，南北小门容顿宽敞，防闲慎密"[1]。杭州的海舶辏集在"浙江清水闸河岸"的市舶务前[2]。《萍洲可谈》卷二载，驶入广州港的蕃舶停靠在市舶亭下，"既至，泊船市舶亭下"，"广州市舶亭枕水，有海山楼，正对五洲，其下谓之小海"。依此推测，青龙镇市舶务也可能设有来远亭或市舶亭。

谷粮码头在青龙仓附近，就是今鹤联村仓东、仓西生产队交界处青龙港南岸。酒品码头在酒务、酒坊西侧的通波塘东岸，今塘湾村镇北生产队西北。而客船码头在至喜坊，即今崧泽塘下游东侧，今鹤联村太南生产队旱地。另外，为方便吴淞江两岸人

---

〔1〕《宝庆四明志》卷三"库务"，第5022页。
〔2〕（宋）施谔:《淳祐临安志》卷七。

宁波东门口码头遗址图，转引自王瑞成、孔伟：《宁波城市史》，宁波出版社 2010 年版

图 61

员的来往，在青龙镇还辟有吴淞江、白鹤两个渡口，"吴淞江渡在四十五保"[1]，白鹤
渡则位于招鹤坊之西，"招鹤坊，白鹤渡东"。

至于码头形式，因考古发掘尚没有较大规模的发现，所以不太清楚，有待于今后
的考古发现。国内沿海地区曾发现不少唐宋时期的港口码头遗址，如浙江宁波发现了
东门口、江夏码头遗址，其码头基础也是木桩，上置木板，沿岸用石板铺设。温州朔
门古港码头遗存沿着瓯江布列，发现了宋代斜坡式、台阶式码头，依托山脚基岩而

---

〔1〕 弘治《上海志》卷五"津梁"，第 19 页。

建，用块石砌筑而成，呈平缓斜坡状；台阶式码头自江岸向航道伸出，平面呈长方或长条形台阶状，石包土心结构，码头中部填土上垫木板，板上铺平整方砖，砌筑考究。这为研究青龙镇码头的形式提供了参考。宋代青龙镇造船场应与码头比较靠近，当在青龙江南岸这一带，以便于造船木材的运输、船只的下水和停泊修理。

为保障商船安全进出港口，改善港口的条件，青龙镇在港口附近建筑高耸的寺塔作为商船导航的航标。著名的就是吴淞江畔、青龙镇北部的隆平寺塔，该塔共有七层，建于北宋天圣年间，以"远近知路，贾客如归"。

（六）行政管理区

青龙镇主要管理机构有监镇署、巡检司、市舶务、酒务、监狱、镇学、官仓等，主要集中在东市的东北部和中部，既方便办公，又避免闹市的干扰。官仓等少数机构则在西市西北部的青龙江南岸，便于粮食装卸运输。

（七）风景名胜区

青龙镇不仅是繁华的港口市镇，也是自然和人文风景秀丽的地方，《青龙赋》称其"平分昆岫之蟾光，夜猿啼古木；占得华亭之秀色，晓鹤唳清风，咫尺天光，依稀日域"。自然、人文风景很多，分布于该镇的东西南北。

五、市镇规模和特点

（一）市镇规模

宋代市镇根据人口规模大致可分为草市、中小型镇、大镇和特大型镇。对于镇的设置或称呼，宋廷规定要达到一定的人口规模，至少在百户以上，《宋会要辑稿》"方域"一二至一九记载了绍兴五年歙县新馆虽客商颇多但终因住户未满百家而没有获准升镇的情况：

> 徽州言："歙县西地名岩寺，县东地名新馆，两处商旅聚会。近岁本州差官往逐处拘收税钱，内岩寺去年收到六千三百余贯，新馆二千一百余贯。欲乞将岩寺、新馆以地升改为镇，拘收酒税课利。下本路监司看详，岩寺可升为镇；新馆虽客旅过往，缘本处不满百家，不可为镇。从之。"

草市面积很小，居民一般仅数户至数十户，少数也可达到数百户；中小型镇居民有百户至数百户；大镇居民有数百户至千户；特大型镇居民达千户以上，镇域面积达数平方公里到数十平方公里，达到甚至超过一般县城的规模。[1]如南宋中后期，庆元府（明州）奉化县的鲒埼镇，"生齿厥多，烟火相望"[2]，环镇居民数千家；嘉兴府海盐县的澉浦镇有"约五千余户"[3]；临安府仁和县的临平镇有"约千余家"[4]；湖州乌程县的乌墩镇和德清县的新市镇，"其井邑之盛，赋入之多，县道所不及"[5]。而当时江南各地的县级城市人口大多为上千户到数千户不等，如乾道八年（1172）徽州歙县城为1931户；开禧三年（1207）严州淳安县城1335户；宋宁宗时绍兴府嵊县城也仅1194户。

南宋青龙镇鼎盛时期由东、西二市构成，共有36坊，镇域总面积达25平方公里。当时的华亭县城仅有显善坊、石狮巷等26个坊巷。[6]青龙镇的坊巷数量、市镇规模超过了当时的华亭县城，是该县境内最大的市镇，属两浙路境内的特大型镇，建炎三年秀州知州程俱已经称之规模"无异大县，不与寻常场务一同"。[7]

对于青龙镇人口规模，文献中只有"烟火万家"这样模糊的记载。要估算该镇人口数量，首先看一看其所属华亭县的状况。《云间志》转引华亭《旧图经》记有主户54941个，人口113143个，平均每户仅为2.1人；至绍熙年间华亭县主户"九万七千"，若按每户2.1人，华亭县共有20.3万人。按照宋代官方文献，宋代户均人数大致也在2个左右，与华亭县户均人口是一致的。但是学术界对此有不同看法，认为这并不符合实际。据葛剑雄先生分析，户均约2人只是承担赋役的人数（丁口），估算宋代家庭人口平均为4.7个。[8]若按此计算，绍熙年间华亭县总人口有45.6万。青龙镇按万家计算，约有4.7万人，显然这一数据是偏高的。不妨从青龙镇的总坊数和土地人口承载力这一角度来计算：以每坊平均50—80户人家计，青龙镇总人户约为1800—2880个，此数乘上户均数4.7，则总人口约8000—13000个，占当时华亭县

［1］陈国灿：《略论南宋时期江南市镇的社会形态》，《学术月刊》2001年第2期。
［2］（宋）吴潜：《许国公奏议》卷三，《奏禁私置团场以培植本根消弭盗贼》。
［3］（宋）常棠：《澉水志》卷一"地理门"。
［4］（宋）方回：《桐江集》卷十三，《过临平》。
［5］（宋）薛季宣：《浪语集》卷十八，《湖州与镇江守黄侍郎书》。
［6］《绍熙云间志》卷上"坊巷"，第4、5页。
［7］（宋）程俱：《北山集》卷三十六"四月二十二车驾经由秀州赐对札子"，文渊阁《四库全书》本。
［8］葛剑雄：《中国人口史》第一卷，复旦大学出版社2002年版，第124页。

总人口的 1.8%—2.8%，这一数据是比较合理的。当然此数是指有户籍的居民数，不包括客商、宗教人员、游民等大量外来流动人口和近郊的大族、农民，流动人口中客商占有很大比例。海港市镇澉浦南宋时存在着"主户少而客户多，往来不定，口尤难记"的现象，[1]与澉浦镇相同性质的青龙镇概也不例外。

在人口结构方面，青龙镇居民"杂夷夏之人"，可分有户籍的常住人口和外来流动人口。这些人口中，第一类为官僚，即镇各行政管理机构的人员，这类人为数不多。第二类为贵族，优越富足的环境吸引了许多有身份地位的人士前来定居，尤其宋室南渡后不少外地望族迁居于此，青龙镇成为"豪宗右族所会"之地，如浦城人章楶曾任华亭盐监，在青龙镇南郊的章堰筑室；北宋宰相杜衍的曾孙杜缙迁居至镇西的杜村，出身于世族的杜国珍也迁居章堰；汴梁（今河南开封）人、朝奉大夫何沧，三槐堂王氏后人、太学生王垂裕随宋室南迁至此定居，汴梁舒氏也南迁到该镇，[2]这部分人员在青龙镇人口中占有较大比例，为青龙镇的发展注入新鲜血液。第三类是一般士人，如与苏轼友善的李行中筑室于镇上。第四类是工商业者及其从业人员，不仅包括国内商贾、海外蕃商，还包括充当商品交易中介的牙商、各种小商贩、普通手工业者、船工水手，作为商贸巨镇，必然聚集大量的工商人员从事各种市场交易、手工业制作、运输活动。青龙塔铭砖之中发现的"婺州客人王赞"极有可能是来自出产瓷器的婺州地区从事瓷器贸易的客商；《宋会要辑稿》记有"……华亭、青龙、江湾牙客之利"[3]，表明青龙镇聚集不少牙商，这些商人为青龙镇商贸发展提供了人力保障和持续动力。第五类是伎艺之人，就是在瓦市的从业人员，为青龙镇居民和流动人员提供演艺娱乐活动。第六类是宗教人员，青龙镇上寺庙特别多，僧尼、道士人数肯定不少。第七类为无业市民和游民。第八类是农民，主要是居住在镇郊的农民。上述人员构成了青龙镇人口的主体，呈现复杂化、多样化状态。

仅从青龙塔、隆平寺塔发现的铭砖捐赠者姓氏构成来看，涉及夏、曹、潘、蒋、

〔1〕（宋）常棠：《澉水志》上卷"户口"，第 4660 页。
〔2〕（清）陈树德：《安亭志》卷十八"寓贤·舒教传"。
〔3〕《宋会要辑稿》"食货十八之二九"，第 5122 页。

王、宋、钱、龚、徐、刘、胡、谭、姚、杜、凌、蔡、诸葛、沈、顾、陆、孟、郁、唐、程等 20 多个姓氏，青龙镇人口也显示出多样性的特点。

（二）市镇特点

青龙镇作为经济重镇，与一般政治中心为主的县城、府城明显不同，具有商贸型市镇的显著特点。

1. 位置环境方面：依水而建

青龙镇地处江南水乡、东海西滨，因水而兴，临水而建。位置选在吴淞江南岸支流通波塘、崧泽塘的两岸，水上交通发达，具有水乡市镇和港口城市的风格特点。江南水乡市镇大多在明代以后陆续形成发展起来，而青龙镇在唐宋时期已经形成发展，为早期江南水乡市镇的重要起点和典范。

2. 空间形态方面：自由分布

一般政治中心的县城、府城受政治中心的束缚，城市往往方方正正，人为拘谨的痕迹明显。青龙镇在空间形态方面没有受此束缚，而是具有较大的生存发展空间，根据河道自然的走势布局，因水利导，呈现出不规则分布、自由扩张、自然开放的商业市镇特点。

3. 功能区划方面：完善合理

在空间形态上呈现自由分布的特点，但不是无章可循，根据市镇和商贸发展的需要，青龙镇在功能区划上具有一定规则性，虽然当时的规划建设意识不如现在强烈，但是居民区、蓄商居住区、商业娱乐区、港口码头区、行政管理区和风景名胜区等功能区域有意识的划分比较明显。尤其淳祐年间监镇林鉴曾大力整治交通、市容市貌，其功不可没。

4. 社会形态方面：城市化明显

在社会形态方面，青龙镇呈现出城市化、都市化的发展趋势。青龙镇学的创建、瓦市勾栏等演艺娱乐场所的开辟、寺庵祠庙等宗教场所的兴盛、酒楼商铺的遍布，都显示出多姿多彩、时尚风雅的城市生活风格和气象。

5. 支柱产业方面：海内外贸易发达

市镇的发展需要产业的支撑，青龙镇的发展繁盛完全得益于海内外贸易业这支柱产业，走上了一条以港兴镇的发展之路，与一般商业市镇有着明显的差异，体现了沿海港口型市镇的特征。

宋代时期江南许多市场形态日趋成熟的市镇涌现，尤以两浙路地区为最。这些市镇因区域位置的不同，呈现出不同的市场经济特点，并逐渐向专业化发展。如临安府的北郭、江涨桥是典型的环城商业镇；湖州和嘉兴府的乌青、四安，平江府的平望，镇江府的吕城，常州的奔牛，绍兴府的渔浦，衢州的孔步是典型的交通型商品转运镇；嘉兴府的魏塘、婺州的孝顺是典型的农业镇；台州的杜渎、于浦，庆元的岱山，绍兴府的钱清、西兴、曹娥，嘉兴府的广陈等是重要的盐业镇；湖州的南浔是丝织业镇；绍兴府的枫桥、三界是造纸业镇；平江府的许浦、福山、梅李是消费型镇。[1]而隶属嘉兴府的青龙与澉浦、台州的章安一样濒临海口，依赖发达的海内外贸易，发展成为著名的港口市镇。

6. 居民构成方面：移民城市特征显著

青龙镇由于经济的发达和文化的繁荣，具有较强的人口承载力和吸引力，北宋中期该镇已是"人乐斯土，地无空闲。衣冠名儒，礼乐揖让，人皆习尚，以为文物风流之地"[2]，成为富商巨贾、豪宗右族、文人雅士争相迁居的乐土。这些人士在居民构成的比例相当高，显示出该镇移民城市的特性。北方长期的战乱尤其是宋室南迁引起了移民新高潮，"四方之民云集两浙，百倍于常"[3]，"平江、常、润、湖、杭、明、越，号为士大夫渊薮，天下贤俊多避地于此"[4]，这一移民浪潮同样波及青龙镇，加上金兵的铁蹄下华亭"独亡恙"，免遭纷飞的战火，更显示出其宜居的优势。

〔1〕 陈国灿：《宋代两浙路的市镇与农村市场》，《浙江师范大学学报》（社会科学版）2001 年第 2 期。
〔2〕 正德《松江府志》卷二十"寺观下"。
〔3〕《建炎以来系年要录》卷一五八"绍兴十八年十二月己巳"。
〔4〕《建炎以来系年要录》卷二十"建炎三年二月庚午"。

总之，宋代青龙镇形成了以通波塘和崧泽塘下游两岸为核心，由东、西二市构成的水乡巨镇，是一座以海内外贸易为支撑点的商贸型港口市镇，是一座规模巨大、布局合理、市镇形态发育良好的江南市镇，是一座城市化程度高、适宜居住的移民市镇。

第四章　上海最早贸易港和经济中心

　　江南地区的开发、鼓励海外贸易的朝廷政策和较为先进的航海技术为青龙镇贸易发展提供了有利的环境和技术支持。青龙镇则紧紧依托吴淞江这一黄金水道，自唐代后期开始，逐渐发展成为上海地区最早的海内外贸易港和经济中心，成为唐宋时期海上丝绸之路的重要节点城镇。

一、有利的时空背景

（一）鼓励贸易的朝廷政策

唐代以前，我国的对外贸易和经济文化交往主要是通过陆路，经过西域的陆上丝绸之路与外国进行的，而通过海路与国外开展贸易所占份额很小，局限在广州等极少数城市。唐代中后期，吐蕃势力急速扩张，逐渐控制了河西走廊和部分西域地区，而唐朝经过"安史之乱"后，无力保障陆上丝绸之路的交通，致使陆上丝绸之路被阻隔。在此情况下，中国和外国商人不畏海上艰险，越来越多地选择海路，开辟海上航线开展贸易，于是海外贸易逐渐兴起，形成了一条海上丝绸之路。至宋代，我国海外贸易达到兴盛，占据对外贸易的主导地位，替代了原来的陆上丝绸之路。

我国古代是自给自足的农业经济，"农桑为本，游业为末"，历代封建王朝为巩固政权一直采取重本抑末的基本国策，重本轻末的观念在社会各阶层占有主导地位，成为根深蒂固的主流思想。唐宋时期，由于商品经济的发展，农商并重的观念逐渐增强，对外开放的思想有所接受。同时，海外贸易所创造的利税在朝廷收入的比重逐渐增多，迫使朝廷在海外贸易的态度和政策上悄悄地发生转变。

按照"唐律"，朝廷对来到中国做生意的外国人都"接以恩仁"，给予诸多优待，

"南海蕃舶，本以慕化而来，固在接以恩仁，使其感悦"[1]，体现了较为开放的海外贸易政策和泱泱大国的风范。唐高宗显庆六年（661）曾颁布诏令《定夷舶市场例敕》，"南中有诸蕃……舶至十日内，依数交付价值，市了任百姓贸易。其官市场，送少府监简择进内"[2]。针对日益发展的海外贸易，唐玄宗开元年间，在广州设置了市舶使这一官职，来管理海外贸易，成为海外贸易管理机构——市舶司的前身。为了保护外商的利益，唐文宗太和八年（834）曾颁诏："其岭南、福建及扬州蕃客，宜委节度观察使常加存问。除舶脚、收市、进奉外，任其来往通流，自为交易，不得重加税率。"[3]

五代时期，闽、南汉、吴越等东南沿海的割据政权为增加财政收入，一般采取鼓励海外贸易的政策，如闽王王审知招徕海中蛮夷商贾，在福州港置榷货务，专门管理舶货和榷买事务，其侄子王延彬知泉州时"多发蛮舶，以资公用，惊涛狂飙，无有失坏"[4]。而吴越国钱氏政权"自唐朝于梁室，庄宗中兴以来，每来扬帆越海，贡奉无阙"，"航海所入，岁贡百万"，"地方千里，带甲十万，铸山煮海，象犀珠玉之富，甲于天下"[5]，通过商船与日本互通信件，"多因海舶通信。天台智者教五百余卷，有录而多阙。贾人言日本有之，钱俶致书于其国主，奉黄金五百两，尽得之"。[6]南汉刘氏政权利用广州海港"悉聚南海珍宝以为玉堂珠殿"[7]，所以五代时海外贸易在唐代基础上有所发展。

到了宋代，社会经济的发展和科学技术的进步，为海外贸易的兴旺创造了良好条件；同时，宋朝实行尚文抑武的文官制度，官僚队伍极为庞大，又与北方西夏、辽金的战事不断，政府的财政支出陡然剧增，而海外贸易带来丰厚的利税成为政府增加财政收入的重要来源，因此宋朝政府加大了海外贸易的支持和鼓励力度，促进海外贸易

〔1〕《唐会要》卷六十六"少府监"。
〔2〕（清）陆心源：《唐文拾遗》卷一。
〔3〕《全唐文》卷七十五"文宗七·太和八年疾愈德音"。
〔4〕乾隆《泉州府志》卷四十"封爵"。
〔5〕《旧五代史》卷一三三"钱镠传"。
〔6〕《皇朝类苑》卷七十八"杨文公谈苑"，转引自陈高华、吴泰：《宋元时期的海外贸易》，第18页。
〔7〕《新五代史》卷六十五"南汉世家"。

的兴盛。宋朝在统一全国后，制定了较为完善的海外贸易制度，在东部沿海的广州、明州、杭州、密州等地陆续开辟通商口岸，设置了市舶机构，颁布市舶法令，而且积极招徕国内外海商，鼓励海外贸易。早在雍熙四年，宋太祖派遣官方使团前往南海诸国，"遣内侍八人，赍敕书、金帛，分四纲，各往海南诸蕃国，勾招进奉，博买香药、犀牙、真珠、龙脑。每纲赍空名诏书三道，于所至处赐之"。[1]宋仁宗天圣六年（1026），针对前来广州港的外国商船稀少，就"诏令本州与转运司招诱安存之"[2]；宋神宗曾曰："东南利国之大，舶商亦居其一焉。若钱、刘窃据浙、广，内足自富，外足抗中国者，亦由笼海商得法也。"基于这样的认识，他要求大臣"创法讲求"，希望以此"岁获厚利，兼使外藩辐辏中国，亦壮观一事也"。[3]

至宋室南渡，江山丢半，政府财政收入更为困乏，朝廷更加倚重海外贸易。宋高宗宣称："市舶之利最厚，若措置得当，所得动以百万计，岂不胜取之于民？朕所以留意于此，庶几可以少宽民力尔"，"市舶之利，颇助国用，宜循旧法，以招徕远人，阜通货贿"。[4]这种强烈的实利意识促使南宋朝廷更加开放，格外重视海外贸易的发展，之后历代皇帝也加以大力提倡。在这样的政策背景下，南宋时期海外贸易比之北宋更为昌盛。

（二）更加成熟的海航条件

伴随经济的发展，科学技术日益进步，体现在造船和航海技术等方面比以前大为提高。

造船技术方面：船舶是航运的交通工具，是开展海外贸易的载体。唐代造船业发

---

[1]《宋会要辑稿》"职官四四之一"，第3364页。
[2]《宋会要辑稿》"职官四四之五"，第3366页。
[3]《续资治通鉴长编拾补》卷五。
[4]《宋会要辑稿》"职官四四之二四"，第3375页。

188　青龙镇：上海最早的对外贸易港

达，已经能够建造大型的远航船只，并以船身大、容积广、构造坚固、抵抗风涛力而闻名。[1]大的海船长达二十丈，可载六七百人，货物万斛。唐初，阎立德就在洪州制造"浮海大航五百艘"[2]。天宝二年，鉴真和尚东渡日本，乘海船出发，船上除船工之外，尚有18名僧人和85名工匠，并随船携带大批物资，足见海船的容载量之大。[3]唐懿宗时，陈磻石曾建议利用海船运输，供给养于南征的军队："自福建装船，不一月至广州，得船数十艘，便可致三万石至广府。"[4]同时，国外尤其阿拉伯海船也非常著名，横渡于印度洋与太平洋。至宋代，中国的造船技术更为发达，用于海航的船舶载重量也大为增加。据南宋《梦粱录》记载，"……海商之舰，大小不等，大者五千料，可载五六百人；中等二千料至一千料，亦可载二三百人"。[5]一料为一石，折合120斤，大船载重五千料相当于载重量300吨，中等船只折算载重量为60吨至120吨。1974年泉州后渚港出土的南宋海船残长24.2米，宽9.15米，深1.98米，有13个船舱，经复原该船原长约30米，宽度1.5米，载重量在200吨以上。[6]2007年广东阳江打捞出土的"南海一号"南宋沉船船长30.4米，宽9.8米，据估算装有8万件器物，载重量达800吨，属于大型海船。宋代海船采用松木、杉木料建造，船侧板和壳板用二、三层木板，缝隙间用桐油、石灰镶嵌，防止渗水；又运用水密隔舱的技术，将船体分成十余个密舱，增强抗沉性和横向强度，防止少数舱漏水后不至于全船沉没；船底一般为尖底式，呈V字形，便于破浪减阻航行，"上平如衡，下侧如刀，贵其可以破浪而行也"。[7]另外，风帆、尾舵、铁锚等的普遍使用，使宋代远洋船舶的建造技术处于世界领先水平。

航海技术方面：宋代航海技术最突出的成就是指南针的应有，使航行更为准确、安全和高效。宋代前，航海主要通过观察天象星宿和地表目标来确定方位，至北宋中

〔1〕 席龙飞：《中国造船史》，湖北教育出版社2000年版，第121页。

〔2〕 《新唐书》卷一〇〇《阎立德传》。

〔3〕 [日]真人元开：《唐大和上东征传》。

〔4〕 《旧唐书》卷一九《懿宗纪》。

〔5〕 （宋）吴自牧：《梦粱录》卷十二"江海船舰"。

〔6〕 席龙飞：《中国造船史》，第158页。

〔7〕 （宋）徐兢：《宣和奉使高丽图经》卷三十四。

期指南针被广泛运用于航海。据《萍州可谈》《宣和奉使高丽图经》等宋代文献记载，"舟师识地理，夜则观星，昼则观日，隐晦观指南针"[1]，"若晦冥则用指南浮针以揆南北"[2]。至南宋，指南针的应用更加普遍和娴熟，"舟舶来往，惟以指南针为则，昼夜守视惟谨，毫厘之差，胜似系焉"[3]。海舶上还专门设有火长来掌管指南针的使用，"风雨晦冥时，惟凭针盘而行，乃火长掌之，毫厘不敢差误，盖一舟人命所系也"[4]。同时，宋代海商和船员在海洋知识和航行经验方面更为丰富，已经掌握了海洋季风的特点和规律，利用季风来出航或返航。如至日本，一般利用初夏的西南季风出航，回程则利用春季的东北季风；去高丽，"去日以南风，归日以北风"[5]。南海航线则相反。对于其他海洋天气、海水、暗礁等认知也极为全面，"舟师观海洋中日出日入，则知阴阳；验云气则知风色顺逆，毫发无差。远见浪花，则知风自彼来；见巨涛拍岸，则知次日当起南风；风电光则云夏风对闪。如此之类，略无少差。相水之清浑，便知山之近远。大洋之水，碧黑如淀；有山之水，碧而绿；傍山之水，浑而白矣。有鱼所聚，必多礁石，盖石中多藻苔，则鱼所依耳。每月十四、二十八日，谓之'大等日分'，此两日若风雨不当，则知一旬之内，多有风雨。凡测水之时，必视其底，知是何等沙泥，所以知近山有港"[6]。从存世的《宣和奉使高丽图经》《诸蕃志》《岭外代答》《岛夷志略》等文献来看，宋代人经过长时期的积累，对航海线路和沿线国家的风土人情已经非常熟悉，为顺利远航、开展海外贸易提供了有益的指导和经验。

国内港口和航海线路方面：从海上丝绸之路国内沿海各港口形成时间来看，初期秦汉首先从今广东沿海开始，然后再往北沿着福建、浙江等沿海延伸，有由南及北的发展趋势。唐代国内主要港口有岭南的广州、福建的泉州、江淮的扬州和山东半岛的登州，其中广州规模最大。而至宋代，港口的分布更为广泛，几乎涵盖东部沿海地区，岭南有广州，福建有泉州、福州，两浙路有杭州、明州、定海、华亭、青龙、上

---

〔1〕（宋）朱彧：《萍州可谈》卷二。
〔2〕（宋）徐兢：《宣和奉使高丽图经》卷三四。
〔3〕（宋）赵汝适：《诸蕃志》卷下。
〔4〕（宋）吴自牧：《梦粱录》卷十二"江海船舰"。
〔5〕（宋）徐兢：《宣和奉使高丽图经》卷三十九。
〔6〕（宋）吴自牧：《梦粱录》卷十二"江海船舰"。

海、澉浦等，江淮有扬州，山东半岛则有登州、密州。唐代时期已经开辟了多条海上航线与东亚、南海诸国、阿拉伯等地区开展交往，如"广州通海夷道"，从广州出发，经过东南亚和印度洋地区，到达波斯湾沿岸的末罗国（今伊拉克巴士拉），由此登陆往西北到达缚达（今伊拉克巴格达），成为中国与波斯、阿拉伯海商的主要航线。与日本的联系除原有经过朝鲜半岛外，新开辟了由扬州、明州横渡东海直接到达日本的航线，缩短了两国之间的航程。与朝鲜半岛的高丽有两条航线，一是山东半岛的登州经渤海到朝鲜半岛的汉江口等地，二是浙江定海、明州经山东半岛到达高丽。福建的泉州港也开辟有多条航线。[1] 宋代时由于通商口岸的增加，所以开辟的航海线路比唐代更多，与各国的交往更为频繁紧密，相互开展贸易的国家和地区当然也更多，有60个以上，[2] 最远可达非洲东海岸。

（三）两浙路苏秀地区港口的缺失催生青龙镇

两浙路是北宋时期的一个地方行政区，至道三年（997）置，包括14个州：苏州、常州、润州、杭州、湖州、秀州（今嘉兴）、越州（今绍兴）、明州（后改庆元，今宁波）、台州（今临海）、婺州（今金华）、衢州、睦州（今建德）、温州和处州（今丽水）和江阴、顺安（今临安）二军。南宋建炎南渡后，两浙路分为两浙西路与两浙东路。大致包括今天的浙江省全境，江苏省的镇江，苏锡常地区和上海市（不含崇明）、福建省闽东地区。宋代时期，两浙路的杭州、明州、温州、华亭、青龙、江阴、澉浦等相继成为东南沿海的重要港口，其中明州因贸易规模和影响力最大而位居全国大港之列。

苏州、秀州地处长江三角洲太湖平原东侧和东南侧，经历开发后至唐宋时期成为

---

〔1〕 陈高华、吴泰：《宋元时期的海外贸易》，第13—15页。

〔2〕 黄纯艳：《宋代海外贸易》，第30页。

全国发达地区。此地区距离最近的港口只有远在杭州湾南侧的明州港和长江口北岸的扬州港，扬州港至宋代已经衰落，因此苏、秀地区没有一个大型港口可以直接开展对外贸易，客观上需要一个港口来弥补布局空白。而处于沪渎之口的青龙镇正好填补了这一空白，其直线西距苏州城只有约60公里，通过吴淞江及其支流与苏州径直相连，"吴郡，东至于海，北至于江，旁青龙、福山，皆海道也"[1]，"今观松江正流下吴江县，过甫里，径华亭，入青龙镇，海商之所凑集也"[2]，以致"闽越之贾乘风航海不以为险，故珍货远物毕集于吴之市"[3]。苏州城作为太湖平原的政治、经济、文化中心，具有很大的消费市场，而城内的部分"珍货远物"不排除今张家港黄泗浦[4]、常熟福山等其他港口转运过去的，但是主要是通过青龙镇转运过去。秀州城由水路"东至青龙镇一百九十五里"[5]，交通也比较方便。青龙镇也背靠发达的苏、秀地区得以兴起。

综观宋代，青龙镇是秀州华亭县境内的主要港口，也是太湖平原的重要港口。至南宋末期青龙镇海内外贸易衰落后，位于青龙镇东、吴淞江下游的上海镇才兴盛起来，取代青龙镇发展为华亭县的主要港口，"宋末人烟浩穰，海舶辐辏，即其地立市舶提举司及榷货场"[6]。另外，吴淞江下游北岸的江湾、南岸的黄姚（时属平江府昆山县）也一度为海舶停泊进行贸易的地点。青龙镇贸易繁盛时，"商贾舟船多是稍入吴淞江，取江湾浦入秀州青龙镇。其江湾正系商贾经由冲要之地，其间有不利青龙镇地头收税，便于江湾浦路出卖客旅，得以偷瞒商税，不无走失课利，乞于江湾浦口置场，是收过税"。依此，江湾曾设场收税。嘉定年间黄姚税场也"系二广、福、建、温、台、明、越等郡大商海船辐辏之地，南擅澉浦、华亭、青龙、江湾牙客之利……沿海之税每月南货关税动以万计"[7]。江湾、黄姚这两处贸易点只维持了一段时间，后便由附近的上海镇所替代。位于杭州湾北侧的秀州海盐县澉浦镇作为杭州港的外港

---

〔1〕《吴郡图经续记》卷上"海道"，第17页。
〔2〕《吴郡图经续记》卷中"水"，第47、48页。
〔3〕《吴郡图经续记》卷上"海道"，第17、18页。
〔4〕中国考古学会编：《中国考古学年鉴（2019）》，中国社会科学出版社2021年版，第154—156页。
〔5〕至元《嘉禾志》卷第一"道里"。
〔6〕嘉靖《上海县志》卷一"总叙"。
〔7〕《宋会要辑稿》"食货十八之二九"，第5122页。

是从南宋开始，宋室南渡后杭州成为都城，出于安全考虑，朝廷对出入杭州港的海舶实行限制，澉浦镇海外贸易得以兴起，"淳祐六年创市舶官，十年置场"[1]，至元代与上海镇一样发展成为"远近诸藩，近通福广，商贾往来"的大港[2]。江阴军属下的黄田港和江下市是长江口南岸的贸易港，黄田港在北宋已经有一定海外贸易规模，"万里风樯看贾船"，"海外珠犀常入市"[3]；绍兴十五年军设置市舶务；江下市在"绍熙间，商贾倭舶，岁尝辐辏"。至南宋后期撤销江阴市舶务，江阴地区海内外贸易衰落。长江口南岸的太仓刘家港则是元代初期才开始兴起的。

---

〔1〕（宋）常棠:《澉水志》卷三"坊场门"。
〔2〕《元典章》卷五九"造作"。
〔3〕（宋）王安石:《临川先生文集》卷二十三曰:"予求守江阴，未得酬，昌叔忆江阴，见及之作。"

二、海内外贸易

青龙镇得以兴起，主要依靠海内外贸易这一支柱产业。从文献来看，中国向外出口的大宗商品是瓷器、丝绸等，而青龙镇本地并不出产瓷器、丝绸等大宗商品，只能通过转口来开展贸易，"海舶辐辏，风樯浪楫"[1]，"海舶百货交集"[2]，成为唐宋时期上海、苏秀地区重要的商品集散地和贸易港。

（一）贸易发轫和发展

青龙镇开展海内外贸易一般认为是从北宋中期才开始，主要是依据嘉祐七年的《灵鉴宝塔铭》和元丰五年的《隆平寺经藏记》。《灵鉴宝塔铭》载："自杭、苏、湖、常等州月日而至，福、建、漳、泉、明、越、温、台等州岁二三至，广南、日本、新罗岁或一至……"至元丰五年，青龙镇为"岛夷、闽粤、交广之途所自出"，更出现

---

〔1〕 弘治《上海志》卷二"镇市"。
〔2〕 崇祯《松江府志》卷五"水"，第114页。

了"风樯浪舶，朝夕上下"的兴盛局面。其实，青龙镇的海内外贸易早在唐代中晚期已经开始。

贸易港口不是一朝一夕能形成的。从上述文献记载来看，青龙镇作为商业贸易港，在嘉祐年间已经非常发达。那么，在嘉祐前必然有个发展过程。从多次考古发现来看，在出土的瓷器当中，属于唐代中晚期的占据很大比重。在今青龙双浜村，发现了一处唐代瓷器堆积，堆积内瓷器集中，数量庞大，以浙江德清窑、越窑的青瓷产品、民窑褐釉和黄釉瓷器为大宗，湖南长沙窑褐彩瓷器也不少，还少量的巩义窑白釉瓷器；品种丰富，有碗、罐、盆、壶、钵、盏等，体施半釉，碗内布有支钉，有的圈足为玉璧底，有的器型硕大浑圆，具有明显的大唐风格和特征，而青龙镇本地不生产这些瓷器产品，只能从浙江、湖南等地转运过来。唐代长沙窑生产的褐彩瓷器因价廉物美成为向外出口的重要瓷器品种，青龙镇出土的部分长沙窑产品应当也用于出口。种种迹象表明，这些出土的唐代瓷器除了满足青龙镇本地消费外，很大部分应当是供应附近地区和海外市场。依此，青龙镇作为转口贸易的港口在唐代中晚期已经初露端倪，此时不仅开始开展国内贸易，而且可能已经开展国外贸易。日本学者桑原骘藏赞同这一观点，在所著《蒲寿庚考》中指出"唐代……福州、明州、温州以及苏州之松江等，皆贸易港也"[1]，其所指"苏州之松江"即松江口的青龙镇。只不过此时青龙镇作为军事要镇的地位更加突出，贸易规模不大，而未见文献记录而已。

北宋天圣年间建造隆平寺塔的目的之一是为了商船尤其从事海上航运的海舶提供导航，表明北宋早期青龙镇海内外贸易已经达到较大的规模。至北宋中期开始，青龙镇作为华亭县乃至太湖地区主要的海港的地位真正确立，不仅与附近的杭、苏、湖、常等州建立了贸易关系，而且与东南沿海福、建、漳、泉、明、越、温、台等州各港口建立了贸易关系，更与广南、日本、新罗等国家与地区确立了贸易关系。

此后，青龙镇贸易港的地位得到进一步巩固，更显繁荣。大观年间，青龙镇改名通惠镇，寓以"通商互惠"之意。宣和七年前后，明、温州造船场迁移至青龙镇，[2]

---

〔1〕〔日〕桑原骘藏：《蒲寿庚考》第一章《蕃汉通商大势》，陈裕菁译，中华书局1954年版，第4页。

〔2〕宝庆《四明志》卷第三"叙部下·仓库务场局院等"，第5031页。

促进了海外贸易的发展。建炎元年宋室南渡，定都杭州，出于安全考虑，进出杭州的海舶被严重限制甚至禁止，使海舶被迫转移到杭州附近的海港，客观上促进了青龙镇贸易港的发展。建炎三年金兀术渡江南侵时，苏州、杭州、明州相继被侵掠，海外贸易受损严重，而华亭县偏处一隅，加上韩世忠在青龙镇驻扎前军重兵，刘晏的骑兵"赤心队"戍守，使青龙镇免于战乱，"所过燔灭一空，而华亭独亡恙"[1]，其海外贸易没有受到影响。故而在绍兴元年青龙镇设置了市舶务，以专门管理海外贸易。《云间志》于绍熙四年（1193）编成时仍称青龙镇为"海商辐辏之所"，直到嘉定至宝庆年间《青龙赋》写成之时仍"市廛杂夷夏之人，宝货富东南之物"，王象之修纂、成书于嘉定至宝庆年间的《舆地纪胜》也依然称此地"海商辐辏"[2]，没有动摇青龙镇贸易港的地位，一直到南宋晚期上海镇的兴起。

以上分析，青龙镇作为商业贸易港从唐代中晚期开始，持续至南宋末期，延续约500年，鼎盛时期至少自嘉祐延续至宝庆年间，时跨不少于170年。因此青龙镇作为上海最早贸易港是没有任何悬念和异议的。

其间，吴淞江及其支流曾几度水流不畅，不时淤塞，造成水患，也严重影响了青龙镇的航运和贸易，以致"青龙江浦埋塞，少有蕃商船舶前来"，"止令县官兼掌"[3]。经过多次疏治开凿，"开修青龙"，使"江浦通快，蕃商船舶辐辏住泊"[4]，青龙镇从而恢复了航运和对外贸易，"复设官专领焉"。[5]

邹逸麟教授在《青龙镇兴衰考辨》一文中认为青龙镇作为商业贸易港大约存在了一百三十多年，最繁盛的时期是北宋熙宁至南宋绍兴的近一百年，[6]笔者以为时间跨度上稍短些。

---

〔1〕（宋）孙觌：《鸿庆居士集》卷三十四，《宋故右中奉大夫直秘阁致仕朱公墓志铭》。
〔2〕（宋）王象之：《舆地纪胜》卷三"两浙西路"。
〔3〕《宋史》卷一百八十六"食货志·互市舶法"。
〔4〕《宋会要辑稿》"职官四四之一一"，第3369页。
〔5〕《宋史》卷一百八十六"食货志·互市舶法"。
〔6〕邹逸麟：《青龙镇兴衰考辨》，载《历史地理》第二十二辑。

（二）海外贸易管理机构

海外贸易管理机构是海外贸易发展的必然产物，其设置的基础条件就是海外贸易的兴盛。从唐玄宗开元年间开始，朝廷在广州创设市舶使这一官职，以专门管理海外贸易，成为市舶司的前身。五代闽国置榷货务，专门管理舶货。宋代由于海外贸易的发展，在许多海外贸易往来频繁的港口设置了市舶机构，成为海外贸易管理的专职机构。

表 7　宋代市舶机构设置情况

市舶司 （务、场）	创设年代	罢废年代	附　注
广东路市舶司	北宋开宝四年 （971）	宋末	建炎初并归转运司，四年复设，附设来远驿。
两浙路市舶司	太平兴国九年至雍熙四年	乾道二年 （1166）	淳化三年（992）移驻定海，次年迁回杭州。 大观三年至政和二年（1112）废。 南宋建炎元年并入转运司，次年复设。绍兴二年（1132）移置华亭，乾道二年废。
杭州市舶务	绍熙前		
明州市舶务	咸平二年（999）	宋末元初	
福建路市舶司 （泉州）	元祐二年（1087）	德祐二年 （1276）	其间约大观元年（1107）至政和二年、建炎元年至二年（1128）、绍兴二年至十二年（1142）废。附设来远驿。
密州板桥市舶司	元祐三年	约宣和七年	
华亭市舶务	政和三年	咸淳年间	
温州市舶务	南宋初，绍兴前	庆元元年 （1195）	
青龙市舶务	绍兴元年	宋末元初	
江阴军市舶务	绍兴十六年	庆元元年	
澉浦市舶场	淳祐十年（1250）		
上海市舶分司 （务）	咸淳三年（1267）	约德祐元年 （1275）后	

在市舶务设置前，包括青龙镇在内的华亭县的海外贸易由两浙路市舶司管辖。两浙路市舶司于太平兴国九年至雍熙四年在杭州创设。淳化三年移驻定海，次年迁回杭州。大观三年至政和二年废。南宋建炎元年并入转运司，次年复设。南宋绍兴二年移置华亭县，至乾道二年因蕃舶多出入明州，市舶官常年都驻在明州，而终被撤销。

华亭县市舶务是在政和三年设置的，隶属两浙路市舶司管辖，"圣旨于秀州华亭县兴置市舶务，抽解博买，专置监官一员"。[1]后来因青龙江淤塞，蕃商海舶一度很少到达青龙镇开展贸易，经过疏治，至宣和元年又达到"蕃商船舶辐辏住泊"的盛况，"虽是知县兼监其，华亭县系繁难去处，欲去，依旧置监管一员管干，乞从本司奏辟，从之"[2]，华亭县市舶务得以延续。作为华亭县境内的主要港口，青龙镇承担着华亭县海外贸易的主要责任，因此华亭市舶务实际上是为青龙镇而设立的。

青龙镇单独设置市舶务是在绍兴元年。对于设立青龙市舶务的目的和事情经过，尚有些波折。《宋会要辑稿》记载了建炎四年两浙路市舶官刘无极和朝廷户部对青龙镇市舶务设置的态度：

> 十月十四日，提举两浙路市舶刘无极言：近准户部符，仰从长相度，将秀州华亭县市舶务移就通惠镇（青龙镇），具经久可行事状保明申请施行。今相度欲且存华亭县市舶务，却乞令通惠镇税务监官招邀舶船到岸，即依市舶法就本州抽解，每月于市舶务轮差专秤一名前去主管。候将来见得通惠镇商贾免般剥之劳，往来通快，物货兴盛，即将华亭市舶务移就本镇置立。诏依。[3]

据此，建炎四年朝廷户部出于长远考虑，已经决定将华亭县市舶务移到青龙镇，而两浙路市舶提举刘无极出于多种考虑而暂缓迁移，建议令派青龙镇的税务监官负责向海舶抽解税收，每月则有市舶务轮差专秤一名前往以加强管理，待到时机成熟后再迁移。这一建议得到了朝廷的认可。但是由于青龙镇海舶辐辏，"物货兴盛"，海外贸

---

[1]《宋会要辑稿》"职官四四之一一"，第 3368 页。
[2]《宋会要辑稿》"职官四四之一一"，第 3368 页。
[3]《宋会要辑稿》"职官四四之一三"，第 3369 页。

易的发展大大超过了两浙路市舶司官员的预期。不久，为了"商贾免般剥之劳"，朝廷没有将原来华亭县市舶务简单地移到青龙镇，而是在该镇单独设置了市舶务。从绍兴三年（1133）六月两浙提举市舶司向户部的一个申报来看，青龙镇市舶务此时已经单独设立，并与华亭县市舶务几乎平级提及：

> 今据两浙提举市舶司申：本司契勘临安府、明、温州、秀州华亭及青龙近日场务，昨因兵火，实无以前文字供攒。本司今依应将本路收复以后建炎四年、绍兴元年二年内，取绍兴元年酌中一年一路抽解博买到货物，比附起发变卖收到本息钱数目，开具如后：一、本路诸州府市舶务五处，绍兴元年一全年共抽解一十万九百五十二斤零一十四两尺钱二字八半段等。[1]

很明显，此"本路诸州府市舶务五处"是指临安、明州、温州、秀州华亭和青龙镇五处市舶务，青龙镇市舶务为两浙路市舶司下辖的五个市舶务之一。而其后"绍兴元年一全年共抽解一十万九百五十二斤零一十四两尺钱二字八半段等"的文字表述则包含了青龙镇市舶务的抽解数，表明虽然在建炎四年青龙镇市舶务被暂缓移设，但是在绍兴元年已经独立设置。

青龙市舶务的设置是青龙镇海外贸易走向兴旺的标志，显示了它在海外贸易中的重要地位，不仅加强了青龙镇的海外贸易管理，而且促进了青龙镇乃至华亭县海外贸易的发展。

对于青龙镇与华亭县、秀州三处市舶机构的关系，王杰先生在《中国古代对外航海贸易管理史》一书中已经作了很好的分析，予以了明确，即华亭县虽然隶属秀州，但是宋代秀州地区市舶机构是指华亭县治和华亭县青龙镇两地分别设置的市舶务。[2]

青龙市舶务的职责与其他市舶机构一样，"掌蕃货、海舶、征榷之事，以来远人，通远物"[3]。具体地说，负责接待贡使、招徕蕃商；检查登记管理进出青龙镇从事贸易

---

〔1〕《宋会要辑稿》"职官四四之一六"，第3371页。

〔2〕 王杰：《中国古代对外航海贸易管理史》，大连海事大学出版社1994年版，第107、108页。

〔3〕《宋史》卷一百六十七"职官志七"。

的船舶及搭载人员和货物，发放贸易许可证；负责舶货的抽解、博买及抽博货物的送纳与出售、舶货贩易的管理；执行海禁和缉防走私贸易等事务。

同时，宋朝为加强海外贸易的管理制定了有关市舶法令，其中最为重要的是元丰三年的"广州市舶条"，世称"元丰法"，在全国推行。按照元丰法等市舶法令规定，海舶出入港必须履行申报手续，由市舶机构负责发给舶商出海"公凭"（也称公验、公据），检查有无禁止出海物品，对外商来舶进行"抽解"（抽分），对抽解后的货物进行"博买"（即官买），尤其是对象牙、珠宝等细货一律博买；抽分和博买后的货物，外商可以请给公凭，在当地或外州发卖；禁止官吏私营海外贸易，规定有关官员的奖惩，等等。

宋代公凭的式样，在中国史籍中已无记载，但在日本古籍中却完整地保存了下来。现将宋徽宗崇宁四年（1105）提举两浙路市舶司的一份公凭转录如下，便于了解当时有关海外贸易及其市舶法规状况。

公　凭

提举两浙路市舶司：

据泉州客人李充状，今将自己船壹只，请集水手，欲往日本国，转买回货。经赴明州市舶务抽解，乞出给公验前去者。

一人船货物

自己船壹只

纲首：李充　梢工：林养　杂事：庄权

部领：吴弟

第一甲：梁留　蔡依　唐祐　陈富　林和　郡（？）滕　阮祐　杨元　陈从
　　　　住（？）珠　顾冉　王进　郭宜　阮昌　林旺　黄生　强宰　关从
　　　　送（？）满　陈裕

第二甲：左直　吴凑　陈贵　李成　翁生　陈珠　陈德　陈新　蔡原　陈志
　　　　顾章　张太　吴太　何来　朱有　陈光　林弟　李凑　杨小　彭事
　　　　陈钦　张五　小陈珠　刘海　陈海　小林弟

第三甲：唐才　林太　阳光　陈养　林太　陈荣　林定　林进　张泰　萨有

　　　　张武　林泰　小陈贵　王有　林念　生荣　王德　唐兴　王春

物货：

　　象眼肆拾匹　生绢拾匹　白绫贰拾匹　瓷垸贰佰床　瓷堞壹佰床

—防船家事　锣壹面　鼓壹面　旗五口

—右刻本州物力户　郑裕　郑敦仁　陈裙三人委保

—本州令　给杖壹条　印壹颗

—今检坐　敕条下项：

　　诸商贾于海道兴贩，经州投状，州为验实条送，愿发舶州置簿抄上，仍给公据，方听行。回日，公据纳住舶州市舶司。即不请公据而擅行，或乘船自海道入界河，及往登、莱州界者徒贰年（不请公据而未行者减贡算），往大辽国者徒叁年，仍奏裁，并许人告捕，给船物半价充赏（内不请公据未行者，减擅行之半；其已行者，给赏外，船物仍没官）。其余在船人，虽非船物主，各杖捌拾已上，保人并减犯人叁等。

　　勘会：旧市舶法，商客前虽许至三佛齐等处，至于高丽、日本、大食诸蕃，皆有法禁不许。缘诸蕃国远隔大海，岂能窥伺中国，虽有法禁，亦不能断绝，不免冒法私去。今欲除此北界、交趾外，其余诸蕃国未尝为中国害者，并许前去。惟不许兴贩兵甲器仗，及将带女口、奸细并逃亡军人，如违，应一行所有之物并没官，仍检所出引内外明声说。

　　勘会：诸蕃舶州商客愿往诸国者，官为检校所去之物及一行人口之数，所诣诸国，给与引牒，付次捺印。其随船防盗之具、兵器之数，并置历抄上，俟回日照点，不得少欠。如有损坏散失，亦须具有照验一船人保明文状，方得免罪。

　　勘会：商贩人前去诸国，并不得妄称作奉使名目，及妄作表章，妄有称呼，并共以商贩为名。如合行移文字，只依陈诉州县体例，具状陈述。如蕃商有愿随船来宋国者，听从便。诸商贾贩诸蕃间（贩海南州人及海南州贩人贩到同）应抽买，辄隐避者（谓曲避诈匿、托故易名、前期传送、私自赁易之类），纲首、杂事、部领、梢工（令亲戚管押同），各徒贰年，配本城。即雇募人管押，而所雇募徒人倩人避免，及所倩人，准比邻州编管。若引领停藏、负载交易，并贩客减壹等，余人又减贰等，蕃国人不坐。即在船人私自犯，准纲法坐之。纲首、部领、梢工、同保人不觉者，杖壹佰以上，船物（不分纲首、余人及蕃国人，壹人有犯，同住人虽不知情，及余人知情并准此）给赏外，并没官（不知情者，以己物叁分没官）。诸海商舶货避抽买，舶物应没官，而已货易转卖者，计直于犯人名下追理。不足，同保人备偿。即应以船物给赏，而同于令转买者，转买如法。诸商贾由海道贩诸蕃者，海南州县曲于非元发舶州〔住〕舶者，抽买讫报元发州，验实销籍。诸海商冒越至所禁国者，徒叁年，配千里。即冒至所禁州者，徒贰年，配伍佰里。若不请公验物籍者，行者徒壹年，邻州编管。即买易物货而辄不注籍者，杖壹佰，同保人减壹等。

钱帛案手分供　在判　注　在判　押案宜　在判　厉　在判　勾抽所供　在判

孔目所检　在判　权都勾当　在判　都孔目所　在判

右出给公凭，副纲首李充收执，禀前项勒牒指挥，前去日本国，经他（？），回〔国〕，赴本州市舶务抽解，不得隐匿透越。如违，即当依法根治施行。

崇宁四年六月　日给

朝奉郎、通判明州军州管勾学事兼市舶谢　在判

宣德郎、权发遣明州军州管勾学事提举市舶彭　在判

宣德郎、权发遣提举市易等事兼提举市舶徐

承议郎、权提举市舶郎〔1〕

这是一份珍贵的文献，虽然不是青龙镇市舶务开具的公凭，但是同样对研究青龙市舶务管理海外贸易和海商开展海外贸易的流程提供了重要依据和参考。

青龙市舶务向海商征收市舶税，主要有抽解、博买两种。抽解又称抽分，"凡舶至，帅、漕与市舶监官莅阅其货而征，谓之抽解"，是对进口商品征收的一种实物税，

---

〔1〕 日本古籍《朝野群载》卷二十，《太宰府附异国大宋客商事》，转引自陈高华、吴泰：《宋元时期的海外贸易》，第75—78页。

抽解的比例取决于货物的品种和政策的规定，从"十五取其一"到"十分抽两分"不等，一般商品称作粗色，征收十五分之一；真珠、象牙、犀角、龙脑等贵重商品称作细色，则征收十分之一，甚至更高。博买是一种官府按照规定的价格收买进口商品，一般价格定的都比较低。抽解、博买后，商人才能在市舶机构的所在地随市买卖，若在其他州县买卖必须取得市舶机构发放的公凭后才能买卖，否则将受到严惩，如"舶至，未经抽解，敢私取物货者，虽一毫皆没，其余货科罪有差"。[1]

抽解、博买所得的市舶收入是宋朝政府财政收入的重要组成部分，每年数十万至一百多万不等的计量单位。据《宋史·食货志》载："皇祐中，总岁入象犀、珠玉、香药之类，其数五十三万有余。至治平中，又增十万。"熙宁九年"杭、明、广三司市舶，收钱、粮、银、香、药等五十四万一百七十三缗、匹、斤、两、段、条、个、颗、脐、只、粒，支二十三万八千五十六缗、匹、斤、两、段、条、个、颗、脐、只、粒"[2]，"九年之内至千万"[3]。至南宋，市舶收入更有大幅增长，连宋高宗不得不承认："市舶之利最厚，若措置合宜，所得动以百万计。"对南宋朝廷财政具有支撑作用。而对东南沿海地方财政的贡献更加明显，"东南之利，舶商居其一"[4]。虽然市舶收入归入中央政府，但是流通中征收的商税成为地方政府财政的重要来源，"州郡商税，经费之所出"[5]。如泉州的都税务征收舶货税，"税之目有七，曰门税、市税、舶货税、采帛税、猪羊税、浮桥税、外务税"[6]，"惟泉为州，所恃以足公私之用，番舶也"，"福建提舶司正仰番舶及南海船之来以供国课"[7]。宝庆三年（1227）庆元（即明州）知府胡榘曾说："本府僻处海滨，全靠海舶住泊，有司资回税之利，居民有贸易之饶。"[8]因此，沿海港口城市更加倚重海内外贸易的收入。

关于青龙镇市舶收入，虽然没有明确记载，但是从熙宁十年（1077）上交的商税

〔1〕（宋）朱彧：《萍洲可谈》卷二。
〔2〕《宋史》卷一百八十六"食货志·互市舶法"。
〔3〕（宋）马端临：《文献通考》卷二十"市籴一·互市舶法"。
〔4〕《宋史》卷一百八十六"食货志·互市舶法"。
〔5〕《宋会要辑稿》"食货一八之二五"，第5120页。
〔6〕万历《泉州府志》卷二十四"杂志"。
〔7〕（宋）真德秀：《西山文集》卷五"祈风祝文"，卷一五"申尚书省乞措置收捕海盗"。
〔8〕《宝庆四明志》卷六"市舶"，第5054页。

15879贯400文的情形来看，数量肯定较大，否则是没有必要专门设立市舶务来加以管理的。

（三）国内贸易

唐代"天下诸津，舟航所聚，旁通巴、汉，前指闽越，七泽十薮，三江五湖，控引河路，兼包淮海，弘舸巨舰，千舳万艘，交贸往还，昧旦永日"。[1]宋代坊市制度的打破、海上交通的发展，不仅推动了一地的商业繁荣，也促进了内地各地之间贸易的发展。

作为商品集散地和转口贸易港，青龙镇贸易发达，可分国内贸易和国外贸易两种类型。国内贸易往来的地区主要有苏南、浙江、湖南和江西、浙闽沿海以及两广沿海四个地区。据嘉祐七年《灵鉴宝塔铭》载，"自杭、苏、湖、常等州月日而至，福、建、漳、泉、明、越、温、台等州岁二三至，广南……或岁一至"。苏南的苏州、常州和浙江的杭州、湖州因与青龙镇距离较近，交通方便，每月日都有贸易往来，为贸易频率最高的地区。东南沿海则有福、建、漳、泉、明、越、温、台等州，这些州城也是宋代著名的海港，通过海路与青龙镇开展贸易，每年有二三次，次数不多主要深受信风的影响，海舶只有趁信风来才能航行。青龙镇考古出土的瓷器中大多是来自东南沿海浙江、福建的瓷器品种，如浙江越窑青瓷、龙泉窑青瓷，福建的义窑青白瓷、同安窑印花和刻花青瓷、建窑黑釉瓷，这些瓷品佐证了《灵鉴宝塔铭》的记载。同时，也出土不少德清窑褐釉和青釉瓷器、长沙窑褐彩瓷器、景德镇窑青白瓷器，极少数为邢窑等北方窑口，表明青龙镇与内地的湖南、江西等地也有一定的贸易交往。这些瓷器一部分是为了青龙镇居民的消费，更多的是转运到其他地区，满足青龙镇周边和海外市场。《灵鉴宝塔铭》所说的广南就是广南东路和广南西路合称，即今两广和海南，为距离青龙镇最远的地区，几乎每年都有海舶至青龙镇开展贸易，建立了远程

---

[1]《旧唐书》卷九十四"列传·崔融"。

地区贸易关系。

这些地区与青龙镇之所以发生贸易联系，重要目的是通过青龙镇这一港口将所产商品转销至海外市场。

《宋会要辑稿》、开庆《四明续志》曾分别记载南宋高层官员分析北方辽金、蒙元从沿海南下入侵南宋航线的可能情况："（绍兴二年七月）二十六日，吕颐浩言：朝廷近置沿海制置使最为得策，然虏舟从海道北来抛大洋，至洋山、二孤宜山、岱山猎港、岑江，直至定海县，此海道一也，系浙东路。若自通、泰州南沙、北沙转入东签、料角、黄牛垛头，放洋至洋山，沿海岸南来，至青龙港；又沿海岸转徘徊头至金山，入海盐县澉浦镇黄湾头，直至临安府江岸，此海道二也，系浙西路。万一有警，沿海制置一司缓急必不能照应两路事宜，欲乞令仇悆掌管浙西、淮南路，别差制置使一员，管浙东、福建路，候防秋过日罢。从之。"[1]"所谓三路者。贼欲侵扰淮东，则自旧海发舟，直入赣口羊家寨，迤逦转料至青龙江、扬子江，此里洋也；若欲送死浙江，则自旧海发舟，直出海际，缘赣口之东社、苗沙、野沙、外沙、姚刘诸沙，以至徘徊头、金山、澉浦，此外洋也；若欲送死四明，则外洋之外，自旧海放舟，由新海界分东陬山之表，望东行，使复转而南，直达昌国县之石衕、关壑，然后经岱山、岑江、三姑以至定海，此大洋也。"[2]上述虽然仅从沿海军事航线来予以分析，但从侧面也反映了东部沿海贸易航线的成熟性及青龙镇在航线中所处的地位。

（四）国外贸易

国外市场是青龙镇对外贸易的主要对象。涉及贸易的国家和地区有东亚的日本、新罗（高丽），东南亚的交趾、广南、南海诸国，阿拉伯地区的大食等。"广南、日本、

---

〔1〕《宋会要辑稿》"职官四十之四"，第3159页。
〔2〕开庆《四明续志》卷五"申省状"，载《宋元方志丛刊》第六册，第5989页。

新罗岁或一至"，几乎每年有直接的海船往来，表明青龙镇与这些国家和地区已经开辟了固定的海上航线，以适应对外贸易发展的需要，成为海上丝绸之路上的重要节点城镇。

交趾是青龙镇海外贸易的重要地区。元丰五年《隆平寺经藏记》记有"岛夷、闽越、交广之途所自出"句中的"交"即指交趾。越南北部古称交趾，长期受中国直接管辖，公元前214年秦始皇征服这里的百越国，将越南北部归属于三十六郡之一的象郡管理，并大量移民；公元前111年汉武帝在此设立交趾、九真、日南三郡。至937年，越南实际独立，此后至1885年《中法新约》签订，一直是中国的藩属国。越南中南部则古称占婆（占城）。这些国家与地区早与中国进行了贸易往来，至北宋，"岭南平后，交趾岁入贡，通关市。并海商人遂浮舶，贩易外国物"[1]。交趾与青龙镇通过南海航线建立了直接的贸易关系，和广南一样比较频繁，每年的贸易往来达到一次。

日本与中国一衣带水，唐代时日本派遣许多批次的遣唐使来中国学习，也采购大量中国商品回国，中国曾派使节前往日本，两国民间商船经常往来海上。至宋代两国之间贸易更为密切，日本来华贸易的商船有时一年达四五十艘[2]，"倭人冒鲸波之险，触舻相衔，以其物来售"[3]。中国前往日本的商船也很多，据日本学者木宫泰彦统计，其中有姓名可考的商人达二十余人，大多从两浙路的吴越地区出发横渡东海至日本博多港（今福冈）[4]，这些商人中可能就有从青龙镇出海的。据日本高僧圆仁《大唐求法巡礼记》记载，唐大中元年（847）五月，他回国时搭载新罗人金子白、钦良晖、金珍之船是从苏州松江口出发的，"五月十一日，从苏州松江口发往日本国"。[5]虽然没有直接点明青龙镇，但是只有时属苏州华亭县的青龙镇位居沪渎之口（松江口），因此对圆仁是从青龙镇港口出发回国的这一事件应当是没有异议的，也侧面反映了青龙镇港口的形成过程。宋代时，青龙镇与日本贸易往来比较频繁，日本商船往往每年都

---

〔1〕《宋史》卷二百六十八"张逊传"。
〔2〕（宋）包恢：《敝帚稿略》卷一"禁钱申省状"。
〔3〕开庆《四明续志》卷八"蠲免抽舶倭金"。
〔4〕［日］木宫泰彦：《日中文化交流史》，胡锡年译，商务印书馆1980年版，第238—243、245页。
〔5〕［日］圆仁：《入唐求法巡礼记》卷第四。

出入青龙镇。《宋史》"日本传"条有淳熙十年（1183）、绍熙四年日本商船到达华亭县的记录，"（淳熙）十年，日本七十三人复飘至秀州华亭县，给常平义仓钱米以振之。绍熙四年，泰州及秀州华亭县复有倭人为风所泊而至者，诏勿取其货，出常平米振给而遣之"[1]。这里没有提及日本商船停泊的确切地方，但是作为华亭县境内的主要港口，青龙镇应当是首选。

新罗就是今天的朝鲜半岛，918年后改称高丽，与中国是近邻，两国之间陆路交通便捷，海上交通也极为方便。宋代时，中国北方先后建立起辽、金政权，阻隔了宋朝与高丽的陆路交通，只能通过海路开展贸易往来；同时宋朝政府恐高丽与辽、金因地缘近，害怕商人至高丽行商，可能与辽、金政府发生关系，所以一度禁止商人去高丽，但不久两国恢复了联系，宋朝允许和鼓励商人去高丽经商贸易。北宋前期，山东半岛的登州（今蓬莱）是两国开展贸易的主要港口，"往时高丽人往反皆自登州"[2]。中期以后，青龙镇与明州、泉州等东南沿海港口一样，成为高丽商人来华的重要港口。中国商人也纷纷由海路至高丽经商贸易，据统计，两宋时期到高丽开展贸易的商人和水手曾达到五千人以上[3]，应当包含了青龙镇的商人。相对而言，来往青龙镇与高丽之间比之明州、泉州更具有距离短、运输时间少而海上风险少的优势，商船趁冬季的北风或夏至以后的南风不过数天即可到达青龙镇或高丽海岸。

东南亚海岛诸国也是青龙镇开展贸易的重要地区。元丰五年《隆平寺经藏记》所记"岛夷、闽越、交广之途所自出"，这里的岛夷应泛指在南海等诸海中的岛国。这些岛国主要包括今印度尼西亚、马来西亚、菲律宾，其中与中国保持贸易较为密切的有三佛齐、阇婆。三佛齐就是现在印尼的苏门答腊，处于中国与南海诸国、中国至阿拉伯这条南海航线的要冲，"三佛齐国在南海之中，诸蕃水道之要冲也。东自阇婆诸国，西自大食、故临诸国，无不由其境而入中国者"[4]。由三佛齐到中国，泛海便风

---

〔1〕《宋史》卷四百九十一"列传第二百五十·外国七·日本。"
〔2〕《宋史》卷四百八十七"列传第二百四十六·外国三·高丽"。
〔3〕转引自陈高华、吴泰：《宋元时期的海外贸易》，第36页。
〔4〕（宋）周去非：《岭外代答》卷二"三佛齐"。

二十日到广州。如泉州，舟行顺风，月余亦可到。[1]阿拉伯地区的大食和印度的天竺等国的海商要到中国贸易，必须在此停留，同样中国商人到大食、天竺也是如此。三佛齐与中国早已有贸易往来，至宋代两国往来频繁，该国多次来宋朝进贡，舶商也经常来华贸易，太平兴国五年（980）该国"蕃商李甫诲乘舶船载香药、犀角、象牙至海口，会风势不便，飘船六十日至潮州，其香药悉送广州"[2]；不少中国商人也至三佛齐进行贸易，如南宋初期"泉州纲首朱纺舟至三佛齐国，……往返不期年，获利百倍"[3]。阇婆国位于现在印尼的爪哇岛中部北岸，与中国贸易往来也比较多，如北宋淳化三年该国派使臣入贡时曾由福建建溪巨商毛旭作向导而来华的，而毛旭"数往来本国"。[4]

大食是唐宋时期对西亚阿拉伯地区各国的统称，阿拉伯地区与中国之间早已通过陆上丝绸之路开展频繁的经济文化交往。唐代中期以后因陆路交通的阻隔，大食与中国之间的往来逐渐改走以海路为主的方式来进行，文献记载大食商人来华贸易、定居的非常多，广州、泉州、扬州等港口城市是主要聚居地，并建有清真寺。宋朝政府积极鼓励大食商人来华贸易，还对促进两国贸易有功的商人授予一定的官职，如宋神宗时大食巨商辛押陁罗因"开导种落，岁致梯航"而被授予归德将军之职[5]，绍兴六年（1136）蒲罗辛到泉州"贩乳香值三十万缗"而被授予承信郎[6]，"占城、大食之民，岁航海而来贾于中国者多矣"[7]。历史文献没有青龙镇与大食贸易往来的直接记录，但是从考古发现来看，许多出土的瓷器如唐代长沙窑瓷器当是面向大食等阿拉伯地区市场的，通过青龙镇出口到大食等阿拉伯地区，满足当地的市场需求，尤其是唐代褐彩瓷腰鼓为典型西域风格的乐器，这一发现表明青龙镇与西域开展了一定程度的文化交流。到宋代，该镇与阿拉伯地区的贸易往来应当延续。

---

〔1〕（宋）马端临：《文献通考》卷三百三十二"三佛齐"。
〔2〕《宋史》卷四百八十九"列传第二百四十八·外国五·三佛齐"。
〔3〕转引自陈高华、吴泰：《宋元时期的海外贸易》，第33页。
〔4〕《宋史》卷四百八十九"列传第二百四十八·外国五·阇婆"。
〔5〕（宋）苏轼：《东坡外制集》卷中，《辛押陁罗归德将军敕》。
〔6〕《宋史》卷一百八十六"食货志"。
〔7〕（宋）王禹偁：《小畜集》卷十四，《记孝》。

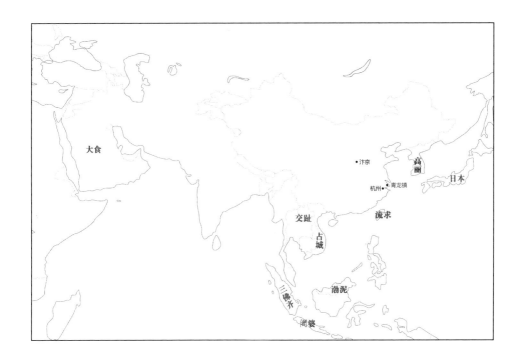

宋代青龙镇海外贸易的国家和地区

图62

（五）进出口商品

作为重要贸易港，青龙镇必然有大量进出口商品来此转运交易。对于青龙镇进出口商品的具体情况，有关文献没有直接提及，应当与明州等贸易港是一致的。

进口商品时称舶货，《青龙赋》说到青龙镇上"市廛杂夷夏之人，宝货富东南之物"。这里的"宝货"即进口商品"宝物"和"香货"的统称，这里泛指高档的进口商品。据陈高华等学者统计，宋代通过海路进口的商品非常丰富，达410种以上，大致可分为"宝物""布匹""香货""药物"等几种类型。

宝物：象牙、犀角、鹤顶、真珠、珊瑚、碧甸子、翠毛、龟筒、玳瑁。

布匹：白番布、花番布、草布、剪绒单、剪毛单。

香货：沉香、速香、黄熟香、打拍香、暗八香、占城香、粗熟香、乌香、奇楠木、降香、戎香、乳香、金颜香、蔷薇水、檀香。

药物：脑子、阿魏、没药、胡椒、丁香、肉子豆蔻、白豆蔻、豆蔻花、乌爹泥、茴香、硫黄、血竭、木香、荜拨、木兰皮、番白芷、雄黄、苏合油、荜澄茄、诸木、苏木、射木、乌木、红柴。

皮货：沙鱼皮、皮席、皮枕头、七鳞皮、牛蹄角、白牛蹄。

杂物：黄腊、风油子、柴梗、磨末、草珠、花白纸、藤席、藤棒、贝八、孔雀毛、大青、鹦鹉、螺壳、巴淡子。〔1〕

宋代明州进口商品及其所属国家和地区，在《宝庆四明志》卷六“叙赋下·市舶”条目中予以了明确记载，共分四个国家和地区，并有170多种商品名称。

第一，高丽

细色：银子、人参、麝香、红花、茯苓、蜡。

粗色：大布、小布、毛丝布、绌、松子、松花、栗、枣肉、榛子、椎子、杏仁、细辛、山茱萸、白附子、芜夷、甘草、防风、牛膝、白术、远志、茯苓、姜黄、香油、紫菜、螺头、螺钿、皮角、翎毛、虎皮、漆、青器、铜器、双瞰刀、席、合蕈。

第二，日本

细色：金子、砂金、珠子、药珠、水银、鹿茸、茯苓。

---

〔1〕（元）陈大震、吕桂孙：《大德南海志》卷第七“舶货”。

粗色：硫黄、螺头、合葷、松板、杉板、罗板。

第三，海南、占城、西平、泉、广州船

细色：麝香、笺香、沉香、丁香、檀香、山西香、龙涎香、降真香、茴香、没药、胡椒、槟榔、荜澄茄、紫矿、画黄、蜡、鲨鱼皮。

粗色：暂香、速香、香脂、生香、粗香、黄熟香、鸡骨香、斩到香、青桂头香、蘸香、鞋面香、乌里香、断白香、包袋香、水盘香、红豆、荜拨、良姜、益智子、缩砂、蓬莪术、三赖子、海桐皮、桂皮、大腹皮、丁香皮、桂花、姜黄、黄芦、木鳖子、茱萸、香柿、磕藤子、琼菜、相思子、大风油、京皮、石兰皮、兽皮、苎麻、生苎布、木棉布、吉布、吉贝花、驴鞭、钗藤、白藤、赤藤、藤棒、藤篾、宛木、射木、苏木、椰子、花梨木、水牛皮、牛角、螺壳、蚜螺、条铁、生铁。

第四，外化蕃船

细色：银子、鬼谷珠、珠砂、珊瑚、琥珀、玳瑁、象牙、沉香、笺香、丁香、龙涎香、苏合香、黄熟香、檀香、阿香、乌里香、金颜香、上生香、天竺香、安息香、木香、亚湿香、速香、乳香、降真香、麝香、加路香、茴香、脑子、木札脑、白笃褥、黑笃褥、蔷薇水、白豆蔻、芦荟、没药、没石子、槟榔、胡椒、硼砂、阿魏、腽肭脐、藤黄、紫矿、犀角、葫芦瓢、红花、蜡。

粗色：生香、修割香、香缠札、粗香、暂香、香头、斩到香、香脂、杂香、卢甘石、宛木、射木、茶木、苏木、射檀香、椰子、赤藤、白藤、皮角、鲨皮、丝、簟。

从两港发生贸易的国家与地区来看，青龙镇与明州有着极大的雷同性；从地域来看，青龙镇与明州同属浙西路海港，距离相近，两者之间进口的商品应当是类似的。

因此，明州的进口商品不失为研究青龙镇进口商品的参考或依据。不妨推测，青龙镇从高丽（新罗）进口的商品以银子、人参、药材为最多；从日本进口的商品以金子、矿物、木材为主；从交趾、占城等进口的商品主要以各种香料、药材和布匹为主；而从南海诸国和西亚阿拉伯进口的以珊瑚、琥珀、玳瑁、象牙和各种香料、药材为主。

这些进口商品大多数是消费品，尤其是犀象、珍珠、香料等"细色"高档商品在宫廷和社会上层有很大的消费市场，影响着他们的生活，以致青龙镇上出现了"神仙香车争逐"的奢靡之风；[1]另一方面满足社会生产和生活的需要，如许多香料是中医药生产的重要原料、食用的佐料和宗教场所烧香的必需品，硫黄是生产火药的主要原料，不少植物和矿物是丝绸纺织品的重要颜料，木材是许多建筑物的建筑材料，等等。

出口商品品种也很多，主要有瓷器、丝织品、农副产品、文化用品等。瓷器是中国传统的大宗出口商品，历来受到海外各国的喜爱，无论是在近邻的东亚高丽、日本还是东南亚诸国、南亚印度、斯里兰卡、西亚阿拉伯各国和遥远的非洲地区，都曾发现了中国瓷器出土的身影。丝织品也是出口的大宗商品，锦缎、绸、绢、帛等各种丝织品深受海外市场的青睐，如高丽"其丝线织纴皆仰贾人自山东、闽、浙来"[2]；日本称中国产丝织品为唐锦、唐绫，居民"所衣皆步，有极细者，得中国绫绢则珍之"[3]，苏州地区历来生产质量上乘的丝织品，唐代时上贡朝廷的物品就有丝、丝绵、八蚕丝、绯、绫布、段罗等[4]，日本文献中经常提到的"吴郡之绫"，就是苏州一带生产的丝织品；真腊（今柬埔寨）"其所用绯红罗绢、瓦器（陶瓷器）之类，皆本朝商舶到彼博易"[5]。农副产品主要有粮食、茶叶、酒等，粮食虽是政府禁止出口的商品，但为获取暴利，南宋时包括青龙镇在内的沿海产粮地区商人经常走私出境，如嘉定十年（1217）"沿海州县，如华亭、海盐、青龙、顾径与江阴、镇江、通、

---

〔1〕万历《青浦县志》卷七"词赋"，应熙《青龙赋》，第 1135 页。

〔2〕（宋）徐兢：《宣和奉使高丽图经》卷十九"工技"。

〔3〕（宋）周密：《癸辛杂识》续集下"倭人居处"。

〔4〕（宋）范成大：《吴郡志》卷一"土贡"。

〔5〕《宋会要辑稿》"蕃夷四之九九"，第 7763 页。

泰等处，奸民豪户，广收米斛，贩入诸蕃，每一海舟所容不下一、二千斛，或南或北，利获数倍"[1]，"彼（外国）之所阙者，如瓷器、茗、醴之属，皆所愿得"[2]。茶叶、酒与瓷器一样成为国外的畅销品。书籍等文化用品主要畅销于高丽、日本，系两国深受中国文化影响之故，据《高丽史》记载高丽政府曾派遣专人到中国江南购书，一次就购得"经籍一万八百卷"[3]，日本使者和僧人出使和求学归国时都带回中国刊行的佛教经卷、文人诗集等书籍。从中国转运出口到高丽、日本的国外香药也不少，日本"其地乃绝无香，尤以为贵"[4]。另外，中国的铜钱因铸造精良深受日本等国的喜爱，"海外东南诸番国无一国不贪好"而大量外流[5]，虽然宋朝政府命令严禁和打击，仍然被大量走私出境，"南渡，三路舶司岁入固不少，然金、银、铜、铁海舶飞运，所失良多，而铜钱外泄尤甚。法禁虽严，奸巧愈密。商人贪利而贸迁，黠吏受赇而纵释，其弊卒不可禁"。[6]铜钱外流一度造成部分地区的钱荒，引发社会问题。

由于青龙镇出口商品没有直接的文献记录和实物遗留，而出土瓷器非常丰富，因此从瓷器这一角度来分析、研究青龙镇出口状况还是非常有意义的。虽然出土瓷器与出口瓷器不能画等号，但是两者之间肯定或多或少存在着必然的关系。仅 2010—2016 年三次青龙镇遗址 4000 平方米范围内考古发掘中出土的可复原瓷器达 6000 余件和数十万片碎瓷片。这些瓷器和瓷片按照时代来划分主要分为唐中晚期和两宋时期，唐中晚期主要来自浙江的德清窑、越窑，湖南的长沙窑等，宋代则来自福建的闽清义窑、建窑、东张窑、浦口窑、茶洋窑等，浙江的越窑、龙泉窑，江西的景德镇窑、吉州窑等，个别为时代最早的南朝湖南湘阴窑、唐代河北的邢窑和河南的巩义窑等窑口，其中许多与国内外发现的出口瓷器相类似。[7]据学者对青龙镇遗址 T3277 等四个探方出

〔1〕《宋会要辑稿》"食货三八之四三"，第 5488 页。
〔2〕《宋会要辑稿》"刑法二之一四四"，第 6567 页。
〔3〕《高丽史》卷三十四"忠肃王世家"。
〔4〕（宋）周密：《癸辛杂识》续集下"倭人居处"。
〔5〕（宋）包恢：《敝帚稿略》卷一《禁铜钱申省状》。
〔6〕《宋史》卷一八六"食货志"。
〔7〕王建文：《从出土瓷器看青龙镇的对外贸易》，载上海博物馆编：《考古·古港——上海青龙镇遗址的发掘与发现》，第 116 页。

青龙镇出土的唐代
德清窑青釉褐彩罐
图63

土瓷器分析，瓷器产地63%来自福建，21%来自浙江，5%来自江西〔1〕，这与《隆平寺宝塔铭》的记载基本相符。

德清窑位于今浙江省德清县，是中国陶瓷器发源地之一，自商周开始烧制，经历两汉、晋朝、南北朝，直至唐宋，是烧制青瓷为主而以黑瓷闻名的古窑场。该窑瓷器在青龙镇遗址出土很多，有青釉和褐釉碗、罐、盆等品种瓷器，大部分都没有使用痕迹，为窑址以外发现数量最大的区域。德清窑瓷品沿东苕溪顺流而下到太湖，然后沿着吴淞江抵达青龙镇，在青龙镇销售或转售到周边地区乃至海外市场，是一条交通非常便捷的通道。朝鲜半岛、日本都曾发现德清窑瓷器，可见青龙镇是唐代中晚期德清窑向东亚出口的港口之一，为"海上丝绸之路"研究增添了新证据。

越窑青瓷也是重要的外销瓷。主要产自今浙江省上虞、余姚、慈溪、宁波等地，从东汉开始延续至北宋，其中唐代是越窑工艺最精湛时期，瓷器胎质细腻、釉色温

---

〔1〕 高文虹、王建文：《上海青龙镇遗址出土闽清义窑瓷器初步研究》，《福建文博》2017年第2期。

青龙镇出土的五代
越窑青瓷荷叶盏
图 64

润，色泽青翠晶莹而名闻天下，尤其秘色瓷最为著名，"茶圣"陆羽在《茶经》中称赞："越瓷类玉越瓷类冰。"晚唐黑石号沉船上经清理的越窑青瓷有 200 多件。2003 年在印尼爪哇岛北岸井里汶外海发现一艘五代末北宋初贸易沉船，经打捞，共有 49 万多件片器物，其中中国瓷器占 75%，瓷器中除少量白瓷器外，绝大部分是越窑青瓷器，数量在 30 万件以上，是有史以来出水数量最多的越窑瓷。[1]至北宋中期，越窑走向衰落，其青瓷被龙泉、同安等窑口取代。青龙镇与越窑各窑口的距离比较近，通过水路越窑瓷器可以运输至青龙镇，所以青龙镇出土的唐宋时期越窑瓷器特别多。

　　长沙窑瓷器是唐代主要的出口瓷器品种，形成于初唐，鼎盛于晚唐，至五代末期衰落。该窑口博采众长，创烧出高温铜红、铜蓝、铜绿、白釉瓷和釉下多彩瓷，又采用模塑贴花、印花、刻花、堆花等装饰手法，烧制各种壶、瓶、杯、盘、碗、灯等器

---

〔1〕 涂师平:《井里汶、越窑魂——印尼井里汶沉船揭秘宁波"海上丝绸之路"》,《宁波通讯》2011 年第 2 期。

青龙镇出土的唐代长沙窑变形莲花纹碗
图65

具和生动可爱的鸟、狮、猪、鱼、青蛙等玩具，很多瓷器的题材装饰风格迎合信奉伊斯兰、佛教国家市场的需要，因此广受世界各国尤其是伊斯兰、佛教国家的喜爱，被誉为"海上丝绸之路"的"天之骄子"和"文化使者"。其产品通过湘江、入长江，至扬州等沿海港口出口海外。从世界各国发现的情况来看，近则日本、朝鲜半岛，远则阿拉伯地区、东部非洲等都出土过长沙窑的瓷器。1998年在印尼苏门答腊东南勿里洞岛海域发现了一艘满载货物的唐代晚期沉船（"黑石号"沉船），经打捞，货物中中国瓷器就达到67000多件，这些瓷器来自湖南长沙窑、浙江越窑、河北邢窑、巩县窑、广东窑口，而长沙窑产品达五万件以上，占了绝大多数，其中一件长沙窑釉下彩绘碗阴刻"宝历二年七月十六日"铭款。又发现在扬子江心铸造的扬州"百练镜"，另外船体形制为阿拉伯海船，多数学者依此断定该沉船为唐代晚期从扬州港出发运往西亚的阿拉伯蕃舶。[1]1988年青龙镇唐代水井中出土的长沙窑贴花椰枣狮子纹执壶、

---

〔1〕 谢明良：《记黑石号沉船中的中国陶瓷器》，《台湾大学美术史研究集刊》2002年第13期。

青龙镇出土的宋代义窑青白釉
菊瓣纹碗
图66

2012年发现的变形莲花纹碗分别与"黑石号"沉船打捞上来的长沙窑贴花褐斑纹青瓷注壶、釉下彩绘碗基本一致,其他出土的部分长沙窑瓷器与该船发现的也极为相似。而长沙窑外销瓷壶多为褐斑纹及贴花[1],青龙镇出土的长沙窑产品大多符合这一特征。

义窑位于福州市闽清县,宋元时期盛产青白瓷,产量大,性价比高,也是重要的外销瓷之一,在日本博多、韩国马岛沉船及我国东海、南海沉船皆有发现。青龙镇遗址出土了大量的青白釉义窑瓷品,是目前发现闽江流域窑口产品数量最大、位置最北的港口。这些瓷品北沿海岸线抵达青龙镇,外销至东北亚的朝鲜半岛、日本。

建窑也称建安窑,是宋代福建地区的名窑,以烧黑釉瓷而闻名,器型以小碗、盏为主。不少盏釉面呈多条状结晶纹,细如兔毛,故称"兔毫盏",也有烧成"鹧鸪斑"和"银星斑"的,别致美观,成为贡瓷。建窑的兴起主要缘于宋代上层社会饮茶、斗

---

[1] 王玲玲:《飞入寻常百姓家——淮北柳孜隋唐大运河遗址出土长沙窑题诗注壶》,《中国文物报》2014年
6月4日。

青龙镇出土的宋代
建窑黑釉盏
图 67

茶之风的盛行，当时斗茶是文人雅士评判茶质优劣的一种活动，其胜负主要看汤色和汤花，而用黑釉盏盛茶更便于观察汤色和汤花。这种饮茶、斗茶风气传至日本，演变成日本茶道。所以建窑黑釉瓷器也广受日本的欢迎，被称作"天目瓷"。其外销的国家和地区主要是受中国文化影响较深的日本和高丽。青龙镇遗址中有集中出土的建窑黑釉盏。

　　东张窑又名福清窑，因位于闽北福清市东张镇而得名。产品与建窑相类似，以黑釉为主，兼烧青釉瓷，其中黑釉盏是常见产品，作斗茶使用更衬茶汤的颜色。青龙镇遗址出土了数量较多的东张窑黑釉盏。

　　浦口窑因位于福州市连江县浦口镇而得名。1954 年发现，主要烧制青瓷、青白釉，少量为黑釉瓷。器形有碗、盘、杯、碟、盏、洗、瓶、执壶等，胎色灰白或淡灰，釉层较薄。装饰手法多为刻划、模印等，常见莲花、莲瓣、缠枝、卷草、篦点等纹样。日本博多、冲绳等地的遗址都发现有浦口窑的器物。青龙镇遗址出土数量较多的浦口窑瓷器，主要有青釉带黄的碗、盘等。

青龙镇出土的宋代
东张窑黑釉盏
图 68

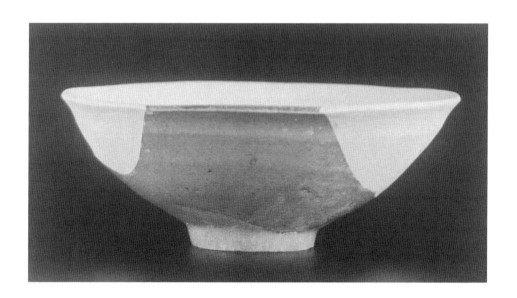

青龙镇出土的宋代浦口窑青瓷碗
图 69

青龙镇出土的宋代龙泉窑长颈瓶
图 70

　　龙泉窑是宋代著名的瓷窑之一，也是南宋的重要外销瓷。创始于五代，继承越窑传统，烧造青瓷，至南宋达到鼎盛。青瓷以釉色美丽至极的粉青和梅子青釉闻名于世，滋润如玉，苍翠欲滴，可与翡翠媲美。在北宋就开始对外输出，菲律宾出土的多管瓶、注子，日本福冈大宰府等遗址出土的双面刻花碗，都是龙泉窑产品。南宋时产品销往亚洲、非洲许多国家，广东阳江"南海一号"南宋初期沉船上就有不少龙泉窑瓷器。青龙镇宋代文化层曾出土了许多北宋后期至南宋后期的龙泉窑瓷器，器型有碗、盘、碟、瓶等。

　　景德镇窑位于今江西景德镇市，创烧于东晋末期，五代时以烧制青瓷和白瓷为主，至宋代以青白瓷为主，造型丰富多样，并出现了刻划花、印花等装饰方式，纹饰有花卉、飞凤、水波纹等。青龙镇曾出土数量较多、质量较好的景德镇青白瓷，主要属于北宋后期至南宋前期，器型有碗、盘、盏、盏托、炉等。

　　吉州窑位于江西吉州市吉安县，始烧于晚唐，盛于两宋，衰于元末。产品精美，以黑釉瓷（亦称天目釉瓷）产品著称，更以独创的"木叶天目""剪纸贴花天目"和

青龙镇出土的宋代
景德镇影青瓷碗
图71

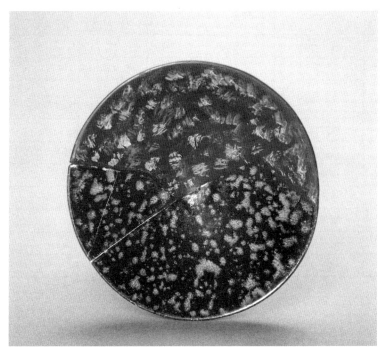

青龙镇出土的宋代
吉州窑鹧鸪斑纹盏
图72

"玳瑁天目"等釉彩装饰而闻名。青龙镇遗址出土了个别的吉州窑黑釉盏。

海上丝绸之路也是一条海上陶瓷之路，通过海上航线将大量中国瓷器远销海外。在青龙镇遗址出土的瓷器当中，绝大部分散见于各文化地层，部分由青龙镇居民消费使用后所遗弃，而大部分瓷器应当转口外销，其中少部分集中堆放，出土时排列有序，为等待外运的出口瓷器，实证了青龙镇在海上陶瓷之路中的地位。青龙镇等诸港瓷器的大量出口，直接促进唐宋时期瓷器的生产和各窑口的发展。青龙镇也直接促进和带动了华亭县和苏州地区海外贸易的发展和繁荣，以致南宋时期华亭呈现"海禺纳万艘，市区沸百贾。黄尘翳白日，千骑腾一鼓"[1]，"已出天池外，狂澜尚尔高。蛮商识吴路，岁入几千艘"[2]的繁盛局面。

表8　青龙镇出土唐宋时期瓷器简况

时代	窑口	产　地	数量多寡	品种	主要器型
唐	德清窑	浙江德清	众多	青釉、酱釉瓷	碗、罐、盘、盂、盆、盏、盒、壶、烛台
	越窑	浙江宁波、绍兴	众多	青釉瓷	碗、瓶、壶、盏、盘、杯
	长沙窑	湖南长沙	较多	褐釉、青釉瓷	壶、碗、钵、盒、腰鼓、盂、灯盏
	邢窑	河北邢台	个别	白釉瓷	碗
	巩义窑	河南巩义	个别	白釉瓷	碗、盏、器盖
宋	义窑	福建闽清	众多	青釉、青白釉瓷	碗、盘、盏
	建窑	福建南平	较多	黑釉瓷	盏
	东张窑	福建福清	较多	黑釉瓷	盏、碗
	浦口窑	福建连江	较多	青黄釉瓷	碗、盘
	茶洋窑	福建南平	少量	黑釉瓷	盏
	磁灶窑	福建晋江	少量	青黄釉瓷	盆
	庄边窑	福建莆田	个别	青釉瓷	碗、盘
	宦溪窑	福建福州	个别	青釉瓷	碗

---

〔1〕（宋）孙觌：《鸿庆居士集》卷四，《华亭朱师实中大燕超堂》。
〔2〕（宋）许尚：《华亭百咏·苏州洋》。

时代	窑口	产　地	数量多寡	品种	主要器型
宋	魁岐窑	福建连江	个别	青黄釉瓷	碗
	越窑	浙江宁波、绍兴	较多	青釉瓷	碗、盏、壶、盘
	龙泉窑	浙江龙泉	较多	青釉瓷	碗、盂、盘、碟、瓶、杯
	黄岩窑	浙江台州	个别	青釉瓷	碗
	景德镇窑	江西景德镇	较多	青白瓷	碗、盘、盏、盏托、炉等
	吉州窑	江西吉安	个别	黑釉瓷	盏
	耀州窑	陕西铜川	个别	青釉瓷	碗、盘
	潮州窑	广东潮州	个别	青白釉瓷	盏

注：此表依据上海博物馆编著的《青龙镇2010—2015年发掘报告》整理，"数量多寡"为大致区分，报告中"太湖西南窑"这里用"德清窑"来命名。

总之，无论从海内外贸易开展的时间，还是贸易的规模和范围，无论是历史文献记载，还是考古遗存文物，青龙镇为上海地区最早的贸易港和唐宋时期海上丝绸之路的重要港口这样的性质和地位是当之无愧的。

三、工商业

（一）商业

　　商业是市镇经济最主要的构成，商业繁荣是宋代市镇的显著特点和普遍现象。人口规模的扩大，海内外贸易的兴盛，富商巨贾的集聚，都刺激了宋代青龙镇的商业发展。嘉祐年间，青龙镇上"远商并来"，"潮涨海通，商今来归。异货盈衢，人无馁饥"[1]。至元丰年间，"富商巨贾、豪宗右姓所会"，镇上中外客商纷至沓来，街市店铺林立，商品市场活跃，形成了华亭县乃至周边地区区域性中心市场。

　　宋代商业性质主要有官营和民营两种，按照流通和销售方式有流通、批发、零售、流动等四种类型，流通商业由跑各地码头的"行商"承担，固定的零售商业由"坐商"开设店铺最终完成，批发商业一般由中间的"牙商"担任，流动商业则由流动的小摊贩从事。

　　南宋人吴自牧《梦粱录》卷十三"铺席"条描述了南宋都城临安城内各种店铺的状况，为了解南宋城镇商业情况提供了许多信息。

---

[1] 崇祯《松江府志》卷五十二"寺院三"，第1372页。

自大街及诸坊巷，大小铺席，连门俱是，即无虚空之屋，每日清晨，两街巷门，浮铺上行，百市买卖，热闹至饭前，市罢而收……处处各有茶坊、酒肆、面店、果子、彩帛、绒线、香烛、油酱、食米、下饭鱼肉鲞腊等铺。盖经纪市井之家，往往多于店舍，旋买见成饮食，以为快便耳。

而走街串户的挑贩也非常多，《梦粱录》卷十三"诸色杂货"条更详细记录了临安城内挑贩和各种日常用品、文具、食品、时花的情况：

卖油苔、扫帚、竹帚、笊帚、鸡笼担、圣堂拂子、竹柴、茹纸、生姜、姜芽、新姜、瓜、茄、菜蔬等物，卖泥风炉、小缸灶儿、天窗砧头、马勺、铜铁器如铜铫、汤饼、铜罐、熨斗、火锹、火箸、火夹、铁物、漏勺、铜沙锣、铜匙箸、铜瓶、香炉、铜火炉、帘钩、镴器如樽榼、果盆、果盒、酒盏、注子、偏提、盘、盂、勺，酒市急须马盂、屈卮、淬斗、箸瓶，家生动事如桌、凳、凉床、交椅、兀子、长桃、绳床、竹椅、柎笋、裙厨、衣架、棋盘、面桶、项桶、脚桶、浴桶、大小提桶、马子、桶架、木杓、研槌、食托、青白瓷器、瓯、碗、碟、茶盏、菜盆、油杆杖、楄辘、鞋楦、棒槌、烘盘、鸡笼、虫蚁笼、竹笊篱、蒸笼、畚箕、箪甑、红帘、斑竹帘、酒络、酒笊、筲箕、瓷鬃、炒铧、砂盆、水缸、乌盆、三脚罐、枕头、豆袋、竹夫人、懒架、凉簟、藁荐、蒲合、席子。及文具物件如砚子、笔、墨、书架、书攀、裁刀、书剪、簿子、连纸，又有铙子、木梳、篦子、刷子、刷牙子、减装、墨洗、漱盂子、冠梳、领抹、针线，与各色麻线、鞋面、领子、脚带、粉心、合粉、胭脂、胶煤、托叶、坠纸等物，又有挑担抬盘架，买卖江鱼、石首、鲑鱼、时鱼、鲳鱼、鳗鱼、鲚鱼、鲫鱼、白鳢鱼、白蟹、河蟹、河虾、田鸡等物，及生熟猪羊肉、鸡、鹅、鸭，及下饭海腊、鲞膘、鸭子、炙鳅、糟藏大鱼鲊、干菜、干萝卜、菜蔬、葱姜等物，又有早间卖煎二陈汤，饭了提瓶点茶，饭前有卖徽子、小蒸糕，日午卖糖粥、烧饼、炙焦馒头、炊饼、辣菜饼、春饼、点心之属。四时有扑带朵花，亦有卖成窠时花，插瓶把花、柏桂、罗汉叶,春扑带朵桃花、四香、瑞香、木香等花,夏扑金灯花、茉莉、葵花、榴花、栀子花,秋则扑茉莉、兰花、木樨、秋茶花,冬则扑木春花、梅花、瑞香、兰花、水仙花、腊梅花,更有罗帛脱蜡像生四时小枝花朵,沿街市吟叫扑卖。及买卖品物最多,不能尽述。及小儿戏耍家事儿,如戏剧糖果之类:行娇惜、宜娘子、秋千稠糖葫芦、火斋郎果子、吹糖麻婆子孩儿等、糕粉孩儿鸟兽、像生花朵、风糖饼、十般糖、花花糖、荔枝膏、缩砂糖、五色糖、线天戏耍孩儿,鸡头担儿、罐儿、碟儿、镴小酒器、鼓儿、板儿、锣儿、刀儿、枪儿、旗儿、马儿、闹竿儿、花篮、龙船、黄胖儿、麻婆子、桥儿、棒槌儿,及影戏线索、傀儡儿、狮子、猫儿。又沿街叫卖小儿诸般食件:麻糖、锤子糖、鼓儿饧、铁麻糖、芝麻糖、小麻糖、破麻酥、沙团、箕豆、法豆、山黄、褐青豆、盐豆儿、豆儿黄糖、杨梅糖、荆芥糖、榧子、蒸梨儿、枣儿、米食羊儿、狗儿、蹄儿、茧儿、栗粽、豆团、糍糕、麻团、汤团、水团、汤丸、馉饳儿、炊饼、槌栗、炒槌、山里枣、山里果子、莲肉、数珠、苦槌、荻蔗、甘蔗、茅洋、跳山婆、栗茅、蜜屈律等物,并于小街后巷叫卖。

夜市是商业发展的重要体现。唐代之前城市实行宵禁,没有夜市可言。唐中期夜市在扬州等少数大城市中开始出现,至北宋初期宋太祖赵匡胤下令汴京开封开禁,"京城夜市至三鼓已来,不得禁止"[1],于是汴京的"夜市直至三更尽,才五更又复开张。如要闹去处,通晓不绝","冬月虽大风雪阴雨,亦有夜市"。[2]夜市在其他许多城镇蔓延,往往夜以继日,南宋临安的杭城大街"买卖昼夜不绝,夜交三四鼓,游人始稀;五鼓钟鸣,卖早市者又开店矣"[3],"其夜市除大内前外,诸处亦然,惟中瓦前最胜,扑卖奇巧器皿百色物件,与日间无异"[4],成为热闹的"不夜城"。

上述文献虽然与青龙镇没有直接的关系,但是为了解该镇的商业状况提供了有益

〔1〕《宋会要辑稿》"食货六七之一",第6253页。

〔2〕(宋)孟元老:《东京梦华录》卷三"马行街铺席"。

〔3〕(宋)吴自牧:《梦粱录》卷十三"夜市"。

〔4〕(宋)耐得翁:《都城纪胜》"市井"。

的信息。

而在青龙镇遗址发现了许多古代钱币，实证了该镇的商业发展状态。2016年9月，在隆平寺塔地宫中出土了大量供奉的古钱币，共计1万多枚，这些钱币时代跨越秦汉至北宋中期。2018年7月，在遗址东北部发现一只北宋初期钱币陶瓮，内藏古钱币达17.5千克，品种有西汉五铢、货泉、开元通宝、乾元重宝、周元通宝、宋元通宝等，其中数量最多的是唐代开元通宝、乾元重宝。[1]还发现了镇上市民日常使用的大量生活用品，品种丰富，包含餐具、铜镜、玩具、文房、宗教用品等，从侧面反映了唐宋时期青龙镇商业繁荣程度和市民日常生活情况。

青龙镇商业与多数城镇最大的差别在于市场商品的国际化和多样化，除了中国本土出产的各式商品外，国外各种珍奇的商品通过海路在这里贸易销售，"宝货富东南之物"，在市场上占有很大份额。

评判一个地区、市镇商业发展水平主要看它所交商税额度的高低。根据《宋会要辑稿》记载，北宋熙宁十年，青龙镇的商税额达到15879贯403文，处于全国各市镇先进行列，属于商业最发达的市镇之一。

当然，商人逃避商税的现象在青龙镇也时有发生。北宋时期，该镇有一条支流安亭江，因"恐走逃商税"而被监司堵塞，影响到水流排泄，于是当地人请状予以重开，并自愿出钱，而华亭县官考虑到影响税收未予采纳。[2]南宋时期，镇上少数富商豪强形成恶霸势力，偷匿税收更为严重，到了地方官员难以治理甚至受反诬而丢官的地步，如大约宋宁宗时，宗室、海盐县酒务监官赵庚夫（1173—1219，字仲白，号山中翁）"权青龙镇，势家或为大商地，匿税钜万，仲白捕治之急，势家诬诉于外台，下吏锻炼，成其罪，坐停官"，以致嘉兴知府王介为此"抗论，力争于朝，不报"。[3]

---

〔1〕 青浦区博物馆2018年档案，《关于青浦区白鹤镇青龙镇遗址发现古钱币的情况报告》。
〔2〕 （宋）单锷：《吴中水利书》。
〔3〕 （宋）刘克庄：《后村先生大全集》卷一百四十八，《赵仲白墓志铭》。

（二）餐饮服务业

除发达的商品贸易业外，餐饮服务业也是青龙镇市镇经济的重要组成部分。镇上店肆酒楼很多，"风帆乍泊，酒旆频招。醉豪商于紫陌，媵美女于红绡"。[1]南宋时期镇上中和坊、中亭桥附近开设和丰店，该店应是著名的酒店或商铺。应熙笔下的龙江楼、四宜楼不仅是"随寓目以得景"的观景楼，而且应当是著名的酒楼。南宋周密《武林旧事》"酒楼"条目记载杭州城内的许多著名酒店以楼为名，真实记录了当时发达的城镇餐饮业的状况，为研究青龙镇的餐饮服务业提供了有价值的信息。其中写道，和乐楼、和丰楼、中和楼、春风楼等都是官库置办的有名酒楼，不仅规模宏巨，装饰、餐具奢华，而且为招揽生意，有的还派有美女名妓邀客伴酒，"每库设官妓数十人，各有金银酒器千两，以供饮客之用"。熙春楼、三元楼、五间楼等私营的酒楼也是如此：

> 每楼各分小阁十余，酒器悉用银，以竞华侈。每处各有私名妓数十辈，皆时妆炫服，巧笑争妍。夏月茉莉盈头，春满绮陌。凭槛招邀，谓之"卖客"。又有小鬟，不呼自至，歌吟强聒，以求支分，谓之"擦坐"。又有吹箫、弹阮、息气、锣板、歌唱、散耍等人，谓之"赶趁"。及有老妪以小炉炷香为供者，谓之"香婆"。有以法制青皮、杏仁、半夏、缩砂、豆蔻、小蜡茶、香药、韵姜、砌香、橄榄、薄荷，至酒阁分表得钱，谓之"撒嚼"。又有卖玉面狸、鹿肉、糟决明、糟蟹、糟羊蹄、酒蛤蜊、柔鱼、虾茸、鳙干者，谓之"家风"。又有卖酒浸江瑶、章举蛎肉、龟脚、锁管、密丁、脆螺、蟛酱、法虾、子鱼、鮆鱼诸海味者，谓之"醒酒口味"。凡下酒羹汤，任意索唤，虽十客各欲一味，亦自不妨。过卖铛头，记忆数十百品，不劳再四，传喝如流，便即制造供应，不许小有违误。酒未至，则先设看菜数碟；及举杯，则又换细菜，如此屡易，愈出愈奇，极意奉

---

[1]　万历《青浦县志》卷七"词赋"，应熙《青龙赋》，第1135页。

承。或少忤客意，及食次少迟，则主人随逐去之。歌管欢笑之声，每夕达旦，往往与朝天车马相接。虽风雨暑雪，不少减也。[1]

虽然青龙镇无法与都城杭州等同，但是"风帆乍泊，酒旆频招。醉豪商于紫陌，殢美女于红绡"的情形与之有着惊人的相似。

丰富的食物来源为青龙镇餐饮服务业提供了基本原料。地处水乡海滨的青龙镇，物产丰饶，这一带"负海枕江，原野衍沃，川陆之产，兼而有焉……地饶蔬茹，水富虾蟹，舶货所辖，海物惟错"[2]。尤其以盛产鲜美的四腮鲈、莼菜而闻名，松江四腮鲈就出自吴淞江流域，与吴地的莼菜在汉魏时即名闻天下，东晋张翰有"莼鲈之思"的典故，米芾有"玉破鲈鱼霜破柑，垂虹秋色满东南"之诗，南宋葛长庚则有"已办扁舟松江去，与鲈鱼、莼菜论交旧。因念此，重回首"之词，"吴中好事者竞买之，或有游松江就鲙者"[3]。这些美食吸引众多食客，成为推动青龙镇餐饮业发展的重要因素。

发达的酒业为餐饮服务业提供了有力保障。熙宁十年，青龙镇所收酒税排在秀州地区的第二位，超过了当时的华亭县城，仅与酒有关的坊名、村名就有熙春坊、杏花村。众多各类瓶、壶、碗、盘等酒器、餐具的出土也从侧面反映了该镇餐饮业的兴盛。

（三）手工业

伴随城乡经济发展，唐宋时期手工业有了很大进步，纺织、制瓷、矿冶、印刷等产业愈加专业化、规模化；社会观念的悄然变化，也助长工商业的发展，"凡人情莫

---

[1]（宋）周密：《武林旧事》卷六"酒楼"。
[2]《绍熙云间志》卷上"物产"。
[3]（宋）范成大：《吴郡志》卷二十九"土物上"，第431页。

不欲富，至于农人、商贾、百工之家，莫不昼夜营度，以求其利"[1]，"贫贱者专于工巧伎艺，古所未见。一日之直可以尽农夫终岁之利，故弃本逐末，耕桑者少而衣食者多"。[2]

青龙镇手工业主要有酿酒、造船、制墨、铸铁等行业。

1. 酿酒业

酿酒是青龙镇最突出的手工业。据《宋会要辑稿》"酒曲杂录"条目记载，熙宁十年秀州地区设有酒务17个，其中青龙镇酒务所收酒税排在整个地区的第二位，超过了当时的华亭县城，成为秀州地区税收的重要来源；同时，青龙酒务的管辖范围不仅局限于镇内，也包含了附近地区，"以三乡之折为一邑之酿本，三乡即新江、海隅、北亭"，从侧面反映了青龙镇酿酒业的发达。《宋会要辑稿》"酒曲杂录"条目是这样记载包括青龙镇在内的秀州地区酒税状况的：

> 秀州旧在城及青龙、华亭、魏塘、大盈、徐沙、石门、牛进、海盐、上海、赵屯、泖口、嵩子、广成、州钱、崇德、汉盘十七务岁十万四千九百五十二贯，熙宁十年祖额一十一万七千八百九贯七十三文，买扑一万五千八十一贯六百文。[3]

曾经留存的酒瓶山遗址就是青龙镇酿酒业发达的直接反映。"酒瓶山在四十五保三区，青龙镇酒务场旁，相传宋韩世忠以酒劳军瓶积成山，今遗址尚存。"这一带居民历来盛传，南宋抗金名将韩世忠为抵御以兀术为首的金兵，在青龙镇驻扎军队，击溃金兵后用酒犒劳三军，于是酒瓶堆积成山，这些酒瓶也由此称韩瓶。从史料来看，韩世忠确实为抗金兵于建炎四年，在青龙镇及其沿吴淞江分别驻有军队，但是在这一带没有与金兵直接发生交战，所以也不存在胜利犒军的可能。其实从所处的"青龙镇酒务旁"的地点来看，这里是官府办的酒坊所在地，长期生产后将酒瓶堆积成小山，故俗称酒瓶山。此山实际上是一座土墩，有一定的规模，面积约4亩，其中曾出土大

---

[1]（宋）蔡襄：《蔡忠惠集》卷三十四，《福州五戒文》。
[2]（宋）林逋：《省心录》。
[3]《宋会要辑稿》"食货一九之一二"，第5129页。

韩世忠像
图 73

量酒瓶，这些酒瓶是普通的陶质瓶，相当于现在普通的黄酒瓶、啤酒瓶，大多为圆柱形，少数施釉、器型独特。青龙镇衰落后，酒瓶山本来的性质和面目不为人所知，而与韩世忠有关的传说却口口相传，逐渐成为该镇的历史名迹。民国 24 年（1935），曾立"南宋酒瓶山遗址"石碑 1 方。新中国成立后这里一度辟为果园，1959 年被公布为青浦县文物保护单位。"文化大革命"期间，遗址夷为平地，原址上建造不少农民楼房，石碑也不知去向。1986 年 11 月，被撤销其文物保护单位。

2. 造船业

作为海内外贸易港口，造船业是青龙镇的重要产业。在古代，船舶是开展海内外贸易的主要运输工具。青龙镇海内外贸易繁盛，必然要求和带动船舶制造和修理业的发展。青龙镇造船场的设置，就是该镇造船业发展的直接体现。北宋宣和七年或稍后，两浙转运司将明州、温州造船场迁移至青龙镇，设监官予以管理，"宣和七年，两浙运司乞移明、温州船场并就，镇江府奏辟监官二员、内一员兼管买木场。未几，又乞移于秀州通惠镇（即青龙镇），存留船场官，外省罢从之。中兴以来复置监官于明州"。[1] 在造船场设置前后，青龙镇的造船业受华亭县造船场的管辖。随着宋代造船技术的进步，青龙镇造船业与其他港口城市一样情况发展起来，成为重要的沿海船舶生产基地。其生产规模不得而知，如北宋元祐五年同样设置造船场的温州、明州船舶年产量额定数都为600艘，[2] 虽然青龙镇贸易规模要逊于温州、明州，造船数量也应当小于温州、明州，但是总体规模不会小到哪里去。以此推理，修船业应当在青龙镇也比较发达。南宋时期，青龙镇一度作为军港，大量战舰寄泊青龙，推动了青龙镇造船业的发展。

上海地区有关沉船的发现也为青龙镇造船业的发展情况提供了佐证。1978年2月，在疏通嘉定封浜河时，在河底下挖出一艘古沉船，这是上海首次挖掘获得的古船。古船为平头多舱结构，腹宽2米左右，船身后部已断缺，残长6.37米，复原长度约10米，船体采用平榫拼接，结合部和缝隙使用麻筋、油灰密封填料，载重量约5吨。[3] 此艘沉船地点推算位于吴淞江故道北侧，离开南岸的青龙镇不远，当是这一带中小型的内河运输船只。制造的大型内河运输船只可以达到载重"千斛"[4]，约60吨，与小型的海运船舶接近。海运船舶在青龙镇地区没有直接的记录和考古发现，但是从宁波、泉州等地发现的沉船情况来看一般可以达到120吨，大型的可以达到300吨以上，青龙镇所造海船应当与其相似。

3. 制墨业

墨是传统的文房四宝之一，汉代前是利用天然的石墨或炊具底下的炭黑制成，此后出现了人工制成的松烟墨和油烟墨。唐宋时期制墨业得到快速发展，出现了许多制

---

[1]《宝庆四明志》卷第三"叙部下·仓库务场局院等"，第5031页。
[2]《宋会要辑稿》"食货五十之四"，第5658页。
[3] 倪文俊：《嘉定封浜宋船发掘简报》，《文物》1979年第12期。
[4]《绍熙云间志》卷中"水"，许克昌《华亭县浚河置闸记》。

墨名家和名墨品。

青龙镇出产青龙墨，涌现了以宋代章生、任景周为代表的制墨名家。[1]"章生，失其名，青龙人。善作墨，有古法。其家制墨，聚烟列盎三十余，至夕扫煤，器无一存者。诘旦寻访，乃在主翁闺中，煤皆成花，其一为寿星，长松覆之，玉女在旁，舞鹤灵芝，宛如善绘者所作；二为牡丹；三为禽鱼，余为荔枝、胡桃、枣杏、梨栗，咸具其家，以为端"[2]。元代时制墨业得以延续，有卫学古也善于古法制墨。[3]

青龙镇盛产墨与此地崇教的文风有关，加上文人雅士的聚集，市场对墨的需求，催生了该镇制墨业和制墨名家。

4. 铸铁业

铸铁业是青龙镇重要的手工业之一。从考古发现的唐代铸造作坊来看，当时铸造铁器有专门的作坊，铸造时使用陶范来浇铸，器皿有鼎、釜等日常用品，以满足本镇及其附近居民生活的需要。宋代时期的铸造作坊虽然没有发现，但是像青龙镇这样人口众多的大镇铸铁业应当仍然持续并有所发展。

青龙镇的手工业应当远远不止上述类型的产业，有待于新资料和考古的发现。

---

[1] 弘治《上海志》卷三"田赋志·土产"；正德《松江府志》卷三十二"遗事"，第 1552 页。
[2] 万历《青浦县志》卷六"遗事"，第 1112 页。
[3] 正德《松江府志》卷三十二"遗事"，第 1552 页。

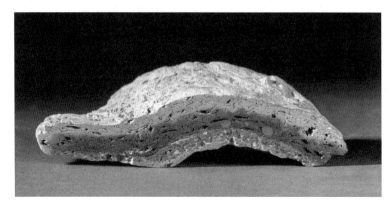

青龙镇出土的唐代
铸铁陶范
图74

青龙镇出土的唐代
铁鼎
图75

四、文化娱乐业

　　文化娱乐是城市生活的重要标志。经济的发展、商业的繁荣，为宋代城镇文化娱乐业的发展提供了良好的物质基础。宋代文化娱乐和演艺业首先在开封等大城市孕育而生，后扩展波及不少中小城市和商业发达的市镇，具有明显的商业性质和市场化、大众化特点，其中最突出的表现是瓦市的涌现。

　　瓦市，又称瓦舍、瓦子、瓦肆，是当时城镇演艺和娱乐的聚集区或商业娱乐中心，南宋吴自牧《梦粱录》解释："瓦舍者，谓其'来时瓦合，去时瓦解'之义，易聚易散也。"[1]在瓦市内集中了若干规模不一的演出场所勾栏，一些大型瓦市的勾栏达到十多座，少数大型的勾栏可容纳数千人。勾栏是因便于表演和分隔观众，常用栏杆或布幔隔挡，故而得名，相当于现在的文化剧场等演出场所，一般搭设演棚。北宋京都开封"街南桑家瓦子，近北则中瓦，次里瓦，其中大小勾栏五十余座。内中瓦子、莲花棚、牡丹棚、里瓦子、夜叉棚、象棚最大，可容数千人"[2]。南宋都城临安瓦市数量也很多，其中北瓦一处最多最盛，有"勾栏一十三座"[3]，《梦粱录》是这样记载临安瓦市分布状况的：

---

〔1〕（宋）吴自牧：《梦粱录》卷一九"瓦舍"。
〔2〕（宋）孟元老：《东京繁华录》卷一"东角楼街巷"。
〔3〕《西湖老人繁胜录》，"瓦市"。

城内外合计有十七处，如清泠桥西熙春楼下，谓之南瓦子；市南坊北三元楼前，谓之中瓦子；市西坊内三桥巷，名大瓦子，旧呼上瓦子；众安桥南羊棚楼前，名下瓦子，旧呼北瓦子；盐桥下蒲桥东，谓之蒲桥瓦子，又名东瓦子，今废为民居；东青门外菜市桥侧，名菜市瓦子；崇新门外章家桥南，名荐桥门瓦子；新开门外南，名新门瓦子，旧呼四通馆；保安门外，名小堰门瓦子；候潮门外北首，名候潮门瓦子；便门外北，谓之便门瓦子；钱湖门外南首省马院前，名钱湖门瓦子，亦废为民居；后军寨前，谓之赤山瓦子；灵隐天竺路行春桥侧，曰行春瓦子；北郭税务，曰北郭瓦子，又名大通店；米市桥下，曰米市桥瓦子；石碑头北麻线巷内，则曰旧瓦子。〔1〕

除都城外，好多府、州、县城内也有瓦市存在，平江府城（今苏州）有"勾栏巷"，"军妓以勾栏伎输值之，岁各入值一月"〔2〕；扬州有"南瓦巷""北瓦巷"〔3〕；庆元府城（今宁波）有"旧瓦子""新瓦子"〔4〕；温州有"瓦子巷"〔5〕，湖州城内乐众坊"在市街和丰楼，西入瓦子巷"〔6〕；建安府城（今福建建瓯）有"勾栏巷"〔7〕；镇江则有"北瓦子巷""南瓦子巷"〔8〕。吴江县城也有"勾栏巷"〔9〕；慈溪（今浙江慈溪）东西郭酒楼错落相接，"宋元以来皆为戏台。台之四面为楼，伎者居之，南北百戏歌舞之声不断。楼前商舶百货云屯，往往于楼上取乐"。〔10〕

部分繁华的市镇也出现了瓦市勾栏。南宋嘉兴府乌青镇人沈平所撰《乌青记》中

---

〔1〕（宋）吴自牧：《梦粱录》卷一九"瓦舍"。

〔2〕王謇：《宋平江城坊考》卷一，江苏古籍出版社1999年版；（元）徐大焯：《烬余录》乙编。

〔3〕乾隆《江都县志》卷三。

〔4〕《开庆四明续志》卷七"楼店务地"。

〔5〕光绪《永嘉县志》卷三。

〔6〕（宋）谈钥：《嘉泰吴兴志》卷二"坊巷"，第4688页。

〔7〕嘉靖《建安府志》卷十。

〔8〕（宋）卢宪：《（嘉定）镇江志》卷二。

〔9〕乾隆《吴江县志》卷六。

〔10〕光绪《慈溪县志》卷五十五。

提到乌青镇上有北、南两个瓦子巷,北瓦子巷"系妓馆、戏剧上紧之处";南瓦子所在的波斯巷,"有八仙店,技艺优于他处","有楼八间,周遭栏楯,夜点红栀子灯,鼓乐歌笑至三更乃罢";善利桥西南有太平楼,"为楼二十余所,可循环走,中构台,百技斗于上"。[1]

在瓦市勾栏演出的节目繁多,据《东京梦华录》《梦粱录》《西湖老人繁胜录》等记载,有小唱、嘌唱、杂剧、傀儡戏、影戏、讲史、小说、说经、杂技、诸宫调、商谜、合生、说诨话、散耍、唱赚、学像生、学乡谈、唱耍令、唱京词等数十种之多,归纳起来相当于现在流行的音乐、舞蹈、戏曲、杂技、木偶戏、皮影戏等几类。这些演艺节目都由各种伎艺人来表演,往往通宵达旦演出,吸引民众前往观看,也受到了广大市民的欢迎。

在勾栏场所内也有餐饮服务,其周围也多有酒楼、茶肆、食店、妓院和商铺等配套设施,共同组合成综合性的商业中心。另外,部分大型酒楼还有倡优歌伎伴唱,"歌管欢笑之声,每夕达旦",以吸引更多的食客。

青龙镇时称"小杭州",镇上瓦市至少在南宋后期就已经出现。正德《松江府志》明确记载镇上瓦市在平康坊,"平康坊,中亭桥西,有瓦市在焉",平康坊则由监镇林鉴在淳祐十一年所立。而应熙所作《青龙赋》中有"讴歌嘹亮,开颜而莫尽欢欣;阛阓繁华,触目而无穷春色""杏脸舒霞,柳腰舞翠"之词,描绘的恰恰是瓦市内女伎艺人在勾栏歌舞演出的真实情形。由此表明,青龙镇与其他城镇一样,设有较为固定的文化娱乐区瓦市,其中拥有演出场所勾栏。瓦市的出现,表明了该镇文化市场的成熟和文化娱乐业的发达,各种伎艺人的演艺活动极大地满足了镇上各阶层尤其是广大市民、商贾娱乐休闲的文化需求,体现了该镇丰富多彩的城市生活,反映了当时社会的风尚,为研究宋代瓦市在市镇的表现提供了很好的实例。

赛龙舟是青龙镇市民重要的体育竞技活动。龙舟竞赛历来是我国民间传统的体育活动,是为了纪念诗人屈原逝世和颂扬其伟大的爱国精神,一般在端午节前后进行,南朝梁吴均《续齐谐记》:"楚大夫屈原遭谗不用,是日(夏历五月初五日)投

---

[1] 乾隆《乌青镇志》卷四"古迹"。

汨罗江死，楚人哀之，乃以舟楫拯救。端阳竞渡，乃遗俗也。"至汉代，已经演变成一种龙舟竞赛活动。北宋时，皇家每年在金明池举办盛大的龙舟赛，时称"金池夺标"；南宋皇室在西湖也举办此项活动，"龙舟十余，彩旗叠鼓，交午曼衍，粲如织锦"[1]，"诸舟俱鸣锣击鼓，分两势划棹旋转，而远远排列成行，再以小彩旗引之，龙舟并进者二，又以旗招之，其龙舟远列成行，而先进者得捷取标赏，声喏而退，余者以钱酒友犒也"[2]。皇室的倡导也推动了这项具有纪念意义的体育活动在各地民间的开展。

宋代的龙舟竞赛活动在正式开始前一般安排文艺表演，先进行"水傀儡""水秋千"等水戏表演，还有"百戏乐船，并各鸣锣鼓，动乐舞旗"，然后参赛船队进行"旋罗""海眼""交头"的表演[3]。表演完毕后再进行以夺标为主的龙舟竞渡，形式与现代龙舟赛基本一致的，以快慢决定输赢，只不过参赛者是勇夺立于水中、挂有锦彩和银碗的标竿，时称"夺标"或"夺锦"，每艘龙舟各有三次争标机会，最后冠军者获标或锦。裁判员的装扮也很特别，"披黄衫、顶青巾、带大花，插孔雀尾"，职责是"乘小舟抵湖堂，横节杖，声诺，取指挥，次以舟回，朝诸龙舟以小彩旗招之"[4]。各地举办龙舟赛时锣鼓喧天，往往万人空巷，市民结合踏青春游，争睹赛事，非常热闹，如杭州"都人士女，两堤骈集，几于无置足地。水面画楫，栉比如鱼鳞，亦无行舟之路，歌欢箫鼓之声，振动远近，其盛可以想见"。[5]

青龙镇上赛龙舟活动极为兴盛，在江南首屈一指，正德《松江府志》记载青龙"江上有龙舟夺锦之盛"，并"冠于江南"；《青龙赋》更有"龙舟极海内之盛"之载，表明其规模和影响力很大，不逊于东京金池、杭州西湖的赛龙舟。这为研究宋代赛龙舟在市镇的开展和青龙镇的民俗民风提供了珍贵的信息。为何在这里盛行？是否与镇名有关就不得而知了。

---

〔1〕（宋）周密：《武林旧事》卷三"西湖游幸"。
〔2〕（宋）吴自牧：《梦粱录》卷一"八日祠山圣诞"。
〔3〕（宋）孟元老：《东京繁华录》卷七"驾幸临水殿观争标锡宴"。
〔4〕（宋）孟元老：《东京繁华录》卷七"驾幸临水殿观争标锡宴"。
〔5〕（宋）周密：《武林旧事》卷三"西湖游幸"。

除上述之外，庙会、社戏等应当也是青龙镇市民文化娱乐、市场的组成部分。历史上青龙寺（隆福寺）在每年农历的三月十五日至十七日三天，举行盛大的庙会，庙会上非常热闹，人山人海，商贩云集，全镇和邻近市民趁庙会烧香拜佛，踏青赶集，采购喜欢的各种商品。这种风俗活动概是宋代庙会的延续。

五、旅游观光业

随着商品经济和社会观念的变化，旅游观光成为当时市民生活的一部分，并带动商业和服务等相关产业的发展，由此旅游观光业作为宋代城镇新兴独立的一项产业开始形成。

南宋临安不仅是最繁华的都市，而且是著名的旅游城市，以西湖为中心的旅游休闲区开发成熟，每年吸引许多市民和游客观光旅游，尤其春季"景色明媚，花事方殷，正是公子王孙，五陵年少，赏心乐事之时，讵宜虚度？至如贫者，亦解质借兑，带妻挟子，竟日嬉游，不醉不归。此邦风俗，从古而然，至今亦不改也"[1]。西湖"湖中大小船只，不下数百舫。有一千料者，约长二十余丈，可容百人。五百料者，约长十余丈，亦可容三五十人。亦有二三百料者，亦长数丈，可容三二十人。皆精巧创造，雕栏画，行如平地。"不仅有游船，还有供游客食用果蔬、茶点、汤酒的小货船，"湖中南北搬载小船甚夥，如撑船卖买羹汤、时果；掇酒瓶，如青碧香、思堂春、宣赐、小思、龙游新煮酒俱有。及供菜蔬、水果、船扑、时花带朵、糖狮儿，诸色千千，小段儿、糖小儿、家事儿等船。更有卖鸡儿、湖蟹、海蜇、螺头，及点茶、供茶果、婆嫂船、点花茶、拨糊盆、泼水棍小船，渔庄岸小钓鱼船"，"又有小脚船，专

---

〔1〕（宋）吴自牧：《梦粱录》卷一"八日祠山圣诞"。

载贾客妓女、荒鼓板、烧香婆嫂、扑青器、唱耍令缠曲，及投壶打弹百艺等船，多不呼而自来，须是出著发放支犒，不被哂笑。若四时游玩，大小船只，雇价无虚日"[1]，供游客游乐。湖州、平江虽然不及临安，但是以众多园林见长，"乡老寓公多为芳圃，亭宇相望，沼沚旁联，花木蓊茂，游者争眩"[2]，"每春，纵士女游观"[3]。此时静江府（今桂林）已经以山水甲天下闻名，江州（今九江）则以境内庐山名闻天下，成为当时有名的旅游胜地。

青龙镇也是著名的旅游胜地，不仅商业和文化发达，而且自然和人文资源丰富。这里交通便捷，"控江而淮浙辐辏，连海而闽楚交通"，为旅游观光业提供了有利的条件，更是"平分昆岫之蟾光，夜猿啼古木；占得华亭之秀色，晓鹤唳清风，咫尺天光，依稀日域"。

自然风景方面，拥有青龙观潮、万柳堤、天下第六泉等名胜。

青龙观潮是青龙镇的一大风景。海潮是海洋水体受到月亮和地球引力作用及地球自转产生的离心力而形成的一种周期性天文现象，涨潮时浪涛排山倒海，气势十分壮观，成为一大景观，历来将观潮作为一项重要活动，如钱塘江大潮在唐宋时已经非常著名，"浙江之潮，天下伟观也。自既望以至十八日为最盛。方其远出海门，仅如银线，既而渐进，则玉城雪岭，际天而来，大声如雷霆，震撼激射，吞天沃日，势极豪雄"。[4]更有不怕死的弄潮儿出入汹涌的波涛中给人表演，"以大彩旗，或小清凉伞、红绿小伞儿，各系绣色缎子满竿，伺潮出海门，百十为群，执旗泅水上，以迓子胥弄潮之戏，或有手脚执五小旗浮潮头而戏弄"[5]，"善泅者数百，皆披发文身，手持十幅大彩旗，争先鼓勇，溯迎而上，出没于鲸波万仞中，腾身百变，而旗尾略不沾湿，以此夸能"[6]。观潮与赛龙舟一样犹如盛会，观潮者往往人山人海。青龙镇离开出海口虽然有一段距离，但是青龙江大潮依然汹涌。关于青龙江大潮和观潮的情况，梅圣俞曾

〔1〕（宋）吴自牧：《梦粱录》卷一二"游船"。
〔2〕《嘉泰吴兴志》卷十三"园圃"，第4739页。
〔3〕（宋）范成大：《吴郡志》卷十四"园亭"，第792页。
〔4〕（宋）吴自牧：《梦粱录》卷四"观潮"。
〔5〕（宋）吴自牧：《梦粱录》卷四"观潮"。
〔6〕（宋）周密：《武林旧事》卷三"观潮"。

作《青龙江上观潮》一诗予以描述：

> 百川倒蹙水欲立，不久却回如鼻吸。
>
> 老鱼无力随上下，阁向沧州空怨泣。
>
> 摧鳞伐肉走千艘，骨节专车无大及。
>
> 几年养此膏血躯，一旦翻为渔者给。
>
> 无情之水谁可凭？将作寻常自轻入。
>
> 何时更看弄潮儿，头戴火盆来就湿。[1]

以此看来，青龙观潮活动早在北宋早中期已经开始，"观汹涌江潮之势，浪若倾山"，江上也有表演的弄潮儿，与钱塘江上是一致的。清黄霆《松江竹枝词》："云鬓巧绾桂花球，窄袖轻衫正及秋。爱煞青龙江水阔，青油画舫看潮头。"[2] 描绘了宋代仕女们在农历八月十八潮头日争观青龙海潮的情形。

万柳堤也是重要的风景，由"柳允中之祖植万柳于龙江堤上因名"，可能受杭州西湖苏公堤的影响，不仅可以起到护堤的作用，而且杨柳依依，"春风杨柳万千条"，增添了景致，为人所赏。

通惠山泉，号称"天下第六泉"，相传该泉通无锡惠山而得名，水质清冽甘甜，一说在青龙镇学亭下[3]，二说在吴淞江中，传说江中"有泉眼，水味独淡，可烹茶"，源于唐代张又新对各地水质的评判，其"品天下之水，其二慧山泉，三虎丘井，六松江……松江水或以谓第四桥者最佳，盖差远井邑，宜更清耳，以江水酝酒，特佳于他处"。[4] 因位居全国泉水的第六位，通惠山泉成为青龙镇的名迹。金露有诗："静试新茶闭竹扉，六泉添得色霏微。嗜深七椀吹新火，香剪三江带落晖。暗响轻雷浮蟹眼，

---

[1]《绍熙云间志》卷下"诗"，第6页。
[2] 顾炳权编著：《上海历代竹枝词》，第17页。
[3] 万历《青浦县志》卷三"古迹"，第1050页；光绪《青浦县志》卷十二"名迹·古迹"。
[4]《吴郡图经续记》卷下"杂录"。

高谈拂尘战云斿。陶家学士差相似,羞作羊羔唱锦帏。"[1]

人文景观则更多,镇上"宝塔悬蟒,亭台驾霓。台殿光如蓬府,园林宛若桃溪"。寺庙、园林和其他名胜古迹遍布各个角落。

园林是融自然山水、建筑艺术、树木花草等一体的综合性艺术空间,一般由假山土台、溪水湖池、殿堂亭榭和各类花卉树木组成。宋代时,知识分子、名门望族、显贵富人受士大夫思想和情趣的影响,纷纷营造私家园林,以寄托文人情怀和理想。北宋洛阳城有19座名园,著名女词人李清照的父亲李格非所撰《洛阳名园记》记载了这些名园的状况;南宋周密《吴兴园林记》记载湖州城内外有三十多座园林,"士大夫多居之",如南沈尚书园"依南城,近百余亩,果树甚多,林檎尤盛。内有聚芝堂、藏书室。堂前凿大池,几十亩,中有小山,谓之蓬莱。池南竖太湖三大石,各高数丈,秀润奇峭,有名于时"。[2]

青龙镇聚集了许多文人、富商,这些人员处于社会上层,有条件营造一定规模的私家宅第、园林。北宋秀才李行中"高尚不仕,以诗酒娱情,作亭于青龙江上,以寄隐焉",苏轼为之题亭额"醉眠亭",又与张先、秦观诸名士以醉眠亭为题,相互酬唱,该亭遂成为闻名遐迩的名迹。[3]曾任华亭监盐的章楶在镇南章堰建宅,"宅前有洗盏池,内有库桥、琼花井,梦贤有女琼花,乱时投井死,故名,宅西有院堂湾,昔建清忠书院于此,今俗称圆团湾"。[4]虽然其后裔章梦贤在祖宅基础上加以扩建,但是章楶原有的宅第园池肯定不小。莲巢,"青龙陈氏燕息之地"。北宋著名诗僧道潜(1043—1106)曾作:"记得荷香里,蛾眉唱采莲。千年龟欲去,不见叶田田。"[5]由此,陈氏与道潜有着不错的交往,其所筑莲巢有一定的规模。"百花庄,在青龙镇东,监镇林鉴因其地杂莳花木,故名。"[6]南宋士人杜国珍"筑室江皋,雅有园池之

---

〔1〕(清)陈树德:《安亭镇》卷十三"古迹"。

〔2〕陈从周、蒋启霆选编:《园综》下册,同济大学出版社2011年版,第46页。

〔3〕崇祯《松江府志》卷五十五"诗品",第1437页。

〔4〕光绪《青浦县志》卷十二"名迹·古迹"。

〔5〕崇祯《松江府志》卷四十六"第宅园林",第1207页。

〔6〕光绪《青浦县志》卷十二"名迹·古迹"。

乐"[1]，也建有自己的园池。宋末元初藏书家筑有万卷堂，为其"聚书之所"[2]，其宅第也肯定不小。

升仙台传说是唐代著名道士王可交遗留下来的重要名迹，位于青龙镇隆福寺南面。至元代还存在，诗人黄庚作有诗："仙翁不可见，惟有一空亭。"[3]后人浦鸥、清恒若分别有诗："可交王子鹤胚胎，立地成仙著此台。一日九秋瀑布寺，由拳咫尺想天台"，"偶过荒墩畔，苍然暮色来。仙人今不见，诗客独徘徊。孤月当头照，间花随意开。神山定何处，此地即蓬莱"。[4]

在胜果寺内的沈光碑，"宋元祐初有鬼显异，自称汉烈士沈光书迹刻石"[5]，时称"沈光显迹"，也是镇上名迹。南宋"华亭百咏"的作者许尚曾写有《鬼书》诗："壮士为儒耻，捐躯志所甘。无名预青史，幽愤亦何堪。"[6]

杏花村也是重要名迹[7]，位于镇西北的青龙江南岸，现为白鹤镇白鹤村下属的自然村。当地人传说唐代诗人杜牧《清明》一诗"清明时节雨纷纷，路上行人欲断魂。借问酒家何处有，牧童遥指杏花村"中的杏花村就是指此地。关于杏花村，有山西汾阳、安徽池州、南京秦淮河、湖北麻城、山东梁山等诸说，但是不管何种说法，大多与酒有关，如宋代词人谢逸的《江神子》："杏花村馆酒旗风，水溶溶，飏残红。野渡舟横，杨柳绿阴浓"，等等，应该说杏花村是唐宋时期酒村的代名词，依此青龙镇杏花村也为当时有名的酒村，这与该镇发达的酒业是相匹配的。而杜牧是否来过青龙镇，答案是否定的，但他是否到过青龙镇这个问题已经并不重要了。清顾翰《松江竹枝词》有诗："小小杭州景色新，杏花村抱曲江滨。青龙去后长龙出，战舰于今有火轮。"[8]

镇上还有隆平寺等13座寺刹，太傅庙等7座庙宇，广利桥等3座亭桥，龙江、

---

〔1〕青浦博物馆编：《青浦碑刻》，《宋杜国珍墓碑》，第312、313页。
〔2〕正德《松江府志》卷十六"第宅"，第727页。
〔3〕乾隆《青浦县志》卷十七"古迹·升仙台"。
〔4〕（清）陈树德：《安亭志》卷十一"艺文七"。
〔5〕光绪《青浦县志》卷十二"名迹·古迹"。
〔6〕乾隆《青浦县志》卷十七"古迹·沈光碑"。
〔7〕崇祯《松江府志》卷四十七"古迹"，第1233页。
〔8〕顾炳权编著：《上海历代竹枝词》，第177页。

四宜等名楼，"随寓目以得景"，"至若亭纳熏风，轩留皓月，千株桂子欺龙麝，万树梅花傲雪霜"，"寻芳菲野景之奇，花如泼血"，"凝眸绿野桥边，几多风景；回首西江市上，无限逍遥"，[1]可谓处处皆景，是风物俱佳的旅游休闲胜地。

同时，商业和文化的发达也促进了该镇旅游观光业的兴起。青龙镇海内外贸易和商业的发达，这是许多旅游城镇所不具备的，尤其从国外进口的香料、象牙、珍珠等高档奢侈品不仅是商品贸易的对象，也是游客购物消费的对象，由此带动了购物消费等商业和餐饮、住宿等其他服务业，反过来海内外贸易的兴盛和商业的发达也吸引更多的人群来此旅游，促进了旅游观光业。镇上瓦市勾栏中各种演艺表演、赛龙舟活动也为旅游业增添了新的内容和活力。

---

〔1〕 万历《青浦县志》卷七"词赋"，第 1135、1136 页。

六、市镇经济影响力和地位

衡量一个地区、城镇经济发展水平和影响力最佳的方式是以数字来说话。《宋会要辑稿》"食货·商税"记录了北宋熙宁十年和之前各地区商税的最完整信息，这些数据具有可比性，因此作为分析、评定某地区或城镇的商业乃至整个经济发展程度和影响力是最有说服力的。

商税是国家对市场交易的商品进行征收的主要税赋，"凡布帛、什物、香药、宝货、羊彘、民间典卖庄田、店宅、马、牛、驴、骡、橐驼及商人贩茶盐皆算"[1]。根据宋代有关规定，商税分过税和住税两种，过税向行商收取货物值的 2%，住税则向坐商收取 3%，"行者赍货，谓之过税，每千钱算二十；居者市鬻，谓之住税，每千钱算三十"，政府在各府、州、县、镇和其他商品交易集中的口岸、关隘等场所设置场、务等税务机关予以征收，"凡州县皆置务，关镇亦或有之；大则专置官监临，小则令、佐兼领；诸州仍令都监、监押同掌"[2]。北宋时期，青龙镇所属两浙路的工商业发展水平就已走在全国各地前列，据学者统计，以宋神宗熙宁十年前后的年商税额为例：两浙全路总额由 473422 贯猛增至 894275 贯，增长 88.90%，成为全国商税增长最快的

---

[1]（元）马端临：《文献通考》卷十四"征榷考"。
[2]《宋史》卷一百八十六"食货志·商税"。

二百三十五文，每马珠三十八百七十五贯六百九十二文

秀州旧庄

城足事华青龙澉浦广陈崇德海盐七场次二万三千六百六十四贯照

事十年在城二万七千一百五十二贯六百四十文。海盐珠三千六百六十

八百六十七百七十一文。海盐珠三千六百六十八贯一百六十八文崇德珠

四千七十八贯二百六十文。青龙镇一万五千一百九十四百三文

总塘场二百八十八贯四百七十文。金山场

七百一十二贯二十一

阳塘场九百三十七贯八百二十五文。澉浦场一千

八百一十九百

江阴军旧在城及利城照升三场戍四千二百七十二贯今庆

十六文

《宋会要辑稿》"食货·商税二"
记载青龙镇商税状况
图76

一路。而与此同时，江南东路、江南西路以及都城东京所在的开封府、西京所在的河南府、南京所在的应天府、北京所在的大名府则分别增长49.04%、52.48%、40.43%、16.68%、34.31%、13.59%。其中，州府级城市的年商税额，两浙路除睦州和处州外，其余均在2万贯以上，平均为30843贯，是同期江南东路州府城平均额的1.94倍、江南西路的2.08倍和北方发达地区的黄、御、济河沿岸15个州、府、军城的1.86倍。县级城市的年商税额，两浙路平均为5151贯，是同期江南东路与西路的1.13倍和2.35倍。而市镇的年商税额，两浙路平均为2512贯，是同期江南路的1.07倍，略高于江南路。熙宁十年前，两浙路下属的秀州城及华亭、青龙、澉浦、广陈、崇德、海

盐七场，年商税额为 33664 贯，[1] 熙宁十年猛增至 63629 贯，增长 89%，其中青龙镇为 15879 贯 403 文，占秀州地区总额的 25%。若按同比例增长推算，青龙镇在熙宁十年前的商税额大约为 8400 贯。

根据《宋会要辑稿》"食货·商税"记载，当年一般州府级城市在 0.5 至 3 万贯之间，县级城市在 0.3 至 1 万贯，市镇则在 0.3 万贯以下。下面以熙宁十年的商税额为标尺分析、判断青龙镇的经济地位。

与同时的镇级相比，青龙镇在两浙路 17 个镇中居于首位，是排在第二位的越州（今绍兴）曹娥镇的 3.22 倍，第三位渔浦镇的 4.9 倍，遥遥领先于其他市镇，可以说独占鳌头。当时全国拥有 1880 多个镇，其中一万贯以上的只有 10 个，可谓凤毛麟角，其中青龙镇排在第五位，位列全国十强"明星镇"。

与同期的县级城市相比，青龙镇也处于全国前列。当时，全国设有县 1200 多个，熙宁十年商税额超过万贯的县城很少，只有 21 个，占 1.7%，也是百里挑一，其中青龙镇所属华亭县城为 10618 贯 671 文，已经位居全国先进县行列，而青龙镇商税额是华亭县城的 1.5 倍，是秀州崇德县城的 3.89 倍、海盐县城的 4.34 倍，是苏州常熟县城的 1.89 倍、昆山县城的 2.13 倍、吴江县城的 2.86 倍。

与府州级城市比较，青龙镇属于全国的中上水平。当时，全国设有府州总数 308 个，其中府 13 个、州 251 个、军 41 个和监 3 个。年商税额比青龙镇高的只有 93 个，其中排在第一位的都城东京开封府为 40 万 2379 贯，第二位的杭州为 82173 贯，秀州为 27452 贯 640 文，其余 215 个府州级城市均落后于它。因此，按照商税额的地位，青龙镇相当于中上等的府州一级。日本学者加藤繁曾指出青龙镇商税对秀州所作的贡献："秀州商税的增加，也是由于管辖内华亭县和青龙浦商港发展的缘故。"[2]

下面，再分析一下青龙镇在东部沿海港口城镇的商税地位。宋朝曾经在东部沿海 12 个港口城市、市镇设置管理海外贸易的市舶机构，根据熙宁十年商税额排名，青龙镇在其中处于第七位，排在泉州之后。泉州历来是重要的贸易港，元祐二年设置市

〔1〕《宋会要辑稿》"食货十六三九"，第 5077 页。
〔2〕〔日〕加藤繁：《中国经济史考证》，关杰译，商务印书馆 1963 年版，第 178 页。

舶务，北宋中后期已是一个"有蕃舶之饶，杂货山积"的大港[1]，"希奇难得之宝，其至如委。巨商大贾，摩肩接足，相刃于道"[2]。熙宁十年泉州城商税额为19939贯353文，比青龙镇仅多4060贯，仅高出青龙镇25.6%。排在第五位的明州，"虽非都会，乃海道辐辏之地……商舶往来，物货丰衍"[3]，同年商税额为20220贯500文，比青龙镇高27.4%，税额相差也并不明显。排在第三位的广州，在北宋后期"外国香货及海南客旅所聚"[4]，是当时中国最大的海外贸易港，同年该城商税额为37308贯229文，是青龙镇的2.35倍，相差是非常明显的。以上三者都是州级城市，下面再看一看县级城市和其他镇的情况。常州属下的江阴军下辖的黄田港在北宋中叶时"海外珠犀常入市"，形成了一定规模的海港，整个辖区在熙宁十年前商税总额为4272贯，该税额虽然不能代表熙宁十年的数额和黄田港的具体情况，但是与华亭县和青龙镇应该相差甚远。山东半岛的密州板桥镇是北方唯一设置市舶务的海港，与高丽、日本的贸易频繁，北宋后期商旅海船"往来交易，买卖极为繁盛"[5]，熙宁十年商税额仅仅是3912贯78文，只有青龙镇的四分之一，与青龙镇处于两个等级的水平上。秀州澉浦镇当年商税是1819贯476文，属于中等水平的商业市镇，其海外贸易从南宋后期才真正兴起。定海在北宋初期是明州的出海口和市舶司的所在地，中期已是"商通远国多"[6]，熙宁十年商税额更小，只有644贯293文，仅为青龙镇的4.1%。由此，依据商税额状况，青龙镇的商业发展在各港口城镇中，处于中等行列，相当于州级港口城市的水平。详见表9—13。

进入南宋以后，两浙路许多镇的商税额呈现快速增长的趋势，如常州的青城、万岁、张渚、湖濮四镇，年商税额由熙宁十年的5241贯增至咸淳初年的23839贯，平均5960贯，增长3.5倍多；临安府的江涨桥、北郭二镇，由2805贯增至咸淳初年的145908贯，增长达51倍多；绍兴府的曹娥、三界、渔浦三镇，由9083贯增至嘉泰（1201—1204）初年的12749贯，增长40.36%；特别是临安府的北郭、江涨桥，嘉

———————————

[1]《宋史》卷三百三十"杜纯传"。

[2]（明）何乔远：《闽书》卷五五"文莅志·令·永春县"。

[3]（宋）张津：《乾道四明图经》卷一"分野"。

[4]（明）何乔远：《闽书》卷五五"文莅志·令·永春县"。

[5]《续资治通鉴长编》卷四〇九"元祐三年三月乙丑"。

[6]（宋）梅尧臣：《宛陵先生集》卷二十一，《送王司徒定海监酒税》。

兴府的乌青、澉浦、魏塘，庆元府的鲒埼等一批巨镇，年商税额都在 3 万贯以上，超过了同期许多县级城市。[1] 嘉定十三年（1220），平江府昆山的黄姚税场"系二广、福建、温、台、明、越等郡大商海船辐辏之地，南擅澉浦、华亭、青龙、江湾牙客之利，北兼顾径、双浜、王家桥、南大场、三槎浦、沙泾、掘浦、肖径、新塘、薛港、陶港沿海之税，每月南货商税动以万计"。此时期青龙镇虽然没有具体的商税额记录，但是南宋绍熙年间继续保持繁荣，"海商凑集"，南宋后期"风樯浪舶，朝夕上下，市廛杂夷夏之人，宝货富东南之物"，表明该镇依然处于商业都市的繁华状态，应该不会少于上述其他商业市镇的。

商税体现了市镇商业和经济的发展水平和实力。青龙镇有"雄镇"之称[2]，是以雄厚的经济实力为基础的，按照过税和住税合计 5% 的商税率换算，熙宁十年该镇的商品交易总额达 30 万贯以上。由此不难发现，青龙镇是宋代时太湖地区最活跃发达、最有影响力的商业市镇，也是闻名全国的"十强镇"之一，远超绝大多数县城，其经济发展达到府州级城市的中上水平。

表 9　北宋熙宁十年两浙路各镇商税额

序号	镇　名	所属州	商税额
1	青龙镇	秀州	15879 贯 403 文
2	曹娥镇	越州	4936 贯 148 文
3	渔浦镇	越州	3240 贯 191 文
4	江涨桥镇	杭州	2805 贯 908 文
5	孝顺（义）镇	婺州	2734 贯 659 文
6	丁角镇	润州	2058 贯 958 文
7	延陵镇	润州	1996 贯 57 文
8	福山镇	苏州	1931 贯 831 文
9	大港镇	润州	1919 贯 486 文
10	澉浦场（镇）	秀州	1819 贯 476 文
11	广阳（陈）场（镇）	秀州	937 贯 825 文
12	西兴镇	越州	800 贯 23 文

[1]　转引自陈国灿：《论宋代太湖流域的市镇经济》，《许昌学院学报》2003 年第 6 期。
[2]　崇祯《松江府志》卷三"镇市"，第 62 页。

序号	镇　名	所属州	商税额
13	金山场（市）	秀州	712 贯 21 文
14	魏塘场（镇）	秀州	288 贯 470 文
15	庆安镇	苏州	324 贯 871 文
16	范浦镇	杭州	306 贯 505 文
17	木渎镇	苏州	24 贯 939 文
			2512 贯 792 文（均数）

注：据《宋会要辑稿》"食货·商税二"记载排列。

表 10　北宋熙宁十年全国超万贯商税额的镇

序号	镇　名	所属路州	商税额
1	蕲口镇	淮南路蕲州	26540 贯 566 文
2	固镇	河北路凤州	24816 贯 590 文
3	丁河镇	河北路滨州	18119 贯 165 文
4	文家港	京东路青州	17088 贯 88 文
5	青龙镇	两浙路秀州	15879 贯 403 文
6	池口镇	江南路池州	13386 贯 479 文
7	海仓镇	京东路莱州	12921 贯 90 文
8	宁海镇	河北路滨州	12073 贯 480 文
9	濛阳镇	成都府路彭州	10724 贯 247 文 7 分
10	阳信（信阳）镇	京东路密州	10576 贯

注：据《宋会要辑稿》"食货·商税"记载排列，不包括少数的场、口、岸。

表 11　北宋熙宁十年青龙镇所属秀州地区商税额

序号	城镇名	商税额
1	秀州城	27452 贯 640 文
2	青龙镇	15879 贯 403 文
3	华亭县城	10618 贯 671 文
4	崇德县城	4078 贯 260 文
5	海盐县城	3660 贯 168 文
6	澉浦场	1819 贯 476 文
7	广阳（陈）场	937 贯 825 文

序号	城镇名	商税额
8	金山场	712 贯 21 文
9	魏塘场	288 贯 470 文

注：据《宋会辑稿》"食货·商税二"记载排列。

表 12 北宋熙宁十年青龙镇附近苏州地区商税额

序号	城镇名	商税额
1	苏州城	51034 贯 929 文
2	常熟县城	8303 贯 112 文
3	昆山场	7448 贯 779 文
4	吴江县城	5557 贯 303 文
5	梅里场	2450 贯 614 文
6	福山镇	1931 贯 831 文
7	木渎镇	24 贯 939 文

注：据《宋会辑稿》"食货·商税二"记载排列。

表 13 北宋熙宁十年全国沿海港口城镇商税额

序号	港口城镇名	所属州	商税额
1	杭州城		82173 贯 228 文
2	福州城		38400 贯 512 文
3	广州城		37308 贯 229 文
4	温州城		25391 贯 6 文
5	明州城		20220 贯 500 文
6	泉州城		19939 贯 353 文
7	青龙镇	秀州	15879 贯 403 文
8	华亭县城	秀州	10618 贯 671 文
9	江阴军城及利城、巢村三场	常州	4272 贯
10	板桥镇	密州	3912 贯 78 文
11	澉浦场（镇）	秀州	1819 贯 476 文
12	定海场	明州	644 贯 293 文

注：据《宋会辑稿》"食货·商税"记载和曾设市舶机构的港口城镇排列，上海镇因没有具体商税额记载而没有收录，江阴军城及利城、巢村三场的商税额为熙宁十年前的数额。

第五章　上海最早文化中心

　　区域性文化中心的形成，应具备文化形式的多样性、文化人物的集聚性、文化辐射的广袤性等基本要素。伴随经济发展，青龙镇市镇文化日益兴盛，多姿多彩，精英文化与市民文化、国内与国外文化、宗教文化、儒家文化在这里碰撞、激荡、融汇，呈现出都市文化的特点，逐步发展成宋代时期上海地区的文化中心。

一、市镇文化发展概况

唐宋是我国古代经济文化发展最鼎盛的时期，重文轻武的政策和多元开放的风尚为文化的发展繁荣提供了良好的环境，文学、艺术、哲学、科技、教育等诸多领域取得了非凡的成就。繁荣的市镇文化就是这一社会背景下的产物。华亭地区自西晋陆机、陆云后历代名人辈出，逐渐发展为文化发达地区，元代许多著名学者对此作了总结和评价，邵亨贞曾说："华亭为滨海壮邑，因九峰三泖之胜而置司官焉。晋陆士衡、陈顾野王而下人才辈出，民俗殷富。逮唐宋间几与列郡抗，以五代南渡之乱，民有不知兵者生聚五百年。至宋末而盛剧矣。宋社既迁，名家巨室罔不与国同休戚者……"[1]赵孟頫曾云："松江，古句吴之地，吴小且远。至季札知乐，其文始通，上国令天下一家，地大物众，乡聚成郡邑。昔之海隅，商贾百货，礼殿儒宫，严严翼翼，粲然不异邹鲁。"[2]何良俊则曰："吾松文物之盛莫甚于元，浙西诸郡皆为战场，而我松僻峰泖之间以及海上，皆可避兵，故四方名流荟萃于此，熏陶渐染之功为多。"[3]

人口集聚，商业贸易兴盛，加上受到政治的约束和限制较少，青龙镇市镇文化发

---

〔1〕 崇祯《松江府志》卷七"风俗"，第174页。
〔2〕 崇祯《松江府志》卷七"风俗"，第174页。
〔3〕 崇祯《松江府志》卷七"风俗"，第175页。

青龙镇出土经修复
的唐代腰鼓
图77

展得更快。唐代中后期，佛教在青龙镇开始传播、扎根。西域的音乐与舞蹈已经传入青龙镇，出土的两件唐代褐釉腰鼓是很好的实物证明。腰鼓是西域传统的打击乐器，在唐代广为盛行，有的用陶瓷制成，有的采用木料，外包兽皮，使用时挎在腰间用手拍击发出有节奏的乐声。青龙镇出土的唐代腰鼓虽为残件，但大部分保存，体长58厘米，面径18厘米，造型硕大规整，线条柔和，与故宫博物院藏唐鲁山窑黑釉花瓷腰鼓、2006年江西余干县黄家埠镇刘家山出土的腰鼓在形制上完全一致，表明青龙镇与西域的文化交流比较密切，或者说西域文化在青龙镇的流行。

至宋代，米芾、章粢等社会名流和杜氏、何氏等士族代表，在此为官或定居，引领了青龙镇的主流文化；瓦市勾栏的开辟，丰富和活跃了该镇的市民文化；海外贸易持续兴盛，促进了中外文化的交流；宗教场所进一步增多，宗教文化和民间信仰日益繁盛和多元；镇学的创建，培育了人才，转变了社风，显示出青龙镇市镇文化的多样性、开放性和精致性，无论在文化形式和内容方面，还是在文化人物的集聚和影响力方面，青龙镇都呈现出区域性文化中心的基本特征和风貌。

二、多元文化的融会

（一）精彩纷呈的精英文化

精英文化构成青龙镇多彩市镇文化的主体。何为精英文化？就是知识分子及其精英们创造及传播的文化。观之青龙镇，一批政治、文化名流在此或为官，或定居，或交友，或游历，或酬唱，或赋诗，引领、创造了青龙镇的"雅文化"。

在青龙镇为官的有王乙、王继赟、孙揆、石怀玉、陈回、米芾、程沔、赵彦敳、林鉴、娄（魏）大年、曹附凤、孙忠谟、李淇、温革、杜可久、陈珩、任仁发、任良辅、瞿智等人，其中以宋代书画家米芾、陈珩，元代水利专家和画家任仁发，诗人瞿智最为杰出。还有不少名宦在青龙镇一带为官治理水利，或多或少与青龙镇发生文化关系。如北宋名臣叶清臣（1000—1049），字道卿，长洲（今江苏苏州）人，又作乌程（今浙江湖州）人，景祐四年（1037），同修起居注，进直史馆，不久任两浙转运副使，曾主持开凿青龙镇之东的盘龙汇，导沪渎入海，民受其利，并撰有《祭沪渎龙王》一文，著有《春秋纂类》十卷、《叶清臣集》十六卷；[1]钱贻范，北宋徐州彭

---

〔1〕 光绪《青浦县志》卷十四"职官·名宦传"；《宋史》卷二百二十"艺文一"，卷二百八十"艺文七"。

城人，工于篆书，宝元二年（1039）任华亭知县，康定二年（1041），曾疏浚盘龙塘、顾会浦诸水，以时蓄泄；[1]北宋衢州江山人毛渐（1036—1094），为治平四年进士，元祐四年（1089）任两浙路转运副使，值太湖沿岸洪水泛滥成灾，其大修水利，曾开治大盈、顾会浦，著有《毛渐诗集》十卷及《地理五龙秘法》。[2]这些人物大多有较高的文化修养，在社会上有较高的知名度和影响力，具有强烈的名人效应，引领和主导了该镇文化和社会风尚，向高雅精致方向发展。

迁居该镇的名门望族非常多，"豪宗右姓所会"，尤其靖康之难后大批名宦朝官和士子文人"乐斯风土"纷纷定居于此，造成"地无空闲"的局面。如北宋政治家、军事家章楶祖籍建州浦城，出身望族，官至同知枢密院事、资政殿学士，位列副宰相之阶，元丰年间曾任华亭盐监之职，因喜爱青龙风土，遂定居于青龙镇南端的章庙（今重固镇章堰村），青浦的章氏由此开始；北宋水利专家郏亶原籍今江苏太仓，曾任司农寺丞，提举兴修两浙水利，为王安石所赏识，在青龙镇之南郏家桥曾筑别业，今青浦区重固镇郏店之名由此而始；[3]何沧，祖籍京都汴梁（今河南开封）人，随宋室南渡，留居青龙镇，其第四世孙何侃于绍定年间（1228—1233）由儒士选授浙江严州淳安县主簿，任满后归隐于医，为何氏世医第四代医，子孙皆习医，成为江南名医世家；[4]王垂裕，宋宿迁人，为三槐王氏后裔，太学生，高宗南渡后，其随王氏宗族南迁，游寓青龙镇；[5]杜缅（1100—1173），字细三，为北宋贤相、祁国公杜衍的曾孙，官至大理寺丞，靖康之难后，杜缅随康王赵构自开封南迁，寄居于青龙镇西的西霞浦，从此西霞杜氏始，为上海最早的杜氏；[6]杜国珍（1134—1215），字君实（一作宝），出身世族，其先徙居江南，游宦檇李，遂家青龙镇南的章庙，父亲杜祥为宋迪功郎，其本人累仕将仕郎、戎司属官，雅有园池之乐，辟有"学古""桂芳"二

〔1〕 光绪《青浦县志》卷十四"职官·名宦传"。

〔2〕 光绪《青浦县志》卷十四"职官·名宦传"；《宋史》卷三百四十八"列传第一百七十·毛渐"。

〔3〕 光绪《青浦县志》卷二十二"人物六·游寓传"；1990年《青浦县志》，第三十四篇"人物"，第777页。

〔4〕 光绪《青浦县志》卷二十二"人物六·游寓传"；《上海卫生志》第十八篇"人物"第一章"传略"。

〔5〕 光绪《青浦县志》卷二十二"人物六·游寓传"。

〔6〕 《西霞杜氏世谱》卷二"世述·杜缅"，上海图书馆藏本。

家塾；〔1〕林公望，字叔山，祖籍福建莆阳人，出身望族，祖父林叶国官至朝请大夫、提举福建路香茶事，父亲林敷以文林郎、通州军事判官致仕，其本人于绍兴十八年（1148）得进士，官朝奉郎、建康军节度使官厅公事；〔2〕任氏家族祖籍徐邳三山，南宋绍兴年间眉山人任尽言官平江府通判，其子孙从此迁居于此。〔3〕这些社会精英和文化名流，为青龙镇文化发展提供了有力的智力支撑。

游寓的名人也很多，他们被青龙镇发达的经济、繁荣的文化、秀丽的景色所吸引，在此相互酬唱赋诗，撰志作文，为该镇文化注入新的活力和气象。北宋著名诗人梅尧臣（1002—1060），字圣俞，宣州宣城（今属安徽）人，世称"宛陵先生"，多次到青龙镇游历，并纂有《青龙杂志》。北宋著名画家李甲，字景元，当湖（今浙江平湖）人，自号华亭逸人，常往来于吴淞口、清溪（今上海浦东新区高桥）等处。绍熙《云间志》说其"本儒家子，落魄诗酒间，尤善墨戏……往来松江上，不知所终"，苏轼称其为"郭忠恕后一人"。〔4〕北宋秀才李无悔，字行中，高尚不仕，隐居青龙江，寄情诗酒，治圃筑亭，苏轼题其亭曰"醉眠"，并歌以赠之，和咏者有苏辙、秦观、张先、陈舜俞等文化名人达17人，一时成为文坛佳话。〔5〕南宋后期诗人吴惟信，字中孚，湖州人，寓居青龙镇西的白鹤村（今青浦白鹤镇），以诗名，著有《菊潭集》。吴中麋登经过其寓所，吴惟信出口诵咏："白发伤春又一年，间将心事卜金钱。梨花瘦尽东风软，商略平生到杜鹃。"麋登顿时下拜，赞其为天才。〔6〕南宋词人陈允平，字衡仲，又字君衡，鄞县人，博学，工诗文，往来吴越间，曾寓青龙镇、白鹤江，作有《青龙渡头》《留鹤江有感》等诗。〔7〕

随着印刷出版业的发展，宋代藏书之风在青龙镇已经出现，其中以庄肃最为著名。庄肃（1245—1315），曾做过宋廷秘书院六品小吏，宋亡后，弃官浪迹于海上，

---

〔1〕 光绪《青浦县志》卷二十一"人物·懿行传"；卷十二"名迹·冢墓"，《宋杜国珍墓碑》。
〔2〕 《绍熙云间志》卷中"进士提名"，第38页；青浦博物馆编：《青浦碑刻》，第10页。
〔3〕 民国13年《任氏大宗谱》（续修如皋支系十二卷）卷三"吴淞世系表"，国家图书馆藏本。
〔4〕 绍熙《云间志》卷下"诗"第8页；光绪《青浦县志》卷二十"人物六·艺术传"。
〔5〕 光绪《青浦县志》卷二十一"人物五·隐逸传"。
〔6〕 光绪《青浦县志》卷二十二"人物六·游寓传"。
〔7〕 光绪《青浦县志》卷二十二"人物六·游寓传"。

隐居于青龙镇，并建"万卷轩"藏书楼以贮书，收藏图书达 8 万卷，被时人称为江南三大藏书家之一，并撰有《庄氏藏书目》。[1]寺庙藏经之风也很盛行，隆福、胜果、隆平三大寺都建起了专门的藏经楼，如隆平寺藏经楼规模宏大，修饰庄严，"贯两轮纳瓯五百，放双林善慧之制，藏所谓五千四十八卷者"。至元代，青龙镇人任仁发所建来青楼、揽晖楼不仅作为接待宾客的"延宾之所"，而且作为珍藏稀书善本的地方，"藏书，率多异本"，一时成为当时的"东南名胜"；[2]杜元芳建有翡翠碧云楼，藏书也达万卷，成为知名的藏书家。其后裔杜隰曾作《翡翠碧云楼》诗："春风回首处，犹有旧书楼。寥落遗编在，依稀旧日游。当年天尺五，时事水东流。莫漫夸绳武，登临感去留。"金溶《翡翠藏书》诗："遗史传经待校雠，一巢高矗卷纷投。光胜藜杖霞连屋，色焕牙签日曝楼。曲沼红浮花影丽，层崖翠罩竹香幽。不教遗迹蓬蒿满，应许披函豁倦眸。"[3]追忆和描绘了杜氏藏书楼。

考察宋代，许多全国一流的文化名人与青龙镇有着千丝万缕的关系，也成就了该镇文化的主旋律，这是值得研究的文化现象。

除政治、文化精英外，一批批"富商巨贾"式的经济精英聚集于此，在名利的动力感召下为青龙镇创造了更多市民就业机会和物质财富，也为文化的兴盛提供了雄厚的经济基础和财力支持。

（二）丰富多彩的市民文化

与精英文化对应的是市民文化，可称"俗文化"。随着文化娱乐业的发展，宋代通俗文学日益兴起和普及，百伎艺术走向大众化、商业化，市民文化更显丰富多彩，

---

[1] 光绪《青浦县志》卷二十"人物四·忠义传"；1990 年《青浦县志》第三十四篇"人物"，第 777 页；李玉安、黄正雨：《中国藏书家通典》，中国国际文化出版社 2005 年版。
[2] 民国 13 年《任氏大宗谱》(续修如皋支系十二卷) 卷七"艺文"，国家图书馆藏本。
[3] 正德《松江府志》卷十六"第宅"，第 751 页；乾隆《青浦县志》卷十八"第宅园林上"。

成为市镇市民生活方式的一部分。

小说、讲史、说经、杂剧、歌词等文学作品一般由专业写手"书会先生"创作，以通俗的文艺表演形式通过专业艺人的表演得以广泛流传。如小说，"虽为末学，尤务多闻，非庸常浅识之流，有博览该通之理……只凭三寸舌，腐败是非，略咽万余言，讲论古今……讲历代年载废兴，记岁月英雄文武"。按内容分为灵怪、烟粉、传奇、公案、朴刀、杆棒、妖术、神仙八类，〔1〕迎合一般市民的审美需求和趣味。比如传世话本《鸳鸯灯传》讲述了天圣二年贵人李公偏室以红手帕与贵公子张生相约，最终团圆的曲折爱情故事，反映了不受传统礼教束缚而追求自由相恋的爱情观。讲史则以故事的形式讲述历史人物和事件，"谓讲说《通鉴》、汉唐历代书史文传，兴废争战之事……听者纷纷，盖讲得字真不俗，记问渊源甚广而"〔2〕。说经就是演说佛教题材的故事，使听者"参禅悟道"〔3〕。杂剧继承了唐代参军戏、歌舞戏的传统，是融文学、歌舞、音乐为一体的综合性表演艺术，演员有四五个，角色分工明确，"杂剧中末泥为长，每一场四人或五人。先做寻常熟事一段，名曰艳段；次做正杂剧、通名两段。末泥色主张，引戏色分付，副净色发乔，副末色打诨，或添一人，名曰装孤。先吹曲破断送，谓之把色。大抵全以故事世务滑稽，本是鉴戒，或隐为谏诤也"〔4〕，为我国古代戏曲的雏形。据周密《武林旧事》记载，"官本杂剧段数"有280种。

说唱是一种边说边唱、以唱为主的演艺形式，有叫声、小唱、嘌唱、唱赚、鼓子词、诸宫调、陶真、崖词等多种。如叫声，又称吟叫，"自京师起撰，因市井诸色歌吟卖物之声，采合诸宫调而成"〔5〕，系仿照坊巷歌吟和市井叫卖声改编而成的歌曲。小唱，"谓执板唱慢曲，曲破，大率重起轻杀，故曰斟低唱，与四十大曲、舞旋为一体"〔6〕，是一种仅用拍子敲击伴奏的清唱，北宋名伎李师师就是擅长小唱的名角。嘌唱，"谓上鼓面唱令曲小词，驱驾虚声，纵弄宫调与叫果子、唱耍曲儿为一体。本只

---

〔1〕（宋）罗烨：《醉翁谈录》甲集卷一"舌耕叙引·小说开辟"，影印清宛委别藏本。
〔2〕（宋）吴自牧：《梦粱录》卷二十"妓乐"。
〔3〕（宋）吴自牧：《梦粱录》卷二十"妓乐"。
〔4〕（宋）耐得翁：《都城纪胜》"瓦舍众伎"。
〔5〕（宋）耐得翁：《都城纪胜》"瓦舍伎艺"。
〔6〕（宋）耐得翁：《都城纪胜》"瓦舍伎艺"。

街市，今宅院往往有之"[1]，是用鼓伴奏的演唱形式。唱赚则是用鼓、板和笛伴奏，由多名演员组成的大型演唱形式。鼓子词因演唱时使用小鼓伴奏而得名，分只唱不说、有唱有说两种。诸宫调因运用多种宫调而得名，是一种以唱为主、说唱相间、表演长篇故事的说唱音乐形式。陶真是流行于农村的盲人说唱表演形式，后流行于都市；崖词则是流行于城镇的一种说唱艺术。

杂技是技巧性的表演活动，有相扑、踢弄、杂手艺、傀儡戏、影戏、口技等形式。南宋耐得翁《都城纪胜》"瓦舍众伎"记录了宋代杂技的状况：

> 相扑争交，谓之角抵之戏，别有使拳，自为一家，与相扑曲折相反，而与军头司大士相近也。

> 踢弄，每大礼后宣赦时，抢金鸡者用此等人，上竿、打筋头、踏跷、打交辊、脱索、装神鬼、抱锣、舞判、舞斫刀、舞蛮牌、舞剑、与马打球、并教船水秋千、东西班野战、诸军马上呈骁骑（北人乍柳）、街市转焦馇为一体。

> 杂手艺皆有巧名：踢瓶、弄碗、踢磬、弄花鼓捶、踢墨笔、弄球子、椊筑球、弄斗、打硬、教虫蚁，及鱼弄熊、烧烟火、放爆仗、火戏儿、水戏儿、圣花、撮药、藏压药、法傀儡、壁上睡，小则剧术射穿、弩子打弹、攒壶瓶（即古之投壶）、手影戏、弄头钱、变线儿、写沙书、改字。

> 弄悬丝傀儡（起于陈平六奇解围）、杖头傀儡、水傀儡、肉傀儡（以小儿后生辈为之）。凡傀儡敷演烟粉灵怪故事、铁骑公案之类，其话本或如杂剧，或如崖词，大抵多虚少实，如巨灵神、朱姬、大仙之类是也。

> 影戏，凡影戏乃京师人初以素纸雕镞，后用彩色装皮为之，其话本与讲史书者颇同，大抵真假相半，公忠者雕以正貌，奸邪者与之丑貌，盖亦寓褒贬于市俗之眼戏也。

这些文艺活动一般在专门的娱乐场所瓦肆勾栏内表演，部分在街头巷尾和农村演

---

[1]（宋）耐得翁：《都城纪胜》"瓦舍伎艺"。

出，被广大市民所认可和喜爱。青龙镇在平康坊设有专门的瓦肆，为百伎演出提供了舞台，也丰富了该镇市民的文化娱乐生活。

关于青龙镇流行的传统风俗活动除赛龙舟外，肯定还有许多，可惜没有记录下来，但是南宋范成大《吴郡志》记录当时苏州地区市民的风俗习惯和节令活动，因距离较近，两地应当具有相似性，现载录如下，以一窥究竟：

> 吴中自昔号繁盛，四郊无旷土，随高下悉为田，人无贵贱，往往皆有常产。以故俗多奢少俭，竞节物，好游遨。岁首即会于佛寺，谓"岁忏"。士女阗咽，殆无行路。亲友有经岁不相面者，多于此时相见，或庆或吊，纷然。议姻亲，觇婿妇，亦多决于此时。上元影灯巧丽，它郡莫及。有万眼罗及琉璃球者，尤妙天下。以糖团、春茧为节食。爆糯谷于釜中，名"孛娄"，亦曰"米花"。每人自爆，以卜一岁之休咎。春时用六柱船，红幕青盖，载箫鼓以游，虎丘、灵岩为最盛处。寒食则拜扫坟墓。竞渡亦用清明、寒食。四月八日，浮屠浴佛，遍走闾里。重午以角黍、水团、彩索、艾花、画扇相饷。夏至复作角黍以祭，以束粽之草系手足而祝之，名"健粽"，云令人健壮。又以李核为囊带之，云疗疰。七夕有乞巧会，令儿女辈悉预，谓之"小儿节"。重九以菊花、茱萸尝新酒，食栗、粽、花糕。十月朔再谒墓，且不贺朔。是日开炉，不问寒燠，皆炽炭。俗重冬至，而略岁节。腊日并力舂一岁粮，藏之土瓦甏中，经岁不蛀坏，谓之"冬舂米"。十六日妇女祭厕姑，男子不得至。二十四日祭灶，女子不得预。二十五日食赤豆粥，云辟瘟，举家大小无不及，下至婢仆猫犬皆有之。家人有出外者，亦贮其分，名曰"口数粥"。是夕爆竹及傩田间燃高炬，名"照田蚕"。岁节祭飨用，除夜祭毕，则复爆竹，焚苍术及辟瘟丹。家人酌酒，名"分岁"。食物有胶牙饧，守岁盘。夜分祭瘟神，易门神、桃符之属。夜向明，则持杖击灰积，有祝词，谓之"打灰堆"。盖彭蠡庙中如愿故事，吴中独传。此一岁风俗之大略也。[1]

---

〔1〕（宋）范成大：《吴郡志》卷二"风俗"，第13—15页。

（三）相互交融的海内外文化

伴随着海内外贸易的往来，国内外文化也必然传播至青龙镇。青龙镇不仅街市上"宝货富东南之物"，而且"市廛杂夷夏之人"，这些夷夏之人相应带来异地异国的文化和风情，与当地开展文化交流，形成共生共荣、多元融合的文化局面。

如前文已述，唐代中晚期，西域文化已经传至青龙镇，并得到流行，其通过陆路还是海路就不得而知了。从出土的长沙窑等瓷器品种来看，大食、波斯等阿拉伯商人也通过海路与该镇开展一定的文化交流，充当着贸易者和文化使者的角色。与新罗、日本也有文化交流，如大中元年五月十一日，日本学问僧圆仁回国时搭载新罗人金子白、钦良晖、金珍之船"从苏州松江口发往日本国"，这一事件没有明确点明圆仁和金子白、钦良晖、金珍逗留在松江口青龙镇的时间，但是与青龙镇有关的交流应当是存在的。

至宋代，随着贸易的扩展和经济国际化，青龙镇与国内外的文化交流更为频繁、密切，不仅与国内沿海诸港发生贸易关系，而且与日本、新罗、交趾、南海诸国、阿拉伯国家建立了稳定发展的贸易和文化关系。南宋庆元五年（1199）日本泉涌寺僧不可弃俊芿（大兴正法国师）随日本商船到此，在华亭县超果教寺从北峰宗印学天台宗长达八年。[1]超果教寺在华亭县城西3里，距青龙镇并不远，不可弃俊芿到该镇寺刹交流、学习是极有可能的。异国文化的到来开阔了市民的视野，影响着传统的主流文化和价值观，使青龙镇文化更具开放性、包容性，呈现出国际化都市文化的特点。

（四）发达兴盛的宗教文化和民间信仰

发达繁盛的宗教文化是青龙镇市镇文化的一大特点，其中以佛教最为鼎盛。这与

---

[1]［日］木宫泰彦：《日中文化交流史》，第307页。

背后经济发展状态相契合。

佛教在青龙镇盛行与地域信仰传统有着密切关联。东汉时期佛教传至江南，晋建兴元年（386）在吴淞江出海口一带发生的"沪渎浮海石像"的佛教故事表明了此地佛教传入的悠久历史，至南朝统治者大力提倡佛教，江南各地普建佛寺，由此民间形成了尊佛信佛的传统。至宋代，"浙右喜奉佛，而华亭为甚。一邑之间，为佛祠凡四十六。缁徒又能张大其事，亦可谓盛矣"[1]。青龙镇附近也是如此，隋仁寿年间（601—604），僧如莹在青龙镇东的盘龙一带募建了普门教寺，唐大中十二年（639）吴人陆素加以重建。太和二年（828），孙均在青龙镇西郊创建法云禅院，宋治平元年（1064）赐为布金禅寺。乾符年间（874—879），僧如海在泖河中的小洲上筑台建塔、寺，"作井亭，施汤茗"，为过往船只提供休憩之处，被赐额"澄照禅院"。[2]

同时，青龙镇上的商人、船工和其他居民常常出海经商，为祈求路途航行平安，对佛教更加虔诚，"其事佛尤盛，方其行者蹈风涛万里之虞，怵生死一时之命，居者岁时祈禳吉凶，荐卫非佛无以自恃也，故其重楹复殿观雉相望，鼓钟梵呗声不绝"[3]，从而助长了信佛之风。从发现的青龙塔、隆平寺塔铭砖所刻姓名来看，信奉佛教的对象不仅有许多男子，而且妇女占了很大比重，可能与祈求夫君出海平安的愿望有关。这是海港居民宗教信仰的特别之处。

自天宝二年创建第一座佛刹报德寺后，青龙镇上相继建立了隆平、胜果等十三寺，遍布镇市的各个角落，"俪梵宫于南北，丽琳宇于东西"，以致"佛角为天下之雄"，青龙镇发展成为佛教重地。

青龙镇佛教主要盛行天台宗和禅宗，这与时代、地域、传道者有关。天台宗、禅宗在南方地区比较盛行。天台宗实际创始人是陈隋之际的智顗，因常住浙江天台山，故名，该宗派以《法华经》为主要教义根据，主张一切事物都是法性真如的显现，以中、假、空三谛圆融的观点解释世界。禅宗创始人为菩提达摩，主张修习禅定，故名，提倡心性本净，佛性本有，见性成佛，其经典有《楞伽经》《金刚经》《六祖坛经》

---

〔1〕《绍熙云间志》卷中"寺观"，第 2 页。
〔2〕万历《青浦县志》卷三"寺观"，第 1026 页。
〔3〕《绍熙云间志》卷下"记"，《隆平寺经藏记》，第 36—38 页。

等。北宋名僧会畅驻隆福寺时以日诵天台宗《法华经》而名,时称"畅法华";妙悟禅师希最在隆平、胜果寺讲经传法前受学于天台宗名师慧才;高僧法宁"尽得云门宗旨",在青龙镇宣扬禅法;南宋名僧妙普则"事死心禅",弘扬禅宗。[1]这些名僧进驻青龙镇各寺刹弘法,光大佛教,发挥名僧效应,对该镇佛教的兴盛起到了推波助澜的作用。

文人士大夫的参禅学佛,至宋代已蔚然成风,许多文化精英诸如苏轼、秦观多以居士自称,与寺僧往来频繁,而不少僧人既精通禅理注重修行又具有相当高的文学素养和人生体验,二者互相谈禅论道,友情深笃。青龙镇监镇米芾自号鹿门居士,曾为隆平寺亲书《经藏记》,与隆平寺寺僧交往应当不一般;官至显谟阁待制的吕益柔为圆寂后的名僧希最撰写《胜果寺妙悟禅师碑铭》,两人关系也非同寻常。镇南章堰的杜国珍出身世族,更是创建普光寺,供信徒烧香拜佛。[2]主簿林沐"事佛唯谨,经教禅律,罔不究心,故身虽蝟冗,口必嘿而诵之",自号"东轩居士";[3]士人陆尧叟则"酷好《南华经》"。[4]如此也必然推动该镇佛教的发展和兴盛。

道教在青龙镇也较为兴盛。道教是我国土生土长的宗教,唐宋时期因统治者出于政治目的而得到大力尊崇和扶持,并与儒、释相互渗透、融合,逐渐形成了庞杂的信仰体系,在民间有着广泛的影响。青龙镇最早的道观是唐景福元年(892)由道士叶管辖创建的通玄观,镇上还有唐代著名道人王可交的升仙台,并流传其升仙得道的故事。

其他民间信仰也很多。吴越地区自古以来"信鬼神,好淫祀",民间信仰十分兴盛。至两宋尤其南宋时,统治者僻处江南一隅,北方边境受到军事压力,自身力量薄弱,使得他们转而向神祇求助,于是官方大量赐封各地神庙,民间诸神得到了空前的发展。青

---

[1] 光绪《青浦县志》卷二十九"杂记·方外传";至元《嘉禾志》卷第二十一"碑碣六",《胜果寺妙悟禅师碑铭》;(宋)志磐:《佛祖统纪》,《诸师列传第六之三》;绍熙《云间志》卷中"寺观",第11页;《大明高僧传》卷一;《新续高僧传》卷十三。
[2] 光绪《青浦县志》卷二十一"人物·懿行传";卷十二"名迹·冢墓",《宋杜国珍墓碑》。
[3] 青浦博物馆编:《青浦碑刻》,《宋故主簿林公碣》,第10、11页。
[4] 中国文化遗产院等编:《新中国出土墓志》(上海、天津卷)下册,《南宋故府君上舍陆公(尧叟)圹志》,第8页。

龙镇"镇盛时庙宇也盛"[1]，除通玄观外还建有太傅明王庙、东岳别庙等6座不同时期的庙宇。这些庙宇体现了该镇居民所信奉的神祇对象，大致可分为先贤、城隍、忠烈、山川神和神话等几大类。如太傅明王庙所祭拜的是西汉太子太傅、经学家萧望之，"相传萧望之显灵于此，监镇祀如城隍神"[2]，作为保护神；东岳别庙祭祀的是东岳帝，是原始自然神灵信仰的遗留；二圣庙又名双忠庙，因祭祀唐代安史之乱时两位忠臣张巡、许远而立；龙王庙则供奉吴淞江神，以此民众祈求风调雨顺，镇水护航，等等。

特别指出的是，青龙镇与其他沿海地区一样民间还盛行信仰海神圣母之风，并建有专门的圣母祠予以供奉，《青龙赋》所提"奇哉圣母祠，异唉观音庵"中的圣母祠即是。关于圣母前文已作简要介绍，她又称天妃、圣妃、娘妈、天后、妈祖，本姓林，名默娘，为福建莆阳人，生于北宋初期，以巫祝为事，因能预知人事福祸，救助航海者于危难，故为当地民众所敬重，死后被乡民视作海上保护神而得到尊奉，至南宋时圣母奉祀之风扩展到沿海各地，"浙、闽、广东南皆岸大海，风帆浪舶焉依若其所天，比年辇下江潮为患，赖妃竟弭，尹厘以闻"[3]，"凡贾客入海，必致祷祠下，求杯珓，祈阴护，乃敢行"[4]。此风一直延续至今。在宋人的记载中，圣母除司职庇护出海人之外，还掌管其他多种有关民生的事务，并受到历代加封爵号。《咸淳临安志》所载南宋丁伯桂的《庙记》一文，详细记录了圣妃来历及民众信奉的情况：

> 神，莆阳湄洲林氏女，少能言人祸福，殁，庙祀之，号"通贤神女"，或曰"龙女"也。莆宁海有堆，元祐丙寅夜现光气，环堆之人一夕同梦，曰："我湄州神女也，宜馆我于是。"有祠，曰"圣堆"。宣和壬寅，给事路公允迪载书使高丽，中流震风，八舟沉溺，独公所乘，神降于樯，获安济。明年奏于朝，赐庙额，曰"顺济"。绍兴丙子，以郊典封"灵惠夫人"。逾年，江口又有祠，祠立二年，海寇凭陵，效灵空中，风掩而去。州上厥事，加封"昭应"。……神虽莆神，

---

〔1〕 正德《松江府志》卷十五"祠庙"，第693页。
〔2〕 正德《松江府志》卷十五"祠庙"，第696页。
〔3〕 元至顺《镇江志》卷八，李丑父《灵惠妃庙记》。
〔4〕 （宋）洪迈：《夷坚支志》景卷九"林夫人庙"。

所福遍宇内，故凡潮迎汐送，以神为心；回南籁北，以神为信；边防里捍，以神为命；商贩者不问食货之低昂，惟神之听。莆人户祠之，若乡若里悉有祠，所谓湄州圣堆、白湖江口特其大者尔。神之祠，不独盛于莆、闽、广、江、浙、淮、甸皆祠也。……[1]

青龙镇之东的上海镇也建有天妃祠，共有2座，"顺济庙即圣妃庙，在县治东北黄浦上，咸淳中重建。后有丹凤楼，观潮者登焉"，"南圣妃宫，在（上海）县治北市舶司之左"。[2]顺济庙发起的重建者恰恰是提举华亭市舶，也是青龙镇市舶官陈珩。正德《松江府志》卷十五"坛庙"条目载录了元至元二十七年集贤直学士宋渤所撰的《顺济庙记》：

莆有神，故号"顺济"。瓯粤舶贾，风涛之险祷辄应。至元十八年，诏海外诸蕃宣慰使、福建道市舶提举蒲师文册命为护国明著天妃。松江郡之上海为祠，岁久且圮。宋咸淳中，三山陈侯珩提举华亭市舶，议徙新之，属其从事费榕董率经画，中大殿二，周庑六十楹；崇楼峙其后，道馆翊其右。礼致道师黄德文奉岁时香火。工垂竟，天台赵侯维良代领舶务，嗣完之。初，邑豪钱氏尝舍田四十亩，给守祠者；至是诸君复益田数百亩，里中善士吴梦酉、刘用济、唐时措、时拱各倍金帛，增丹碧费。既成，雄丽靖深，为巨观一都会。始于辛未，毕于庚寅。费之子拱辰勒石具岁月，请纪其筑之自。《礼经》载：天壤间山川之夫能生财为民、兴云雨泽物者，皆有神守之。邦君邑人奔走为祠享神，血食东南，人所信向，若验符契，有年矣。其光景见于脁朒，威怒奋于雷霆，骇人心目之事非一。国家大一统，舟车通四海，蛮越之邦，南金、大贝、贡赋之漕，由海道入京师，舶使计吏、舶舻附丽鱼贯而至，皆恃以不恐，繄神之力也。异时吏之营己者，津梁塔庙，大抵可以指名鸠财货，或中途而辍，或既成无益于事，以舞手乘

［1］《咸淳临安志》卷七三"祠宇三"。
［2］正德《松江府志》卷十五"坛庙"，第691、692页。

民神也。吏也分职晦显；神英明正直，而一吏以端方公忠配之，矧是为悖天地，为渎神祇，何庸徼福哉？陈、赵之初心，费之嗣事，凡以佐公上职思其忧，非营己鸠货财者也。榕归国后以市舶漕运功，今授怀远大将军、浙东道宣慰使，拱辰为武德将军、平江等处运粮万户。

青龙镇市民崇拜海神圣母风俗的流行，深层次的原因是海外贸易的发展兴盛带来的精神需求和愿望。无论是海商、船员还是其他民众，都希望通过神祇来保驾护航，平安回归，化解灾难和困惑，寻找精神寄托和心理安慰，这与此地佛教兴盛的原因是一致的，只是信奉的对象不同而已。"往时游商海贾，冒风涛，历险阻，以谋利于他郡外番者，未尝至祠下，往往不幸，有覆舟于风波、遇盗于蒲苇者。其后郡民周尾商于两浙，告神以行，舟次鬼子门，以风涛作恶，顷刻万变，舟人失色，涕泣相视。尾曰：吾仗神之灵，不应有此。遂呼号求助。虚空之中，若有应声，俄顷风恬浪静，舟卒无虞。又泉州纲首朱舫，舟往三佛齐国，亦请神之香火而虔奉之。舟行神速，无有艰阻，往返曾不期年，获利百倍。前后有贾于外番者，未尝有是，咸皆归德于神，自是商人远行，莫不来祷。"[1]上文虽然记载的是南宋绍兴年间福建祷神状况，但是折射出当时包括青龙镇在内的沿海地区海商和民众普遍的崇神心态和社会现象。

总之，宗教和其他民间信仰是青龙镇市民精神和社会生活的组成部分，其中不少信仰类型体现了海港城镇的特点。

（五）较为完善的教育文化

青龙镇有着较为完备的教育机构，始于南宋晚期，分为官府办的镇学和民间办的私塾、书院、社学四种。

---

[1]《莆田祥应庙记碑述略》，载蒋维锬：《妈祖研究文集》，海风出版社 2006 年版，第 99 页。

宋代实行崇文抑武的国策，继续推行科举制度，大力兴办教育，以培育和选拔人才。府、州、县等地方各级政府一般都兴办相应的学校，并延伸到少数有实力的市镇，青龙镇就是其中之一。

青龙镇学位于镇治东北，于南宋嘉定十四年由监镇赵彦敬创建，至翌年建成。兵部侍郎杜孝严曾撰有《镇学记》详细记述了镇学的筹建情况和基本面貌：

> 玉牒赵君监青龙镇，至之日求谒先圣，吏白以无其所，君心病之，遂与其为士者谋师友讲习之地，以请于郡，且捐俸钱三十万以为倡。太守吴中郑侯闻而嘉之，助以郡缗，如君之数，于是士皆翕然。买田于镇治之东北二百步，高燥衍夷，广袤百丈，筑大成殿于其东，营四斋于其西，曰博文、敏行、思忠、笃信，盖取夫子四几之义。讲堂中峙，翼以先贤，与魁星之祠旁列，主学职事之；次门屋、廊庑、仓库、庖湢，无不毕备。又以其间田筑射圃，浚清池，植以花竹，缭以周墙。役兴于辛巳之夏，而成于壬午之春，为费三千缗，皆一镇之士共成之。陈生公廙独任其三之一，又舍田租六百斛以为丁祭公养之用，此其好事之尤者也。自今一镇之聚，君子欤，相与服夫子之四教，磨礲砥砺，为有用之学，以自奋于明时。小人欤，听弦诵之声，瞻锵济之容，父兄子弟转相诏告，而孝弟辑睦之风兴矣。余嘉赵君"有官不高，有民不多，而所治者本，所务者大"，有得于作人成俗之谊，故喜为之书。虽然事不难于成而难于久，城阙挑挞，郑校蒙讥，众君子既善其始，盍图其终？纠盟社，延名师，饬子弟，修素业，藏修于斯，游息于斯，其有以永今日赵君之意，俾勿坏。[1]

作为青龙镇上的最高学府，青龙镇学规模较大，设施完善，不亚于一般的县学，并设有专职的教谕、直学管理。后镇上任、陈二大家族捐资予以修饰校舍。

私塾是青龙镇上教育机构的重要组成部分，其出现时间要比青龙镇学早。该镇章庙人杜国珍出身望族，少嗜学，初授承信郎，官至将仕郎、戎司属官，在其所筑的私

---

〔1〕 正德《松江府志》卷十三"学校下"，第589—591页。

家花园内创建"学古""桂芳"二家塾以教族授徒。[1]元代青龙镇章庙人、章粢八世孙章梦贤在宅第上建义塾，"经度基宇，规制皆定"，"以教邻里子弟之俊秀"。[2]

书院出现则要迟一点，元代建有清忠书院。该书院创设于至正五年（1345），由彰德路总管府同知章元泽在其父章梦贤所建义塾的基础上改建而成，"缮完塾宇，作大成殿，奉正配位，像群贤从祀，东西庑具释奠礼器罇、罍、豆、笾、簠、簋、坫、爵，如学官制，讲有堂，斋有舍，储书有阁，门垣、仓庖、湢溷无不毕具"[3]，具有一定的规模，并聘请有学问的山长主持教学，如江浙行省员外郎杨乘之子杨卓[4]、杜洲书院山长孙元蒙。徽州路儒学教授、天台人胡世佐曾撰有《清忠书院记》。后该书院隶属于官府管辖。

社学则由元代任士璞建。[5]

商贸城市的社会风气往往趋利轻义，唯利是图，贪求奢侈享乐的生活方式。如北宋后期，出身于官宦之家的青龙镇人陈晖"有官不出仕，凭所持，畜凶悍辈为厮仆，结连上下，广放私钱，以取厚息，苟失期会，则追呼执系，峻于官府，至虚立契券，没其资产，甚则并取妻女"，即使欠债人逃到远达广南、福建等地，至死也不放过；[6]反映宋元社会部分风貌的《夷坚续志》前集卷二《戒食牛肉》记载了盛肇这位青龙镇人的奢侈生活，"凡百筵会。必杀牛取肉，巧作庖馔，恣啖为乐"。而传统儒学教育的完善，有助于社风向崇礼重义、儒雅文气的氛围转变，市民素质和文明程度的有力提升，如元代上海镇升格为县后建县学带来的风尚变化，"上洋（上海）襟江带海，生齿十数万，号东南壮县。今庙学一新将见，选师儒，聚生徒，闻弦诵之音、睹乡饮酒之仪，化番商为缝掖，易帆樯为笔砚"[7]。青龙镇也是如此，镇学建成后"孝弟辑睦之风兴矣"，"百里之间弦歌相闻，风淳俗美"。元代句章人黄玠曾给即将赴任青龙镇学

〔1〕青浦博物馆编：《青浦碑刻》，《宋杜国珍墓碑》，第312、313页。
〔2〕崇祯《松江府志》卷二十四"学政二"，胡世佐《清忠书院记》，第633页。
〔3〕崇祯《松江府志》卷二十四"学政二"，胡世佐《清忠书院记》，第633页。
〔4〕光绪《青浦县志》卷二十二"人物六·游寓传"；（元）王逢：《梧溪集》，《过杨员外郎别业有序》。
〔5〕民国13年《任氏大宗谱》（续修如皋支系十二卷）卷七"艺文"。
〔6〕（宋）李之仪：《姑溪居士后集》卷十九，《胡奕修行状》。
〔7〕崇祯《松江府志》卷二十四"学政二"，张之瀚《元贞建学记》，第618页。

教谕的瞿智时说道："吾闻青龙，吴淞大江出其旁，地气清淑，必多秀民，知读书向义，愿为弟子员，待慧夫之来唯恐后者，慧夫往焉，弦歌之声闻于镇间，他日吾亦往求，吾子而乐观之，当时龙江士风彬雅如此。"[1]

良好的社会和家庭教育环境，促进了青龙镇科第鼎盛。南宋时期，该镇士子中榜的进士就达 6 位，在市镇中极为罕见，主要集中于任氏、林氏、杜氏等少数望族。学而优则仕，宋代该镇在全国各地为官者前后达数十人，主要出自这些大家族。

表 14　南宋青龙镇进士名录

序号	姓　名	入榜时间	官　职	备注
1	任尽言	绍兴五年汪应辰榜（1135）	平江通判、京西南路转运判官、直秘阁福建提刑使	用眉州贯
2	林公望	绍兴十八年王佐榜	建康军节度使官厅公事	
3	任相	绍熙元年（1190）余复榜		占吴县籍
4	任望	淳祐辛丑（1241）	利州尹	
5	杜乾	绍定五年徐元杰榜（1231）		
6	任猷			

注：此表据下列文献整理：绍熙《云间志》卷中"进士题名"；《吴郡志》卷十一"题名"；至元《嘉禾志》卷第十五"宋登科题名"；民国 13 年《任氏大宗谱》（续修如皋支系十二卷）卷三"吴淞世系表"，国家图书馆藏本；《西霞杜氏世谱》卷二"世述·杜乾"。

经济的发展繁盛促进了青龙镇市镇文化的发展繁荣，至北宋后期青龙镇已经"人乐斯土，地无空闲。衣冠名儒，礼乐揖让，人皆习尚，以为文物风流之地"，发展成为当时上海地区的文化中心。南宋后期，该镇经济和文化更达到鼎盛，"猗欤美哉！惟此人杰而地灵，诚非他方之可及"[2]，发展成为具有全国影响力的经济和文化重镇。

相对而言，唐宋时期华亭县城作为一邑县治的所在地，主要扮演着政治功能的角色，而其经济实力和文化的影响力则略逊于青龙镇。

---

[1] 光绪《青浦县志》卷三十"杂记下·遗事·补遗"。
[2] 万历《青浦县志》卷七"词赋"，应熙《青龙赋》，第 1135、1136 页。

三、海纳百川的文化个性

文化是城镇的灵魂，也是城镇个性和魅力所在。

作为外贸市镇，青龙镇市镇文化具有国际性和开放性的文化特质。青龙镇是唐宋时期海上丝绸之路的始发港之一，连接东西方的重要码头，这里没有闭关自守的落后思想、唯我独尊的传统理念，以开放平等的姿态迎接和吸纳来自世界各地不同肤色、不同信仰、不同语言的人们，"市廛杂夷夏之人，宝货富东南之物"，使之在这里自由出入，相互对话交流，彼此通商互惠，互相碰撞融合。

作为滨海市镇，青龙镇市镇文化具有开拓性、进取性的文化特质。青龙镇具有开拓求变、不满现状的海洋文明特质，这里通向开阔的海洋，面向色彩斑斓的世界，人们勇于向海洋挑战，敢"冒风涛，历险阻"，闯劲十足，没有故步自封的陈旧观念、小富即安的小市民习气；主动接受外来文化，开时尚风气之先，洋溢着生机活力，"绮罗簇三岛，神仙香车争逐；冠盖盛五陵，才子玉勒频嘶"，"醉豪商于紫陌，殢美女于红绡"。

作为移民市镇，青龙镇市镇文化具有多元性、包容性的文化特质。人口来源的多样性必然带来文化的多元性，青龙镇"五方杂居"，南腔北调，来自四面八方的人们汇集这里，相互包容，相互吸收，为文化不断提供充足养料，注入新鲜血液和活力因子，使之呈现出兼容并蓄、多元互补的特点。

作为水乡市镇，青龙镇市镇文化具有精致性、文气性的文化特质。细腻柔性、精致雅气是江南水乡文化的特性，青龙镇地处江南水乡，"地气清淑，必多秀民"，"士风彬雅"，追求"衣冠名儒，礼乐揖让"的风气成为上至社会上层下至平民百姓的社会风尚和价值取向。

综观唐宋时期的青龙镇，其发生发展的市镇文化归属于海洋文明的范畴，具有海洋文明的鲜明特性，表现出海纳百川、兼容并蓄的文化个性，又兼有水乡文气精致的特点，成为都市上海海派文化形成的源头活水。这是研究青龙镇文化的价值所在。

四、与周边上海镇、澉浦镇比较

　　宋代上海镇、澉浦镇与青龙镇在行政区域上同属两浙路秀州地区，文化版块同属吴越文化圈，其形成的背景、市镇性质也大致相同，同为东南沿海海内外贸易港和著名市镇，而形成与兴盛的时段、规模、实力则有所差异。

　　从形成时间来看，三镇中澉浦镇为最早，于唐开元五年置镇；青龙镇稍晚，为唐天宝五年设镇；上海镇则较晚，对于其置镇的确切时间学术界没有定论，多数学者认为南宋咸淳年间或稍前，此前仅以上海务（酒务）之名出现，《元丰九域志》《绍熙云间志》都没有上海镇的记录。在最初置镇的性质方面，三者有所不同，澉浦与青龙一样以海防军事据点的身份出现，而上海镇则为商贸市镇。从发展过程来看，青龙镇在三镇中发展速度最快，北宋中期已经演变成两浙路重要的海港和商贸重镇，熙宁十年商税额达 15879 贯，位居太湖地区各市镇之首，绍兴元年设置市舶务，海内外贸易和商业繁盛，直至南宋晚期；澉浦镇在北宋中期还是一般市镇，熙宁十年商税额只有1819 贯，至南宋澉浦镇海外贸易兴起，"淳祐六年创市舶官，十年置场"[1]，绍定四年（1231）商税额达 3 万贯以上[2]；上海镇则在咸淳年间才发展成为较大规模的商贸市

---

〔1〕（宋）常棠:《澉水志》卷上"坊场门"，第 4663 页。
〔2〕《永乐大典》卷一四六二二。

镇，始设市舶分司，时"有市舶、有榷场、有酒库、有军隘、官署、儒塾、佛仙、宫观、邸廛、贾肆。"从发展结局来看，青龙镇在宋末元初因失去海外贸易的支撑而走向衰落，上海、澉浦二镇则发展延续，上海镇于元至元二十九年升格为上海县，澉浦至元代发展成为"远近诸藩，近通福广，商贾往来"的大港。

从市镇规模来看，三镇中最大的是澉浦镇，据绍定《澉水志》记载镇的范围"东西一十二里，南北五里"，中心镇区主要有阜民坊等8个坊巷，除此外还有散落周围的村落。其次为青龙镇，按照考古勘探和实地调查来看，宋代镇区面积约3平方公里，分布着36个坊，当比澉浦镇要大得多；最小的则为上海镇，咸淳年间有拱辰坊等5坊。人口方面，绍定年间澉浦镇户口约五千户，青龙镇与上海镇没有确切的人口记载，青龙镇"烟火万家"，据前文推算有户籍的人口约8000—13000个，估计比澉浦镇要少，比上海镇要多；上海镇宋末时"人烟浩穰"[1]，"邸廛贾肆，鳞次而栉比，实华亭东北一巨镇"。[2]

从经济实力来看，青龙镇要雄厚得多，尤其北宋时期更为明显。虽然资料不全，不能一概而论，但是可以大致一窥究竟：熙宁十年青龙镇的商税额是澉浦镇的8.73倍，上海务则相差更远，以致没有相应的税额记录。至南宋晚期，澉浦镇和上海镇因海外贸易兴起商业贸易发展较快，如绍定四年澉浦镇商税额为3万贯以上，这里有通货膨胀的因素，南宋末"一斗之米，向者百钱，今九倍其值矣；一匹之绢，向者三千，今五倍其价矣"[3]。虽与熙宁十年无法换算，但是三镇商业发展水平的距离在拉近应是不争的事实。

从文化影响力来看，宋代青龙镇的名望和影响力要比澉浦、上海两镇大得多，一批批知识精英和社会名流创造了发达精粹的市镇文化，使之成为"文物风流之地"。

总之，宋代青龙镇整体的市镇规模、经济实力和文化影响力比澉浦、上海两镇更大更强。

---

[1] 嘉靖《上海县志》卷一"总叙"。
[2] 弘治《上海志》卷五"建设志"。
[3]（宋）吴咏：《鹤林集》卷三九，《宁国府劝农文》。

第六章　名人望族

　　人是社会发展的决定性因素。青龙镇地灵人杰，犹如巨大的磁场，以海舶交集之盛况，梵宇亭台之壮丽，龙舟嬉水之美誉，临江望海之风光的魅力，吸引和汇集各方英杰、社会名流来此，引领一方风骚，培育和绘就了浓墨重彩的市镇文化。

一、重要名人

（一）北宋军事家、政治家章楶

　　章楶（1027—1102），字质夫，原籍建州浦城（今福建浦城）。少年时以叔荫补孟州司户参军，应举入京，试礼部第一。初为陈留知县，历提举陕西常平、京东转运判官、提点湖北刑狱、成都路转运使，入为考功、吏部、右司员外郎。元祐初，以直龙图阁知庆州，时西夏犯境，楶设伏兵斩获夏兵甚众。遂召权户部侍郎。明年，除知同州。绍圣初，知应天府，加集贤殿修撰、知广州，徙江、淮发运使。哲宗时改知渭州，据形胜以逼夏，筑环庆、鄜延、河东、熙河诸城，又夜袭夏营败之。哲宗为御紫宸殿受贺，累擢楶枢密直学士、龙图阁端明殿学士，进阶大中大夫。章楶在泾原四年，凡创州一、城砦九，荐拔偏裨，不间厮役。夏自平夏之败，不复能军，屡请命乞和，哲宗亦为之寝兵。其立边功，为西方最。建中靖国元年（1101），任同知枢密院事。逾年，力谢事罢，授资政殿学士、中太一宫使。崇宁元年（1102）卒，谥"庄简"，改谥"庄敏"。[1]

---

〔1〕《宋史》卷三百二十八"列传第八十七"。

章粢像
图78

元丰年间，章粢任华亭盐监时，因喜爱青龙风土，遂定居于镇南（今章堰），"宅前有洗盏池，内有库桥、琼花井"。曾疏浚青龙江，"以便盐运，其事《宋史》不载，见之于公兄望之《贻公书》。青龙江在宋时水泛溢，公疏导有法，海滨之田遂为沃土"[1]，民赖其利。青浦之有章氏，也自章粢开始。

（二）北宋书画家、监镇米芾

米芾（1051—1107），字元章，号襄阳漫士、海岳外史、鹿门居士，襄阳人。祖

---

[1] 光绪《青浦县志》卷三"建置·坛庙"，《章宪文家庙记》。

籍山西太原，迁湖北襄阳，后定居江苏镇江。以母侍宣仁后藩邸旧恩，补浛光尉。历知雍邱县、涟水军，太常博士，知无为军。徽宗诏为书画学博士，任礼部员外郎，出知淮阳军，人称"米南官"。因个性怪异，举止颠狂，人称"米颠"。米芾能诗文，擅书画，精鉴别，集书画家、鉴定家、收藏家于一身，与蔡襄、苏轼、黄庭坚合称"宋四家"。书法善行、草，书体潇散奔放，又严于法度。《宋史·文苑传》曰："芾特妙于翰墨，沈著飞，得王献之笔意。"绘画擅山水，水墨淋漓，云雾朦胧，别开画风，画史上有"米家山""米氏云山"和"米派"之称。存世书画有《苕溪诗》《蜀素》《虹县诗》《向太后挽诗》等，著有《书史》《画史》《宝章待访录》《山林集》（已佚），有后人辑《宝晋英光集》《宝晋山林集拾遗》。

元丰五年，米芾任青龙监镇，为隆平寺书《陈林隆平寺经藏记》。其间作《沪南峦翠图》，此画"师法右丞，楼观树石，俱极工细"[1]；为华亭史氏家园书"晚风清亭"额[2]；又书《吴江舟中诗》："昨风起西北，万艘皆乘便。今风转而东，我舟十五纤。力乏更催夫，百金尚嫌贱。船工怒斗语，夫坐视而怨。添橹亦复车，黄胶生口咽。河泥若祐夫，粘底更不转。添金工不怒，意满怨亦散。一曳如风车，叫咚如临战。傍观莺窦湖，渺渺无涯岸。一滴不可汲，况彼西江远。万事须乘时，汝来一何晚。"[3]首句描绘了众多船舶出入吴淞江、海港青龙镇的壮观景象。

（三）宋代名僧会畅、希最、法宁、妙普

会畅，北宋闽人。驻隆福寺，日诵《法华经》，三十年不辍，故人呼"畅法华"。尝梦登一阁，有异人指曰："此兜率宫也，师寿七十五，当来住此。"会畅说："我愿得八十岁，诵经满二万部。"祥符中（1008—1016）示寂，寿果八十。火化时体柔色

---

〔1〕（清）钱杜：《松壶画忆》卷上。
〔2〕正德《松江府志》卷十六"第宅"，第720页。
〔3〕（宋）米芾：《吴江舟中诗卷》，美国纽约大都会艺术博物馆藏。

润，舍利皆五色。[1]

希最（1015—1090），雪川（今浙江湖州）人，法号妙悟。施氏子，四岁出家，十五岁随名师慧才学天台教于广慈寺，同门畏爱，号为义虎。治平年间（1064—1067），始敷讲于隆平寺，一日不得意于镇宰，拂衣去，继徙居胜果寺。在胜果寺内一次讲经护法时，希最忽"于空中得朱书数十字，自称汉朝烈士沈光大略悔过谢罪之语"。寺遂有沈光碑而名。元祐五年六月说法作偈而逝。绍圣年间吕益柔为其撰塔铭。[2]

法宁（1081—1156），即马鞍禅师，密州莒县李氏子。住沂州马鞍山，初依天宁妙空明和尚得度，参侍既久，尽得云门宗旨。后住净居寺，大宏雪窦之道。绍兴初法宁航海抵达青龙镇，有章衮母高氏梦见天神，曰："古佛来也。"翌日，迎师止钱氏园，其地夜有光，掘得碑，云："大唐禅寺。"福德桥下又得金刚佛像，遂建寺尊奉。初在华亭创建北禅寺（马鞍寺），绍兴二年受右丞朱谔之邀在佘山创建昭庆寺。绍兴二十六年（1156）正月八日，师沐浴端坐，说法辞众而示寂。光绪年间方丈东小窣波存有马鞍师塔。[3]

妙普（1071—1142），号性空，自号桃花庵主，南宋汉川（今属湖北）人。事死心禅，妙普获证抵华亭，追船子和尚遗风，结庐青龙江上。好吹铁笛，放旷自乐。建炎初，徐明叛乱，道经乌镇将肆屠戮，妙普独荷策往，贼怒将收之，妙普说："大丈夫要斫即斫，何以怒为，吾死必矣，愿得一饭。"贼进食，食毕，索笔自书祭文，复曰："劫数既遭离乱，我是快活烈汉，如今正好乘时便请一刀从两段。"贼骇异，卫而出之。亦使乌镇百姓免于涂炭。一日，集师众说偈曰："坐脱立亡，不若水葬，一省烧柴，二省开圹，撒手便行，不妨快畅。谁是知音？船子和尚。"遂乘木盆顺流入海，笛声呜咽，见于苍茫中，以笛掷空而死。后三日，趺坐如生，众奉舍利，建塔于青龙镇。善赋咏，所作诗载于《青浦诗传》，如《船子渔歌》："船子当年返故乡，没踪迹

〔1〕 崇祯《松江府志》卷四十五"方外"，第1176、1177页；光绪《青浦县志》卷二十九"杂记·方外传"。

〔2〕 （宋）志磐：《佛祖统纪》，《诸师列传第六之三》；绍熙《云间志》卷中"寺观"，第11页；光绪《青浦县志》卷二十九"杂记·方外传"。

〔3〕 光绪《青浦县志》卷二十九"杂记·方外传"；《大明高僧传》卷一；《新续高僧传》卷十三。

处妙难量。真风遍寄知音者，铁笛横吹作散场。"[1]

（四）南宋名医何侃

何侃，字直哉，祖籍汴梁，青龙镇人。绍定年间由儒士选授浙江严州淳安县主簿，任满后归隐于医，为江南何氏医学世系第一代医。何氏以医名世，自何侃始。[2]

（五）南宋言官王垂裕

王垂裕，宋宿迁人，太学生。高宗南渡，王垂裕迁来青龙镇。绍兴年间，秦桧力主和议，其率同列上书切谏，激怒秦桧，被削其籍，孝宗立锐志，复校雠，其复上书，擢为钱塘教谕，后入为正言官。汤思退当国，复主和议，王垂裕劾其奸，被斥贬为县丞。县丞任职期间廉能有惠政，而被士民立祠。[3]

（六）南宋画家陈珩

陈珩，一作桁，字用行，号此山，福建长乐三山人，官至朝请郎。南宋画家陈容弟（一说侄），陈容以善画龙闻名。陈珩也善画龙，并擅作水墨枯荷、折苇、墨

---

〔1〕（宋）正受：《嘉泰普灯录》；光绪《青浦县志》卷二十九"杂记·方外传"。
〔2〕光绪《青浦县志》卷二十二"人物六·游寓传"。
〔3〕光绪《青浦县志》卷二十二"人物六·游寓传"。

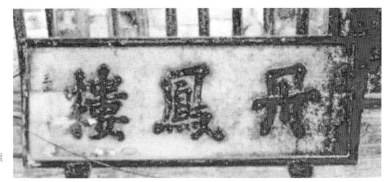

丹凤楼额
图79

竹、虫鱼、蟹鹊，极有生意，声誉不亚于容。作品见于著录者有《荷叶戏鱼图》《新竹图》等。咸淳年间，任青龙镇市舶官、提举华亭市舶，曾重修上海镇顺济庙，[1]并为庙内丹凤楼题额。该额拓片留存于上海市历史博物馆，见其书法具颜真卿之风，健劲工稳。[2]

（七）宋末元初词人陈允平

陈允平，字衡仲，又字君衡，号西麓，宋末元初鄞县人。博学，工诗文，少从杨简学，试上舍不遇，乃放情山水。淳祐三年（1243），为余姚令，旋罢去。往来吴越间。咸淳九年（1273），郡守刘黻创慈湖书院于杨简故居，以允平相其事。德祐时，授沿海制置司参议官。至元十五年（1278），因仇家告以图谋复宋的嫌疑而入狱，被同僚营救得免。自是杜门不出，扁山中楼曰"万叠云"。至元十八年，以人才征至北

---

〔1〕 正德《松江府志》卷十五"坛庙"，第691页。
〔2〕《宋人传记资料索引》第三册，第2464页；程秉海主编、王琪森撰稿：《海上翰墨雅韵：园庙市榱联匾额集赏》，文汇出版社2007年版，第108页。

都，不受官，放还，世尤高之。精于音律，词风清丽婉雅，多摹周邦彦，词有《西麓继周集》《日湖渔唱》和《西麓诗稿》各一卷。[1]

陈允平至北都回归后，曾寓居于青龙镇、白鹤江，并作《留鹤江有感》《青龙渡头》等诗。"抱玉归来泪满襟，世间何许觅知音。此生虽有噬脐悔，到死终无尝胆心。伏枥马思云路远，避钩鱼隐石潭深。故人若问淞江客，自采芙蓉学楚吟"，"天阔雁飞飞，松江鲈正肥。柳风欺客帽，松露湿僧衣。塔影随潮没，钟声隔岸微。不堪回首处，何日可东归?"反映了此时悲切无奈的心态。

（八）宋末元初藏书家庄肃

庄肃（1245—1315），字恭叔，号蓼塘，青龙镇人。性嗜书，仕宋为秘书院六品小吏。宋亡后，弃官浪迹于海上，后隐居于青龙镇，建藏书楼为"万卷轩"以贮书，收藏图书至8万卷，多为手抄本，上至经、史、子、集，下至稗官小说，均有收藏。《五茸志逸》曾提及："元文宗时经筵，语及唐聂夷中诗，询其有文集否? 诸学士以未闻对，或言庄氏富藏书，特旨访其家，果有《聂集》。"可见其藏书不仅量多，而且稀见。根据藏书，撰有《庄氏藏书目》，其分类于经、史、子、集外，另有山经、地志、医卜、方技、小说六目，加甲、乙、丙、丁、戊、己、庚、辛、壬、癸以区别。该书今已散佚。藏书印有"蓼塘居士""恭叔藏书印"等。故被时人称为江南三大藏书家之一。

庄肃还嗜画，"予自龆龀及壮年嗜画成癖。每见奇踪古迹，不计家之有无，倾囊倒箧，必得之而后已。否则慊慊眈若有所遗失，致为亲朋之所窃笑。今老矣，平生所藏固不多，而所见亦不少"，藏有一定数量的画作。根据所见画作，他于大德二年（1298）撰成《画继补遗》即《画继余谱》，收录绍兴至德祐一百三十多年内画家84

---

[1] 光绪《青浦县志》卷二十二，"人物六·游寓传"；张如安：《陈允平传论》，载《浙东文史论丛》，中国文联出版社 2000 年版。

位及有关画作名录（其中亦有少数北宋画家，如赵令穰、蔡肇等），"上卷载缙绅暨诸僧道士庶，下卷载画院众工"[1]。该书与唐张彦远《历代名画记》、宋郭若虚《图画见闻志》、宋邓椿《画继》都为我国美术史论著作中不可或缺的一环。元夏文彦《图画宝鉴》所载李唐、萧照、刘松年、李嵩、张训礼、赵大亨等诸家的资料均取材于此，可见其重要的史料价值。另外，著有《艺经》。

可惜庄肃卒后，其子孙不知爱惜图书，或为虫啮，或为人窃去，或供炊柴之需，篇帙散乱，所存无几。至正六年，为修宋、辽、金三史，朝廷诏求遗书，并指派史臣危素至其家访求遗书，其后代怕书中有触犯禁令之处，乃将书焚毁，危素只选得500卷。相传其孙庄群玉，曾将剩书装运京都，冀有所得，未果，有诗云："博进新赏十万缗，隋珠为烛蜡为薪。江南空有求书诏，故纸原难换告身。"[2]

关于其住址，经笔者调查，在今重固镇新丰村庄家台，位于青龙镇南部，西依通波塘。目前，庄家台尚有6家庄氏居民，当为庄肃后裔。

（九）元代水利专家、画家任仁发

任仁发（1255—1327），字子明，一字子垚，号月山，祖籍徐邳三山，青龙镇人。负笈力学，18岁举乡贡，究心水利，学擅专门。元兵南下，往见平章游显，被器重，任宣慰掾。后招安海岛有功，补青龙水陆巡警官。盘龙寺僧某作乱，任仁发讨平。征交趾，改海船上千户。转漕直沽，因缮补大都水闸，治水有功，升都水司少监。至大元年（1308），任嘉兴府同知。第二年，为中尚院判官。延祐初年（1314），任崇明知州，泰定元年（1324）迁都水庸田使司副使，官至浙东道宣慰副使。时黄河决口，归德、盐官海塘崩塌，大都会通、都惠河皆不治，镇江练湖久淤塞，其皆一一修治。晚

---

〔1〕（宋）庄肃：《画继余谱·序》。

〔2〕（元）陶宗仪：《南村辍耕录》卷二七；（清）叶昌炽：《藏书纪事诗》，北京燕山出版社2008年版；光绪《青浦县志》卷二十"人物四·忠义传"。

任仁发像
图80

年，主持疏导吴淞江，大盈港、乌泥泾等开江置闸，皆有实效。[1] 2001年发现的上海普陀区志丹苑水闸遗址即为任仁发所建遗构。赵孟頫在评价任仁发的水利成就时说："利泽在人心，名声满天下"，元末明初顾或在《上海竹枝词》中曾称赞任仁发的治水功绩："不是青龙任水监，陆成沟壑水成田"，近代史学家、《新元史》作者柯劭忞在评价任仁发的水利成就时说："仁发治河为天下最，大工大役省臣皆委之。"

根据多年治水的经验，他撰写了水利著作《浙西水利议答录》十卷。该答录主要阐述浙西太湖、吴淞江等水系的治理疏浚方法，体现了其重在实效的治水思想。他认为浙西太湖地区水患严重的原因是"潮汐来往，逆涌浊沙，上湮河口"，"势豪租占为荡为田"，"河港、围岸、闸窦，无官整治，遂致废坏"，因此根据多年积累的水利经

---

〔1〕（元）王逢：《梧溪集》卷第六，《谒浙东宣慰副使致仕任公及其子台州判官墓（有后序）》；光绪《青浦县志》卷十八"人物二·仕绩传"。

任仁发《九马图》
局部
图81

验，提出了三个具体的治理方法，"浚河港必深阔，筑围岸必高厚，置闸窦必多广"即深疏河、高筑堤、多置闸的方式，同时直言建议朝廷要重视水利建设，改变治水不力的局面，"今朝廷废而不治者，盖募夫供役，取办于富户，部夫督役，责成于有司，二者皆非其所乐。所以，猾吏豪民撮扇，必欲沮坏而后已。朝廷未见日后之利，但厌目前之忧，是以成事则难，坏事则易"。[1]

除长于水利外，任仁发"吏事之余"工丹青，擅长书画，尤善画马、人物、花鸟，自称书学李北海，画学李公麟，体现了元初书画界的复古思潮。曾奉旨画《渥洼天马》《熙春天马》二图，仁宗诏藏秘书监。其工力足与赵孟頫相敌，杨维桢以为其画马"法备而神完"，顾瑛更说"月山道人画唐马，笔力岂在吴兴下"，崇祯《松江府志》也客观评其在元代松江府诸画家中的地位："任水监画马有龙眠遗意，此三人（指任仁发与曹知白、张梅崖）传派最正可称。"[2]传世作品有《出圉图》《二马图》《张果见明皇图》，现藏北京故宫博物院；《春水凫鹥图》藏上海博物馆，《饮饲图》藏中国国家博物馆；《九马图》藏美国纳尔逊·艾金斯艺术博物馆，《三骏图》藏美国克利夫兰美术馆；《五王醉归图》等藏于私家。[3]其子任贤才、贤能、贤佐继承家学，也善画。

〔1〕（明）姚文灏：《浙西水利书校注》，任都水《水利议答》。
〔2〕崇祯《松江府志》卷五十六"画苑"，第1465页。
〔3〕青浦区博物馆编：《月朗山高——元代青浦任仁发家族文物集萃》，上海人民出版社2018年版。

任仁发亦善诗，"诗亦清丽，王梧溪曰：'世但知任水监画马，盖以艺掩其能云'"。[1]

任仁发晚年筑来青楼、揽晖阁于青龙江上以终老。死后葬于"新江乡松泽里郭巷泾南之祖茔"，即今重固镇新丰村高家台，与家族同葬一地，当地人称"王坟"。

（十）元代诗人王逢

王逢（1319—1388），字原吉，号最闲园丁、最贤园丁，又号梧溪子、席帽山人，江阴人，元明之际著名诗人。少学诗于延陵陈汉卿，汉卿为虞集弟子，因得其传，尝作《河清颂》，行省台臣交荐之，皆辞不就。初避地于无锡梁鸿山，未几游吴中，筑梧溪精舍于青龙江上。后迁横泖，至正二十六年移居乌泥泾宾贤里。栖隐之所，为宋张氏故居，逢名园为"最闲园"，居室为"闲闲草堂"，并自题园中"藻德池"等八景诗，记得园经过。明洪武年间，以文学征召，谢辞。其志节高迈，人推为张志和、陆龟蒙之亚。著有《梧溪集》七卷，记载宋、元之际人才、国事，多史家所未备。另著诗三卷，其诗得虞集之传，才力富健，尤工古歌行，抑扬顿挫，迈爽绝尘。其中《黄道婆祠》一诗，是今存最早歌咏黄道婆业绩的诗作。并著有《杜诗本义》《诗经讲说》二十卷。亦擅行草，初非经意，具书家风范。

王逢避居青龙镇自至正十七年仲夏始，时年39岁，待了近八年时间，其《还龙江寓隐》诗中"家寄青龙白鹤江，徘徊落日影成双"就是指这段经历。[2]其所筑梧溪精舍，因"其祖母徐氏尝植双梧于故里，王逢追思之"而名，中有萝月山房、冥鸿亭、小草轩，皆自为诗，故将诗文集定名《梧溪集》。梧溪精舍位于青龙镇东的艾祁（圻）村，今白鹤镇青龙村艾祁生产队，与任氏是邻居。《梧溪集》载："逢避地相邻，

---

〔1〕 崇祯《松江府志》卷五十五"诗品"，第1439页。
〔2〕 乾隆《青浦县志》卷三"水"，"青龙江"。

而又姻娅之好"[1]，"予避地青龙，时闻遗老言：东尽艾圻浦皆葭荻茅篠，居氓十余家，日弋水禽、野雉，为业公产。是间辄异群儿习"[2]此"公"即任仁发，"居氓十余家"即指任仁发家族，也从中可知任仁发祖上迁至吴地，实际上落户在青龙镇的艾祁。

他与青龙镇望族章氏、任氏交往密切，并有姻亲关系，本人娶团练使章文彬十一世孙女，而文彬为北宋宰相章得象的从父；其长子、通事司王掖娶任仁发的孙女、任贤佐的女儿。[3]

（十一）元代画家赵岫、章瑾、吴子陵

赵岫，字云岩，一作雪岩，温州人（一作中州人），寓居青龙镇。擅长画设色花鸟和墨竹，设色花鸟清妍生动，名闻一时，为花鸟画家所学范。传世作品有《万竿烟月图轴》等。[4]

章瑾，字公瑾，号采芝，青龙镇南章庙人，为章槃十一世孙。晚居李墟，博学好古，能诗善草，师法"二王"，草书有骨，自成一家。尤长于画，画宗宋马远、夏珪，"盖张可观（华亭人，元画家）以后一人而已"。尝画《寒山拾得像》《春江送别图》，皆清远幽润。为人雅淡有高致，日登山临水所至成趣。遇知己，觞咏竟日，画或顷刻可就，或数日不欲著一笔。

吴子陵，《书画史》作子麟，《画史会要》《明画录》均作子璘，与章瑾是同里、同代人。宗元盛懋，工山水，亦能作枯木竹石，有画名。[5]

［1］（元）王逢：《梧溪集》卷第五，《奉怀集贤墨承旨》。
［2］（元）王逢：《梧溪集》卷第六，《谒浙东宣慰副使致仕任公及其子台州判官墓》。
［3］（元）王逢：《梧溪集》，"序"；卷第四，《故江淮财赋都总管府副总管致仕彰德路同知章公挽词》；卷第六，《谒浙东宣慰副使致仕任公及其子台州判官墓》。正德《松江府志》卷十六"第宅"，第753页。光绪《青浦县志》卷二十二"人物六·游寓传"。
［4］（元）夏文彦：《图绘宝鉴》卷五；（清）纪昀等纂：《御定佩文斋书画谱》卷五三。
［5］崇祯《松江府志》卷五十六"画苑"，第1467页；光绪《青浦县志》卷二十二"人物六·艺术传"。

二、名门望族

（一）官宦世家章氏

青龙镇望族首推章氏。章氏本为建州浦城的望族，"东瓯一大望胄"，为五代闽国建州刺史章仔钧之后。至北宋，章仔钧后裔章得象、章惇、章楶三位相继位列宰相，"尊显三朝，百余年间，章氏之有籍于朝廷者，或以文章擅天下，或以才能任事于时，比比有为"[1]，"惟章氏终宋之世，内而宰相、侍从、卿监，外而方伯、连率、郡县守宰、丞尉，不可胜计"[2]。章得象是章仔钧的曾孙，被封为郇国文简公，章惇是王安石变法中的骨干，被封为申国公。此时，章氏这支显族发展至巅峰。章惇、章楶发达后，迁至苏州，章惇安家在州南，章楶则筑室于州北，时称"南北章"，"两第屹然，轮奂相望，为一州之甲。吴人号南北章以别之"。[3]

青龙镇章氏的始迁祖为章楶。元丰年间其任华亭盐监，因爱青龙风土定居于该镇

---

〔1〕（宋）孙觌：《鸿庆居士集》卷三三，《宋故左朝奉大夫提点杭州洞霄宫章公墓志铭》。

〔2〕正德《松江府志》卷十七"冢墓"，揭傒斯《章梦贤墓志铭》，第800页。

〔3〕（宋）龚明之：《中吴纪闻》卷第六"南北章"。

南端的章庙，"乐其风土，即家焉"[1]，"江南章氏，系出浦城，居松江之上海青龙崧宅里者，自宋秦国庄敏公粢始"[2]。章粢的祖父章频，字简之，景德乙丑（1005）进士，官至侍御史，《宋史》有传。其父章访，字思问，庆历壬午（1042）进士，官三班奉职。[3]章粢因族叔章得象而荫补得官后，显示出色才干，尤其是在西北担任庆州、渭州知州期间多次击败来犯的西夏军，使西夏短期无力构成对宋的危险，更显军事才能，而位列同知枢密院事。

章粢生有七子，即綷綯、综、㷀、绾、綖綯、缤綯、镇，其中綷綯、㷀最知名。其"教诸子甚严，恐其纵肆，闭置一书室中"[4]。章綷綯于元祐二年试国子监为第一，推官为户部员外郎、提点淮南东路刑狱、权知扬州兼提举香盐事，晚年诗律益高，清淳雅健，得唐人之风，著有文集三十卷。章㷀于熙宁九年（1076）考中进士，历陕西转运判官，入为户部员外郎，曾在其父幕府内担任主管机宜文字之职，协助其父参与对西夏作战，积累丰富的治边经验，在任陕西转运判官时，向当路官员提出很多富有实效的建议。其余五子因父荫入仕，章综任常州通判，章绾任丹徒知县，章綖綯为西安州签判，章缤綯为苏州签判。

因不愿党附权相蔡京，章綖綯被诬告在苏州私自铸钱，兴起大狱，以此株连章氏兄弟和族亲达十余人。章綖綯被处以刺面流放至沙门岛，章㷀被贬温州，章综贬秀州，章绾贬睦州，章缤綯贬永州。经过此番打击，章氏在官场从此一蹶不振。政和年间蔡京被罢政，章綷綯被重新任用为京东东路提点刑狱，但本路转运使为蔡京亲党余深，他遂决意退闲，请祠居于苏州。此后章㷀虽因丰富的军政经验而被徽宗启用，但是政治主张始终不为采纳，不久后赋闲在家。他们的后代只有少数担任低级官员，如章粢之孙章芨任承奉郎，章荩任苏州监税官，仅其曾孙章杰于宣和六年（1124）中进士，一度任福建路转运判官。章氏这支官僚家族虽然在苏州还有巨宅和良田，但是失去仕宦维持，迅速走向衰落。

---

〔1〕崇祯《松江府志》卷二十四"书院"，胡世佐《清忠书院记》，第633页。
〔2〕正德《松江府志》卷十七"冢墓"，揭傒斯《章梦贤墓志铭》，第800页。
〔3〕民国37年《毗陵章氏宗田六十卷》，《全城远祖世考》，国家图书馆藏本。
〔4〕（宋）龚明之：《中吴纪闻》卷第五"章户部"。

据《章氏会谱》记载，青龙镇章氏由章綮长子章缛缑一支所传，世系为綮—缛缑—芹—景长—阙藩—惟聪—琼—溥—文贤、梦贤。[1] 章綮五世孙章惟聪曾任登仕郎，六世孙章琼任宣义郎、泰州如皋县丞，七世孙章溥为迪功郎。[2] 至八世孙章文贤、梦贤开始振兴，在当地颇有名望，并有良好的口碑。章文贤曾任进义副尉、储用使。[3]

章梦贤（1273—1344），字思齐。敦诗书，好施惠，重宾客。至顺元年（1330）浙西发生大水灾，他捐粟二千余石而不受爵，置义庄以给宗族邻里，建义塾以教乡党子弟，被称为"义士"。至元中，荐授襄阳、建康等处营田财赋提举，以父母俱丧不就。伯兄多疾，事之如父。兄殁，抚其孤，同居二百余口未尝有间言。复买田置义庄，建义塾以教养宗族乡党，翰林侍讲学士揭傒斯曾为其撰墓志铭。其子孙满堂，生有八子四女，孙子、女各九人，其中长子章元泽最为有名，官至江浙财赋都总管府副总管；另外，子章振孙官至江浙财赋副提举，章裕孙则为嘉兴路海盐州儒学教授，章荣孙为和宁路儒学正。[4] 其媳朱淑清，字道坚，青龙镇人。朱承进九世孙女，章振孙妻。生而聪慧，善楷书，孝友贞顺，事姑尤恭谨，洁身慕善。振孙卒后以忧致疾，逾月卒。[5]

章元泽（1285—1368），字吉甫，晚号归来翁。大德六年（1302），江浙行省平章、御史大夫彻里前来阅疏浚吴淞江，见元泽，异之，遂提携入觐。皇庆元年（1312），他被授中书省宣使，勤敏清劲。至正二年（1336），领和宁路税务。后迁奉正大夫、江浙财赋都总管府副总管，以彰德路同知致仕。不久归里，筑"归来堂"，以事奉母并悠游自娱，杨维桢曾作堂记。至正五年，在父亲所建义塾基础上创设清忠书院，取宋仁宗赐其祖章得象"清忠"二字而名[6]，为上海地区较早设立的书院。至

---

〔1〕 民国8年章贻贤：《章氏会谱·青浦县青龙镇章堰世系图》。
〔2〕 正德《松江府志》卷十七"冢墓"，揭傒斯《章梦贤墓志铭》，第799、800页。
〔3〕 光绪《青浦县志》卷十二"名迹·冢墓"，《章伯颜墓志》。
〔4〕 光绪《青浦县志》卷二十一"人物·懿行传"；正德《松江府志》卷十七"冢墓"，揭傒斯《章梦贤墓志铭》，第799、800页。
〔5〕 光绪《青浦县志》卷三十"杂记下·遗事·补遗"。
〔6〕 光绪《青浦县志》卷十八"人物二·仕绩传"；（元）王逢：《梧溪集》卷第四，《故江淮财赋都总管府副总管致仕彰德路同知章公挽词》。

章弼为《有余闲图》
题名
图 82

正十一年，他重建跨大盈浦的大盈桥。[1]

章伯颜（1297—1350），字俊夫，为章文贤子。其聪慧绝人，好善乐施，博学旁通，又通蒙古文字。授邵武路蒙古学正，迁延平路教授、宣政院充宣使。居青龙镇，筑"水心亭"，为燕居之所，自题："联云表里，澄清如此。水行藏端，正在吾心。"长子弼；次子辅，字鼎功，于金湄建观月堂，堂前有金泾桥，子孙耕乐，名其里曰"章家堰"[2]，娶内台监察御史蒙叔思奉政之女。[3]

章弼，字拱宸。未满十岁即能扁牓大字；及长，真、行、草、篆，皆师赵孟頫。长益多文，笃志经史，识度清远。元初，青浦孔宅书院废，其修饰之，并迎师以淑乡之良俊，立学规十六则，开导后学甚恳，与蔡廷秀义塾规同，又有释先圣宪文及祭祀约言，皆无愧儒者。[4]曾为姚廷美《有余闲》图题名。

章瑾，章梦贤孙，为元末明初书画家。

由于子孙繁衍，至明代初期，青龙章氏成为江浙一带颇有名望的大家族，"洪武十年（1377）籍江浙诸大家，青龙章氏与焉"[5]。章槃十二世孙、章弼之子章明心始迁至松江府城，子孙繁衍后成为松江士族，明万历年间进士、工部主事章宪文，崇祯年

---

[1] 万历《青浦县志》卷二"桥梁"，第1006页。
[2] 弘治《上海志》卷之五"堂宇"；光绪《青浦县志》卷十九"人物三·文苑传"。
[3] 光绪《青浦县志》卷十二"冢墓"，《章伯颜墓志》。
[4] 光绪《青浦县志》卷十八"人物二·儒术传"；（元）陶宗仪：《书史会要》卷七。
[5] （清）章有谟：《景船斋杂记》。

二、名门望族　　293

间进士章旷均出自该支士族。到二十三世孙、章辅后裔章应瑞迁至青龙镇东北的黄渡镇，成为黄渡支始祖。

这里对章庙、章家堰、章堰三个名称作一些讨论。关于章庙，即章氏香火院，本祭祀章粲，为纪念其疏浚青龙江的功绩而建，"士人报功公，祀至于今不废"[1]。后不仅为庙名，又代指地名，南宋都监杜申之墓碑载其"世居嘉兴府华亭之章庙"，[2]这里地势爽胜，曾出土过一件釉色滋润的唐中晚期青瓷碗，以此来看早在唐中晚期已经有人聚居，至南宋后期"人烟衰密"，"富家大姓多居焉"[3]。章堰之名要晚得多，由章家堰之名演变而来，章家堰由元代时章粲后裔章辅"名其里"得名[4]，因"宋章庄敏公监华亭盐筑堰故名，后乐其风土遂家焉"[5]。章堰当为章家堰的简称，并延续至今。此地在清代晚期形成市镇，现为重固镇下属的行政村。依此，上述三个地名是同一地方不同时代的称呼。

（二）中医世家何氏

何氏祖籍汴梁（今河南开封），出自唐代益昌县尹何易于，传五世至何沧。[6]宋室南渡时，何沧随之南下，因爱青龙镇风土，遂落户于此，成为青龙镇何氏的始祖。何沧，建炎初历官左朝奉大夫、制置京西北路干办公事，时以廉吏称，但未从医。[7]长子何深，授省干；次子何澄，官左宣郎签判。[8]而何沧之兄弟何楠、何彦猷与何易宇弃官从医，为何氏世医之始，其中何楠、何彦猷隐居镇江习医。

至何沧第四代孙何侃，绍定年间为严州淳安县主簿，任满后继承家风，归隐从

---

〔1〕 光绪《青浦县志》卷三"建置·坛庙"，《章宪文家庙记》。
〔2〕 青浦博物馆编：《青浦碑刻》，《宋故都监杜公墓碑》，第5页。
〔3〕 正德《松江府志》卷二十"寺观下"，黄由《普光教院记》。
〔4〕 光绪《青浦县志》卷十九"人物三·文苑传"。
〔5〕 光绪《青浦县志》卷二"疆域下·镇市"。
〔6〕 《竿山何氏族谱》，朱环甫《竹竿山人传》，上海图书馆藏本。
〔7〕 光绪《青浦县志》卷二十二"人物六·游寓传"。
〔8〕 康熙《青浦县志》卷七"人物下·流寓"。

医，研习岐黄，终成一代名医，也是何氏第四代世医、青龙何氏第一代世医。其后世代相传，绵延不断，共历31世、八百多年，代有名医，成为江南有名的医学世家。

青龙何氏第二代世医何伸，字处恭，号梅轩，为何侃子，元世祖曾召其入京作医，却征召不出，居青龙守父业。

青龙何氏第三代世医有何深仁、何贵实。何深仁，号仁山，又号仁斋，为何侃侄孙，元大德年间进士，避居青龙镇中亭桥，建居室"汲古阁"，研习医学，并著书到老。何贵实，为何伸之子，也习医。

青龙何氏第四代医有何天祥、何子英、何子华。何天祥为何深仁子，是松江支始祖，字克善，号德斋耆老，元代著名医家。至正年间（1341—1368）官医学教谕，时变告归，为云间郡（松江府）名医，治重症危疾甚有效验。原居青龙镇，后迁至松江府城之东，[1] 筑居室"世济堂"，由郡守题额，"世济堂何氏"名所由此而来。内有壶春丹房，"喻医之仁亦犹壶春之发生万物，化育无穷焉"。至正十七年杨维桢为其撰《壶春丹房记》。[2] 何子英、子华皆为何贵实之子。何子华，字仲华，仕元扬州路院学提举，有封诰，精医。

青龙何氏第五代医有何士贤、何士方、何士敬。何士贤（1329—1419），字伯愈，号慎节，为天祥三子。博学广记，涉猎经史，坐中谈论，侃侃有条，儒医兼通，士夫见重。明初以从事总兵官，下辽阳，跋涉海道，累征乡饮介宾。晚年以慎节自号，医业济人。著有《海道纪行》诗稿。何士方（1339—1418），字叔刚，号慧芳，为天祥五子。官元嘉兴府县学教谕。与陶宗仪等交往密切。其不仅医术高超，而且医德高尚，"医传于三世，名闻于一郡，其德性粹美，迥出于等夷。不徒以活人为心，又尝以仗义为事"[3]，"修药以济人，贫者辞其报，富者受其酬。凡得酬，不蓄家产，不藏金玉，惟收药置剂，济生劝善，余无他治"[4]。远近士民咸称之"何长者"。何士敬，

---

〔1〕《竿山何氏族谱》，朱环甫《竹竿山人传》，上海图书馆藏本。

〔2〕《何氏世谱》，姚椿《序》；何时希：《清代名医何书田年谱》，学林出版社 1986 年版，第 16 页。

〔3〕（明）曹宗儒：《赠儒医何子叔刚序》，转引自何时希：《中国历代医家传录》上册，人民卫生出版社 1991 年版，第 459 页。

〔4〕（明）蒋性中：《何长者传》，转引自何时希：《中国历代医家传录》上册，第 459 页。

袭职太医院医士，升任潞府良医正。

青龙何氏第六代医有何洵、何广。何洵（1366—1440），为士贤第三子，字景泸，号存心，籍上海，世居华亭。永乐五年（1407）应召护驾北上，官太医院院使。"凡遇遘疾之人，不论贵贱贫富，咸悉心疗治，孤寒愁苦之辈，亦不望报，诊视莫不奇验，求者益多，应者益广，人咸德之。至本院荐为良医正，累辞不仕。是以同宪保掌班事，处心端谨，役使有方，众骄钦伏，一时公卿大夫咸倚重焉"[1]，后以年老奏归故里。何广，字毅中，号诚斋，官太医院医士，"联芬拔萃，为医国之手，从事太医院，与游者多敬让之"。

至何氏十六世何应宰（1591—1672），迁至奉贤庄行镇，为何氏医学奉贤支的始祖。到二十世何王模（1703—1783）又从庄行还居青浦竿山，筑竿山草堂以居，成为竿山分支的始祖。二十二世、何王模之孙何世仁迁至青浦重固镇，为重固分支的始祖，其子何其伟晚年筑七榆草堂。

何氏累世名医，"业医有德"[2]，直至当代，绵延不绝，堪称我国医学史上奇迹。

何氏迁居青龙镇的地点，康熙《青浦县志》在介绍何沧生平时提到他曾经"复营室于青龙西江市上"[3]。经笔者调查，现今重固镇徐姚村北有一何家角自然村，村内原有何家桥，跨崧泽塘，而崧泽塘就是青龙镇的西江。以此推断何沧最早安家于此，今何家角村之名即来源于此。此地东距镇中心仅约600米，符合著族择地安家的特点。至何沧六世孙何深仁则分出，东迁至镇中心的中亭桥，并建"汲古阁"以居。

（三）宰相之后杜氏

杜氏与何氏一样，也是靖康之难后随宋室南迁的中原望族。据《西霞杜氏世谱》

---

〔1〕《何氏类汇》。
〔2〕有关何氏资料均引自《何氏世谱》《竿山何氏族谱》、光绪《青浦县志》。
〔3〕康熙《青浦县志》卷七"人物下·流寓"。

载，杜氏祖籍今陕西西安，其一世祖为杜裔休、杜述休、杜孺休兄弟三人，为唐宪宗时宰相、邠国公杜黄裳（738—808）之子，均任朝廷和地方要职，传至第六世杜衍（978—1057），宋仁宗庆历年间任枢密院使、同平章事，位列宰相。传至第九世、杜衍的曾孙杜缙南迁时寄居于汉城里西霞浦，成为迁至青龙镇的始祖。这一支杜氏遂称"西霞杜氏"。汉城里是华亭县下辖的乡里之一，而西霞浦则是吴淞江南岸的一条支流，东临大盈浦，位于青龙镇西约2公里。至西霞杜氏第四世杜九成，迁至西霞浦南的杜村，而清代青浦人诸联将杜村作为杜衍的生长地是不正确的。[1]

杜缙（1100—1173），字细三，中词科，官至大理寺丞，系西霞杜氏始祖。配蔡氏，有子三，即杜乾、杜坤和杜艮。[2]死后葬于西霞浦之南约2公里的杜村。此后，枝繁叶茂，"族大众繁"，"代有闻人"，成为华亭一邑的著名士族。

杜乾（1129—?），字从龙，以字行，属西霞杜氏第二世。绍定五年徐元杰榜进士，时年104岁，"期颐登第，人竞称之"。

杜孝严就是嘉定年间《青龙镇学记》的作者，属西霞杜氏的第三代。原名彦玖，字忠可，嘉定十五年（1222）九月以权兵部侍郎兼同修国史，是该家族为官最高者。工文章。

杜九成（1136—1198），为西霞杜氏的第四世、今白鹤杜村的始迁祖。原名允来，字凤仪。官枢密院干办，弃职归隐，筑室青龙镇普光寺南，于是子姓蕃昌，以姓名其村，即杜村。该村北距西霞浦祖宅约2公里。

杜豫（1207—1287），为西霞杜氏的第五世。字思庵，渊源家学，名重一时。

杜可久（1239—1301），为西霞杜氏的第六世，字维征，号柳溪。曾任青龙直学。另外，同辈的杜可举曾任元前军把总，杜熙曾任元处州路教授、温州路瑞安州判官，杜可进官提领。

西霞杜氏的第七世有杜英发等。杜英发（1269—1350），字俊卿，以才名官建宁路蒙古字学正，升南容州教授。未几归隐浦上，号"西霞道人"。初，叔叔杜可大无

---

〔1〕（清）诸联：《明斋小识》卷十"杜村"。
〔2〕《西霞杜氏世谱》卷二"世述·杜缙"，上海图书馆藏本。

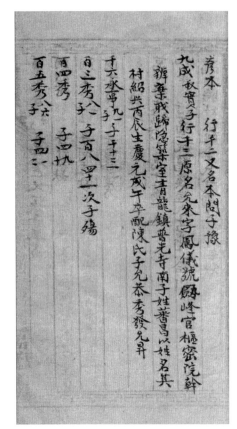

《西霞杜氏宗谱》
载杜九成生平
图 83

姚廷美《有余闲图》
图 84

子，养莫氏子为子，后又以英发为嗣。季父死后，将家产全部归莫氏子，又帮助莫氏子娶妻。当时族人被徭役所困，英发倡置义田，储米若干石以资之，邻里婚丧亦皆有给。元代著名文学家、书画家杨维桢为其作墓志铭。第七世另有官提举的杜汝楫、崇德州学正杜宏甫、昆山县训导杜炎发、太医院院正杜荣发、昆山县教谕杜仁发和杜骥等。

西霞杜氏的第八世有杜元芳、朴、敏等。杜元芳是元代著名藏书家，字玉泉，官浙江德清主簿，有文名。归隐西霞浦后，建翡翠碧云楼，因高出林表故名，下有苍厓、碧弯、竹深、荷净、晴好、雨奇诸轩斋几七十二所，藏书万卷。又置别业在东南，云林池岛尤胜，著有《云林集》。[1] 杜朴（1287—1372），字彦实，总把杜大元之孙，松江府教授杜容之子。[2] 性资迂介，然早承庭训，以善立心，至耄耋年，很有声望。浙省参知政事周伯温闻而以郡耆儒荐，故号"西霞善士"，为乡里所称道。杜敏，字好古，号泉石道人，家贫教学，高隐青龙，多次谢绝征辟，众人谓之迂，元代著名诗人王逢写有《寄怀诗》。据学者考证，现存画家姚廷美所绘《有余闲图》的主人杜隐君即杜敏[3]，姚受八十岁高龄的杜敏之邀于至正二十年（1360）绘制。从画题跋来看，他交友甚广，与杨维桢、万鉴、张俊德、昂吉等20多位皆有文字交，反映了元代晚期社会动荡导致江南文人普遍选择归隐的状态。

西霞杜氏的第九世有杜希仲、希伯等人。杜希仲，杜元芳子，任水军万户，有文名；杜希伯，字正甫，有潜德。

西霞杜氏的第十世有杜隰、桓等人。杜隰，字宗原，于明洪武初中词科，任太常寺赞礼郎，奉使缅甸，受上嘉奖，迁礼科给事中。有疾辞归，凡两赐手书存问，可惜英年早逝，仅33岁卒。其好学持正，文词清俊，在缅时缅人求题咏者常车满邮亭；归达诸朝，明太祖为其制御序。著有《双清集》十卷、《纪行诗》一卷。[4] 杜桓，杜隰弟，字宗表。永乐三年（1405）贡生，官金华卫经历，弃官归隐。善论时事又能诗

〔1〕 正德《松江府志》卷十六"第宅"，第751页。
〔2〕 光绪《青浦县志》卷十二"古迹·冢墓"，《杜朴墓志》。
〔3〕 顾工：《元姚廷美〈有余闲图〉再解读》，《艺术史研究》2023年3月版。
〔4〕 光绪《青浦县志》卷十九"人物三·文苑传"；卷二十七"艺文·书目"。

文，著有《九峰一叟稿》。曾上书当事，请减浮粮。[1]

今上海地区的杜行等以杜氏命名的地名大多与这支杜氏有关。

另外，在青龙镇南端的章庙（今章堰）还迁居着另一支杜氏，出身世族，因在檇李（今浙江嘉兴一带）游宦而定居青龙镇，与章氏为邻。据光绪《青浦县志》载《宋杜国珍墓碑》和青浦博物馆藏《宋都监杜公墓碑》，这支家族至少自宋迪功郎杜祥已经在此落户。其子杜国珍，字君实（一作宝），自号敬庵，少时嗜学，初授承信郎，累仕将仕郎、戎司属官。其筑室江皋，雅有园池之乐，辟"学古""桂芳"二家塾，建有普光寺，并造梁穿井，喜赈困穷，市田代乡人雇役，立冢敛死者，而有德声。朝请大夫、试中书舍兼直学士院任希夷为之撰墓志。[2]其妻沈妙明，青龙人，天姿质厚，幼闲妇道，事舅姑尽孝，待下以恕。杜国珍好善，沈妙明悉出奁以助，仁声著闾里。卒年七十有四，杜国珍为其撰墓志。杜申之（1175—1215），字伯禄，为杜国珍子。因系皇后亲属，补承信郎。初任绍兴府山阴县钱清镇监，兼巡检。后转承节郎，常州兵马监押。平居以翰墨自娱，生有杜士熊、士龙二子。[3]

（四）士族林氏

据青浦博物馆藏《宋故主簿林公碣》碑，青龙镇林氏祖籍福建莆阳（今福建莆田），本为莆阳望族，"代以入科显"。至少在主簿林沐的曾祖父林叶国辈已经迁至青龙定居。

始祖林华国，官至朝请大夫、提举福建路蚕茶事。

第二世林公望，字叔山，绍兴十八年王佐榜进士，[4]为青龙镇较早中举的进士，

---

〔1〕以上均引自《西霞杜氏世谱》，上海图书馆藏本；光绪《青浦县志》卷二十一"人物五·隐逸传"。
〔2〕光绪《青浦县志》卷二十二"人物·懿行传"；卷十二"名迹·冢墓"，《宋杜国珍墓碑》。
〔3〕青浦博物馆编：《青浦碑刻》，《宋都监杜公墓碑》，第5、6页。
〔4〕《绍熙云间志》卷中"进士提名"，第38页。

官朝奉郎、建康军节度使官厅公事。

第三世林敷，曾任文林郎、通州军事判官。

第四世林沐（1175—1241），字子木，自号"东轩居士"。敏而好学，博览书传，曾从父林敷宦游。父亲死后，"亲领诸孤"，担起抚养弟妹之责。嘉定三年（1210），郡国举士，被举荐于乡，因学富文赡而深受尊敬。端平二年（1235），恩授嘉定县主簿。死后其内侄、吏部拟注赵时梓撰、进士林宗传书其墓志。

第五世林继曾，第六世林寿祖，因未及官而仅存名。[1]

从《林公墓碣》来看，林氏为青龙镇士族。至清初尚有后裔，与徐乾学有文字交的文士林企佩即世居青龙，著有《诗史》《龙江集》。[2]

（五）巨族任氏

任氏家族源远流长，据《任氏大宗谱》载，一世祖可追溯至春秋时期孔子弟子任不齐。青龙镇任氏称作吴淞支任氏，祖籍徐邳三山（今江苏铜山县境内），出自乐安博昌（今山东寿光）人、南朝文学家任昉，唐末其后裔任叔文为避乱入蜀，至南宋绍兴年间任尽言官平江府通判，其子孙从此迁居吴淞江畔的青龙镇。这与新中国成立后出土的任良辅墓志所载其先世"有仕于吴，遂为青龙镇人"是一致的。后子孙繁衍，蔚为青龙镇大族。到第六世任贤能以宜兴族弟任仲常之子伯通为嗣子，于是入吴江，成为吴江任氏的始祖。[3]

任尽言，字元受，眉州眉山（今属四川）人，与苏轼是同乡，后徙居华亭。为任象先之子。宋高宗绍兴五年（1135），与兄任质言同举进士及第。[4]二十七年，为婺

〔1〕 青浦博物馆编：《青浦碑刻》，《宋故主簿林公碣》，第10、11页。
〔2〕 嘉庆《珠里小志》卷十二"人物下"。
〔3〕 民国13年《任氏大宗谱》（续修如皋支系十二卷）卷三"吴淞世系表"，国家图书馆藏本。
〔4〕《绍熙云间志》卷中"进士题名"，第38页。

任尽言像
图 85

州教授。居下僚，论事慷慨。绍兴三十年，由平江通判迁京西南路转运判官。孝宗隆兴二年（1164），官左散郎、直秘阁福建提刑使。著有《小丑集》。[1]其为任氏五十九世、吴淞支系第一世。

任清叟，字逸庵，曾官太常寺丞，嘉泰二年（1202）迁浙西路提举常平茶盐司事，曾居秀州城皇华坊，"盖取皇华使臣之义"[2]。其为任氏六十世、吴淞支系第二世。子有任有德、任相、任希、任康，其中长子任有德居苏州，而二子任相居青龙镇。[3]

任相，字直翁，号贞甫，占吴县籍。绍熙庚戌（1190）进士。死后葬昆山。著有

───────────

〔1〕《宋元学案》卷九九；民国13年《任氏大宗谱》（续修如皋支系十二卷）卷二 "世系总表"，国家图书馆藏本。
〔2〕至元《嘉禾志》卷第二，"坊巷"。
〔3〕民国13年《任氏大宗谱》（续修如皋支系十二卷）卷二 "世系总表"，国家图书馆藏本。

《易心学》。为任氏六十一世、吴淞支系第三世。

任焓，早卒。任炎，更名荣，本字行甫，嘉定壬申乡贡，受业朱文公之门。纂集《朱子粹言》。任望，字成甫，淳祐辛丑进士，官利州尹。任猷，字嘉甫，举进士。以上为任氏六十二世、吴淞支系第四世。

任氏六十三世、吴淞支系第五世就是任仁发辈，有任道基、公辅、公弼、仁发、仲夫、叔定、扬、抃、忬、捷、抡、招等11人，其中后6位由任猷所生。任道基，字子植，一字豫斋，居素节亭，任浙西行省幕府。任公辅，字子善，上舍人，著有《春秋大义》。任公弼，字子良。任叔定，迁金陵。[1]王逢《梧溪集》中曾提及其避居青龙镇时从当地遗老中听说"东尽艾圻浦……居氓十余家"是符合史实的。

这里需要指出的是，任仁发与仲夫的祖父、父亲之名在任氏家族墓出土的墓志与《任氏大宗谱》的记载有很大出入。1952年任氏家族墓被盗掘，后出土了任仁发等八方墓志，这些墓志中大多提及了墓主人的家世，明确记载他们兄弟俩的祖父是任通，曾任宋宣义郎；父亲则是任珣，被赠中顺大夫、高邮府知府、上骑都尉，追封乐安郡伯。[2]而对照《任氏大宗谱》却没有相应的记载。任仁发和侄子任良辅曾修纂任氏《吴淞续谱》，被民国13年修纂的《任氏大宗谱》所采录，理应不会发生这样的事情。只有一种推测比较合理，就是民国13年修订时漏载了。任仁发与仲夫的祖父、父亲之名当以出土墓志为准。

任仲夫（孚），任仁发弟，为旌表义士，未入仕。据弘治《上海志》卷八载，其"性谨畏而好义，大德间饥，捐米二千斛，以济贫乏"，又捐谷八百斛，而得到朝廷的表彰。[3]

任氏六十四世、吴淞支系第六世有任贤明、贤才、贤能、贤佐、贤德、良辅、良佑、明、良能、良才、琦等十余人，皆为儒士，"子姓多致通显"为官[4]，其中前五位为任仁发子。

---

〔1〕民国13年《任氏大宗谱》(续修如皋支系十二卷) 卷三"吴淞续谱世系"，国家图书馆藏本。
〔2〕青浦博物馆编：《青浦碑刻》，《任良辅墓志》，第30页；《任仁发墓志》，第16页。
〔3〕光绪《青浦县志》卷二十一"人物·懿行传"。
〔4〕（元）王逢：《梧溪集》卷第六，《谒浙东宣慰副使致仕任公及其子台州判官墓》。

任贤明，精于窦太师[1]针炳，至正初由学士揭傒斯引荐，上欲授官，他却辞归，监丞陈旅送以序。[2]新中国成立后出土的诸方任氏墓志中没有发现任贤明墓志，但王逢《梧溪集》记录了其生平。从《梧溪集》所载来看，任贤明当为任仁发的长子，陈菊兴先生在《任贤才墓志考述》一文中将任贤才作为任仁发长子是不正确的。[3]

任贤才（1284—1356），字子文，自号野云，任仁发二子，与父同善画。幼颖悟，读书嗜学，犹精于书史。延祐初，元仁宗召见，异之。选将仕佐郎、秘书监秘书郎。六年（1319），转将仕郎、太医院照磨兼管勾承发架阁。泰定二年（1325），改从仕郎、秘书监辨验书画宜长。至顺元年（1330），除承事郎、淮安路安东州税课提领。至元四年（1338），升汴梁路考城县令，兼管诸军与鲁劝农事、知河防事。[4]筑有光霁堂。[5]生有任时、晖、昉三子。

任贤能（1285—1348），字子敏，号云间子，任仁发三子，亦善画。大德、皇庆年间入宫进画，赐金段旨酒。延祐初，除太常寺大乐署丞，转将仕郎、两淮都转运盐使司庙湾场盐司丞。后迁登仕郎、淮安路盐城县主簿，平江路嘉定州判官。至正八年（1342），任宁国路泾县尹、兼劝农事、知渠堰事。15世纪初中期朝鲜李朝文人申叔舟评论大都画坛说："画马名者，曰周朗、任贤能也。"[6]生有任士中、士诚、奴奴三子。[7]

任贤佐（约1287—1358后），字子良，号九峰道人，任仁发四子，画家。1327年父卒，由荫累官台州判官。1348年台州方国珍等起义军起，任贤佐远行归吴，后被降为南陵县尹，终老于吴地。与王逢为亲家，王逢以诗赠之，云："儒雅南陵尹，归吴

〔1〕 窦太师（1196—1280），即窦默，初名杰，字子声，又字汉卿，广平肥乡（今河北省肥乡县，位于邯郸市东）人。元初历任翰林院侍讲学士、昭文馆大学士、正议大夫等职，累赠太师、魏国公，谥号文正。著名理学家、金针灸医家，以针术牙科闻名。
〔2〕 （元）王逢：《梧溪集》卷第六，《谒浙东宣慰副使致仕任公及其子台州判官墓》。
〔3〕 青浦博物馆编：《青浦碑刻》，第267页。
〔4〕 青浦博物馆编：《青浦碑刻》，《任贤才墓志》，第16、17页；光绪《青浦县志》卷十九"人物三·文苑传"。
〔5〕 民国13年《任氏大宗谱》（续修如皋支系十二卷）卷七"第宅"，国家图书馆藏本。
〔6〕 ［朝鲜］申叔舟：《保闲斋集》，参见洪再新：《元季蒙古道士张彦辅〈棘竹幽禽图〉研究》，《新美术》1997年第8期。
〔7〕 青浦博物馆编：《青浦碑刻》，《任贤能墓志》，第21、22页。

赋遂初。画传曹干马，羹煮季鹰鱼。柳暗凝香阁，花交织翠能。令两童子为，我导行车后。"任台州判官时，王逢又赠诗云："天香夜染紫烟衣，喜气春连白板扉。陶令山中初酒熟，刘郎溪上正花飞。使临奎璧新分象，民望云霓几落晖。宜早上官思补过，大军先破汴城围。"[1]他能继承父风，擅画人物，尤长画马。传世作品有《人马图》轴，至正二年《三骏图》卷，现藏北京故宫博物院。

任贤德（1289—1345），字子恭，任仁发五子。好义乐施，与其父曾出资修缮家乡的青龙塔；长于水利家传之学，任提举钱谷。后迁事不就，居家日以琴尊款客为娱，诗书教子为务。生有任士质、士文、士珪三子。[2]

任良佑（1281—1338），《任氏大宗谱》作任贤佐当误。字子德，因父仲夫捐谷善举，被授予集庆路溧阳州儒学教授，居溧阳。生有任敬德、敬道、敬古、敬兰、敬善五子。[3]

任良辅（1289—1350），字子翼，号肃斋。因父仲夫乐善好施，他被授青龙镇儒学教谕及宁国路太平县儒学，转平江路儒学，后升信州路叠山书院山长。生有敬祖、敬父、敬叔三子。[4]

任氏六十五世、吴淞支系第七世有任伯通、璞、晖、士珪、士文、任璞等15人。

任晖，字东白，贤才二子。累辟不出。与杨维桢游，尝邀杨至其家，校雠商榷，杨极爱重之。喜文史，善赋诗，著有《东白集》。[5]

任士文，任贤德儿子，曾入京师任监修国史掾，后迁秘书监校书郎、江浙等处行中书省照磨官（财务审计官）。[6]

任士璞，字伯璋，任贤佐子。曾割田二顷以赠青龙镇学，《任氏大宗谱》说其还建青龙镇社学，[7]中年谢辞军职。"追世变，一褐庙庐，义不去圻"，指元明鼎革时以

〔1〕光绪《青浦县志》卷三十"杂记·遗事"。
〔2〕青浦博物馆编：《青浦碑刻》，《任贤德墓志》，第24、25页。
〔3〕青浦博物馆编：《青浦碑刻》，《任良佑墓志》，第28、29页。
〔4〕青浦博物馆编：《青浦碑刻》，《任良辅墓志》，第30、31页。
〔5〕光绪《青浦县志》卷十九"人物三·文苑传"；卷二七"艺文·书目"。
〔6〕中国文化遗产研究院编：《新中国出土墓志》（上海、天津卷）下册，《元故孺人钦察台氏（守真荣）墓志》，第22页。
〔7〕民国13年《任氏大宗谱》（续修如皋支系十二卷）卷七"艺文"，国家图书馆藏本。

任士珪《职贡图》
图 86

布衣身份守宅庐，没有离开过祖宅艾祁。[1]

任士珪，字伯温，任贤德三子，官翰林院检阅。[2]王逢《简任伯温检校》一诗中提及："不忘旧为丞相掾，手图天马献金銮"[3]，可知任士珪曾画《天马图》献于朝廷。传世作品有《职贡图》，由美国旧金山亚洲艺术馆藏，任仁发所绘《九马图》曾由其所藏。

"淞青龙任氏，吴之著姓也"[4]，在第三世任仁发时最昌盛和富有，"吾松胜国时最繁富，青龙有任水监家，小贞有曹云西家，下沙有瞿廷发家……"[5]他还在镇东北筑颇有气势的来青、揽晖二楼作为"延宾之所"，并依此"藏书，率多异本"，成为当时"东南名胜"[6]，杨维桢曾作诗："大江如龙入海口，青山似凤来云间。任家高阁东西起，左江右海南青山。锦鱼烧尾春前花，读鹤传书天上还。老子胡床一横笛，双成仙佩响珊珊。"[7]

---

〔1〕（元）王逢：《梧溪集》卷第六，《谒浙东宣慰副使致仕任公及其子台州判官墓》。
〔2〕民国13年《任氏大宗谱》（续修如皋支系十二卷）卷三"吴淞续谱世系"，国家图书馆藏本。
〔3〕（元）王逢《梧溪集》卷二。
〔4〕民国13年《任氏大宗谱》（续修如皋支系十二卷）卷八"艺文"，杨维桢《东白说》，国家图书馆藏本。
〔5〕崇祯《松江府志》卷五十八"志余·二"，第1517页。
〔6〕民国13年《任氏大宗谱》（续修如皋支系十二卷）卷七"艺文"，国家图书馆藏本。
〔7〕正德《松江府志》卷十六"第宅"，第745页。

任氏家族在蒙古族统治下得以生存和兴盛，除了任仁发本人具有出色的才干外，还顺势而为，采取与蒙古等少数民族通婚的方式以保持家族地位的延续。如其孙任士质娶必阇赤高时中之女；任士文娶守真荣为妻，她是南安路达鲁花赤别离怯的孙女；陈明的第二位妻子也为色目人。

任氏家族具有乐善好施的家风，为青龙镇作了不少公益的事情，为乡民所敬重。任仁发祖孙三代曾相继捐资修缮青龙塔，捐资修缮青龙镇学，其弟任仲夫曾捐米谷救济饥民。任仁发还于至大二年（1309）在福泉山建朝真道院，华亭小蒸人、文学家邵亨贞为此作记。[1]

据《任氏大宗谱》载，青龙镇任氏传至任氏六十九世、吴淞支系第十一世"之"字辈，其中任仁发曾孙、任晖子任仲真为明洪武六年举人，官至南康府同知，[2]比较有名，为吴淞支系第八世。清光绪年间部分后裔仍然居住于艾祁村祖宅，"今任氏子孙犹有居此者，又任巷、任家桥所居，皆有任氏裔"[3]。而笔者实地调查时，该村已无任氏居住。

任氏家族在青龙镇的居住地在艾祁村。艾祁现属白鹤镇青龙行政村。

（六）著姓陈氏

关于陈氏，见于文献的有陈守通、陈倩、陈公廙、陈勇等诸人，虽然这些人物之间的关系不清楚，但是作为大姓应当是没有问题的。

陈守通，在北宋治平四年"出泉购书"以助建隆平寺藏经阁。[4]应是具有一定经济实力的士子或富商。

---

〔1〕 民国 13 年《任氏大宗谱》（续修如皋支系十二卷）卷七"艺文"，国家图书馆藏本。
〔2〕 民国 13 年《任氏大宗谱》（续修如皋支系十二卷）卷八"艺文"，《明南康府同知真生公传》，国家图书馆藏本。
〔3〕 光绪《青浦县志》卷二十一"人物·懿行传"。
〔4〕《绍熙云间志》卷下"记"，《隆平寺经藏记》。

陈某，其名不详，曾筑莲巢，"莲巢，青龙陈氏燕息之地。"北宋诗僧道潜（1043—1106）曾作："记得荷香里，蛾眉唱采莲。千年龟欲去，不见叶田田。"[1]能与僧道结交的人物一般文化修养较高，因此莲巢主人陈氏当为青龙镇有一定名望的文人。光绪《青浦县志》《任氏大宗谱》将莲巢作为任仁发燕息之所是不准确的。[2]

陈倩，字君美，熙宁年间曾任广南东路提点刑狱，在修筑广州西城、修缮旧城中被表彰，获赐银绢五十匹两。[3]元丰年间，转任广南西路转运使，时提举常平等事刘谊在桂州修缮廨舍时动用官钱万缗，陈倩因连带失察被罚铜二十斤。[4]后任司农卿。现桂州雉山上留有元丰四年其与同事游览的石刻，云："元丰辛酉岁孟夏二十三日，君美会仲举、仲隐、施元、子期，自寿宁早膳，泛舟，晚饮雉岩。是日仲隐被旨还使湖南，李时亮谨题。"从现有文献来看，莲巢主人极有可能就是陈倩，因其子陈晊仗势成恶霸尽失口碑而失名。

陈公廙，嘉定年间青龙镇监镇赵彦敟创建镇学时，曾买田构殿宇斋舍，学职之次罔不备，凡费三千缗，公廙独任三之一，又舍田租六百斛，为丁祭公养之用，人皆称之。[5]

陈勇，元时任承信校尉、湖广等处泉货少监。因无子，任仲夫之子明继嗣于他。死后葬在青龙镇南。[6]从嗣子陈明被封颍川郡侯来看，陈勇可能出自陈氏郡望颍川。

陈明（1286—1351），字彦古，号云山。任仲夫之子，因继嗣于姑夫陈勇，故姓陈。年轻时游京师，与公卿交辟。初被荐为太尉府宣使，寻擢至印。孝满，除承直郎、大有仓使。料量平，升朝列大夫、同知全州路事，后迁朝请大夫、吉州路吉水州知州兼劝农事，中议大夫、同知赣州路总管府事，以扬州路总管致仕，封颍川郡侯。所至以廉律己，以惠及民，颇有政绩。因督运军赋至武昌得疾，未几卒。生有陈补

---

〔1〕崇祯《松江府志》卷四十六"第宅园林"，第 1207 页。

〔2〕光绪《青浦县志》卷十二"名迹·古迹"；民国 13 年《任氏大宗谱》（续修如皋支系十二卷）卷七"艺文"，国家图书馆藏本。

〔3〕《宋会要辑稿》"方域九之二八"，第 7472 页。

〔4〕《宋会要辑稿》"职官四四之六"，第 3366 页；"方域四之一四"，第 7377 页。

〔5〕崇祯《松江府志》卷七十九"名迹志"，第 1803 页。

〔6〕光绪《青浦县志》卷十二"名迹·古迹"。

贤、补化、辟识温、识里温四子，孙子陈显忠、秉忠二人。[1]

正德《松江府志》载，陈氏曾与任氏出资修缮青龙镇学，"里人任、陈二大姓尝修饰之"[2]。此陈氏当为陈勇家族。

（七）三槐堂王氏

三槐堂王氏始出北宋王祐，王祐为大名府人，宋太祖赵匡胤时任监察御史，颇得赏识，官至兵部侍郎、知制诰，本为宰相人选，因直言未迎帝意被改任襄州知州。王祐赴襄州任前在其宅院内，手植槐树三棵，说："吾子孙必有为三公者。"其儿子王旦果真在宋真宗时做了宰相，其孙王素又做了宋仁宗时的工部尚书。王氏族人遂称这支王氏宗族为三槐王氏，并将宗族祠堂命名为三槐堂。王祐的曾孙王巩文采出众，与苏轼友善，苏轼为之作《三槐堂铭》，从此三槐堂扬名天下，"江左风流，名贤代起"[3]，"家声弈然"[4]，后发展成为王氏子孙繁衍最大的支派。

青龙镇三槐堂王氏始于王垂裕。王素的四世孙王轸任吏部尚书，徙居宛丘（今河南淮阳县）。宋室南下时，三槐王氏合族随之自汴京（今开封）经金陵南迁，其中迁居华亭的有4支，即王垂裕、王逊（迪）、王镇和王元。王逊、王镇和王元为同胞兄弟，王垂裕为他们的侄子，其中时任太常寺少卿的王逊于建炎三年（1129）迁居鹤沙（今浦东下沙），时任金紫光禄大夫的王镇迁居于今金山张堰，王元迁居于昆山，太学生王垂裕则迁居青龙镇，成为三槐华亭王氏始祖。[5] 王垂裕的长子王大业，慷慨尚义，

---

[1] 中国文化遗产研究院编：《新中国出土墓志》（上海、天津卷）下册，《元故中议大夫、同知赣州路总管府事陈公墓志铭》，第22页；弘治《上海志》卷八"人品志"。

[2] 正德《松江府志》卷十三"学校下"，第589—591页。

[3] 《清箱集自序》，载王之泰、丁俭编著：《南社王大觉诗文集》，香港中国美术出版社2009年版，第138页。

[4] （清）陈树德：《安亭志》卷十三"园亭"，《杨守陛世美堂记》。

[5] （清）《鹤沙王氏族谱》；崇祯《松江府志》卷四十二载"王奎：三槐文正公之后，有太常少卿名逊者避靖康难，徙家江南，又徙华亭，是为奎之祖"。

修文庙，出粟赈饥，大吏上疏予以褒扬。[1]后裔不甚清晰，但是明初青龙镇人、德州同知王士显的祖上也出自宛丘王氏一支，可能为其后裔。[2]笔者出生地白鹤镇鹤联村仓东生产队多为王姓，每当婚丧喜事，喜簿上皆具"三槐堂"，依此此村王氏也为三槐堂后裔，此村可能为王垂裕最初落户青龙镇的迁居地。

（八）士族陆氏

陆氏本是土生土长的著姓，出自三国华亭侯、东吴丞相陆逊，后子孙簪缨，蔚为望族。青龙镇上也居住着不少陆氏。据新中国出土的《南宋故府君上舍陆公圹志》记载，墓主人陆尧叟"居嘉兴云间"，"葬于重固钦顺庵祖茔之侧"[3]，青龙镇人、主簿林沐葬"新江乡四十四保重固村蒎泾北之西原"[4]，两人几乎同葬一地，依此推断陆尧叟应当为青龙镇人。陆尧叟是唐代名相、陆宣公陆贽的后裔，这支家族数代皆为儒士。

陆尧叟的曾祖父陆寅，祖父陆伯礼，俱世儒；其父亲陆宣义恩授迪功郎，长子陆梦炎领乡荐，次子即陆尧叟。

陆尧叟（1202—1271），字仲高，号砥斋，肄业京泮，淡于功名，在青龙老家筑小园"前林"，觞咏读史，又赈济族人邻里，受人尊敬，"族之不给者月有馈，邻之艰籴者时有赈，乡人之善者咸称焉"。

陆尧叟生有六子，陆君豫为京学进士；陆君范为贡补进士；陆子荐是乡贡待省进士；陆应子是贡补京学进士；陆君泽是贡补进士。只有第五子陆君辅未入科第。

---

〔1〕 光绪《青浦县志》卷二十二"人物六·游寓传"。
〔2〕 （清）陈树德：《安亭志》卷十八"寓贤·王士显"。
〔3〕 中国文化遗产院等编：《新中国出土墓志》（上海、天津卷）下册，《南宋故府君上舍陆公（尧叟）圹志》，第18页。
〔4〕 青浦博物馆编：《青浦碑刻》，《宋故主簿林公碣》，第11页。

（九）朱氏

章梦贤之子章振孙所娶朱淑清为青龙镇人，是朱承进九世孙女，而朱承进因其孙朱谔的显贵被赠太子少保。据正德《松江府志》卷十七"冢墓"条目记载，"按《朱氏家谱》，承进本汴人，五代时避地吴越，三迁至华亭，积德行善。生子六人，皆训以儒术，族遂大。迄宋亡，仕宦不绝。"尤其是朱谔（1068—1107），字圣与，初名绶，举进士，调忠正军推官。崇宁初，由太常丞、殿中侍御史擢侍御史、给事中，进御史中丞。后徙兵、礼、吏三部尚书。大观元年，拜右丞。因依附蔡京，被世人所不齿。朱氏落户青龙镇始于哪一代尚不清楚，但是朱氏为该镇著族是不争的事实，并至少在元代这支大族仍然具有一定的实力，以致后裔受到良好教育，就连朱淑清这样的女子慧而孝，善书法，具有良好的道德文化素养。

（十）舒氏

舒氏也出自汴梁，宋室南渡时迁至青龙镇。明洪武年间曾任平乐府（今属广西）同知的舒元辅"其先汴人，宋南渡，家寓秀州青龙镇"。[1]

（十一）万氏

据元末谢应芳《万氏宗祠记》载，万氏在建康南渡时从豫章（今江西南昌）迁至

---

[1]（清）陈树德：《安亭志》卷十八"寓贤·舒敩传"。

上海北亭乡（前属华亭县，后属青浦县），万氏宗祠由元至正九年（1347）由万铠建，地点在黄渡镇三十一保[1]，原攀龙坊附近。清乾隆年间万维所撰《万氏族谱序》中追溯其先祖也从南昌迁入黄渡一带，"吾宗自江右东迁四百余年……世居于黄渡之别支也"[2]，因此将万氏归入青龙镇的大族。

（十二）徐氏

据明吴宽撰《乡贡进士徐君（忭）墓志铭》载，徐忭的"先世为汴（今河南开封）人，从宋高宗南迁至嘉定之黄渡，家焉，族属藩盛，遂为东吴大姓"[3]。因此，徐氏与万氏一样，归入青龙镇大族。

（十三）胡氏

始于元末清忠书院儒学教授、台州人胡依。胡依，字伯可，号耕石。任清忠书院教授后定居于青龙镇"秀城里"。其女胡云英嫁于西霞杜氏后裔、直学杜友直，生有杜庆远。[4]

当然，青龙镇在北宋中期已经是"豪宗右姓所会"，镇上大姓望族远不止这些。据《上海通志》梳理，一些官职不高、但有一定文名的士子迁居此地的也不少，如北宋武官、曾出资修缮布金禅寺和隆平寺塔的颜霸，秀才、湖州人李行中，宋末庄肃从

---

〔1〕（清）章树福：《黄渡镇志》卷九"家祠"。
〔2〕（清）高如圭纂、民国万以增重辑：《章练小志》卷八。
〔3〕张建华、陶继明主编：《嘉定碑刻集》，吴宽《乡贡进士徐君（忭）墓志铭》，第1390页。
〔4〕民国《青浦县续志》卷十一"冢墓·补遗"，（明）张处廉《胡云英墓志》。

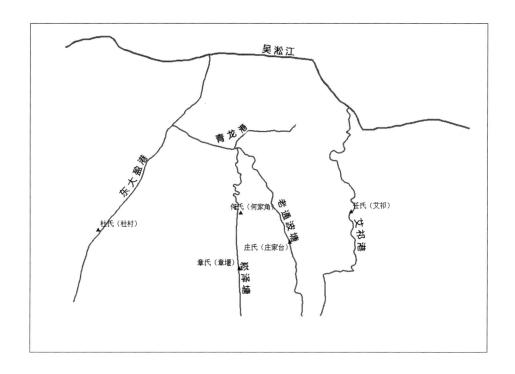

青龙镇部分望族居留地

图 87

临安迁此，元初滨州人杨乘，波阳人、元松江推官朱素，元至正年间昆山人瞿信都留居青龙镇，这些文人的子孙繁衍，成为有一定名望的士族。[1]

从上述大姓宗族来源来看，基本上为外来户，属于新移民。这些大族原居住地多为今北方的河南、陕西、山东等地，少数来自今东南沿海的福建和附近的江浙地区，只有个别出身本地，一方面与宋室南渡造成人口大量南迁这样的时代背景紧密相关，

---

[1]《上海通志》第四十五卷"专记·第三章第三节东汉至清部分土著居民姓氏溯源"，上海人民出版社2005年版。

"江浙湖湘闽广，西北流寓之人遍满"[1]，另一方面与青龙镇经济发达后具有较强的人口承载力和吸引力有关。其中在青龙镇周边地区为官后定居于此的占了很大比例。在家族维系方面，大族之间往往相互通婚，如任贤能次子任士诚娶章氏[2]；任贤德任士珪娶教授徐子正之女[3]；杜国珍长女嫁于承信郎周舜卿，次女嫁于修武郎丁葳；杜朴的长孙杜友直娶胡侬之女胡云英，次孙杜友谅娶郭氏，季孙杜友闻娶何氏[4]，从而保持门当户对、互为依衬。

〔1〕（宋）庄绰：《鸡肋编》上。
〔2〕青浦博物馆编：《青浦碑刻》，《任贤能墓志》，第22页。
〔3〕青浦博物馆编：《青浦碑刻》，《任贤德墓志》，第25页。
〔4〕光绪《青浦县志》卷十二"名迹·冢墓"，《杜朴墓志》《宋杜国珍墓碑》。

三、名士与青龙镇

（一）苏轼与醉眠亭诗唱和

醉眠亭为北宋文人李行中晚年隐居青龙镇的青龙江畔时所筑，由大文豪苏轼所题额而闻名。熙宁年间，李行中与苏轼等名流以醉眠亭诗为主题相互唱和，而成为北宋时期著名的一段文坛佳话。

关于李行中其人，南宋龚明之《中吴纪闻》对其记载颇详：

> 李无悔，名行中，本霅川（湖州）人，徙居淞江（松江）。高尚不仕，独以诗酒自娱。晚治园亭，号"醉眠"。东坡先生与之游从，尝以诗赠之。无悔有《读颜鲁公碑》诗云："平生肝胆卫长城，至死图回色不惊。世俗不知忠义大，百年空有好书名。"又《赋佳人嗅梅图》云："蚕眉鸦鬓缕金衣，折得梅花第几枝。嗅尽余香不回面，思量何事立多时。"其诗意尚深远，大率类此。[1]

---

〔1〕（宋）龚明之：《中吴纪闻》卷四"李无悔"。

继《中吴纪闻》后，杨潜《云间志》、范成大《吴郡志》等文献也简略介绍其人，《云间志》云："行中，字无悔，筑亭青龙江上，东坡名之曰'醉眠'，诸公皆有诗。"《吴郡志》说其"徙居松江，高尚不仕，以诗酒自娱，治园亭"〔1〕。从苏轼所赠《李行中秀才醉眠亭三绝》等来看，李行中本是湖州人，为秀才出身，富有才气，善诗，可能对世道不满，遂隐居不仕，以诗酒自娱，并筑醉眠亭和园池作为家室于青龙江上，自题"醉眠亭"诗多首，其中一首写道：

> 檐低槛曲莫嫌隘，地僻草深宜昼眠。
>
> 代枕暮凭溪上石，当帘时借屋头烟。
>
> 倦游拂壁画山径，贪醉解衣还酒钱。
>
> 一水近通西浦路，客来犹可棹渔船。

从诗句来看，李行中所筑的醉眠亭及其园室位处青龙镇西市僻静之处，建筑简陋，不似豪宅。也流露出其豪放不羁的性格、失意归隐的心态。

李行中与许多文化名流有着比较密切交往，彼此常以诗词酬唱，其中与苏轼更为友情深厚，苏轼在给李行中的一封信中曾经说到两人的关系：

> 某启。久留浙中，过辱存顾，最为亲厚。既去，又承追饯最远。自惟衰拙，众所鄙弃，自非风义之笃，何以至此。既别，但有思咏。两辱书教，具审起居佳胜。今岁科举，闻且就乡里。承示喻，进取之意甚倦，盛时美才，何遽如此，且勉之，决取为望。新文不惜见寄。未缘集会，惟万万自重。不宣。〔2〕

苏轼因反对王安石变法新政，与朝政见不合，自求外放，熙宁四年（1071），36岁的他赴杭州任通判。据孔凡礼先生考订，熙宁六年（1073），李行中与苏轼、周邠

---

〔1〕《绍熙云间志》卷下"诗"，第8页；（宋）范成大：《吴郡志》卷第十四"园亭"。

〔2〕《苏轼全集》卷七十八"与李无悔"。

苏轼像
图 88

三人曾同游径山。[1]周邠也是词人,时任钱塘知县,为著名词人周邦彦的叔叔。可知李行中与苏轼相识当在熙宁四年苏任杭州通判之后。熙宁七年(1074),苏轼因杭州通判任职满期即将赴密州(今山东诸城)任知州,离开杭州前又曾与李行中、周邠拜访杭州北山的广智大师,并作诗。农历九月下旬,苏轼离开杭州前往密州,途经湖州、苏州、晋陵、润州、扬州、高邮、楚州、海州。途中,与杨绘、陈舜俞、张先、李常、李行中、王诲、何充、姚淳、沈偕、单锡、孙洙、王存、释宝觉、王居卿、李之仪、孙觉、陈海州等好友先后游历,赋诗咏词,酬唱不绝。[2]至十二月初三,苏轼才到达密州任上。

　　湖州是苏轼离杭州至密州的第一站,同行的有杭州知府杨绘、陈舜俞、张先,而

---

〔1〕孔凡礼:《三苏年谱》卷二十三,第723页。
〔2〕孔凡礼:《三苏年谱》卷二十四,第804页。

李行中先行到达。至湖州，知州李常热情接待苏轼、李行中一行。这六位好友相会于官邸碧澜堂，相互酬唱，遂有"六客诗"和"六客堂之会"之说，"燕集甚盛"，"传于四方"[1]。在湖州逗留期间，苏轼为李行中题《李行中秀才醉眠亭三绝》予以相赠，书写亭额也可能在同一时段。

其一

已向闲中作地仙，更于酒里得天全。

从教世路风波恶，贺监偏工水底眠。

其二

君且归休我欲眠，人言此语出天然。

醉中对客眠何害，须信陶潜未若贤。

其三

孝先风味也堪怜，肯为周公昼日眠。

枕麹先生犹笑汝，枉将空腹贮遗编。

同时，张先、李常、陈舜俞也纷纷唱和。

之后，苏轼之弟苏辙、王观、秦观、张景修、韩宗文、苏枞、晁端佑、晁端彦、晁端禀、关景山、杨蟠、赵明叔、僧道潜等文化名人也陆续为李行中的醉眠亭题诗唱和，一时享誉文坛。如熙宁九年，李行中向苏辙寄诗并求题醉眠亭诗，苏辙则次其韵二首。据载，醉眠亭酬唱者达十七位之多，"皆一时名流"[2]，《云间志》等文献记录了这些和诗。

张先（990—1078），字子野，乌程（今浙江湖州）人。北宋时期著名的词人，曾

---

[1]《舆地纪胜》卷四"安吉州"；《苏轼文集》卷五十六，《与周开祖》第一简。
[2] 崇祯《松江府志》卷五十五"诗品"，第 1437 页。

任安陆县的知县，因此人称"张安陆"。天圣八年（1030）进士，曾任宿州掾、吴江知县、秀州判官等职，官至尚书都官郎中。晚年退居湖杭之间，以登山临水、吟诗咏词为乐，曾与梅尧臣、欧阳修、蔡襄、苏轼、李常等游历，吟唱往还。善作慢词，与柳永齐名，造语工巧，曾因三处善用"影"字，世称"张三影"。著有《张子野词》。

李常（1027—1090），字公择，南康建昌（今江西永修）人，皇祐元年进士，曾任鄂州、湖州、齐州知州，官至吏部、户部尚书、御史中臣、加龙图阁直学士。1087年奏请设立泉州、密州等地市舶司。藏书 2 万余卷，世人称为"李氏山房"。善诗文，著有《奏议》六十卷、《诗传》十卷、《元祐会计录》三十卷及文集等。其政见反对王安石的变法。

陈舜俞（？—1076），字令举，乌程人。因曾居秀州白牛村（今上海金山区枫泾），自号白牛居士。庆历六年（1046）进士，授签书寿州判官公事，官至屯田员外郎。熙宁三年（1070），在知山阴县任上以不奉行王安石青苗法，降监南康军酒税。喜欢吟诗作画，学识渊博，与诗人欧阳修、苏东坡、司马光交往甚厚，称为莫逆之友。著有《都官集》三十卷。

王观（1035—1100），字通叟，如皋人，宋代词人。王安石为开封府试官时，科举及第。宋仁宗嘉祐二年（1057）进士，后历任大理寺丞、江都知县等。曾著《扬州赋》《芍药谱》。

秦观（1049—1100），字少游，又字太虚，号邗沟居士，世称淮海先生，高邮人。官至太学博士，国史馆编修。颇得苏轼赏识，与黄庭坚、张耒、晁补之合称"苏门四学士"。因其亲附苏轼，被视为"旧党"，故一生经历坎坷。工诗词，词多写男女情爱，也颇有感伤身世之作，风格委婉含蓄，清丽雅淡。著有《淮海集》四十卷。

张景修，字敏叔，常州人。治平四年登进士第，元丰末为饶州浮梁令，终祠部郎中。人物潇洒，文章雅正，工诗词，所作诗几千篇，号《张祠部集》。

韩宗文，北宋开封雍丘（今河南杞县）人。出身名门，祖父韩亿曾官至参知政事，父亲韩维曾任开封知府。历官大理主簿、光禄寺丞。

苏棁，北宋泉州同安人，天文学家、吏部尚书苏颂弟。以父荫补官，熙宁三年为虞部员外郎，召试学士院，加秘阁校理。熙宁五年同知太常礼院，七年知泰州。

晁端佑，清丰人（今属河南）。

晁端彦（1035—1095），字美叔，其先清丰人，后徙彭城。嘉祐四年进士。熙宁四年，权开封府推官。七年，以都官员外郎提点淮南东路刑狱，徙两浙路。元祐元年，以司勋郎中为贺辽国正旦使，后为苏州知府、江淮荆浙等路发运使。绍圣初以秘府少监黜知陕州。其"文章字法，朝野宗尚"。

晁端禀（？—1090），字大受，号寂寞居士，居开封昭德坊。第进士，曾官知尧山县事，与邑士子讲习经艺，有惠爱于人。

关景山，字彦瞻，钱塘人，太学博士关景仁弟。举进士。

杨蟠（约1017—1106），字公济，别号浩然居士，章安（今属浙江临海）人，一作钱塘人。庆历六年进士，为密、和二州推官。元祐四年苏轼知杭州时，蟠为通判，以知寿州卒。平生为诗数千篇，著有《章安集》。

道潜（1043—1106），北宋著名诗僧。本姓何，字参寥，赐号妙总大师，於潜（今属浙江临安）浮村人。自幼出家。与秦观、苏轼诸人交好。苏轼任杭州通判时，道潜居智果精舍，遇苏轼，在坐赋诗，挥笔而就。苏轼甚爱之，认为他的诗句清绝，与林逋不相上下。此后二人交往甚笃，唱和往来，结为忘形之交。苏轼谪居黄州时，他曾专程前去探望。元祐中，住杭州智果禅院。因写诗语涉讥刺，又与苏轼的关系，道潜受牵连而治罪还俗，谪居兖州。后得昭雪，复削发为僧。崇宁末年归老于江湖。著有《参寥子诗集》。道潜曾至华亭、青龙镇，作诗《华亭道中》《莲巢》。[1]

以上诸位唱和者都与苏轼有着不同的交往，他们共同的特点是生性耿直，政见相似，大多反对王安石的新法，可谓志同道合，情趣相投，因此醉眠亭诗唱和在情理之中。

经历诸名士的唱和后，简陋的醉眠亭犹如醉翁、沧浪亭而声名远播。

醉眠亭一度荒废，元代王逢曾寻访此名亭，并作《寻醉眠亭故基》诗："落叶风日暮，惊鸿关河夕。聊托高世情，独访先贤迹。涓涓张翰酒，翛翛阮孚屐。还念避地

---

〔1〕 至元《嘉禾志》卷第二八、三十"题咏二、四"。

朋，投诗慰孤寂。"范逸作《醉眠亭》诗："孤亭超物外，得遂野人狂。林密烟霞秀，溪深竹本香。时眠芳草径，聊醉白云乡。疏嫩真成性，从他朝市忙。"[1]至少在清嘉庆年间遗址尚存，并由李行中的后裔重新修葺，还以此征咏，得到不少文人的响应。青浦人诸联（1765—？）在《明斋小识》这样明确提到："亭在青龙江上，宋李行中栖隐处。昔苏、晁诸公俱有赠诗。至丙寅春，其裔孙重为修葺，广征歌咏。予赋四绝句，第三章曰：家风重整赖云孙，破壁颓垣泽尚存。亭内春风亭外月，此中犹绕古吟魂。"[2]同治年间顾翰《松江竹枝词》有"东坡佳句有余馨，旧话南湖耐客听。往哲风流思二李，醉眠亭接放鹇亭"。[3]

依据相关文献信息，可对醉眠亭的情况作一些分析。一是建筑和存在时间，建筑时间肯定在北宋熙宁七年（1074）诸名士唱和前。作为青龙镇名迹，李行中的后裔及乡人倍加呵护，遗址至少延续至嘉庆年间，保存了700多年。二是地理位置。经考查，在今白鹤镇鹤联村太东生产队有一李家台的小自然村，不少村民姓李，李行中后裔生活的嘉庆年间距今只有200多年。而李家台又与醉眠亭"一水近通西浦路"的位置极为接近，这不是完全巧合，以此推测该亭极有可能在今李家台，即青龙镇西市的太平坊附近。

（二）苏轼和韵章楶《水龙吟》

燕忙莺懒芳残，正堤上、柳花飘坠。

轻飞乱舞，点画青林，全无才思。

闲趁游丝，静临深院，日长门闭。

---

〔1〕乾隆《青浦县志》卷十八"古迹"。
〔2〕（清）诸联：《明斋小识》卷九"醉眠亭"。
〔3〕顾炳权编著：《上海历代竹枝词》，第172页。明季高士李彦贞筑放鹇亭，在南汇西南隅，荷花坞故址在焉。明亡后李流寓平湖，以黄冠终，著有《南湖旧话》《放鹇亭集》。

傍珠帘散漫，垂垂欲下，依前被风扶起。

兰帐玉人睡觉，怪春衣、雪沾琼缀。

绣床旋满，香球无数，才圆却碎。

时见蜂儿，仰粘轻粉，鱼吞池水。

望章台路杳，金鞍游荡，有盈盈泪。〔1〕

　　这是北宋元丰四年章楶所作有名的《水龙吟·咏杨花》词。时章楶55岁，即将从京东转运判官之职卸任出为荆湖北路提点刑狱。该词清丽和婉，写就后章楶寄于好友苏轼，得到苏轼的回信。苏轼在给章楶的信中说道："柳花词妙绝，使来者何以措词！本不敢继作，又思公正柳花飞时出巡按，坐想四子闭门愁断，故写其意，次韵一首寄去，亦告不以示人也。"〔2〕对该词作了很高的评价，并和韵《次韵章质夫杨花词》。

似花还似非花，也无人惜从教坠。

抛家傍路，思量却是，无情有思。

萦损柔肠，困酣妖眼，欲开还闭。

梦随风万里，寻郎去处，又还被莺呼起。

不恨此花飞尽，恨西园、落红难缀。

晓来雨过，遗踪何在？一池萍碎。

春色三分，二分尘土，一分流水。

细看来，不是杨花，点点是离人泪。

　　当时，苏轼因"乌台诗案"正贬官黄州（今湖北黄冈），此和词笔触细腻伤感，清晰地流露出其此时惜春伤逝、无可奈何的心迹。

　　章楶与苏轼的一唱一和，成为闻名当时文坛的绝唱，《水龙吟》也成为传诵古今

---

〔1〕（宋）黄昇编：《唐宋诸贤绝妙词选》，辽宁教育出版社1997年版。
〔2〕《苏轼文集》卷五五"与章质夫三首"。

的名篇。

　　章粢与苏轼的关系比较融洽，两人曾同在京都开封任职，章粢初仕试大理评事，故早已相识，并有文字往来。元丰二年，章粢任华亭盐监时在公署之西建造了思堂，时任徐州知州的苏轼受其邀请作《思堂记》，表达了思堂主人章粢"必思而后行"的观念。[1]这里需要指出的是，思堂的地点不是有些文章所认为的在青龙镇或者苏州，而是华亭县城，这在苏轼《思堂记》一文中已经予以明确，"建安章质夫，筑室于公堂之西，名之曰思"，另外其族兄、理学家章望之也写下一篇《思堂记》，其中写道："吾族弟质父官华亭县之初，治其官寺为思堂以居。"[2]表明思堂是章粢在华亭盐监任上所筑的史实。

（三）梅尧臣与青龙镇

　　在诸多名人中，梅尧臣是与青龙镇有关联较早的一位，两者关系主要体现在其所纂的《青龙杂志》。但早在少年时代就与青龙镇发生了联系。

　　梅尧臣于公元 1002 年出生在宣州宣城（今安徽宣城），其父梅让是一位忠厚老实的农民，而其叔父梅询（964—1041）因聪慧于太宗端拱二年（989）考取进士，从此走向仕途，家境殷实。梅尧臣 12 岁之前在老家宣城读书，此后离开家乡，跟随为官的叔父到各地宦学、宦游，度过了美好无忧的少年时代，直至 25 岁。大中祥符九年（1016），梅询从鄂州知府调任苏州知府，那年梅尧臣 15 岁，过了一年即天禧元年（1017）梅询迁为刑部员外郎、陕西转运使。在叔父梅询任苏州知府期间，梅尧臣曾经跟随叔父至青龙镇游历，于是与青龙镇结下了不解之缘。弘治《上海志》所载"梅圣俞以叔询知苏州，尝往来其间"即指这段经历，当然此时年幼他不可能纂

---

〔1〕《绍熙云间志》卷下"记"，苏轼《思堂记》，第 30 页。
〔2〕《绍熙云间志》卷下"记"，章望之《思堂记》，第 31 页。

梅尧臣像
图 89

《青龙杂志》。

后来梅尧臣以叔荫入仕，历官太庙斋郎、桐城主簿。此后一段时间虽然没有到过华亭一带，但是对华亭还是比较熟悉的，并与擅文的唐询有着密切的文字交往。唐询（1005—1064），字彦猷，钱塘人，天圣年间诏赐进士及第，明道二年（1033）始任华亭知县，翌年即景祐元年曾作"华亭十咏"组诗，为此梅尧臣与王安石一起还专门和韵，赞咏华亭境内顾亭林、华亭谷、陆机宅等十处名迹。[1] 至庆历二年，梅尧臣调到湖州任监盐税官。四年，其内侄谢景温（字师直）也调任华亭知县[2]，相约梅尧臣一起到青龙镇游历。途中，梅尧臣经过华亭，写下了《过华亭》《泖湖》诗。当时梅与谢

〔1〕《绍熙云间志》卷中"知县题名"，第33页；卷下，"诗"，第2—5页。
〔2〕《绍熙云间志》卷中"知县题名"，第33页。

两人已经阔别三四年，彼此都非常想念，"把酒语君悲且喜"，在青龙镇相遇后，梅尧臣旋即写下了《逢谢师直》诗。[1]逗留期间，还一起观赏汹涌澎湃的青龙海潮，于是梅尧臣写下了著名的《青龙海上观潮》诗。

这次青龙镇分别后，梅尧臣又为内侄题《回自青龙呈谢师直》一诗，表达了他"起来整巾不称意，挂帆直走沧海边。便欲骑鲸去万里，列缺不借霹雳鞭"的宏愿。

此时与首次到青龙镇已经相隔28年，梅尧臣也从一位英姿勃发的少年变成了"白发冉冉"的中年人，从富有才学的学子变成名闻天下的大诗人了。

当时青龙镇海舶辏集，市场繁荣，正处于快速发展期，犹如一条活力四射的青龙正从东方冉冉升起。

也正因为这样的经历和美好印象，梅尧臣精心修纂了《青龙杂志》，当然也有可能受某青龙镇官员之托而纂。不管修纂的动因如何，梅尧臣所纂《青龙杂志》成为宋代"四大名镇志"之一。从编纂的时间来看，庆历年间最有可能，因为此时梅尧臣正在湖州监盐税官的任上，而湖州离青龙镇较近，两地来往方便，加上其内侄谢景温任华亭知县之职三年，有助于其熟知和修纂。

（四）瞿智与青龙镇

娄江人瞿智是元代诗人，博学善诗，至正四年赴青龙始任镇学教谕，后筑通波草堂于镇。赴任前，八位好友燕集以诗酒相送，成为"亦极一时之盛"的文坛雅事。这八位好友分别是李孝光、张雨、善行、钱惟善、陈德永、王冕、梁洵和吕肃，皆为当时名士。李孝光还为此雅集酬唱作《送慧夫上青龙镇学官诗序》，又作后跋，记载了事情经过。据清王昶《青浦诗传》考述，部分诗作写于瞿智任职青龙期间。

李孝光（1285—1350），词作家，字季和，温州乐清人。少年时博学，以文章负

---

[1]（宋）梅尧臣：《宛陵文集》卷十。

名当世。其作文取法古人，不趋时尚，与杨维桢并称"杨李"。早年隐居在雁荡五峰山下，四方之士，远来受学，名誉日广。至正四年应召为秘书监著作郎，当年游历娄县；至正七年擢升秘书监丞。著有《五峰集》。

燕集时，李孝光感觉"送人以其轩，不如送以言"，对好友瞿智任青龙教谕心存顾虑这一情形好言相劝，"今青龙不特为塾，庶几庠序之重，盖千室之聚、四民之处秀材出焉，卿士安焉，于今与州、县并称，慧夫往为之师，宜尽心焉"，"吾前舟过青龙河，见大屋在北林中，有美衣冠三四人，徐行过柳下，不知何家，以今言则学宫也。闻学宫有唐宋石刻诸诗词，悉如外史所咏，洵可游也，慧夫何迟"，[1]以此看来游历娄县时李孝光曾到过青龙镇，对该镇有所了解。于是他诗赠："解道诗成泣鬼神，锦袍未负谪仙人。随时俯仰何奇士，值世承平只幸民。醉卧未余青眼在，交游莫拟白头新。客来异县亦近耳，得此斯文肺腑亲。"

张雨（1283—1350），著名道士、诗文家、书画家。字伯雨，一字天雨，号句曲外史，道名嗣真，道号贞居子。年二十弃家为道士，居茅山，尝从开元宫王真人入京，欲官之，不就。曾从虞集受学，博学多闻，善谈名理。诗文、书法、绘画，清新流丽，有晋、唐遗意。虽隐迹黄冠道士之中，却列文士学人之名，被当世名士称为"诗文字画，皆为当朝道品第一"。八士雅集时，张雨撰有《送瞿博士上青龙学官》一诗相赠：

> 青龙江上古儒宫，子为横经振古风。
>
> 当户九峰春树碧，去家百里海潮通。
>
> 华亭好事笼盛鹤，楚国名碑篆刻虫。
>
> 信是青衫如拾芥，辟书已在万贤中。[2]

钱惟善（？—1369），字思复，自号心白道人、武夷山樵者，钱塘人。至元元年

---

〔1〕 光绪《青浦县志》卷三十"杂记下·遗事"。
〔2〕 弘治《上海志》卷五"学校"。

（1335），参加江浙省试，考题为《罗刹江赋》。时应考者达 3000 多人，都不知罗刹江出处，只有钱惟善引用枚乘的《七发》证明钱塘之曲江，即为罗刹江，大为主考官称赏，因而名声远扬，自号曲江居士。至正元年（1341），以乡荐官至儒学副提举。张士诚据江浙后，其退隐吴江笤川，后又迁居华亭，曾作《九峰诗》等。卒后与杨维桢、陆居仁合葬于干山，人称三高士墓。惟善长于《毛诗》，兼工诗文。著有《江月松风集》十二卷。又兼长书法，作品有《幽人诗帖》《田家诗帖》等。至正二十年，瞿智还在青龙镇学教谕任上，钱惟善诗赠："独坐高堂对春雨，碧梧飘湿凤皇翎。已瞻百里陪郎宿，尚许孤槛载客星。把酒长年惟觅句，焚香终日只横经。我来十载今朝醉，一笑逢君眼倍青。"

陈德永，字叔夏，浙江黄岩人，官江浙儒学提举。其文章似欧阳修，尤长于理。尝从盛象翁、林纭斋游，为王柏再传弟子，学者称两峰先生。著有《两峰憩草》。他诗赠："仕宦去家百里近，文采照人当妙年。想见弹琴读书处，墙头春日荠花圆"，"江上春风日夜催，即看柳色上衣来。莫言美玉难酬价，定有黄金为筑台"，"人生岂必相逢早，异县倾心有弟昆。却恨客舟无意绪，预先载我出吴门。"

王冕（1287—1359），著名书画家、诗人。字元章，号煮石山农，亦号"食中翁""会稽外史"等，浙江诸暨人。屡举进士不第，遂历览名山大川。后回越，携妻隐居会稽九里山，种梅千枝，自号"梅花屋主"，弹琴赋诗，以卖画为生。性狂不羁，李孝光等曾举荐之而被斥骂。善画竹石，尤工墨梅，著《竹斋诗集》。他诗赠："阖闾城郭东海近，沧江正尔连吴淞。只消放船七十里，不用出山千百重。学子衣冠皆济济，先生事业岂容容。警愧予白首成潦倒，春风安得此相从。"

善行，吴地僧人。至正十年，其诗赠："丈夫求仕非无术，只合逢时作校官。弟子日来供茗饮，先生时坐取琴弹。淀山春树簷前绿，谷雨秋风帐底寒。善舞不须愁地褊，才名行且属儒冠。"

梁洵，京兆（今陕西西安）人，生平不详。其诗赠："公道来真赏，清诗见似人。衰年只遁迹，今日解伤神。浩荡龙江晓，淹留雁塔春。心期浑未卜，秋梦已频频。"

吕肃，生平不详。其诗赠："山雨萧萧夜转多。思君别后定如何？惟犀怪底时时动，地上东风空绿波。云影垂江护晏阴，题诗东阁晓寒侵。便须骑马迎君去，街上青

王冕像
图90

泥三尺深。"

　　黄玠虽然没能参加燕集，但知悉后也以诗相赠。黄玠，字伯成，定海人，卜筑弁山，故号弁山小隐。工诗，著有《弁山集》《知非稿》《唐诗选》《纂韵录》。他赠诗："闻说瞿文学，与交皆伟人。曹刘不可作，张李故相亲。已脱尘中鞅，犹存席上珍。才名元振厉，诗语特清真。顾我知何晚，思君妙绝伦。平生五经笥，他日半通纶。小试衣冠掾，终期科第臣。芝兰居辄化，姜桂久逾辛。贾岛吟原苦，虞翻相本屯。风云同律吕，时序异参辰。有恨月初夕，无言草自春。那能忘把晤，搔首暮江津。"[1]

　　另外，瞿智筑通波草堂后，好友成廷珪作《寄题通波草阁》诗相赠："五月通波草阁寒，绿荫长日此凭阑。山如碧凤参差出，江作青龙左右蟠。榄子烧香云母火，樱

────────

[1] 以上唱和诸诗和经过见乾隆《青浦县志》卷三十九"杂记上"、（清）王昶：《青浦诗传》卷三。

桃行酒水精盘。老夫亦有鹅溪涓，也欲相从看书兰。"〔1〕成廷珪，字元常，兴化（今福建莆田）人，一作扬州人或芜城人。种竹数竿，号居竹。养母甚孝，博学，工书。著有《成柳庄诗集》《居竹轩集》。

清代学者王昶写有《青龙江怀元瞿慧夫智王原吉逢》诗，诗中说道："因怀画兰翁，于此主庠塾。诗书拥皋比，絃诵振蓬屋。宾朋载酒行，野馔招近局。词翰至今传，珊瑚溢缃轴。"〔2〕追忆此文坛盛事。

（五）其他名人与青龙镇

王可交，唐著名道人。以耕钓为业，居松江赵屯村（今青浦区赵屯镇）。传说某年三月三日，三十余岁的他驾一叶扁舟入松江，正击楫高歌时，忽见彩舫荡漾中流，有道士七人，呼喊其上舫，得道至天台。后王可交绝谷辞妻、子，入四明山。二十余年后，出山到明州卖药兼卖酒，当时人称为"王仙人药酒"，药效和酒质都佳，能治疟疾和邪魅。又三十多年后，再入四明山不复出。其事迹被唐沈汾收入《续仙传》。青龙镇上旧有王可交升仙台，在隆福寺南，元初尚存。〔3〕

范仲淹（989—1052），字希文，吴县人。北宋著名政治家、思想家、军事家、文学家、教育家，世称"范文正公"。景祐元年（1034），46岁的他从睦州知州调任苏州知府。在任职苏州知府期间，大兴水利，曾经度盘龙、大盈诸浦，并写下了《江上渔者》诗："江上往来人，但爱鲈鱼美。君看一叶舟，出没风波里。"

叶清臣（1000—1049），字道卿，长洲（今江苏苏州）人，又作乌程（今浙江湖州）人，北宋名臣。宝元初年，时任两浙转运副使的他开凿盘龙汇为新渠，导沪渎入

---

〔1〕 嘉庆《松江府志》卷十五"建置志·古署"；乾隆《青浦县志》卷十八"古迹"。
〔2〕 光绪《青浦县志》卷二十八"艺文下·集诗"。
〔3〕 《绍熙云间志》卷中"仙梵"，第2页；光绪《青浦县志》卷二十九"杂记·方外传"；《上海宗教志》第八编"人物"，第二章"道教"。

郏亶像
图91

海，民受其利。绍熙《云间志》载有其《祭沪渎龙王》一文，并撰《松江秋泛赋》。[1]

李甲，北宋画家。字景元，当湖（今浙江平湖）人，《海上墨林》谓其上海人，居华亭，自号华亭逸人。善词，工小令，与苏轼、李常、陈舜俞、张先、秦观、晁端佑等文人，都有诗唱和。常往来于吴淞口、清溪（今上海浦东新区高桥）等处。曾有题画诗云："谁拨烟云六尺梢，寒山秋树晚萧萧。十年来往吴淞口，错认青溪旧板桥。"苏轼对他的艺术评价很高，称其为"郭忠恕后一人"。[2]

钱贻范，北宋徐州彭城人。工篆书。宝元二年，任华亭知县。康定二年（1041），疏浚今盘龙塘、顾会浦诸水，以时蓄泄。[3]

郏亶（1038—1103），字正夫，原籍今江苏太仓，北宋水利学家。熙宁三年，根

---

〔1〕《宋史》卷二百二十《艺文一》，卷二百八十《艺文七》；正德《松江府志》卷二"水上"；光绪《青浦县志》卷十四"职官·名宦传"，卷二十二"人物六·游寓传"。
〔2〕《绍熙云间志》卷下"诗"，第8页；光绪《青浦县志》卷二十二"人物六·艺术传"。
〔3〕光绪《青浦县志》卷十四"职官·名宦传"。

据太湖下游的水利情状，上《苏州水利书》，建议治理苏州一带水田，提出了"辨地形高下之殊，求古人蓄泄之迹"等治水六得，建议修治吴淞江两岸大盈、夏驾等浦。后又提出了"治田利害大概"七条，为王安石所称善。五年，任司农寺丞，提举兴修两浙水利。著有《吴门水利书》。在郏家桥（今青浦区重固镇郏店），曾筑别业，郏店之名由此而始。其墓在今江苏太仓弇山园内。[1]

吕益柔，字文刚，别号松泽叟，北宋华亭人。元祐三年戊辰科进士，官刑部侍郎，以朝请大夫、显谟阁待制致仕。著有《吕益柔文集》五十卷。曾为胜果寺妙悟大师希最撰塔铭、书船子和尚《拔棹歌》。[2]

毛渐（1036—1094），字正仲，北宋衢州江山人。元祐四年任两浙路转运副使，值太湖沿岸洪水泛滥成灾，其大修水利，曾开大盈、顾会二浦，自是水不为患。[3]

赵孟𫖯（1254—1322），字子昂，号松雪道人、水精宫道士，吴兴（湖州）人，元代著名书画家。他曾至吴淞江访游，并作《吴淞江》诗。《吴淞江》云："壮气浮孤剑，余生寄短篷。战尘昏夜色，积雪泥春风。北望旌旗阔，南归郡邑空。江花与江水，客思两无穷。"另外，还为镇学教谕瞿智写有《寄题通波阁堂》诗。[4]

谢应芳（1295—1392），字子兰，号龟巢老人，毗陵（今常州武进）人，元末明初学者。至正间，江浙行省举为三衢清献书院院长。兵乱南迁，居吴之荐门，转娄江，渡吴淞，筑室篠泾，来往青龙、白鹤间。篠泾是重固村（今重固镇）北的一条河流[5]，谢应芳所作《避地篠泾怀友》诗描述了此地"土风颇淳朴，地僻鸡犬宁"的风貌[6]。他耿介尚义，在乡郡请复邹忠公祠，在吴请复顾元公祠、墓。明兴始归，隐居芳茂山，素履高洁，为学者所宗。著有《辨惑编》《思贤录》《龟巢摘稿》。次子谢林，字琼树，洪武十年以郡县举至京师，授开封新郑教谕。[7]

---

〔1〕（宋）龚明之：《中吴纪闻》卷第三"郏正夫"；光绪《青浦县志》卷二十二"人物六·游寓传"；1990年《青浦县志》"人物"，第777页。
〔2〕光绪《青浦县志》卷十九"人物三·文苑传"。
〔3〕光绪《青浦县志》卷十四"职官·名宦传"；《宋史》卷三百四十八"列传第一百七十"。
〔4〕光绪《青浦县志》卷二十八"艺文下·集诗"。
〔5〕青浦博物馆编《青浦碑刻》，《宋故主簿林公碣》，第11页。
〔6〕正德《松江府志》卷之二"水上"。
〔7〕光绪《青浦县志》卷二十二"人物六·游寓传"。

杨维桢（1296—1370），字廉夫，号铁崖、铁笛道人，浙江山阴（今绍兴）人，一说诸暨人，元末明初著名诗人、文学家、书画家和戏曲家。与陆居仁、钱惟善合称为"元末云间三高士"。元末农民起义爆发后，杨维桢避寓富春江等地，至正九年（1349）开始隐居松江，常至青龙镇，与青龙镇任氏、章氏、杜氏交往密切，曾为任仁发所建的来青、揽晖楼题诗，为章元泽撰《归来堂记》；撰《重修隆福寺记》，记录了任氏家族修葺隆福寺塔的事略；又为杜隐君《有余闲图》（姚廷美绘）题跋。

贡师泰（1298—1362），字泰甫，宣城人，散文家。至正十四年（1354）任平江路总管时恰遇张士诚起兵，师泰率义兵出战不敌，怀印走吴淞江，易姓名，作《幽怀赋》以自见，以隐居终。避居吴淞江时曾作《沪渎垒》诗。[1]

杨乘，字文载，元滨州人。少负气节，博涉经史，由参议掾累官监察御史、江浙行省员外郎。至正十二年（1352）杭州陷落，杨乘因非罪坐黜，遂依青龙镇章元泽。十六年，张士诚据欲强起之，杨乘曰："余岂事二姓者。"自知不免，乃辞。章元泽曰："某行矣，敢以家累君。"命二子杨卣、卓具礼，享先毕行，后圊顾视，日影夜寝，就缢遗书，言："死生如昼夜，某老矣，获全臣节，死其所也。"其以麻衣草履殓。后二年，台臣表之。杨卣以父荫任山东宣慰使都事，杨卓任清忠书院山长。[2]

瞿信，字实父，瞿智弟，元代昆山人。幼嗜学，平居未尝谈人过恶。家贫，养亲恒和睦。其兄瞿智死后，留下儿女数人，皆为婚姻教养。至正间台寇作乱，负母避青龙江上，筑室"闲野"以居。南台御史李烈举其为孝廉而不应。[3]

邵亨贞（1309—1401），字复孺，号清溪，祖籍严陵（今浙江桐庐），华亭县贞溪（今青浦区练塘镇小蒸）人，元代文学家。洪武初任松江府学训导。元末兵燹家破，侨居、终老于青浦横泖。他博学多能，精通经史，赡于文辞，与曹知白、陶宗仪、王逢友善。著有《野处集》《蚁术诗选》《蚁术词选》。曾至青龙镇游历，作《谒青龙文庙》诗："镇市近东海，人烟迷远郊。前朝有胜迹，遗碣在荒茅。民识青龙舰，树倾

---

〔1〕《元史》卷一百八十七"列传"第七十四；光绪《青浦县志》卷二十二"人物六·游寓传"。
〔2〕光绪《青浦县志》卷二十二"人物六·游寓传"；（元）王逢：《梧溪集》，《过杨员外郎别业有序》。
〔3〕光绪《青浦县志》卷二十二"人物六·游寓传"。

黄鹤巢。崇台近仙路，拟寻王可交。"〔1〕

顾瑛（1310—1369），一名阿瑛，又名德辉，字仲瑛，昆山人，元代文学家、藏书家。曾在青龙镇作别业，其后裔、明建昌府同知顾听从老家昆山迁至该处定居。〔2〕

陶宗仪（1329—约1412），字九成，号南村，元末明初浙江黄岩人，著名文学家、史学家。因家贫，抵松江，入赘松江都漕运粮万户费雄家，与妻元珍客居泗泾南村，筑草堂以居，开馆授课。曾作《晓发淞江》诗："客里东风促去程，沙棠舟小布帆轻。冲人鸥鸟双双起，近水桃花树树明。可喜吴淞堪寄食，不愁江汉尚多兵。经纶事业成虚掷，一十葵心向日倾。"〔3〕

---

〔1〕 光绪《青浦县志》卷十九"人物三·文苑传"；（元）邵亨贞：《蛾术诗选》卷之一，载《四部丛刊》三编集部，上海书店 1986 年重印本。

〔2〕 光绪《青浦县志》卷二十一"人物五·隐逸传"。

〔3〕 《明史》卷二百八十五"列传"第一百七十三·"文苑一"；光绪《青浦县志》卷二十二"人物六·游寓传"，卷二十八"艺文下·集诗"。

第七章　雄镇余韵

青龙镇因水而兴，以港兴市，从唐代中晚期逐渐形成，经历两宋的成熟、鼎盛两个阶段，整个成长期延续了五百多年。

元初，吴淞江仍然是比较通畅的航运主干道，所以青龙镇的海外贸易保持了一定的规模，元代周文英《水利书》记载："元至元十四年间，海舟巨舰每自吴淞江、青龙江取道，直抵平江城东葑门湾泊。商贩海运船户黄千户等，于葑门墅里泾置立修造海船场坞，往来无阻。此时江水通流，滔滔入海。"[1]同年，青龙镇所属的华亭县升格为华亭府，次年改名松江府，辖华亭县。按理说，松江府的设置有利于青龙镇市镇经济的发展。可是青龙镇海内外贸易繁荣局面并没有维持下去，刊行于元至元二十七年（1290）的《嘉禾志》载："今……无复海商之往来矣。"[2]两者相隔仅十多年，青龙镇已经没有海商往来，其海外贸易居然完全停止。从此盛极一时的青龙镇犹如落日余晖，开始走向衰落，至瞿智任青龙镇学教谕时镇上竟长出了茂草，"今乃鞠为茂草"[3]。以后更趋衰败。

---

[1]（明）归有光：《三吴水利录》卷四。
[2] 至元《嘉禾志》卷第三"镇市"。
[3] 光绪《青浦县志》卷三十"杂记下·遗事·补遗"。

一、衰落的原因

一个地区或城镇的生存发展需要经济基础，而拥有特色的支柱产业是经济基础最主要的构成和发展动力，相反缺乏或丧失特色的支柱产业必将无法生存和持续发展。

青龙镇衰落的直接原因就是失去了海内外贸易这一经济支柱产业，丧失了贸易港口的功能和地位。伴随这一支柱产业的丧失，其商业、手工业等相关产业开始全面萧条。以元至元后期酒税、税课、河泊课三种税额为例，青龙务所收酒课只有78定，税课为25定18两2钱，河泊课为1定8两，合计为104定26两。当时整个松江府总税额达5443定24两，其中包含酒课1910定13两，醋课180定，税课597定36两，河泊课6定9两，而松江府下辖的其他六个基层税务机关都超过了青龙镇的税额，其中大盈务酒课618定18两，税课85定26两，河泊课23定22两，合计726定66两，排名第一位；上海务酒课472定4两，税课179定25两，河泊课6定34两，合计657定131两，排在第二位；位于青龙镇东的蟠龙务酒课335定26两，税课25定47两，河泊课5定27两，合计365定100两，位列第三位；北桥务酒课191定48两，税课34定46两，合计225定94两，居第四位；亭林务酒课143定1两，税课24定13两，河泊课14定46两，合计181定60两，居第五位；南桥务酒课104定12两，税课51定34两，河泊课2定46两，合计157定92两，居第六位；就连未设税务的风泾三乡酒课也达 324 定。[1]青龙镇税额则退居到松江府七个税务的末位，分别为首位大盈务的 14.3%，第二位上海务的 15.8%，第三位蟠龙务的 28.5%，仅占松江府的比重 1.2%，与北宋熙宁十年时根本不可同日而语，表明青龙镇在元初经济衰退非常明显，经济实力和影响力急剧下降。

作为海港，青龙镇一旦丧失海内外贸易这一支柱产业，走向衰落是自然的事情。其深层次的原因主要是自然环境发生了根本变化。

一是吴淞江的淤塞，直接导致通航能力下降、海舶无法进港进行贸易。吴淞江作为太湖地区的主要泄水河道，泥沙沉积始终是其首要问题，上游泥沙下泻，而至下游往往受海潮顶托，常常沉积于河床，以致河流弯曲、排水不畅，虽然两宋朝廷花大力气多次加以疏浚，但是无法改变吴淞江日益变窄变浅的自然趋势。人为的因素也加剧了这一趋势，为保障漕运船只的安全，北宋庆历二年（1042）在太湖出水口处修筑了一道长堤，横截江流，极大地减缓了水势，降低了河水冲刷泥沙的能力，从此吴淞江失去了汹涌澎湃之势；庆历八年（1048）又兴建吴江长桥，江流更加减缓，造成下游诸港浦的淤塞。元祐年间，苏轼上书说道："自长桥挽路之成，公私漕运使之日茸不已，而松江始艰噎不畅，江水不快，软缓无力，则海之泥沙随潮而上，日积不已，故海口日湮灭，而吴中多水患。"[2]豪强地主也任意霸占吴淞江水道，或栽植芦苇，或围成荡田，以致水流更加不畅，河道更窄。北宋初，吴淞江仍然不失为一条大江，不过也由唐代的宽二十里缩窄至九里，到庆历年间河口宽度渐渐减至五、三里。元符初年（1098），又"遽涨潮沙，半为平地"[3]。至元大德年间，吴淞江"今则自河沙汇西至道褐浦六七十里之间，两岸涨沙将与岸平，其中仅存江洪阔不过三二十步，深亦不过三二尺"[4]。原"可敌千浦"的吴淞江航道日浅，船型大、吃水深的海舶根本无法回溯至青龙镇，只能转移到离出海口较近的地方进行停泊。

二是海岸线的东移，失去了港口优越的地理位置条件。作为海港，无论从航运或

---

〔1〕 至元《嘉禾志》卷第六"征榷"。

〔2〕《江南水利通志》卷八，苏文忠公《进单锷水利状》。

〔3〕（明）归有光：《三吴水利录》，《郯侨书》。

〔4〕 正德《松江府志》卷三"水下"。

货物中转的角度来看，都以靠近海口处为最佳位置。青龙镇原来的位置正处"沪渎之口"，地理位置相对优越。随着时间的推移，陆地不断向东推进，青龙镇与海口已相距日远，水上交通相对不便。至南宋乾道八年（1172）修筑里护塘之后，海岸线已伸展到今川沙、南汇、奉城一线。我国位于河口的沿海港口，多呈现出因陆地向海扩展而导致港口向海口位移的规律，古代各上海港尤为明显，青龙镇也属此列。[1]南宋嘉定年间，在青龙镇之东的黄姚、江湾两地一度成为海船停泊之地，就是这种位移趋势的具体反映。

除自然环境变化外，周边海港、商埠的兴起冲击并替代了青龙镇的港口地位。比如，位于平江府昆山县的黄姚，因靠近吴淞江出海口，水运便捷，南宋后期逐渐兴起，嘉定年间成为"系二广、福建、温、台、明、越等郡大商海船辐辏之地，南擅澉浦、华亭、青龙、江湾牙客之利"，直接分流了商船，影响青龙等镇的税收。宋末上海镇的兴起，成为太湖地区的重要海港，也分流了海舶，冲击了青龙镇的海内外贸易，加速了它的衰落。元初太仓刘家港（今浏河镇）因处于长江南岸、古娄江口，地理位置更优越，加上朝廷开创漕粮海运，也遽然兴起，冲击青龙镇和上海镇的海外贸易，并逐渐取而代之，"市舶之区徙于太仓"[2]。明《太仓州志》记载："（朱）清、（张）瑄因通海外番舶，凡高丽、琉球诸夷，往来市易，谓之六国码头"[3]，"久而外夷珍货棋置，户满万室"[4]。至正二年，元王朝在太仓设立市舶分司。此时，"自刘家河至南熏关，筑长堤三十余里，名楼列市，番贾如归"[5]，刘家港发展成为一座繁荣的海内外贸易港，并延续到明代。

青龙镇衰落的原因是多方面的，张剑光先生《宋元之际青龙镇衰落原因探析——兼论宋元时期上海地区对外贸易的变迁》一文关注到了青龙镇衰落的其他因素，比如青龙镇因河道不通畅带来的商品流通不畅，军事和税收政策变化、海上漕运的兴起对青龙镇带来的负面影响等，更完善了对青龙镇衰败的认识。

---

〔1〕《上海港史》（古、近代部分），第20页。
〔2〕 正德《松江府志》卷三"镇市"，第62页。
〔3〕（明）张采：《太仓州志》卷一"沿革"。
〔4〕（明）钱谷：《吴都文粹续集》卷十。
〔5〕（清）王祖畲：《太仓州镇洋县志》卷十七。

二、元明时期的青龙镇

　　元代时，青龙镇虽然市镇经济全面滑落，但是仍然不失为大镇，延续数百年奠定的基业，保持了较大的规模。至少在至元年间，该镇原有主要的行政管理机构还在运转，"今镇治延袤，有学有狱"[1]。市政建设也有所发展，延祐年间（1314—1320）建迎恩桥，至正年间则相继修建了板桥、太平桥、太傅桥等桥梁，以改善交通。

　　在水利建设方面，由于青龙镇人、著名水利专家任仁发的竭力主张，吴淞江数次得到了疏治。大德八年秋，任仁发目睹水患频繁慨然上书，指出地方官屡次治水无效的原因是"居位者未知风土所宜，视浙西水利与诸处无异，任地高下，时之水旱，所以水患频仍也"，从而引起了朝廷重视，任仁发于是授命协助江浙行省平章政事彻里疏浚吴淞江。该年11月，任仁发首次主持治水工程，他贯彻了自己的主张，在西起上海县界、东抵嘉定县石桥浜的吴淞江河段，挖深一丈半，开阔二十五丈，并设置水闸多座。十年冬，任仁发按照原定计划疏浚吴淞江重要支流，包括赵屯、大盈两浦和白鹤、盘龙两江；同时，他于新泾设置水闸两座。[2]过了十余年，吴淞江下游又出现"涨沙"。泰定元年冬，已退休的任仁发不顾自己年届古稀，再度受邀主持水利工程，

---

〔1〕 至元《嘉禾志》卷第三 "镇市"。
〔2〕 弘治《上海志》卷二 "山川志·水类"。

疏浚吴淞江下游，使其深阔如初；翌年，他在重要支流赵浦等处加筑水闸数座，并设管领定时开启，以遏浑潮。[1] 经过治理，吴淞江的水患大大减少，通航条件得到改善，使少量海船能出入青龙镇，在一定程度上减缓了青龙镇经济的衰退速度。

在教育机构方面有所完善。至正五年，青龙镇人章元泽辟宅创建清忠书院；任士璞也创建了社学。

元代青龙镇最突出的表现是文化依然保持了一定程度的繁荣。镇上任氏、章氏、何氏、杜氏、陈氏等一批世族著姓的后裔们依然居住在这里，又有王逢、瞿智瞿信兄弟、赵岫、顾瑛等一些文化名流以隐居或为官的方式汇集于此，发挥出名人效应，勉强支撑着该镇文化的延续和发展。同时，数百年积淀下来的古镇名望，仍然焕发出名镇的影响力，令不少名士仰慕心望；唐宋时期遗留下来的许多名胜古迹，也成为当时人们瞻仰凭吊的好去处，"前朝有胜迹，遗碣在荒茅"，一定程度上维持了市镇文化的活力。

但是，这一切都无法改变青龙镇衰落的整体趋势。元末，吴淞江下游湮塞更为严重，河面宽度不足1里。同时元末农民大起义时，张士诚率起义军渡江攻占平江府城后，驻守松江府城的元朝元帅王与敬，通于张士诚，据城哗变，纵火焚掠，携带抢劫的财物经顾会浦北奔青龙镇，在青龙镇更是恣意破坏。随后元军追至，劫掠更甚。[2] 经过这次洗劫之后，松江府损失严重，而青龙镇更是"胜概十不存一，已而市舶之区徙于太仓，又迁于杭越，而此地遂鞠为茂草矣。潮淤水涸，民业渐衰"[3]。从此，青龙镇作为宋代上海、太湖地区最繁华的港口市镇一蹶不振。

明代初期，吴淞江从昆山至上海县境的130余里河道几成平陆，河口段仅"广一百五十丈"[4]，"仅通舟楫而已"[5]。永乐二年（1402），户部尚书夏元吉采取了"掣淞入浏"的做法，导吴淞江水经太仓刘家河入注长江；又拓浚上海县城东范家浜（今

---

[1] 崇祯《松江府志》卷十八"水利下"，第469页。
[2] （元）陶宗仪：《南村辍耕录》卷八、三十。
[3] （明）顾炎武：《肇域志》卷九。
[4] 嘉庆《上海县志》卷一"疆域"。
[5] 弘治《上海志》卷三"水类"。

黄浦江外白渡桥至复兴岛段）引吴淞江支流黄浦由吴淞口入注长江，至此吴淞江变成了黄浦江的支流，明末吴淞江中游的青龙江更是"仅同沟浍而已"[1]。正德年间，青龙镇已经非常败落，南宋时期形成的三十六街坊全部坍塌荒废，"今为丘墟，江亦沮洫"[2]，"遗基断础犹有存者"[3]，桥梁"废毁多矣"[4]。嘉靖二十一年，青浦县从华亭和上海两县分离出来单独建制，青龙镇因属境内大镇而辟为县治的所在地。可是这次良好机会也没能让其重振复兴，只是昙花一现，至三十二年青浦县建置被撤。嘉靖年间，该镇又遭倭寇侵掠，街市被毁，破坏严重，"青龙、大盈之间多荒田，弥望皆芦苇之场，甚至数十里绝烟火"[5]，"昔号鸣驺里，今为牧豕场"[6]。万历元年复县时，败落不堪的青龙镇因偏于县境东北不便管理全境，已经不适宜作为县治所在地，青浦县治于是改迁至境中的唐行镇，由此青龙镇更趋颓败，至清光绪初期沦落为一小集镇，俗称旧青浦。

沧海变桑田。"旧时都会地，极目草青青"，青龙镇这座曾经风光无限的天下雄镇就这样黯然退出了历史舞台，湮没于历史长河之中。

---

〔1〕（清）顾炎武：《天下郡国利病书》原编第六册"苏松"。
〔2〕正德《松江府志》卷二"水上"，第67页。
〔3〕正德《松江府志》卷三"镇市"，第62页。
〔4〕正德《松江府志》卷十"桥梁"，第388—390页。
〔5〕（明）杨枢《淞故述》。
〔6〕乾隆《青浦县志》卷十七"古迹"，屠隆《孟冬行部经青浦旧县》。

附　录

一、青龙镇大事记

汉

东汉晚期，传孙权建青龙舰置于青龙江。

晋

咸和年间（326—334），虞谭在吴淞江南岸筑海防要塞沪渎垒。

隆安四年（400），袁山松修沪渎垒。翌年兵败垒破。

唐

天宝二年（743），建报德寺（宋更名隆福寺，后俗称青龙寺）。

天宝五载（746），青龙镇设置，镇将领之，地属苏州昆山县。

天宝十载（751），置华亭县，青龙镇地属吴郡（苏州）华亭县。

长庆元年（821），建隆平寺。

大和二年（828），孙均建法云禅院（宋易名布金寺）。

长庆年间（821—824），建隆福寺塔（青龙塔）。

大中元年（847），日僧圆仁搭载新罗人金子白、钦良晖、金珍之船从苏州松江口回国。

景福元年（892），道士叶管辖创建通玄观。

五代

后晋天福四年（939），改嘉兴为秀州，青龙镇改属秀州华亭县。

宋

乾德年间（963—968），建胜果寺。

大中祥符年间（1008—1016），以镇将理财。

天圣年间（1023—1032），建隆平寺宝塔；王继赟任青龙镇巡检。

景祐年间（1034—1038），始设监镇理镇事，以右职副之。

宝元年间（1038—1040），孙揆任青龙镇监镇。

康定元年（1040），建广利桥。

嘉祐年间（1056—1063），石怀玉、陈回任青龙镇监镇。

熙宁五年（1072），建广济桥。

熙宁七年（1074），分两浙路为浙东路和浙西路，青龙镇属浙西路嘉兴府华亭县。

熙宁十年（1077），青龙镇上交商税15789贯403文，居秀州九个税场中第二位。

元丰五年（1082），米芾任职青龙镇，并书《隆平寺经藏记》；隆平寺建藏经阁。

政和三年（1113），华亭县设市舶务。

大观年间（1107—1110），改青龙镇名为通惠镇。

宣和七年（1125）前后，青龙镇设造船场。

建炎年间（1127—1130），建妙普塔、法华塔。

建炎四年（1130）前后，韩世忠驻前军、刘晏率赤心队百五十骑戍守青龙镇，以防金将完颜兀术。

绍兴元年（1131），复名青龙镇，设市舶务；宋将王德驻军青龙镇以招捕驻于崇明镇的盗匪邵青。

绍兴二年至三年（1132—1133），范温率一支北方抗金武装泛海归宋，其水军屯青龙镇。

乾道八年（1172），建广顺桥。

淳熙五年至十一年（1178—1184），平江（今苏州）许浦水军战舰泊于青龙镇。

淳熙年间（1174—1189），建阜通桥（又名通泽、车栏桥）。

绍熙五年（1194），杜国珍建普光寺。

庆元元年（1195），撤华亭县市舶务。

庆元年间（1195—1200），建庆安桥（俗名酒坊桥）、滑石桥。

嘉定十五年（1222），监镇赵彦敬创建镇学。

淳祐年间（1241—1252），监镇林鉴整治市容；娄（魏）大年任监镇。

元

至元十四年（1277），华亭县升格为府，翌年改为松江府，青龙镇属之。

至元二十九年（1292），上海县设置，青龙镇改属之。

延祐年间（1314—1320），建万安桥。

至正五年（1345），章元泽创建清忠书院。

至正六年（1346），建板桥（又名众安桥）。

至正七年（1347），建太平桥。

至正十一年（1351），建太傅桥。

至正十六年（1356），建法会庵。

至正年间（1341—1368），建孩儿桥、吉利桥、史家庄石桥。

明

洪武年间（1368—1396），建会龙桥。

嘉靖二十一年（1542），青浦建县，隶属松江府，青龙镇为县治，以原镇廨为县署。

嘉靖三十二年（1553），青浦县撤废，青龙镇复为一般镇市。

万历元年（1573），青浦复县，县治从青龙镇迁至唐行镇。

万历十二年（1584），建永安桥。

天启五年（1625），重建郏家桥，更名秀龙桥。

二、青龙镇志料新辑

编辑说明：

为反映唐宋时期青龙镇的状况和原貌，笔者收集和梳理现存的文献史料，尝试重新予以合辑，名为《青龙镇志料新辑》（以下简称《新辑》）。

本《新辑》所辑录的内容时限为唐宋，之后的内容一概不录。体例参照杨潜所修绍熙《云间志》，分为"卷上""卷中"和"卷下"三个部分，"卷上"部分主要辑录青龙镇的历史沿革、地理位置、镇域物产、人口税赋等基本概况，"卷中"部分主要辑录该镇管理机构、官职人名、主要建筑、知名人物等内容，"卷下"部分则收录有关该镇的纪文、墓志、诗赋等史料。绝大多数内容则来源于诸方志、文献，并在注释中加以注明，以体现其原真性、可靠性；文字改动之处亦在注释中予以说明，如卷上、卷中二部分原文中出现的"国朝""今"等时代名词一般改成"宋"；为弥补史料的缺陷，保持内容的完整性、连贯性，则补充了小部分内容，并在注释中用"笔者所加"来说明。

卷 上

沿革

青龙镇，在禹贡为扬州之域。周时为吴国边地，吴灭入越，越灭入楚，春申君改封吴地，入其封邑。秦合天下，分郡县，始属会稽郡由拳县。汉初立娄县，属之。汉顺帝永建四年分浙江以东为会稽郡，西为吴郡，属之。孙氏霸江东，入东吴。梁天监六年，吴郡分置信义郡，娄县改信义县，属之。大同元年析信义置昆山，属之。隋开皇九年平陈置苏州。迨唐天宝十年，吴郡太守赵居贞奏割嘉兴、海盐、昆山三县置华亭为县，始属之。僖宗入蜀，王腾据邑。其后吴越王据吴越。晋天福四年，以嘉兴县为秀州，隶焉。[1]

镇戍

青龙镇，亦名龙江。[2] 控江连海[3]，唐天宝五年置镇防御[4]，以守海道[5]。青龙之镇名莫详所自，惟朱伯原《续吴郡图经》云：昔孙权造青龙战舰置之此地，因以名之。[6] 宋[7]景祐中置文臣理镇事，以右职副之，绍熙间设[8]文臣一员[9]。大观间改曰通惠，[10]

---

〔1〕 绍熙《云间志》卷上"封域"载华亭县历史沿革，青龙镇隶属华亭县，其历史沿革与华亭县相同，故直接引用绍熙《云间志》，文字则略改。

〔2〕 弘治《上海志》卷三"镇市"，正德《松江府志》卷九"镇市"。

〔3〕 正德《松江府志》卷九"镇市"。

〔4〕 正德《松江府志》卷九"镇市"，卷十四"兵防"；嘉靖《上海县志》卷六"公宇"。对于青龙镇置于唐天宝五年说，学界尚有不同看法，本《新辑》采用此说。

〔5〕 绍熙《云间志》卷上"镇戍"。

〔6〕 绍熙《云间志》卷上"镇戍"。

〔7〕 绍熙《云间志》卷上"镇戍"作"国朝"。

〔8〕 绍熙《云间志》卷上"镇戍"作"今止"。

〔9〕 绍熙《云间志》卷上"镇戍"。

〔10〕 绍熙《云间志》卷上"镇戍"作"政和间改曰通惠"，据《宋会要辑稿》"方域六之十六"载，大观年间各地纷纷改名，缘于"讥讳日广，县邑有君、主、龙、天、万年、万寿之类称呼，例皆改易"，故取大观年间改名之说。

寓"通商互惠"义，[1]绍兴元年复为青龙。[2]海舶辐辏，岛夷为市，[3]海商云集之所也，[4]人号"小杭州"[5]。

建炎三年十二月，浙西制置使韩世忠驻前军于青龙镇，中军驻江湾，后军驻海口。世忠知金人不能久，大治战舰，俟其归而击之；[6]刘晏率赤心队一百五十骑戍镇。[7]四年二月，韩世忠屯镇江，闻淮浙宣抚使周望遁走，遣将追之，至许浦不得，趋水而下，直往青龙江。及至青龙江口，闻望已还军而西，乃逆江而上之镇江。[8]绍兴元年冬十月，水军统制邵青兵变，自镇江引舟师驻于崇明镇，诏令浙西安抚大使司统制官王德往捕，遂驻军于青龙；[9]二年八月，枢密院统制范温泛海归朝，诏温以舟师屯青龙，十月抵达，翌年正月温自青龙镇以所部行在；[10]三年五月，叛将徐文自明州夜以所部泛海舟而循，经青龙镇至海

〔1〕 万历《青浦县志》卷三"古迹"认为"通惠泉，在镇学亭下，有井相传通惠山泉，故改镇为通惠，又名第六泉"，依此通惠镇因镇学亭下之通惠泉传与惠山泉相通而名，此说不确，笔者取本意之说。

〔2〕 对于青龙镇复名时间，《绍熙云间志》卷上"镇戍"与《宋会要辑稿》"方域十二之十八"记载不同，前者曰："高宗即位，复为青龙云"，为建炎元年（1127），后者曰："绍兴元年复"，相差4年。《宋会要辑稿》"职官四四之一三"记载建炎四年十月十四日提举两浙路市舶刘无极奏文等多次提及"通惠镇"之名，而"职官四四之一六"提及至绍兴三年"青龙"等市舶场务情况，未提及"通惠"之名，故笔者从《宋会要辑稿》说。

〔3〕 正德《松江府志》卷九"镇市"。

〔4〕 绍熙《云间志》卷上"镇戍"作"海商辐辏之所"，宋朱伯原《吴郡图经续记》卷中"水"作"海商之所凑集也"，为避免文字重复，略作修改。

〔5〕 弘治《上海志》卷三"镇市"。

〔6〕 《建炎以来系年要录》卷三十"建炎三年十二月丙申"，《宋史》卷三百六十四"列传"第一百二十三"韩世忠传"，文字略改。

〔7〕 《宋史纪事本末》卷六十四，《宋史》卷三百六十四"列传"第二百一十二"忠义八·刘晏传"，文字略改。

〔8〕 崇祯《松江府志》卷四十九"兵燹"。文字略改。

〔9〕 《建炎以来系年要录》卷四十八"绍兴元年冬十月己巳"曰："是日，浙西安抚大使司统制官王德以黄榜招安水军统制官邵青，既而降之。初，青自镇江引舟师驻于崇明镇，朝廷遣德往招捕。德驻军青龙镇，自率亲兵往崇明，而为泥港所隔。青遣人铺板布钉签，官军不知，争渡而过多死在泥中。……德曰：'邵统制，汝壮士，盍归朝廷乎？'"《三朝北盟会编》卷一百四十九、《宋史》卷三六八"王德传"皆与之相同。文字略改。

〔10〕《建炎以来系年要录》卷五十七"绍兴二年八月辛亥"曰："枢密院统制范温以所部至东海军。温在莱州福岛五年，至是食尽，遂与其徒二千六百余泛海来归，朝廷嘉其忠。诏温以舟师屯青龙镇（李心传注云：'屯青龙镇在九月戊寅降旨。'）"《三朝北盟会编》卷一百五十五"绍兴三年正月"曰："范温自登州率众归行在。……时绍兴元年也，朝廷既得状，即遣人以武翼郎，门宣赞舍人招温。温遂率其徒以二年八月到东海县，九月离东海，十月到青龙镇，箾案，至是起行在。"文字略改。

门。〔1〕乾道六年，平江许浦设水军。淳熙五年，所管南船寄泊青龙；十一年，青龙港窄狭，水流浚急，南船移戍昆山县顾泾港。〔2〕

墩，盖古人所筑以防海处。青龙南有白茅墩，其东又有逢阵墩，大抵皆烽墩堠也。〔3〕

海道

青龙镇，海道也。〔4〕

自通、泰州南沙、北沙转入东筌、料角、黄牛垛头，放洋至洋山，沿海岸南来，至青龙港；又沿海岸转徘徊头至金山，入海盐县澉浦镇黄湾头，直至临安府江岸，系浙西路。〔5〕

北自旧海发舟，直入赣口羊家寨，迤逦转料至青龙江、扬子江，此里洋也。〔6〕

---

〔1〕《建炎以来系年要录》卷六十五"绍兴三年五月乙卯"曰："是日，徐文以舟师过青龙镇，遂至海门县，尽弃南船，掠民间浅底湖舡，放洋而去。沿海制置使仇念、都统制阎皋、神武中军统制朱师闵合兵追之不及。文所部复归者千余人。诏隶神武中军，与师闵俱听行在。念坐贬二秩。"文字略改。

〔2〕（宋）周必大《和州防御使赠少师赵公（伯骕）神道碑》（《文忠集》卷七十）记载：（淳熙五年）"时议分屯明州水军于平江之许浦，委公相视。公言：'沿浦泥沙胶舟，利屯轻船，若战舰当泊青龙镇。'诏可。"《宋会要辑稿》"食货五十之三十"曰："（淳熙）十一年二月，殿前司言：'本司水军驻扎许浦，所管南船寄泊青龙，人船相离数百里，遇有发遣前去取船，水陆迁枉。兼青龙港窄狭，水流浚急。欲将南船尽移戍昆山县顾泾港，择高阜地段建一大寨，量合用人数于许浦差拨，同老小前去一处居止。'诏浙西提刑傅淇同本军统领相度，经久利便，保明申枢密院。既而淇等相度，顾泾港屯泊南船，比之青龙港稍深，去海颇近，委实利便。从之。"文字略改。

〔3〕正德《松江府志》卷二十一"古迹"曰："墩，盖古人所筑以防海处或者因康王金山城事而传是名耳。……青龙南亦有白茅墩，其东又有逢阵墩，大抵皆烽墩堠也。"文字略改。

〔4〕《吴郡图经续记》卷上"海道"曰："吴郡，东至于海，北至于江，旁青龙、福山，皆海道也。"文字略改。

〔5〕《宋会要辑稿》"职官四十之四"曰："（绍兴二年七月）二十六日，吕颐浩言：'朝廷近置沿海制置使最为得策，然虏舟从海道北来抛大洋，至洋山、二孤宜山、岱山猎港、岑江，直至定海县，此海道一也，系浙东路。若自通、泰州南沙、北沙转入东筌、料角、黄牛垛头，放洋至洋山，沿海岸南来，至青龙港；又沿海岸转徘徊头至金山，入海盐县澉浦镇黄湾头，直至临安府江岸，此海道二也，系浙西路。万一有警，沿海制置一司缓急不能照应两路事宜，欲乞令仇念掌管浙西、淮南路，别差制置使一员，管浙东、福建路，候防秋过日罢。'从之。"文字修改。

〔6〕开庆《四明续志》卷五"申省状"曰："所谓三路者。贼欲侵扰淮东，则自旧海发舟，直入赣口羊家寨，迤逦转料至青龙江、扬子江，此里洋也；若欲送死浙江，则自旧海发舟，直出海际，缘赣口之东社、苗沙、野沙、外沙、姚刘诸沙，以至徘徊头、金山、澉浦，此外洋也；若欲送死四明，则外洋之外，自旧海放舟，由新海界分东陬山之表，望东行，使复转而南，直达昌国县之石衕、关岙，然后经岱山、岑江、三姑以至定海，此大洋也。"文字修改。

形势

居松江之阴，[1]沪渎之口。[2]东临大海，西依大盈浦，顾会浦、西浦枕于东、西两市。[3]为江海要害地。[4]

镇境

属新江乡崧泽里。[5]东西三里，南北五里。东至艾祁浦，西至招鹤坊，南至登云坊、仰高坊，北至青龙江、东岳别庙。[6]

水陆路

镇去华亭县五十四里[7]，秀州一百九十五里[8]。

水类

水系发达，浦塘纵横，河泾交汊。[9]

松江，在镇北，太湖泄水之道，亦海道也。[10]郏侨尝曰：故道深广，可敌千浦。[11]其源始于太湖口而东注于海。书曰：三江既入，震泽底定。《续吴郡图经》据

---

〔1〕 绍熙《云间志》卷上"镇戍"。

〔2〕 绍熙《云间志》卷下"记"，陈林《隆平寺经藏记》。

〔3〕 笔者所加。青龙镇沿河流分布，从地形来看主要有两条纵向的河流贯穿整个镇区，一是东面的通波塘，古代俗称东江、东浦，崇祯《松江府志》载便民桥、具足桥等诸桥"俱东江上"；二是西面的崧泽塘，古代俗称的西江、西浦，宋应熙《青龙赋》曰："凝眸绿野桥边，几多风景；回首西江市上，无限逍遥"，这里提及"西江市"这个名称。西江又称西浦，即今崧泽塘北段，也是宋代吴淞江中段青龙江南侧的支流，此河曾建有太平桥、西栅桥、西亭桥等诸桥，"太平桥，在西江上""西灌桥，在青龙镇西浦上，四十六保四区"，"西栅桥，在西江上，养蚕浦南"。依此，青龙镇可分东、西两市。

〔4〕 正德《松江府志》卷十四"兵防"。

〔5〕 绍熙《云间志》卷上"乡里"载，"按《祥符图经》《元丰九域志》，华亭管十三乡"，其中新江乡"在县北七十里四保十二村，管里二：新江、崧宅"；建国后出土的《宋故主簿林公墓碣》《元故敕授集庆路溧阳州儒学教授任公墓志》(详见后文)记载墓主人林沐、任良佑，皆为青龙镇人，分别葬于"华亭县新江乡四十四保"，"新江乡松泽里"，而此"松泽里"即"崧宅里"，依此可断定宋代青龙镇地处华亭县北部的新江乡崧宅里。

〔6〕 此为镇核心区域即镇区，不含近郊，根据考古勘探估算。宋代一里为360步，一步5尺，一尺约0.31米，一里约558米。若含近郊，东西7里，南北9里，东至艾祁浦，西至大盈浦，南至章庙，北至青龙江、东岳别庙。

〔7〕 绍熙《云间志》卷上"镇戍"。

〔8〕 至元《嘉禾志》卷一"道里"。

〔9〕 笔者所加。青龙镇地处太湖流域水网地带，水系发达，明归有光《三吴水利录》卷一"郏亶书"载，北宋时"或五里七里而为一纵浦，又七里或十里为一横塘"。

〔10〕 笔者所加。

〔11〕 (明)归有光：《三吴水利录》卷一"郏侨书"。

郦善长云：松江自湖东北径七十里江水分流，谓之三江口。《吴越春秋》云：范蠡去越乘舟，出三江之口入五湖之中，谓此也。庾仲初《扬都赋》注云：大湖东注为松江，下七十里有水口分流，东北入海为娄江，东南入海为东江，与松江而三。宋时[1]松江自吴江县过甫里，径华亭，入青龙镇，自湖至海凡二百六十里。若夫有新江、旧江之别者。嘉祐间吴中水灾时李兵部复圭为转运使，韩殿省正彦宰昆山，开松江之白鹤汇如盘龙之法。其后崇宁中漕使郑亶又浚治之，遂为民利。尝询之父老所以然者松江东注地曲折，自白鹤汇极于盘龙浦环曲而为汇不知其几，水行迂滞，不能径达于海。宣和初，两浙路提举常平赵霖等[2]所开松江自白鹤汇之北，直泻震泽之水东注于海，略无迂滞处，是以吴中得免水患。[3]

青龙江，在镇北，传昔孙权建青龙舰于江上，松江中流也。西吞大盈，东接盘龙，而泄于沪渎以入海。[4]淳熙十四年，华亭河流断绝，邑宰刘璧相视青龙江可通潮而堙废已久，集丁夫给官米，不越五日浚七十余里，潮达县市；又浚河东六十里水及州城，当旱潦之时有浸灌之益。[5]

沪渎江，在镇东北，浩瀚无涯，松江下游也。[6]《吴郡记》："松江东泻海曰沪海，亦谓之沪渎。"《广韵》："沪，水名也。"《白虎通》："发源而注海曰渎。"陆鲁望《渔具诗序》："列竹于海澨曰沪"，吴之沪渎是也。皮日休《吴中苦雨诗》："全吴临巨溟，

---

[1] 绍熙《云间志》卷中"水"作"今"。

[2] 绍熙《云间志》卷中"水"作"今"，据宋范成大《吴郡志》卷十九"水利下"和《宋史》卷九六、九七"河渠志"等籍载，赵霖自宣和元年正月始至二年八月，役工二七八万余，浚治"一江""一港""四浦""五十八渎"，其中"一江"即青龙江，"自白鹤汇开修至艾祁塘口。长十三里，面阔十五丈，底阔九丈，深一丈二尺。通役六十一万二千八百余工"，故文字略改。

[3] 绍熙《云间志》卷中"水"，文字略改。《宋史》卷九十六"河渠志"曰："崇宁二年初，通直郎陈仲方别议浚吴松江，自大通浦入海，计工二百二十二万七千有奇，为缗钱，粮斛十八万三千六百，乞置干当官十员。……时又开青龙江，役夫不胜其劳。……人以为滥。……明年三月，……提刑司言：'开浚吴松、青龙江，役夫五万，死者千一百六十二，费钱米十六万九千三百四十一贯石，积水至今未退。……'政和六年，诏曰：'闻平江三十六浦内，自昔置牐，随潮启闭，岁久埋塞，致积水为患。其令守臣庄徽专委户曹赵霖讲究利害，守归江海，依旧置牐。'"

[4] 笔者所加。

[5] （宋）袁燮：《絜斋集》卷十二，《端明殿学士通议大夫签书枢密院事崇仁县开国伯食邑七百户食实封一百户累赠太保罗公行状》。

[6] 笔者所加。

百里到沪渎。海物竞骈罗，水怪净渗漉。"即此是也。江侧有沪渎垒，盖虞潭、袁崧防海之处，两旁有东、西芦浦泻于渎江。《旧图》："沪渎江口在县东北一百十里。"[1]

顾会浦，镇东浦也。[2]南通漕渠，北达松江。因干山之阳，地形中阜，松江潮至，半道辄回，干山之旁，沙涂壅积，故自庆历辛巳、绍兴乙丑、乾道乙酉一再开通，未几辄淤滞。绍兴乙丑因浚塘，又于华亭县北门筑两堤，依旧基为闸，以时启闭，复于浦之东辟治行道、石梁四十六，以通东乡之停浸。[3]

西浦，北达松江。[4]

艾祁浦，在镇东，北归松江。[5]

盘龙浦，在艾祁东，[6]以其委蛇曲折如龙之盘而得名。《祥符图经》："县东北四十五里。"《续吴郡图经》："有盘龙汇者介于华亭、昆山之间，步其径绕十里许，而回穴迂缓逾四十里，江流为之阻遏，盛夏大雨则泛滥，沦稼穑，坏屋庐，殆无宁岁。"自乾兴以来屡经疏决未得其要，范文正公守平江，尝经度之，未遑兴作。宝元元年太史叶清臣按漕本路遂建议酾为新渠，道直流速，其患遂弭。[7]

大盈浦，在镇西。[8]南接淀山湖，北自白鹤汇以达松江，浦阔三十余丈。庆历《开顾会浦记》论华亭浦淑五，而大盈居其一。王介甫诗云"徒嗟大盈北，浩浩无春秋"即此浦也。[9]

赵屯浦，在大盈西。[10]南接淀山湖，北达于松江，浦阔五十余丈。即王可交遇仙处。[11]

---

〔1〕 绍熙《云间志》卷中"水"。
〔2〕 笔者所加。绍熙《云间志》卷中"水"载："按《庆历开顾会浦记》：直县西北走七十里趋青龙镇，浦曰'顾会'"。顾会浦系青龙镇东市河，时俗称东浦。
〔3〕 绍熙《云间志》卷中"水"。
〔4〕 笔者所加。
〔5〕 笔者所加。
〔6〕 笔者所加。
〔7〕 绍熙《云间志》卷中"水"。
〔8〕 笔者所加。
〔9〕 绍熙《云间志》卷中"水"。
〔10〕 笔者所加。
〔11〕 绍熙《云间志》卷中"水"。

物产

青龙镇枕江负海，川陆之产丰腴。田宜麦禾，陆宜麻豆。地饶蔬茹，水富虾蟹。舶货所辏，海物惟错。[1]尤松江鲈鱼者，东南脍味，历为传咏。[2]张翰《秋风歌》曰："秋风起兮佳景时，淞江水兮鲈鱼肥。"[3]《南郡记》云吴人献鲈于隋炀帝，帝曰："金荠玉脍，东南佳味也。"[4]范文正公诗曰："江上往来人，但爱鲈鱼美。君看一叶舟，出没风波里。"[5]镇西有白鹤汇者，盖昔多鹤。[6]

青龙墨，宋有章生，后有任景周。[7]

风俗

《舆地广记》云：古扬州地人性轻扬，尚鬼好淫祀。[8]华亭迨陆氏居之，邑人开化，士风清嘉，文贤斯盛。青龙为港，[9]海舶辐辏，风樯浪楫，富商巨贾、豪宗右姓所会，[10]里人竞相侈靡。[11]嘉定间监镇赵彦敩倡镇学，遂弦歌之声闻于镇间，[12]礼乐揖让，人皆习尚，以为文物风流之地。[13]

青龙江上有龙舟夺锦之盛。[14]

户口

主户少而客户多，往来不定，口尤难记。[15]

---

〔1〕绍熙《云间志》卷上"物产"作"华亭负海枕江，原野衍沃，川陆之产兼而有焉……今华亭稼穑之利，田宜麦禾，陆宜麻豆……煮水成盐，殖芦为薪，地饶蔬茹，水富虾蟹。舶货所辏，海物惟错。"所属青龙镇与之相类，故文字略作改动。

〔2〕笔者所加。

〔3〕笔者所加。

〔4〕（明）李时珍：《本草纲目》，"鲈鱼"。

〔5〕光绪《青浦县志》卷二十八"艺文下·集诗"。

〔6〕笔者所加。

〔7〕弘治《上海志》卷三"土产"载有"青龙墨"，正德《松江府志》卷五"土产"载："墨，出青龙镇。宋有章生，后有任景周，元有卫学古，皆得古法，近时府城龙香剂亦佳。"文字略改。

〔8〕（宋）常棠：《澉水志》卷上"风俗"。

〔9〕笔者所加。

〔10〕弘治《上海志》卷二"疆域志"。

〔11〕笔者所加。

〔12〕弘治《上海志》卷五"建设志"，文字略改。

〔13〕崇祯《松江府志》卷五十二"寺院三"，《灵鉴宝塔铭》。

〔14〕正德《松江府志》卷九"镇市"。

〔15〕（宋）常棠：《澉水志》卷上"户口"。《澉水志》所载澉浦镇户口虽与青龙镇有别，但两者同为商埠，人口结构上有相似之处，故引用该志记载。

税赋

青龙，雄镇也，商税、酒税、市舶税为依。[1]

旧在城及华亭、青龙、澉浦、广陈、崇德、海盐七场，商税岁为三万三千六百六四贯。熙宁十年，青龙场商税额万伍仟八百七九贯四百三文。[2]嘉定十三年，青龙等沿海之税每月南货关税动以万计。[3]

酒税：秀州旧在城及青龙、华亭、魏塘、大盈、徐沙、石门、牛进、海盐、上海、赵屯、泖口、嵩子、广成、州钱、崇德、汉盘十七务岁十万四千九百五十二贯，熙宁十年祖额一十一万七千八百九贯七十三文，买扑一万五千八十一贯六百文。[4]

市舶税：绍兴元年，两浙路临安府、明州、温州、秀州华亭和青龙镇市舶务五处共抽解一十万九百五十二斤零一十四两尺钱二字八半段等。[5]

嘉定间，沿海青龙等处，奸民豪户广收米斛贩入诸番，每一海舟，所容不下一二千斛，或南或北，利获数倍。[6]

---

〔1〕笔者所加。

〔2〕《宋会要辑稿》"食货十六之九"。

〔3〕《宋会要辑稿》"食货十八之二九"载嘉定年间"黄姚税场系二广、福、建、温、台、明、越等郡大商海船辐辏之地，南擅澉浦、华亭、青龙、江湾牙客之利，北兼顾迳、双浜、王家桥、南大场、三槎浦、沙泾、沙头、掘浦、萧迳、新塘、薛港、陶港，沿海之税每月南货关税动以万计"，依此推测青龙镇等沿海镇、港、场每月南货关税数，文字则修改。

〔4〕《宋会要辑稿》"食货一九之一二"。

〔5〕《宋会要辑稿》"职官四四之一六"载：（绍兴三年）"今据两浙提举市舶司申：本司契勘临安府、明、温州、秀州华亭及青龙近日场务，昨因兵火，实无以前文字供攒。本司今依应将本路收复以后建炎四年、绍兴元年二年内，取绍兴元年酌中一年一路抽解博买到货物，比附起发变卖收到本息钱数目，开具如后：一、本路诸州府市舶务五处，绍兴元年一全年共抽解一十万九百五十二斤零一十四两尺钱二字八半段等"。文字略改。

〔6〕《宋会要辑稿》"食货三八之四三"曰："嘉定十年三月一日，臣僚言：'沿海州县如华亭、海盐、青龙、顾迳与江阴、镇江、通、泰等处，奸民豪户广收米斛贩入诸番，每一海舟，所容不下一二千斛，或南或北，利获数倍，谷价安得不昂？民食安得不乏？又况南北贸易之际，能保其不泄漏事体，以挺罾召变乎？乞下沿海州军各所属县镇籍定海舟，应有买贩入蕃，先具名件经官给据，委官检实，方得出海巡警。官司必看验公凭，方许放行。如海舟过蕃潜载本禁之物，许令徒党告首，事涉重害者，以舟中之物与之充赏。至若米斛在舟，只许会计舟人期程公用，不得过数般贩入蕃，庶几奸民知所畏戢。'从之。"文字略改。

卷 中

廨舍

镇将署，昔置镇将、副，以掌捍防守御之事。吴越国置镇遏使，以是土之豪杰世领之。[1]宋初将虽存，而县令及尉实掌其权。《元丰九域志》则废矣。[2]宋镇廨，在镇北镇家桥北。[3]

管界水陆巡检司，在镇中。[4]

场务

青龙务，宋熙宁十年前置。[5]

酒务，熙春坊北。[6]酒坊，亦宋建。在酒坊桥侧，赋云"以三乡之折为一邑酿本"，三乡即新江、海隅、北亭也。[7]

---

[1] 崇祯《松江府志》卷四十九"兵燹"曰："(唐乾符七年)僖宗幸蜀，群盗所在磐结，海寇王腾窃据华亭，与常熟之柳起、无锡之宋可复互为声援。镇海军节度招讨使练卒自守，发杭州兵戍县镇。先是华亭之南境金山、北境上海、青龙皆有镇将，势孤不敌，故加兵戍之。……昭宗大顺四年，吴越王钱镠遣顾全武平嘉兴，拔华亭，遂取苏州、淮南。……钱氏奄有两浙，更于诸县镇至镇遏使，以土之豪杰世领焉。"卷二"沿革"曰："又《吴越备史》云：先是，嘉兴、海盐、华亭旧有镇将。至是，尽有两浙，封吴越王。于嘉兴之西境义和，华亭之南境金山，北境之上海、青龙，海盐之东境乍浦，西境澉浦，皆置镇遏使，以是土之豪杰世领之。"

[2] 绍熙《云间志》卷上"封域"。

[3] 崇祯《松江府志》卷之三"桥梁"作"镇家桥，在镇治南陈泾上"，而陈泾据笔者实地调查和分析即今陈泾岸河，位于镇北部，故文字略改。

[4] 绍熙《云间志》卷上"镇戍"。

[5] 《宋会要辑稿》"食货十六之九·商税二"载熙宁十年前秀州地区下属的七个场务，"秀州：旧在城及华亭、青龙、澉浦、广陈、崇德、海盐七场，岁三万三千六百六十四贯"，表明此前青龙务即已设置。

[6] 正德《松江府志》卷之九"坊巷"作"熙春坊，酒务前"，故文字作上述改动。

[7] 正德《松江府志》卷之十一"官署中"，文字略改。

市舶务，绍兴元年置〔1〕，掌蕃货、海舶、征榷之事，以来远人，通远物。〔2〕昔由华亭市舶务抽解、博买。〔3〕

茶、盐税场，宋置。〔4〕

造船场，宣和间移明、温州船场置。〔5〕

仓，在西市，青龙江南，宋置。

库。〔6〕

义役庄，在西市太平桥东。〔7〕

狱。〔8〕

---

〔1〕《宋会要辑稿》"职官四四之一三"记载建炎四年（1130）两浙路市舶官刘无极对青龙镇市舶务设置的态度："十月十四日，提举两浙路市舶刘无极言：近准户部符，仰从长相度，将秀州华亭县市舶务移就通惠镇，具经久可行事状保明申请施行。今相度欲且存华亭县市舶务，却乞令通惠镇税务监官招邀舶船到岸，即依市舶法就本州岛抽解，每月于市舶务轮差专秤一名前去主管。候将来见得通惠镇商贾免殷剥之劳，往来通快，物货兴盛，即将华亭市舶务移就本镇置立。诏依。"后被户部采纳暂缓设置青龙市舶务，而在辑稿"职官四四之一六"中记录："今据两浙提举市舶司申：本司契勘临安府、明、温、秀州华亭及青龙近日场务，昨因兵火，实无以前文字供攒。本司今依应将本路收复以后建炎四年、绍兴元年二年内，取绍兴元年酌中一年一路抽解博买到货物，比附起发变卖收到本息钱数目，开具如后：一、本路诸州府市舶务五处，绍兴元年一全年共抽解一十万九百五十二斤零一十四两二尺钱二字八半段等。"显然，此"本路诸州府市舶务五处"是指临安、明州、温州、秀州华亭和青龙镇五处市舶务，青龙镇市舶务为两浙路市舶司下辖的五个市舶务之一。而其后"绍兴元年一全年共抽解一十万九百五十二斤零一十四两二尺钱二字八半段等"的文字表述则包含了青龙镇市舶务的抽解数，表明在绍兴元年（1131）已经独立设置。
〔2〕《宋史》卷一百六十七《职官志七》。
〔3〕华亭县市舶务于宋政和三年（1113）设置的，隶属两浙路市舶司管辖。《宋会要辑稿》"职官四四之一一"载："宣和元年八月四日又奏：'政和三年七月二十四日圣旨于秀州华亭县兴置市舶务，抽解博买，专置监官一员。后来因青龙江浦堙塞，少有蕃商舶船前来，续承朝旨罢去正官，令本县官兼监。今因开修青龙江浦通快，蕃商舶船辐凑住泊，虽是知县兼其，华亭县系繁难去处，欲去，依旧置监官一员管干，乞从本司奏辟。'从之。"故此前，青龙市舶事务由华亭县市舶务管理。
〔4〕光绪《青浦县志》卷二"疆域下·衙署"。正德《松江府志》卷十一"官署中"作"……青龙茶税场。以上并元建"。
〔5〕宝庆《四明志》卷第三"叙部下·仓库务场局院等"载："宣和七年，两浙运司乞移明、温州船场并就，镇江府奏辟监官二员、内一员兼管买木场。未几，又乞移于秀州通惠镇（即青龙镇），存留船场官，外省罢从之。中兴以来复置监官于明州"，故文字略作改动。
〔6〕正德《松江府志》载青龙镇"有库、有仓"。据笔者调查，今青浦区白鹤镇鹤联村有仓东、仓西二生产队，盖为粮仓之残名，原地处青龙镇西市。而库不甚清晰。
〔7〕正德《松江府志》卷九"坊巷"载"崇义坊，太平桥东，义役庄在焉"，太平桥位于青龙镇西市西江上。
〔8〕至元《嘉禾志》卷第一"镇市"作"今镇治延袤，有学有狱"，依此推测青龙镇监狱于宋代已经设置。

学校

镇学，在镇东北二百步，宋嘉定壬午镇官赵彦敄倡建。讲堂中峙，筑大成殿于其东，四斋于其西，曰博文、敏行、思忠、笃信。兵部侍郎杜孝严记之。[1]

坊巷

镇市生齿繁阜，里闾日辟。[2]咸淳十一年，镇官林鉴立三十六坊。[3]

恩波坊，泳飞亭南。

攀龙坊，龙王庙前。

招鹤坊，白鹤渡东。

便民坊，便民桥东。

亨衢坊，通玄观西。

中和坊，中亭桥、和丰店口。

云津坊，阜通桥北，镇学路口。

先登坊，镇学路，旧名天灯巷。

龙江福地坊，通玄观前。

平理坊，镇治西。

通惠坊，镇治东，取镇旧名。

嵩高坊，金狮桥东。

万柳堤坊，与崧高并，岳庙路。

熙春坊，酒务前。

兴贤坊，巡检司前。

皇华坊，关桥东，张提举宅路。

上达坊，关桥西。

连魁坊，板桥南，取曾兼修、曾信连魁之义。

---

〔1〕 弘治《上海志》卷五"学校"，正德《松江府志》卷十三"学校下"，文字略改。

〔2〕 绍熙《云间志》卷上"坊巷"载，"华亭今生齿繁阜，里闾日辟"，青龙镇的人口、坊巷增加情况与华亭县城相同，故直接引用。

〔3〕 正德《松江府志》卷九"坊巷"。

振文坊，南亭桥北。

仰高坊，高视桥北。

同福坊，太傅庙前。

阜民坊，南栅桥。

迎仙坊，隆福寺前，以近升仙台名。

仙坛坊，升仙台下。

登云坊，高视桥西。

桂枝坊，关桥西。

还珠坊，胜果寺前。

太平坊，太平桥东。

平康坊，中亭桥西，有瓦市在焉。

崇义坊，太平桥东，义役庄在焉。

合浦坊，西栅桥西。

福寿坊，福寿寺路。

见山坊，西栅桥，取道昆山、淀山路。

至喜坊，西江下，取客舟至喜之意。

来远坊，望江桥北。

安流坊，望江桥南。[1]

亭堂

醉眠亭，李行中筑之青龙江上，苏轼题额，诸公皆有诗。[2]

拂云亭、无倦堂、翦韭亭，皆淳祐间镇官娄大年筑于署。[3]

莲巢，陈氏疏池种莲，为休息之地。僧道潜曰："记得荷香里，蛾眉唱采莲。千年龟欲去，不见叶田田。"[4]

---

〔1〕正德《松江府志》卷九"坊巷"。弘治《上海志》卷三"坊巷"将"龙江福地坊"作"龙江胜地坊"，将"嵩高坊"作"崧高坊"。

〔2〕绍熙《云间志》卷下"诗"。

〔3〕正德《松江府志》卷十一"官署下"，光绪《青浦县志》卷二"疆域下·衙署"，文字略改。

〔4〕至元《嘉禾志》卷二十八"题咏二"。

百花庄，在镇东，镇官林鉴因其地杂莳花木，故名。[1]

万卷堂，庄肃聚书之所。[2]

桥梁

地处泽国，津梁尤多，[3]凡二十二，桥之有亭宇者三，[4]南亭、中亭、西亭是也。[5]

广利桥，又名南亭，在庙泾上。宋康定元年建，亭凡三间，雕阑曲折如画。

广济桥，又名中亭，在通波塘上。熙宁五年建。

阜通桥，一名通泽，又名叉栏，在金泾上。

滑石桥，在二圣庙，通波塘上。

庆安桥，在通波塘上，即酒坊桥。庆元间建。

望江桥，二圣庙北，通波塘上。

长生桥，在隆福寺东。

关桥，在通波塘上，庆安桥南。

南栅桥，在通波塘上，太傅桥南。

上达桥，南栅桥南，合浦上。

高视桥，在顾会浦上，桥之最高者，因名。

虹桥，在高视桥南。

万柳桥，在镇东一里余，万柳堤上。

中正桥

四远桥

绿野桥，在长生桥北。

---

〔1〕光绪《青浦县志》卷十二"名迹·古迹"。

〔2〕正德《松江府志》卷十六"第宅"。

〔3〕笔者所加。

〔4〕弘治《上海志》卷二"镇市"载青龙镇"坊三十六坊、桥二十二"；正德《松江府志》卷九"镇市"载青龙镇"坊三十六、桥三十，桥之有亭宇者三"。弘治《上海志》记载历史较早，桥梁数更接近于宋代情况，故从"二十二桥"说。

〔5〕笔者所加。经笔者考述，青龙镇上"三亭"实指三桥亭，详见本书第三章。

马桥，在隆福寺东。

镇家桥，在镇治南陈泾上。

新桥，镇治前。

广润桥，又名西亭，在西浦上，乾道八年建。

养蚕浦桥，太平桥南。

西栅桥，在西江上，养蚕浦南。〔1〕

津渡

松江渡。〔2〕

白鹤渡，招鹤坊西。〔3〕

寺庙

华亭〔4〕喜奉佛。青龙西临大江，与海相接，茫然无辨。〔5〕其事佛尤盛，行者怵风涛万里之虞，居者岁时祈禳吉凶，故其重楹复殿南北相望，鼓钟梵呗声不绝。〔6〕寺庵凡十三，〔7〕隆福、隆平、胜果为著。〔8〕

隆福寺，在镇南〔9〕，唐天宝间建，元名报德寺。中有宝塔，长庆间建，前即升仙台。〔10〕宋庆历间修。〔11〕

---

〔1〕 据弘治《上海志》卷五"津梁"、正德《松江府志》卷十"桥梁"和崇祯《松江府志》卷三"桥梁"所载青龙镇桥梁情况进行整理、考述。

〔2〕 弘治《上海志》卷五"津梁"载"吴淞江渡在四十五保"，卷二"镇市"载青龙镇在四十五保，故将"吴淞江渡"列入青龙镇的津渡。

〔3〕 正德《松江府志》卷九"坊巷"载"招鹤坊，白鹤渡东"。

〔4〕 绍熙《云间志》卷中"寺观"作"浙右"，华亭地属浙右地区，故文字修改。

〔5〕 正德《松江府志》卷二十"寺观下"，《宝塔铭》。

〔6〕 绍熙《云间志》卷下"记"，《隆平寺经藏记》。

〔7〕 光绪《青浦县志》卷三十"杂记下·遗事"。唐长庆元年造。

〔8〕 笔者所加。

〔9〕 崇祯《松江府志》卷五十二"寺院三"载隆福寺、隆平寺因分别位于镇南、北，故分别俗称"南寺"、"北寺"。

〔10〕 绍熙《云间志》卷中"寺观"；正德《松江府志》卷二十"寺观下"；崇祯《松江府志》卷五十二"寺院三"，《杨维桢隆福寺重修宝塔并复田记略》。绍熙《云间志》卷中"寺观"载隆福寺"唐长庆元年造"，本辑从杨维桢纪略说。

〔11〕 崇祯《松江府志》卷五十二"寺院三"，《杨维桢隆福寺重修宝塔并复田记略》。

隆平寺，在镇北，元名国清院[1]，唐长庆元年建[2]，宋太平兴国中僧宝重修[3]。天圣初，道者若松榗、越诸、葛果、颜霸合众建塔七层[4]，助海舶入港也[5]，嘉祐七年僧灵鉴撰宝塔铭[6]；熙宁间筑藏经阁，有元丰五年陈林撰、米元章所书经藏记。[7]

胜果寺，在隆福、隆平之西[8]，宋乾德间造，有浮图一座。宝庆间毁于风雨。寺有沈光碑。[9]绍圣中吕益柔撰妙悟大师希最塔铭。[10]

布金寺，在镇西大盈[11]。唐大和二年建，本法云禅院，治平元年易今额。绍兴间复为禅院。[12]佛殿钟楼、山门法堂，历宣和、建炎、淳祐诸年郡武弁颜霸、孙曹诸人始备。[13]寺有陈舜俞经藏记。[14]有巨釜浮江而至，为寺胜迹。[15]

普光寺，即普光教院，在镇西南，宋绍熙甲寅里人杜国珍建，僧印开山。有开禧丙寅宝谟阁学士黄由记。[16]

真如寺，在青龙南。[17]

通惠寺，便民桥北。[18]

福寿寺，近福寿坊。[19]

---

[1] 绍熙《云间志》卷中"寺观"。
[2] 正德《松江府志》卷二十"寺观下"。
[3] 崇祯《松江府志》卷五十二"寺院三"。
[4] 正德《松江府志》卷二十"寺观下"，《宝塔铭》，文字略改。
[5] 笔者所加。
[6] 正德《松江府志》卷二十"寺观下"，《宝塔铭》，文字略改。
[7] 绍熙《云间志》卷中"寺观"；卷下"记"，《隆平寺经藏记》。
[8] 正德《松江府志》卷二十"寺观下"。
[9] 崇祯《松江府志》卷五十二"寺院三"。
[10] 绍熙《云间志》卷中"寺观"。
[11] 绍熙《云间志》卷中"寺观"作"布金寺在大盈"，大盈即大盈港，位于青龙镇西，该寺尚存部分建筑，故作文字修改。
[12] 绍熙《云间志》卷中"寺观"。
[13] 正德《松江府志》卷二十"寺观下"。
[14] 绍熙《云间志》卷中"寺观"。
[15] 正德《松江府志》卷二十"寺观下"。
[16] 正德《松江府志》卷二十"寺观下"，后句据《院记》作补充。
[17] 正德《松江府志》卷二十"寺观下"。
[18] 万历《青浦县志》卷二"桥梁"载"便民桥在通惠寺南，青龙东，四十五保"，崇祯《松江府志》卷十五"祠庙"载"便民桥，在通波塘上，通惠寺南"。
[19] 正德《松江府志》卷九"坊巷"载"福寿坊，福寿寺路"。

赤乌庵，传三国吴赤乌年造，故名。〔1〕

具足庵，中亭桥东。〔2〕

圆通寺。〔3〕

观音庵。〔4〕

镇盛时庙宇也盛。

太傅明王庙，太傅桥西，相传萧望之显灵于此，监镇祀如城隍神。

东岳别庙，临万柳堤。〔5〕

二圣庙，望江桥南，〔6〕宋建炎元年敕建。〔7〕下多宝藏，土人往往得之，祀唐张巡、许远，亦名双忠庙。〔8〕

通济龙王祠，亦名龙王庙，在沪渎，攀龙坊北。〔9〕故老相传，自钱氏有国，已庙食兹土。宋〔10〕景祐五年太史叶清臣为本路漕，因浚盘龙汇祷于故庙，神应如响，于是复新祠貌。有叶太史祭文，刻石于庙中。〔11〕

章庙，青龙章氏香火院。〔12〕

圣母祠，祀天妃。〔13〕

通玄观，亨衢坊东，龙江福地坊后。〔14〕唐景福元年道人叶管辖建。〔15〕

---

〔1〕 万历《青浦县志》卷三"祠庙"载"赤乌庵，在四十五保一区十二图，相传三国吴赤乌年造，故名"。
〔2〕 光绪《青浦县志》卷二十九"杂记上·寺观"。
〔3〕 嘉靖《上海县志》卷六"祠庙寺观"，万历《青浦县志》卷七"艺文志上"，应熙《青龙赋》。
〔4〕 万历《青浦县志》卷七"艺文志上"，应熙《青龙赋》。
〔5〕 德《松江府志》卷十五"坛庙"。
〔6〕 万历《青浦县志》卷二"桥梁"载"望江桥，二圣庙北，今废，通波塘上"。
〔7〕 光绪《青浦县志》卷三"建置·坛庙"。
〔8〕 崇祯《松江府志》卷五十三"道观"。
〔9〕 绍熙《云间志》卷中"寺观"，正德《松江府志》卷十五"坛庙"。正德《松江府志》卷九"坊巷"载"攀龙坊，龙王庙前"。
〔10〕 绍熙《云间志》卷中"寺观"作"本朝"。
〔11〕 绍熙《云间志》卷中"寺观"。
〔12〕 正德《松江府志》卷十五"坛庙"。
〔13〕 笔者所加。万历《青浦县志》卷七"艺文志上"，应熙《青龙赋》载"奇哉圣母祠，异唉观音庵"，据笔者考述，圣母祠即天妃宫，详见笔者拙作《青龙镇：上海最早的贸易港》，上海人民出版社2015年版。
〔14〕 正德《松江府志》卷九"坊巷"载"亨衢坊，通玄观西"，"龙江福（胜）地坊，通玄观前"。
〔15〕 崇祯《松江府志》卷五十三"道观"。

古迹

王可交升仙台，隆福寺前，遗址尚存。按《续仙传》，可交居初松江南，后入四明山不复出。初无上升之事，或传为王淡交，淡交不事绳检，能为诗，语多滑稽，似傲世者。然江上有感行诗石刻，云："王可交升仙坛"，则或者之说又未然也。〔1〕

沈光碑，在胜果寺。〔2〕绍圣中吕益柔撰《妙悟大师希最塔铭》，云：最学天台教，缁林号曰"义虎"，后居胜果寺。僧房有鬼物为崇，最为讲说，于空中得朱书数十字，自称汉朝烈士沈光，大略悔过谢罪之语，事颇近怪，故不详载。〔3〕

万柳堤，柳允中之大父植万柳于龙江堤上，因名。〔4〕

通惠泉，在镇学亭下，有井相传通惠山泉，又名第六泉。按唐张又新《煎茶水记》载"刘伯刍以此泉品为第六"。〔5〕

杏花村，在镇西。〔6〕

职官题名

尚书左选格选阙：嘉兴府青龙镇税兼烟火公事。

尚书左选申明：嘉定五年九月十五日，奉圣旨青龙镇官先注亲民资序人，次任京官，更不破选通差。〔7〕

---

〔1〕 绍熙《云间志》卷上"古迹"。
〔2〕 笔者所加。
〔3〕 绍熙《云间志》卷中"院记"。光绪《青浦县志》卷十二"名迹·古迹"作"宋元祐初有鬼显异，自称汉朝烈士沈光书迹刻石。"
〔4〕 崇祯《松江府志》卷四十七"古迹"。
〔5〕 崇祯《松江府志》卷四十七"古迹"，光绪《青浦县志》卷十二"名迹·古迹"。
〔6〕 崇祯《松江府志》卷四十七"古迹"作"杏花村，在青龙镇"，考其位置，在原青龙镇西部，村名尚存。
〔7〕 《永乐大典》卷一四六二二"吏部条法"曰："尚书左选格注阙：监镇兼烟火公事，右注知县次第二任监当人。监镇江府户部大军仓，右注监当人"，"选阙：安吉州嘉兴府乌青镇税兼烟火公事；临安府仁和县临平镇税兼烟火公事；安吉州梅溪镇税兼烟火公事；嘉兴府青龙镇税兼烟火公事；常州武进县奔牛镇税兼烟火公事；镇江府丹阳县延陵镇税兼烟火公事；饶州浮梁县景德镇酒税兼烟火公事；安庆府枞阳镇税辖仓库；建宁府建阳县麻沙镇税兼烟火公事；福州古田县水口镇盐仓管幹商税监烟火公事；无为军昆山镇税矾场兼烟火公事；无为军无为县襄安镇弹压盗贼监烟火公事。右注亲民火监当人"，"尚书左选申明：嘉定五年九月十五日，奉圣旨青龙镇官先注亲民资序人，次任京官，更不破选通差"。文字删减。

自置镇以来，经历弥远，职官姓氏多无稽考，存者少矣。[1]

监镇者，孙揆，宝元中任；石怀玉、陈回，嘉祐间任；米芾，元丰五年任；赵彦敬，嘉定间任；林鉴、娄大年，淳祐中任。另曹附凤，贞溪人；赵庚夫，字仲白，宗室；孙忠谟，李淇，温革。

教谕者，杜可久。

管界水陆巡检者，王乙，大名人；王继赟，太原人，天圣二年任；贺口，嘉祐间任。

市舶官者，陈珩，三山人，咸淳八年任。[2]

进士题名

任尽言，字符受，用眉州贯，绍兴五年汪应辰榜。

林公望，字叔山，绍兴十八年王佐榜。[3]

任相，字直翁，占吴县籍，绍熙庚戌进士。[4]

杜乾，绍定五年徐元杰榜。[5]

任望，字成甫，淳祐辛丑进士。

任猷，字嘉甫，举进士。[6]

姓氏

吴郡素以朱、张、陆、顾为大姓，顾、陆华亭尤著。青龙为镇，五方杂居，徙来者尤多，乐斯风土，遂家焉。[7]章氏自燊始；[8]杜氏自缁始，[9]子孙散居华

〔1〕 笔者所加。

〔2〕 据嘉靖《上海县志》卷四"管师"、光绪《青浦县志》卷三十"杂记下·补遗"，（宋）李克庄《后村先生大全集》卷一百四十八《赵仲白墓志铭》和其他文献资料整理。

〔3〕 绍熙《云间志》卷中"进士题名"。

〔4〕 民国13年《任氏大宗谱》(续修如皋支系十二卷）卷三"吴淞世系表"，国家图书馆藏本。

〔5〕 至元《嘉禾志》卷第十五"宋登科题名"；《西霞杜氏世谱》卷二"世述·杜乾"，上海图书馆藏本。

〔6〕 民国13年《任氏大宗谱》(续修如皋支系十二卷）卷三"吴淞世系表"，国家图书馆藏本。

〔7〕 笔者所加。

〔8〕 正德《松江府志》卷十七"冢墓"，揭傒斯《章梦贤墓志铭》。

〔9〕 《西霞杜氏世谱》卷二"世述·杜缁"，上海图书馆藏本。

亭、海上，代有闻人；[1]何氏则自沧始，[2]任氏自尽言始，[3]王氏自垂裕始，[4]皆为著姓茂族。[5]

人物

梅尧臣，字圣俞，宣州人。初试不第，以荫补河南主簿。皇祐三年召试，赐同进士，为太常博士。因欧阳修荐，为国子监直讲，累迁尚书都官员外郎。著《宛陵先生集》。因叔父询知苏州，故常往来青龙、苏州间。纂《青龙杂志》，有《青龙观潮》诸诗。[6]

章楶，字质夫，籍建州浦城。少时以叔荫补孟州司户参军，应举入京，试礼部第一。初为陈留知县，历提举陕西常平、京东转运判官、提点湖北刑狱、成都路转运使，入为考功、吏部、右司员外郎。元祐初，以直龙图阁知庆州，时西夏犯境，楶设伏兵斩获夏兵甚众。遂召权户部侍郎。明年，除知同州。绍圣初，知应天府，加集贤殿修撰、知广州，徙江、淮发运使。哲宗时改知渭州，据形胜以逼夏，筑环庆、鄜延、河东、熙河诸城，又夜袭夏营败之。哲宗为御紫宸殿受贺，累擢楶枢密直学士、龙图阁端明殿学士，进阶大中大夫。楶在泾原四年，凡创州一、城砦九，荐拔偏裨，不间厮役。夏自平夏之败，不复能军，屡请命乞和，哲宗亦为之寝兵。楶立边功，为西方最。建中靖国元年，同知枢密院事。逾年，力谢事罢，授资政殿学士、中太一宫使。崇宁元年卒，谥"庄简"，改谥"庄敏"。少时为将作监主簿，监华亭盐，曾浚青龙江以便盐运。以爱青龙风土，遂居焉。筑思堂于华亭，苏轼、章望之为之记。[7]

章绰，楶长子。元祐二年试国子监为第一，由推官为户部员外郎、提点淮南东路刑狱，权知扬州兼提举香盐事。时方铸崇宁大钱，令下，市区昼闭，人持钱买物，至

―――――――――

[1] 崇祯《松江府志》卷四十二"文学"。

[2] 光绪《青浦县志》卷二十二"人物六·游寓传"。

[3] 民国13年《任氏大宗谱》（续修如皋支系十二卷）卷二"世系总表"，国家图书馆藏本。

[4] 光绪《青浦县志》卷二十二"人物六·游寓传"，文字略改。

[5] 笔者所加。

[6] 《宋史》卷四百四十三"列传"第二百二十"文苑五"，光绪《青浦县志》卷二十二"人物六·游寓传"，文字略改。

[7] 《宋史》卷三百二十八"列传"第八十七；光绪《青浦县志》卷三"建置·坛庙"，章宪文《家庙记》，卷十七"人物一·列传"，文字略改。

日旰，皇皇无肯售。绰饰市易务致百货，以小钱收之；且檄仓吏粜米，以大钱予之，尽十日止，民心遂安。未几，新钞法行，旧钞尽废，一时商贾束手，或自杀。绰得诉者所持旧钞，为钱以千计者三十万，上疏言钞法误民，请如约以示大信。上怒，罢绰，降两官。[1]晚年诗律益高，清淳雅健，著文集三十卷。[2]四世孙惟聪，登仕郎；五世孙琼，宣义郎、泰州如皋县丞。[3]

李甲，字景元。本儒家子，落魄诗酒间，尤善墨戏，米元章《画史》尝及之。往来松江上，不知所终。东坡《题李景元喜鹊画》曰："闻说神仙郭恕先，醉中狂笔势澜翻。百年寥落何人在，只有华亭李景元。"[4]

李无悔，名行中，本雪川人，徙居淞江。高尚不仕，独以诗酒自娱。晚治园亭，号"醉眠"。东坡先生与之游从，尝以诗赠之。无悔有《读颜鲁公碑》诗云："平生肝胆卫长城，至死图回色不惊。世俗不知忠义大，百年空有好书名。"又《赋佳人嗅梅图》云："蚕眉鸦鬓缕金衣，折得梅花第几枝。嗅尽余香不回面，思量何事立多时。"其诗意尚深远，大率类此。[5]

米芾，字符章，襄阳人。以母侍宣仁后藩邸旧恩，补浛光尉。历知雍丘县、涟水军，太常博士，知无为军。诏为书画学博士，任礼部员外郎，出知淮阳军。能诗文，擅书画，精鉴别。元丰五年，治事青龙，书《隆平寺经藏记》。[6]

陈倩，字君美，熙宁间任广南东路提点刑狱，[7]元丰间转任广南西路转运使，[8]后官司农卿[9]。

何沧，汴梁人。建炎初，官左朝奉大夫、制置京西北路干办公事、上骑都尉、赐

〔1〕《宋史》卷三百二十八"列传"第八十七。
〔2〕（宋）龚明之：《中吴纪闻》卷第五"章户部"。
〔3〕正德《松江府志》卷十七"冢墓"，揭傒斯《章梦贤墓志铭》；民国章贻贤纂：《章氏会谱》，"青浦县青龙镇章堰世系图"。
〔4〕绍熙《云间志》卷下"诗"。
〔5〕（宋）龚明之：《中吴纪闻》卷四"李无悔"。
〔6〕《宋史》卷四百四十四"列传"第二百三十"文苑六"，绍熙《云间志》卷下"记"，光绪《青浦县志》卷十四"职官·名宦传"，文字略改。
〔7〕《宋会要辑稿》"方域九之二八"，第7472页。
〔8〕《宋会要辑稿》"职官四四之六"，第3366页；"方域四之一四"，第7377页。
〔9〕（宋）李之仪：《姑溪居士后集》卷十九，《胡奕修行状》。

紫金鱼袋。赋性劲直有才气，清约不污，时以廉吏称。高宗南渡，爱青龙风土，遂家焉。[1]

任尽言，字符受，眉州人，象先子。性笃孝，母多病，尽言侍奉，朝夕不离。绍兴五年与兄质言同举进士及第。二十七年，为婺州教授。居下僚，论事慷慨。三十年，擢平江通判，遂徙青龙。迁京西南路转运判官，改淮南东路提举常平公事。隆兴二年，以左直散郎、直秘阁福建提刑使。著《小丑集》。[2]

王垂裕，宿迁人，太学生。高宗南渡，垂裕来青龙。绍兴间，秦桧主和议，率同列上书切谏，桧怒，削其籍，孝宗立锐志，复校雠，垂裕复上书，擢为钱塘教谕，后入为正言官，汤思退当国，复主和议，垂裕劾其奸，被斥为县丞。廉能有惠政，士民为立祠。长子大业，慷慨尚义，修文庙，出粟赈饥，大吏疏表之。[3]

林公望，字叔山。世为莆阳望族，祖华国官左朝请大夫、提举福建路蚕茶事；父敷以文林郎、通州军事判官致仕。叔山绍兴十八年进士，官朝奉郎、建康军节度使官厅公事。[4]

任清叟，字逸庵，尽言子，官太常寺丞，嘉泰二年迁浙西路提举常平茶盐司事。[5]

杜缙，字细三，祁国公衍曾孙，中词科，官大理寺丞。高宗南渡，缙寄居汉城里西霞。葬杜村。西霞杜氏自缙始。[6]

杜乾，字从龙，以字行，缙子。绍定五年徐元杰榜进士，期颐登第，人竞称之。[7]

杜玑，更名配，缙孙、艮子。官慈溪县，学博。[8]

---

〔1〕 光绪《青浦县志》卷二十二"人物六·游寓传"。
〔2〕 民国13年《任氏大宗谱》(续修如皋支系十二卷)卷二"世系总表"，国家图书馆藏本。
〔3〕 光绪《青浦县志》卷二十二"人物六·游寓传"。
〔4〕 绍熙《云间志》卷中"进士提名"；中国文化遗产院等编：《新中国出土墓志》(上海、天津卷)上册，《宋故主簿林公碣》，第26页。
〔5〕 民国13年《任氏大宗谱》(续修如皋支系十二卷)卷二"世系总表"，国家图书馆藏本。
〔6〕《西霞杜氏世谱》卷二"世述·杜缙"，上海图书馆藏本。
〔7〕《西霞杜氏世谱》卷二"世述·杜乾"，上海图书馆藏本。
〔8〕《西霞杜氏世谱》卷二"世述·杜玑"，上海图书馆藏本。

杜九成，元名允来，字凤仪，缙曾孙、坤孙、叔实子。官枢密院干办，弃职归隐，筑室普光寺南，于是子姓蕃昌，以姓名其村。[1]

杜国珍，字君实，章庙人。其先徙居江南，游宦檇李，遂家华亭。曾祖永、祖显，潜德不耀；父祥，迪功郎。国珍少嗜学，初授承信郎，累仕将仕郎、戎司属官。其筑室江皋，雅有园池之乐，辟“学古”“桂芳”塾，建普光寺，并造梁穿井，喜赈困穷，市田代乡人雇役，立冢敛死者，而有德声。嘉定八年卒，享年八十有二。子五人，文彧，将仕郎；崇之，保义郎；垕之，成忠郎；文修，不仕；申之，承节郎。[2]

杜申之，字伯禄，国珍子。初任绍兴府山阴县钱清镇监兼巡检。后转承节郎，常州兵马监押。平居以翰墨自娱。[3]

杜孝严，元名彦玖，字忠可，缙曾孙、乾孙、璇子。嘉定十五年九月以权兵部侍郎兼同修国史，十七年九月为真，仍兼。工文章，撰《青龙镇学记》。[4]

任相，字直翁，清叟子，吴县籍。绍熙庚戌进士。葬昆山。著《易心学》。[5]

赵彦敆，字仲和。嘉定十五年，任青龙监镇，建镇学。[6]

陈公廙，嘉定间监镇赵彦敆创镇学，其买田构殿宇、斋舍，学职之次罔不备，凡费三千缗，公廙独任三之一，又舍田租六百斛，为丁祭公养之用，人皆称之。[7]

林鉴，字时贵，号岂尘，长乐沙堤人。淳祐七年进士，任晋江县尉，临安府录事参军，监左藏库。淳祐中官青龙监镇，治坊巷、桥梁、道路，使之肃然。[8]

任炎，字行甫，相子，嘉定壬申乡贡，受业朱文公之门。纂《朱子粹言》。[9]

任望，字成甫，相子，淳祐辛丑进士，官利州尹。[10]

---

〔1〕《西霞杜氏世谱》卷二“世述·杜九成”，上海图书馆藏本。
〔2〕光绪《青浦县志》卷二十一“人物·懿行传”；卷十二“名迹·冢墓”，《宋杜国珍墓碑》。
〔3〕中国文化遗产院等编《新中国出土墓志》（上海、天津卷）上册，第19页。
〔4〕《西霞杜氏世谱》卷二“世述·杜孝严”，上海图书馆藏本；正德《松江府志》卷之十三“学校下”；（宋）魏了翁：《鹤山全集》卷六十二，《跋杜孝严忠可曾祖节范处士诰》；《南宋馆阁续录》卷九。
〔5〕民国13年《任氏大宗谱》（续修如皋支系十二卷）卷二“世系总表”，国家图书馆藏本。
〔6〕光绪《青浦县志》卷十四“职官·名宦传”。
〔7〕光绪《青浦县志》卷二十一“人物·懿行传”。
〔8〕光绪《青浦县志》卷十四“职官·名宦传”；《长乐进士》，海潮摄影艺术出版社2007年版，第131页。
〔9〕民国13年《任氏大宗谱》（续修如皋支系十二卷）卷二“世系总表”，国家图书馆藏本。
〔10〕民国13年《任氏大宗谱》（续修如皋支系十二卷）卷三“吴淞世系表”，国家图书馆藏本。

任通，宋宣义郎。〔1〕

何侃，字直哉，何沧曾孙。绍定间由儒士选授浙江严州淳安县主簿，满秩归隐于医。何氏以医名世，自侃始。〔2〕

章生，青龙人。着羽衣服，能作墨，有古法。其家制墨，聚烟列盎三十余，至夕扫煤，无一存者。明日乃在主翁闺中，煤皆成花，其三为寿星，长松覆之，玉女在旁，玄鹤灵芝，宛如善绘者所作；二为牡丹；五为禽鱼，余为荔枝、胡桃、枣、杏、梨、栗，咸具焉。其家以为端，呼道士醮而陈之，以答灵贶云。〔3〕

仙梵

王可交，《续仙传》：苏州华亭人也，以耕钓为业，居松江赵屯村。一日棹舟入江，方击楫高歌，忽见彩舫漾于中流，有道士七人，中有呼可交者。顷之，不觉舟近舫侧，有呼可交上舫者。道士皆视之，一人曰："好骨相，合仙，生凡贱间，已炙破矣。"一人于筵上令侍者倾酒饮之，不出。与二栗，食之甘如饴，命黄衣送上岸。觅所乘舟，不可得，但觉风水林木之声。开眼峰峦重迭，松柏参天，乃在天台山瀑布寺前。僧迎，问之，曰："今早离家，盖三月三日。"僧言："九月九日，已半年余矣。"僧设食，可交厌闻食气。自后绝谷，挈妻、子住四明山，不复出。〔4〕

希最，法号妙悟，雪川人。施氏子，四岁出家，十五岁传教观于广慈，同门畏爱，号为义虎。治平中，始敷讲于嘉禾隆平。一日不得意于镇宰，拂衣去，继徙居胜果。一日讲经护法，忽于空中得朱书数十字，自称"汉朝烈士沈光大略悔过谢罪之语。"元祐五年六月说法作偈而逝。绍圣间吕益柔为其撰塔铭。〔5〕

---

〔1〕 任通为元水利家、画家任仁发之祖父，民国 13 年《任氏大宗谱》未见其载，而出土的任仁发之子任贤德、贤能和侄子任良辅诸墓志均记载了任通，详见中国文化遗产院等编：《新中国出土墓志》（上海、天津卷）上册，文物出版社 2009 年版。
〔2〕 光绪《青浦县志》卷二十二 "人物六·游寓传"。
〔3〕 正德《松江府志》卷三十二 "遗事"。
〔4〕 绍熙《云间志》卷中 "仙梵"。宋范成大《吴郡志》卷四十一 "仙事"记载王可交伐舟入江遇道之事更详，并携妻、子隐居四明山二十余年。后 "复出明州，卖药酤酒，得钱即以施人。言药为壶公所授，酒则余杭阿母相传，药已，疾有验。酒亦致佳，时皆称王仙人药酒。道俗多图其形像。后三十余年，入四明山。今人时有见之者。"另据《四明山志》卷三载王可交遇道之年为唐咸通十年。
〔5〕 （宋）释志盘：《佛祖统纪》"诸师列传第六之三"；绍熙《云间志》卷中 "寺观"；光绪《青浦县志》卷二十九 "杂记·方外传"。

法宁，即马骞禅师。密州莒县李氏子，住沂州马骞山，初依天宁妙空明和尚得度，参侍既久，尽得云门宗旨。后住净居寺，大宏雪窦之道。绍兴初，航海抵华亭青龙镇，察判章衮母高氏梦，天神曰："古佛来也。"翌日，迎之止钱氏园，其地夜有光，掘得碑，云："大唐禅寺。"福德桥下又得金刚佛像，因建寺尊奉焉。绍兴二年，受右丞朱谔邀主崈山昭庆寺。后移明州广慧，复回昭庆。二十六年丙子正月八日，师沐浴端坐，说法辞众而示寂。世寿七十六，僧腊五十九。塔全身于寺之东隅。[1]

妙普，号性空，自号桃花庵主，汉川人。事死心禅，禅师获证抵华亭，追船子和尚遗风，结庐青龙江上。好吹铁笛，放旷自乐。建炎初，徐明叛，道经乌镇将肆屠戮，妙普独荷策往，贼怒将收之，妙普云："大丈夫要斫即斫，何以怒为，吾死必矣，愿得一饭。"贼进食，食毕，索笔自书祭文，复曰："劫数既遭离乱，我是快活烈汉，如今正好乘时便请一刀从两段。"贼骇异，卫而出之。一日，集师众说偈，曰："坐脱立亡，不若水葬，一省烧柴，二省开圹，撒手便行，不妨快畅。谁是知音？船子和尚。"遂乘木盆顺流入海，笛声呜咽，见于苍茫中，以笛掷空而死。后三日，跌坐如生，众奉舍利，建塔于青龙。[2]

遗事

郭三益，字慎求，海盐人。元祐三年进士，为常熟丞。常平使者调苏湖常秀四州之人，浚青龙江，分地程役。三益所部，前期告办。使者留之，俾助他邑之不如期者。三益即引所部归，使者怒，檄追甚急。母周氏谓三益曰："青龙之役连数郡，其分地程役，赋廪食宜皆已上闻。今我先毕，何名复役之？使者倘再思，行且悔矣。虽然，汝不可无会，第无以所部从也。"三益如教。已而使檄止丞勿来，事亦遂已。[3]

青龙之大姓陈晊，故司农卿倩之子。有官不出仕，凭所持，畜凶悍辈为厮仆，结连上下，广放私钱，以取厚息，苟失期会，则追呼执系，峻于官府，至虚立契券，没其资产，甚则并取妻女，间分遗所亲厚，远至广南、福建，至死不得脱。权知杭州胡奕修请于上，诏取匠编管湖外，而黥诸仆以配恶弱之地。又索其所遗。虽远必致。移

---

〔1〕《大明高僧传》卷第六，"华亭昭庆寺沙门释僧法宁传一"；光绪《青浦县志》卷二十九"杂记·方外传"。
〔2〕光绪《青浦县志》卷二十九"杂记·方外传"。
〔3〕崇祯《松江府志》卷二十九"宦迹二·宋朝名宦"。

所在，因使人护之以归。[1]

盛肇，居青龙胜果寺。好食牛肉，凡百筵会，必杀牛取肉，巧作庖馔，恣啖为乐。与陈氏子友善，陈尝遣仆来约旦日会食。视其简，无有是言，独于匀碧笺纸一幅，内大书一诗。诗曰："万物皆心化，唯牛最苦辛。君看横死者，尽是食牛人。"肇惊嗟久之，呼其仆已不见。旦而询诸陈氏，亦未尝谴也。肇自此不食牛。[2]

卷　下

记文

福善寺铸钟记　吕谔

昔黄帝命伶伦氏铸十二器，盖钟之始也。召从律之气，扬治世之音；上同和于天地，下协赞于神人。暨西域圣人化寝中国，海贮真教，星罗梵宫，方袍之士，佛肆之间，亦建钟焉。大者数万斤，小者数千斤。或谓振丰隆之响，鼓铿钩之声；警六和之众，息三涂之苦。天下之人信服斯语，悉务蠲施，曾无闲然矣。福善院属秀州华亭县之西北隅内熏浦之阳，伪梁贞明六年之所建，旧曰"尊胜"。皇宋大中祥符元年，肇锡新额。斯院也，台殿轮奂，廊厢完备，象设孔严，缁徒栉比，惟钟阙如。院主沙门遇来大师幼脱尘网，素演竺书，内行醇明，外貌芳润。忽一日，喟然叹曰："凡燕居兰若，式远郭郭，苟无钟梵之音，曷为我晨昏之号令耶？"遂命门弟子绍谨与耆宿僧德成，历冒风霜，遍诱檀信。陇西董仁厚欣然乐施，首施净财三十万。繇是近者远者靡不悦随。天禧四年冬十月，谔乃抵郡，荐状乞闻天庭。寻诏下，许输钱易铜以铸斯器。明年值洪水方割，下民昏垫，亟就兹缘，时不我与。泊天圣二年，岁之丰和，俗稍苏息，谔复率众聚财，再闻郡政。乃命青龙镇巡检、侍禁太原王公继斌莅而铸之。

---

〔1〕（宋）李之仪：《姑溪居士后集》卷十九，《胡奕修行状》。
〔2〕《夷坚续志》前集卷二《戒食牛肉》，正德《松江府志》卷三十二"遗事"。

公芳猷兰秘，峻节霜明，干局有闻，从事无旷。十二月己巳，凫氏设良冶而锻炼焉，境邑士女观者如堵。铜既山积，火亦烟炽，洪炉启而祝融奋怒，巨橐扇而飞廉借力，凝煎沸渭，翕赫霄壤；俄而烟飞焰歇，豁然中度，华钟告成，厥功斯就。揭珍台而弥奂，发鲸杵以大鸣。激越人天，声闻遐迩，不柞不郁，匪独导我之真侣，抑亦聪彼之群聋。纵使汉宫千石，感崩山而发秀；丰岫万钧，应严霜而振响，岂得同日而语乎？谔丁制滁阳，退居江左，承命序事，牢让弗遑，谨直书其实云耳。时皇宋天圣三年二月十五日吕谔记。[1]

祭沪渎龙王文　叶清臣

维景祐五年，岁次戊寅十一月癸巳朔五日，两浙诸州水陆计度转运副使兼提点市舶司、本路劝农使及管勾茶盐矾税事、朝散大夫、太常丞、直史馆、骑都尉、赐紫金鱼袋叶清臣，谨遣供奉官、商量湾巡检刘迪，以清酌庶馐之奠，致祭于沪渎大王之神。清臣叨被朝恩，出持使斧。观采风俗，询究利病。上分天子之寄，下救斯民之瘼。职思其守，靡敢怠遑。眷惟全吴，旧多积水，加以夏秋霖潦，田畴污没，浩浩罔济，人无聊生。闻诸乡老之言，患在盘龙之汇。但陵谷迁变，枉直倍左，水道回遏，湖波壅滞。自乾兴以来，屡经疏决，未得其要，不免为沴。苏秀之人皆云：神故有庙在江浍，钱氏有土，祀典惟寅。霜星贸移，栋宇崩坏，官失检校，民无尊奉。自时厥后，岁亦多水。且谓神不血食，降灾下民。清臣躬行按视，徇人所欲，乘乎农隙，醮此江流。神果有灵，主斯蓄泄，敢告无风雪，无瘥疠，举锸而土溃，决渠而水降，改昔沮泽，化为壤田。即当严督郡县修复祠貌，春秋致飨，苹藻如故。若疲吾役夫，不能弭患，则我躬不阅，皇恤于神。惟聪明昭鉴无忽。尚飨！[2]

隆平寺宝塔铭　灵鉴

宋明天子即位，举贤良，兴文教，不禁浮图，造塔庙，兴佛事。天圣初，道者若

---

[1] 绍熙《云间志》卷下"记"。福善寺位于青龙镇西南，不在镇区域，但文中记录了青龙镇早期任巡检之职的太原人王继斌，对研究青龙镇巡检司的设立时间具有一定价值，故辑录。
[2] 绍熙《云间志》卷下"记"。

松楫、越诸、葛果、颜霸与众谋曰："今天子与天下民植福，而此镇西临大江，与海相接，茫然无辨，近无标准，远何鯀知，故大舟迅风直过海口，百无一二而能入者。因此失势飘入深波石焦，没舟陷人屡有之矣。若建是塔，中安舍利，远近知路，贾客如归，观者若知，心至宝塔，彼岸高出，贪爱大海，见慢鱼龙，乘慈悲舟，生死苦海，一念超越，速如反掌，可不慕乎？"舆人然之，遂于隆平精舍建塔七层，高耸云霄。自杭、苏、湖、常等州月日而至，福、建、漳、泉、明、越、温、台等州岁二三至，广南、日本、新罗岁或一至。人乐斯土，地无空闲。衣冠名儒，礼乐揖让，人皆习尚，以为文物风流之地。朝廷闻之，曰："酒税之利，狱讼之清，宜在得人，不可以不慎。"自景祐至今，皆京寺清秩，兼以治人。今岁大稔，远商并来，塔成无记，岁月磨灭，将为后人之讥，灵鉴始受县符来兹传道，众乃丐辞以纪其实。自惟空示是习，辞媿不文，乃抉鄙思，谨为铭曰：圣帝无为，慈不以威，民乐太平，起塔魏巍。上入碧空，下状铁围，烟云雾霭，出入户扉。中藏舍利，四众焉依，庄严国界，佛日增辉。厥初未建，市井人稀，潮涨海通，商今来归。异货盈衢，人无馁饥。刻石为铭，以赞幽微，亿万斯年，永镇江圻。

嘉祐七年十二月初吉，住持、传天台教观沙门灵鉴撰。

赐紫沙门清祖篆额。

门人宗元书。

三班奉职、监青龙镇酒税、茶盐同管、勾烟火公事石怀玉，右侍禁、管界水陆巡检贺□，给事中、太子中舍、监海盐县盐场、权管勾青龙镇务烟火公事、骑都尉陈回立石。[1]

隆平寺经藏记　陈林

青龙镇瞰松江上，据沪渎之口，岛夷闽粤交广之途所自出，风樯浪舶，朝夕上下，富商巨贾、豪宗右姓之所会。其事佛尤盛，方其行者蹈风涛万里之虞，怵生死一时之命，居者岁时祈禳吉凶，荐卫非佛无以自恃也，故其重楹复殿观雉相望，鼓钟梵

---

[1]　正德《松江府志》卷二十"寺观下"。

呗声不绝。顷寺之隶镇者三，独隆平藏经未备。治平四年，邑人陈守通乃始出泉购书，而栖经无所，沙门道常即法堂旧构，合众力植巨轴，贯两轮纳瓯五百，放双林善慧之制，藏所谓五千四十八卷者，始熙宁五年之季秋，成六年之孟春，而髹漆绘事所以为庄严者，垂十年工不克就。元丰四年，曹侯永逸、王侯景琮之来也，悯其垂成仅废，因籍藏之所入，发其端，更其徒，行清主之。未几，城邑区聚，由卢远而下凡十人不谋而赴，随力之，厚薄皆有以相其事，规模法象，即其书皆相合，高下度数。按其体皆可考，表二丈有二，其崇加三，上为诸天宫者八，下为铁围山者二，承以藻阁，覆以重橑，八舳竿耸，方甀鳞比，云盖雨华，缤纷蒙蔽，法从导卫，循绕环匝，翼以天神，挟以力士。栏共栾楯、槏牗扶柱皆雕镂刻，琢涂金错。采材致其良工，尽其巧靡丽侈，富言不能既而见者知焉。经之费凡三百万，材之费者十之二，工之费者十之三，髹漆之费者十之四，涂绘之费者十之五。越明年元朔，合黑白二众落成之，左旋右转，声蔽铙鼓，观者为之目眩，闻者为之耳彻。于是人知方等一乘圆宗，十地之为可依也。始如来以一大事因缘出见于世，曲徇根器，巧说譬喻，最后乃云：四十九年未尝以一字与人，而秘密法藏独付于灵山拈华之时，则知无说无示者是真说法，无闻无得者是真听法，所立文字假名权，实是以尊者。迦叶之集四箧，大智文殊之结八藏，近传五竺，远被八荒。其感应显异，则有若士衡投火而不焦，贼徒盗叶而不举。其功德博大，则有若闻一偈而入佛，初地持一经而生天七返。盖经典所在，则为有佛书之虚空天，盖上卫况严持奉事如此之至哉。呜呼！竭大海水，尽妙高山。虽笔墨有穷而不能及佛一句少分之义，以余之浅陋，何以语此，而行清数来请文，所愿赞其成也，于是乎书。

元丰五年春正月冯翊陈林记。

襄阳米芾治事青龙，宾老相过出此文，爱而书之。[1]

思堂记　苏轼

建安章质夫，筑室于公堂之西，名之曰"思"。曰："吾将朝夕于是，凡吾之所

---

〔1〕绍熙《云间志》卷下"记"。

为，必思而后行，子为我记之。"嗟夫！余天下之无思虑者也。遇事则发，不暇思也。未发而思之，则未至；已发而思之，则无及。以此终身，不知所思。言发于心而冲于口，吐之则逆人，茹之则逆余。以为宁逆人也，故卒吐之。君子之于善也，如好好色；其于不善也，如恶恶臭。岂复临事而后思，计议其美恶，而避就之哉！是故临义而思利，则义必不果；临战而思生，则战必不力。若夫穷达得丧，死生祸福，则吾有命矣。少时遇隐者曰："孺子近道，少思寡欲。"曰："思与欲，若是均乎？"曰："甚于欲。"庭有二盎以畜水，隐者指之曰："是有蚁漏。""是日取一升而弃之，孰先竭？"曰："必蚁漏者。"思虑之贼人也，微而无间。隐者之言，有会于余心，余行之。且夫不思之乐，不可名也。虚而明，一而通，安而不懈，不处而静，不饮酒而醉，不闭目而睡。将以是记思堂，不亦谬乎？虽然，言各有当也。万物并育而不相害，道并行而不相悖。以质夫之贤，其所谓思者，岂世俗之营营于思虑者乎？《易》曰："无思也，无为也。"我愿学焉。《诗》曰："思无邪"，质夫以之。

元丰二年正月二十四日眉山苏轼记。[1]

思堂记　章望之

吾族弟章质夫官华亭县之初，治其官寺为思堂以居，予为述而记之，曰："君子虑于正，小人虑于邪。惟邪动罔不凶，惟正动罔不吉，是宜戒哉。戒之者，有攸为也。君子之于事，不勤则不成，不思则不得。故夜而思之，旦而反复之。尽日以行，积日以为月，积月以为年，积年以为世。为善而无厌然，后大善立矣。是以君子行，务五德而去四失。何谓五德？道贵有仁，貌贵有礼，言贵有信，心贵有义，业贵有学也。道贵有仁，所以成身也；貌贵有礼，所以交人也；言贵有信，所以成物也；心贵有义，所以制事也；业贵有学，所以通理也。何谓四失？非也，过也，怨也，忿也。非，无容一；过，无容再；怨，无容长；忿，无容口。善在我思必有，不善在我思必无，思之于□□□以少已也。古之人有立，常由此。今之人□□□□□□□质夫以名进士入官，而予于世法所宜，尊而畏之，视处必志于有为，乃泝其所趋而为之说。

章望之记。"[1]

布金院经藏记　陈舜俞

布金院去邑七十里，有上人曰："清己者其行淳白，善护其法，所谓慈惠精进者。"岁既久，闾里莫不向焉。邑人颜氏子乃首施钱二百万，书其凡所藏经，又相与营大屋，为轮而环积之。其后工未就，于是人无远近争投以财。越二年而告成。函以文木，袭以绨锦，载以华轮，瞰以藻阁，缭以朱贝，负以虬龙，覆以隆厦，周以广庑。方琢圆磨，明怪幽巧，涂金间碧，严饰杂绘，总用钱千万，前后施者略数百人。焕乎，盛哉！夫西方之书，生灭之极谈也。生灭者，周流而无穷。周流之谓迹，无穷之谓性。迹有去住，性无先后。考物见义，莫妙乎轮。轮之名有二，一曰"法轮"，佛之所乘也。智慧解脱以动之，戒定悲忍以行之。小而入乎微尘而有余，大而御乎虚空而不能容。拟诸形容而莫之能名，法轮也。其二曰"苦轮"，众生之所乘也。动之以烦恼贪著，行之以瞋乱罪害。上驱乎天，中驰乎人，下转乎地，散而入乎鬼神之都、禽兽之乡，而莫知其归。拟诸形容，亦莫之能名，苦轮也。噫！在佛为法，在众生为苦。存众生乃有佛，非佛不能度众生。然佛之度众生也，未尝脱吾轮而载之。盖即其所乘而指其所向，故能方轨同辙，而出乎无穷之域焉尔。然则凡所谓轮者，可以摧止诸苦，令法流转，亦几于佛矣。轮之成也，上人以予善解其义，其文足以申赞叹，见属者不远千里云。时嘉祐丁丑岁十二月壬辰陈舜俞记。[2]

僧畅法华行业记　僧洪浩

僧畅法华，询寺僧耆旧，本闽中是维桑之地，姓陈氏，因游江浙，寓秀州隆福寺驻锡，大中祥符年间早世。秉性质直，而诵经为业务，日诵《妙法莲华经》，或一部，或两部。夜里兜率天宫弥勒菩萨，或三百拜，或二百拜。以日繁月，自强不息。凡寓此约三十余载，始终一贯。其或体羸气劣，偶酒杀处，不问亲疏，我所唱者则餐

---

〔1〕绍熙《云间志》卷下"记"。
〔2〕绍熙《云间志》卷下"记"。

之，以水荡口，诵经复初。乃康宁则过中。人或与物，乃云："佛制枝叶花果，不许入口。"至六十五岁，梦登一阁，有异人谓师曰："此是兜率天宫，师寿止七十五岁，当来此居。"畅稽首："我愿八十岁，所谓经方满二万部。"异日无语。翌日索笔，大写梦中事于屋壁，由是愈加持诵，经数既满，师寿八十矣。冬除夜澡浴，更衣待旦贺正，至半夜坐灭于所卧之床。居人颜霸率众言奉香为薪，彼焚之地，有坟冢环绕，其家咸梦宗族归曰："藉僧来焚我当辞去。"口舌根自火而出，体肉色红，舍利粗大，无色荧然，烟焰中飞迸，累于草树。自阇维之后，从祥符年至天圣末，得二十余载，灵骨在焉。僧泽随收得片骨于窍中，舍利资生，遂以火试，铿然坚固。由是作石函，瘗于寺门之左，上建石塔以识之。今法孙子来上人，自天圣末止今嘉祐，又经三十载。知先祖法华德善，惧其淹没，请予直书，以备僧史，俾希风慕化者思齐焉。

嘉祐七年壬寅正月日，杭州梵天寺上方传天台教、赐紫了空大师洪浩撰。

寺主讲经论、沙门智能、本寺沙门、得栖施石门、钱塘讲僧用几书。

陶揆镌。

朝请郎、守尚书屯田员外郎、签署宁海节度判官听公事、骑都尉、赐紫鱼袋徐绍立石。〔1〕

上宰相书　范仲淹

太湖纳数郡之水。湖东一派，谓之松江。积雨之时，湖溢而江涌，横没诸邑。虽北压杨子江，而东抵巨浸，河渠至多，湮塞已久，莫能分其势。惟松江退落，漫流始下。或一岁大水，久而未耗，来年暑雨，复爲涔焉，人必荐荒，可不经画。今疏导者不惟使东南入于松江，又使东北入于扬子，入于海也。或曰："江水已高，北流不纳。"淹谓不然。江海所以爲百谷王者，以其善下耳。江流若高，则必滔滔旁来，岂复姑苏之有乎？矧今开亩之处，下流不息，亦明验矣。或曰："日有潮来，水安得下？"淹谓不然。大江长淮，无不潮也，来之时刻少，而退之时刻多，故大江长淮会天下之水，毕能归于海也。或曰："沙因潮至，数年复塞，岂人力可支？"淹谓不然。

---

〔1〕　正德《松江府志》卷二十"寺观下"。

新导之河，必设诸闸，常时扃之，以御来潮，沙不能塞也。每春理其闸外，江减数倍矣。旱岁则扃之，驻水溉田，可救熯涸之灾。潦岁则启之，疏积水之患。或谓开亩之役，重劳民力。淹谓不然。东南之田，所植惟稻，大水一至，秋无他望。灾诊之后必有疾疫。谓之天灾，实由饥耳。如能使民以时，导达沟渎，保其稼穑，俾百姓不饥而死，曷为其劳哉。或谓力役之际，大费军食。淹谓不然。姑苏岁纳苗米三十四万斛，官司之籴又不下数百万斛。去秋蠲放者三十万，官司之籴，无复有焉。如丰穰之岁，春役万人，日食三升，一月而罢，用米九千石耳。荒歉之岁，日以五升，召民为役，因而赈济，一月而罢，用米一万五千石耳。量此之出，较彼之入，孰谓费军食哉。或谓陂泽之田，动成渺弥，导川而无益也。淹谓不然。吴中之田，非水不植，减之使浅，则可播种非必决而涸之，然后为功也。昨开五湖，泄去积水，今岁平和，秋望七八。积而未去者，犹有二三，未能播种，复请增理数道，以分其流，使不停壅。纵遇大水，其去必速，而无来岁之患矣。又松江一曲，号曰盘龙，父老传云，出水犹利。如总数道而开之，灾必大减。苏、秀间有秋之半，利已大矣。畎浍之事，责在郡县，不时开导，刺史、县令之责也。然今之世有所兴作，横议先至，非朝廷主之，则无功而有毁，守土之人恐无建事之意矣。苏、常、湖、秀，膏腴千里，国之仓庾也。浙漕之任，及数郡之守，宜择精心尽力之吏，不可以寻常资格而授，恐功利不至，重为朝廷之忧，且失东南之利也。[1]

重开顾会浦记　章岘

禾兴郡领邑四，号繁剧者，华亭居其首。唐天宝中，析吴郡东境而置焉。负海控江，土为上腴，其鱼盐之饶，版图之盛，视他邑之不若也。国朝重驭民之官宰，是者非名通闺籍、秩在京寺，则未始轻授。庆历辛巳岁夏六月，彭城钱君以九棘丞来更县章。君再调百里，□□□□。凡积政间有因，仍未遑者，□思念穷之，颙乎改为，如恐不及。直县西北走六十里，趋青龙镇，浦曰顾会，南通漕渠，下达松江，舟艑去来，实为冲要。平畴芳甸，傍罗迤逦，灌溉之厚，民斯赖焉。自竿山之阳，地形中

---

〔1〕 光绪《青浦县志》卷五"山川下·历代治水"。

阜，积淤不决，渐与岸等。每信潮吐纳，财及半道而止者，垂三十年。康定建元之后，愆泽仍岁，浦无流津，榜人其咨，拾舟而徒。钱君恻然，有浚浦便民之志，首建斯议。明年春，由青龙睨江澜所来，图上其状，遂以议白府。会府公集仙钱侯莅藩之初，锐于振举，周览风俗，悯时菑凶，期于顺成，刻意沟渎，乐闻斯议，深然其请。乃籍新江、海隅、北亭、集贤四乡之民，得役夫三千五百五十人，府教以尉孙君专董其役。既授成算，乃克济美。庀徒之始，患谷高民饥，又重费官廪，募邑之大姓，洎濒浦豪居，力能捐金钱助庸者，意其丰约，疏之于牍。诱言孔甘，喜输丛来，凡得钱一百三十六万。计粟之直，头会而晨敷之。繇是揆日戒告，标明部分，定帜胪呼，荷锸云集。泽门废不勉之扶，东山赋忘劳之诗。兴三月辛酉，讫四月己丑。始于邑郛，终于江澨，增深四尺，概广八丈。无虑役工十万二千九百五十，畚土平道者不预焉。距县半里，旧设堰埭，壅其上流，今则仍贯。按《图经》，县管塘浦八，而居其最者五，顾会其一焉；次曰盘龙，曰崧塘，曰赵屯，曰大盈。而崧塘首源与顾会合俱，支流股引，环溃民壤。钱君又谕垦田乘农之隙，户出丁壮，咸至顾会疏导之。其或岁苦淫雨，水沴且作，则败去防庸，纵其澶漫，自浦而泄，汇于大川。若骄阳盛怒，蕴隆为虐，则潴渟潮波，分注疆甽，由浦而入，润溉千顷。夫然，则阴阳惨舒之权，岁时丰穰之候，可移于人，又何水旱之足虑哉！尔其大堤屹起素波，盛满烟霞澄灭乎，万状霭沦朝夕而两至。行商、力稿者各适其便，謌音壤歌而欢腾其间。于是邑氓之耋老鼓舞，聚而言曰："兹浦之湮，为吾侪病久矣。曩时字人者，虽廉得利害，而吝于经费，岂物有通否，必待其人耶？今吾宰以惠和浸人髓，以针石去民瘼，兴坏起废，易于转圜，是举也。靡残乎私，罔耗于公，因民所欲而利之，则图大垂久之治，孰愈于是哉？"噫！蒲谷之爵，风化所系。昔人之以最课异绩，美在青史者不可胜纪。今之为县者，虽有通人之才，艰于施用而易于韬晦，率不过循蹈常辙，饰身养望，为荣名之渐，坐守岁华，幸而代去，其于建利除害几何哉？观是浦也，则钱君政治之淑匽从可知矣。僝工之辰，命寀僚浮舟以落之。岘职当载笔，宜识其事，聊志岁月，以示来者云。

庆历二年岁在壬午四月二十九日章岘记。[1]

---

〔1〕 绍熙《云间志》卷下"记"。

重开顾会浦记　杨炬

三江东注，震泽介其间，潦集川溢，畎浍皆盈，而浙右数被水患。苏秀湖三州地形益下，故为害滋甚。绍兴甲子夏大水，吴门以东沃壤之区悉为巨浸。部使者饬郡邑询求故道，导源决壅，以泄水势。于是监州曹公以身任责，慨然兴叹曰："吾尝巡行属邑，讲问民瘼，亦既有得于此，顾未有以发之也。观云间之为县，连亘百里，弥望皆陂湖沮泽。当春农事方兴，则桔槔蔽野，必尽力于积水，而后能种艺。是宜地势愈卑，当有支渠，分导潴水而纳之海。"乃历览川源，考视高下，访于父老，谋之邑僚，得顾会港。自县之北门至青龙镇，浦凡六十里，南接漕渠，而下属于松江。按上流得故闸，基仅存败木，是为旱潦潮水蓄泄之限。复得庆历二年《修河记》于县圃，而知兹河废兴之岁月，与夫浅深广狭之制、役徒钱谷之数，判然察其惠利之实，有在于此矣。盖历百有六年，河久不浚，而沦塞淤淀，行为平陆，遂以状请于朝。籍县之新江、海隅、北亭、集贤四乡食利之民，以疏治之。官给钱粮，而董以县、主簿、尉。公偎冒风霜，率先僚属。兴工自十月二十有六日，役三月而河成。起青龙浦，及于北门，分为十部。因形势上下，为级十等，北门之外增深三尺，而下至镇浦极于一丈，面横广五丈有奇，底通三丈。据上流筑两挟堤，因旧基为闸而新之。复于河之东辟治行道，建石梁四十六，通诸小泾，以分东乡之渟浸。不旬浃，水落土坟。由是竿山东西民田数千顷，昔为鱼鳖之藏，皆出为膏腴，岂不美哉！役工二十万，用粮以石计七千二百，为钱以缗计二万五千。若其它，凡见于前记者，兹不暇录。讫工之辰，宪台以常平官复视。公与邑僚泛舟从游还，谓："炬当书其实，以刻于碑之阴，毋事于夸也。"炬安敢不勉，遂识其岁月及其功利而不复为之文。

绍兴十五年岁次乙丑三月望日杨炬记。

华亭县浚河置闸碑　许克昌

皇帝克肖天德，刚健精粹，高明悠久，夙夜于治道。日月以照之，雷风以动之。小大之臣迺震迺肃，丕应徯志，奔走率职。智不敢闷谋，勇不敢爱力。成顺致利，冈不从欲。以能大宅天命，昭彰光尧之盛烈，群生雍雍焉。惟苏、湖、常、秀四郡，经渠数百，畎浍数千，脉络交会，旁注侧出，更相委输，自松江太湖而注于海，而所入之道岁填阏，雨小过差则泛滥弥漫，决齧隄防，浸灌阡陌。迺隆兴甲申秋八月，淫雨害稼。明年大饥。上临朝咨嗟，分遣使者，结辙于道，发廪赋以活饿者。迺博谋于廷，曰："维雨旸之不时，予敢不懋于德。"然使水旱之不能灾者，宁无人谋？或曰："巨家嗜利，因岁旱干，攘水所居以为田，则虽以邻为壑而不恤。既潴水之地益狭，则不得不溢。盍尽核所占而凿之，以还水故宅，庶民病其少瘳乎。"上曰："是诚有之。"然不可悉凿也，宁疏水下流而导之，曰："会有言苏、秀势最下，华亭尤近海，十八港皆有堰捍潮，可一切决之；四湖所潴水，宜为斗门以便节减。"上览而异之，亟命两浙转运副使姜诜与令丞行视其宜。姜侯开明强济，诚爱果达，有仲山甫匪懈之节，意既受旨，即驰布德意。诹访故老，周览川野，穷源委，度高下，审逆顺，取冲要，尽得其便利以闻，曰："东南濒海之地，视诸港反高，虽有神禹不能导水使上也。尽开诸堰，适能挽潮为害，闸河以潴水可矣。将以决洩，而下流犹壅塞，则无益也。今宜浚通波大港，以为建瓴之势。又即张泾堰傍增庳为高，筑月河，置闸其上。谨视水旱，以时启闭，则西北积水，顺流以达于江，东南咸潮自无从入也。"上称善。即丐以常平之帑，赡其役。且与守臣郑闻会其事，制许焉。则相与庀徒揆日，赋材计功，一木一石、一夫一工，皆穷校研覆，织悉周密，费而有节。既具，以授之县令侍其铨。侍其亦健吏也，始协谋，终尽力成以梔奸说，以使人一木一石、一夫一工，必手自赋给，不可廋匿。检程视作，弗容苟简。乃浚河自竿山达青龙江口，二十有七里，其深可以负千斛之舟。因其土治高岸，护青墩傍，故水所败田数万亩，还为膏腴。为闸于邑东南，四十有八里，增故土七尺鼗巨石，两趾相距常有四尺，深十有八板，板尺有一寸。月河之长三千三百五十有五尺，广常有六尺。凡浚河之工，万有一千二百。金工、石工、木工、畚筑之工、伐取运致之工，总其数，椠七倍于浚河。凡浚河之工万有一千二百，浚河靡钱缗九千三百五十四，粟石二千三百有九十。始于仲冬之朔，凡五十有五日而毕。盖敛未尝及民，而民亦若不知有是役也。于是耕夫野人相与来言，曰："昔也十日不雨，吾倚锄而待泽。十日而雨，吾捧土以增坊。今四州之人自是知耕敛而已，雨旸惟天可也。此吾君之泽，而二三大夫之力。吾侪鄙人也，持牛尾抃蹈而歌呜呜。言语下俚，不可听也。"盍为我文之，克昌窃迹前事，郑白之渠成而关中沃野无凶年，其民歌之，班固志焉，于今荡耳目也。今天子仁圣勤俭，宫中无一椽之营，独念稼穑之艰难，遇灾而惧。食不甘味，寝不奠枕，务以兴天下之利。而忠恪之臣毕智虑，展四体，迄此成功，乃野人之歌不足以被笙弦、垂汗青。倘太史氏又以为主上盛德大业固已不可胜载，兹特一方之细，故略而不悉，则是使四州之大利，曾不得齿于关中之二渠，垂光万世。此承学之罪也。乃为歌五章，以遗斯民。使扣角击壤，以极其鼓舞欢愉之情，用发扬圣德，亦使知自今农为可乐，而招之反本云。若夫念图功之孔艰，嗣美绩于无穷，加治于未坏，时浚而勿壅，尚属诸来者。其词曰：水横流兮无津涯，浩浩洋洋兮谁东之。帝不宁兮谋臣，来谋臣兮夙夜。水滔滔兮迤而下，不搴茭兮但耕稼。君王智兮如神禹，川后雨师兮莫余敢侮。且决且溉兮介我稷黍，我受一廛兮终善且有。汝行四方兮曾不足以糊其口，盍归来兮君王锡汝以万金之亩。帝谓兮三臣，锡之福兮慰汝勤。报吾君兮岁后天，施我子孙兮弥丰年。乾道二年十二月二十五日记。[1]

普光教院记　黄由

出嘉禾东偏舆行，田舍山水环抱，有县曰华亭。去县之北隅北二舍许，人烟裹密，有村曰"章庙"。地居大聚落，土厚而木深，就一邑论之，盖境内之爽胜处也。其南则机山旁列，岩峦娟秀。其北则青龙连亘，窣堵对峙。吴松之浩渺，而西汇泽于二江，盈浦潆其南，而水源泝泝朝揖。故富家大姓多居焉。居人杜君尝曰："是地自吴泰伯后，寖见图谍，越唐天宝后，又因为县。版图生齿，视旧日繁，距今千有余年，若在极乐国土。沿浙左右，沙门精舍，宿张棋布，人知瞻仰。今吾地也，独无善知识以聚清众，无旆檀林以来信施，斯则可惜。"于是规地一顷，出力而经始之。修为崇门，广为宝殿，堂以说法，室以舍徒。峻为之楼，以植镈也；奥为之藏，以函经也。廊庑翼翼，庖湢肃肃，兰橑藻井，金碧交辉。凡十五年之间，遂成一小丘刹。既而有请丐移普光寺以冠其额，是为普光教院。计土木之费逾十万缗，而又捐上腴之田为转食轮以安众。四方缁侣，寻声窥光，户外之履，浩然朋集，斋鱼一响，钵囊相先。彼知惭识，愧者率曰："杜君德也。"维彼世人沉沦尘纲，思想坠于七界，颠冥困

〔1〕　绍熙《云间志》卷下"记"。

于三途，时见如来，虽知起敬，至其吝财啬施，甚如以针撮肤，闻杜君之风，亦少恧矣。尝观六度集经云：饭诸贤圣，不如饭一辟支。饭辟支百，不如立一刹。守之百归，胜于布施万种，此其徒之所为说也。此院之所以兴也。夫释之为教，法力弘通，然其异者，惟不应以祸福死生谆谆然求信于世，至谓为其事，则必有其报，故人常为诞而不之与也。君晓人也，以勇猛心，行精进道，固讲明于此也。熟今之兹举，岂曰利而为之哉？余固嘉其志，而谅其能觉，因其求文也，而亦欲见其美，并书所为作以示方来。君名国珍，字君宝，自号为敬庵云。

宝谟阁学士、正议大夫、新知隆兴军府事、兼管内劝农营田使、充江南西路安抚使、马步军都统、管吴郡、开国侯、食邑一千一百户黄由记。

奉直大夫、前提举广南路市舶、桐城县开国男、食邑三百户张惠卿书。

朝散郎、新知袁州军州、兼管劝农营田事、借紫刘履忠篆额。

开禧丙寅仲冬望日，主持传天台教观释法行立石。[1]

青龙镇学记　杜孝严

国朝承五季之弊，斯文坠丧，儒先泯绝。间有山泽之癯知，自孔氏，则青青之衿相与宗之，如白鹿、岳麓之类，鸠聚肄习，官不与也。皇化日昇，文治继起，始蒙表异，赐书给粮。至明道、景祐间学始有官矣。然藩镇望郡之外，或且因仍。迄于庆历之诏，而学始遍郡矣。诏生员多者，县亦多置学，而学始及于县矣。儒风彬彬，际天所覆，菁菁之莪莪，芃芃之棫，咸蒙雨露。今三百年，士生斯时，独非幸欤？夫学校之有功于国者二，曰作人，蒸我髦士也；曰成俗，兴民视听也。治盛学兴，其君子材业成就，惟帝时举。其小人闻礼知义，厥心亦臧，虽未至比，屋可封固，亦有孝悌而无凌犯矣。然则学校之设，每况愈下，则建置愈广，渐磨漫渍愈多。私相鸠聚，而官不与者，固可闵悼。乃若置学止于藩镇，不若郡皆有之；置学止于郡，不若县皆有之，然犹未也。古人之教，家有塾，党有庠，遂有序，国有学，然后作人成俗，可无遗憾。十室之聚，百家之市，居焉建学，非化行俗美之极致欤？玉牒赵君监青龙镇，

---

[1] 正德《松江府志》卷二十"寺观下"。

至之日求谒先圣，吏白以无其所，君心病之，遂与其为士者谋师友讲习之地，以请于郡，且捐俸钱三十万以为倡。太守吴中郑侯闻而嘉之，助以郡缗，如君之数，于是士皆翕然。买田于镇治之东北二百步，高燥衍夷，广袤百丈，筑大成殿于其东，营四斋于其西，曰博文、敏行、思忠、笃信，盖取夫子四几之义。讲堂中峙，翼以先贤，与魁星之祠旁列，主学职事之；次门屋、廊庑、仓库、庖湢，无不毕备。又以其间田筑射圃，浚清池，植以花竹，缭以周墙。役兴于辛巳之夏，而成于壬午之春，为费三千缗，皆一镇之士共成之。陈生公廙独任其三之一，又舍田租六百斛以为丁祭公养之用，此其好事之尤者也。自今一镇之聚，君子欤，相与服夫子之四教，磨砻砥砺，为有用之学，以自奋于明时。小人欤，听弦诵之声，瞻锵济之容，父兄子弟转相诏告，而孝弟辑睦之风兴矣。余嘉赵君“有官不高，有民不多，而所治者本，所务者大”，有得于作人成俗之谊，故喜为之书。虽然事不难于成而难于久，城阙挑挞，郑校蒙讥，众君子既善其始，盍图其终？纠盟社，延名师，饬子弟，修素业，藏修于斯，游息于斯，其有以永今日赵君之意，俾勿坏。君名彦敔，字仲和。

朝请大夫、权尚书、兵部侍郎兼同修国史、实录院同修撰杜孝严记。

朝奉大夫、起居舍人兼国史院编修、同实录院检讨官郑自诚题额。

奉义郎、国子博士葛从龙书。

嘉定壬午十一月朔，文林郎、监嘉兴府青龙镇税兼烟火公事赵彦敔立。〔1〕

松江秋泛赋　叶清臣

泽国秋晴，天高水平。遥山晚碧，别浦寒清。循游具区之野，纵泛吴松之澨。东瞰沧海，西瞻洞庭。槁叶微下，斜阳半明。樵风归兮自朝暮，汐留满兮谁送迎。浩霜空兮一色，横霁色兮千名。于是积潦未收，长江无际。澄澜方顷，扁舟独诣。社橘初黄，汀葭余翠。惊鹭朋飞，别鹄孤唳。听渔榔之递响，闻牧笛之长吹。既览物以放怀，亦思人而结欷。若夫寇敌初平，霸图方盛。均忧待济，同安则病。鱼贪饵而登钩，鹿走险而忘命。一旦辞禄，扬舲高泳。功崇不居，名存斯令。达识先明，孤

〔1〕 弘治《上海志》卷五“学校”，正德《松江府志》卷十三“学校下”。

风孰竟。又若金耀不融，洛尘其蒙。宗城寡扞，王国争雄。拂衣客右，振棹江东。拖翠纶乎波上，脍蝉翼兮桴中。傥即时之有适，遑我后之为恫。至如著书笠泽，端居甫里，两桨汀洲，片帆烟水。夕醉酒垆，朝盘鱼市。浮游尘外之物，啸傲人间之世。富词客之多才，剧骚人之清思。缅三子之芳徽，谅随时之有宜。非才高见弃于荣路，乃道大不客于祸机。申屠临河而蹈壅，伯夷登山而食薇。皆有谓而然尔，岂得已而用之？别有执简仙瀛，持荷帝柱。晨韬史氏之笔，幕握使臣之斧。登览有澄清之心，临遣动光华之赋。荷从欲之流慈，慰远游之以惧。肇捷封之所履，属方割之此忧。将浚疏于汇川，其拯济乎畛畴。转白鹤之新渚，据青龙之上游。濯埃垢于缁袂，刮病膜乎昏眸。左引任公之钓，右援仲由之桴。思勤官而裕民，乃善利之远猷。彼全身以远害，盖孔臧于自谋。鲜鳞在俎，真茶满瓯。少回俗士之驾，亦未可为兹江之羞。[1]

青龙赋　*应熙*

粤有巨镇，其名青龙。控江而淮浙辐辏，连海而闽楚交通。平分昆岫之蟾光，夜猿啼古木；占得华亭之秀色，晓鹤唳清风，咫尺天光，依稀日域。市廛杂夷夏之人，宝货富东南之物。讴歌嘹亮，开颜而莫尽欢欣；阛阓繁华，触目而无穷春色。宝塔悬螭，亭台驾霓。台殿光如蓬府，园林宛若桃溪。俪梵宫于南北，丽琳宇于东西。绮罗簇三岛，神仙香车争逐；冠盖盛五陵，才子玉勒频嘶。杏脸舒霞，柳腰舞翠。龙舟极海内之盛，佛角为天下之雄。腾蛟踞虎，岳祠七十二之灵神；阙里观书，镇学列三千余名之学士。其名龙江楼、四宜楼，随寓目以得景；胜果寺、圆通寺，遗俗虑而忘忧。传王叟之升仙，土台犹在；著沈光之显迹，石刻堪求。至若亭纳熏风，轩留皓月，千株桂子欺龙麝，万树梅花傲雪霜。观汹涌江潮之势，浪若倾山；寻芳菲野景之奇，花如泼血。风帆乍泊，酒旆频招。醉豪商于紫陌，殢美女于红绡。凝眸绿野桥边，几多风景；回首西江市上，无限逍遥。奇哉圣母祠，异哉观音庵。曾闻二圣之感应，曾卫高皇之危急。猗欤美哉！惟此人杰而地灵，诚非他方之可及。[2]

---

〔1〕正德《松江府志》卷二"水上"。
〔2〕万历《青浦县志》卷七"词赋"。

墓志

叔祖左领军卫将军致仕王公行状　王令

王氏旧望太原，自公之五世祖居魏之元城县，不知其始何溯也。以至公，皆元城人。曾祖某，仕某朝，至阁门通事舍人。祖庭温，开宝中仕为泰宁军节度副使。考奉谭，右班殿直，赠左武卫大将军。公讳乙，字次公，其少孤，长能自奋以学，连以进士上，辄罢。下游于江、淮间。景德中，诏求秘书于天下，公适有之，去献之京师。上书言："臣父常得事许王府，雅于先帝有一日之幸，臣实其子。"天子下其书问验，补三班借职，巡睦、衢、婺三州私茶盐，改三班奉职，温、台、明、越四州巡检；用举者，监越州西兴镇兵马；转运使荐公才可益就用之，改苏湖秀州青龙镇巡检。

于是上居东宫，公上书言："太子方少，陛下为择师傅，皆贤诚，甚盛美，独左右小臣，行能未闻有以过人。夫师傅之进有时，则太子与小臣居乃常，苟但无过，犹嫌不能有益，一有不正其习，可不慎哉！愿陛下择于朝廷贤有闻者，益求其比，以辅成太子。"书奏，不报。

故事：士之出两川仕朝廷者，虽老犹不听归。公独上言曰："陛下幸以其材任官，何独犹疑之如此？蜀地虽险，陛下临之盖甚惠，仕者又皆其贤，人情不宜有他。且蜀去京师远，老者不可载之与俱，则去离父母，生婴终身之忧，死弃万里之外，臣诚恐孝爱之士，终不为国家用也。臣愚以谓听还之，甚便。"天子许两川之士复归，又得离其旁近官，自公言始。又言："奸贪吏如李溥、边肃，材虽有过人，幸复听用之，犹不可使为州以近民。"又言："比年制度寖益复古，而朝廷大臣，下至九品吏，皆无朝，与士庶人同祭于寝，非所以严鬼神，长恩爱，厚孝实于天下也。幸以次限之立庙。"不报。恩加左班殿直。

乾兴初，朝廷新逐宰相，大臣用事，指己之不便者以为党，逐之。宣徽使曹玮，素名忠正，亦在谴。公以疏争曰："曹障忠臣，先帝用以为陕西河北三路部署，以藩陛下。盖察其材任之也，岂顾不知其忠邪？陛下新即位，亦当引玮类聚以自助，何遽散逐之？臣固知非陛下意，而大臣敢以奸乱国也。赏罚天下之所信，陛下可自取用之，毋听大臣自便！"书奏，一时皆为之惊。

改监楚州商税，请废北神堰置闸，岁省役二十一万一千三百丁，米一万八千石，诏以公言为闸果便，加右侍禁；大臣荐之，加合门祗候，监定州兵马，改提举黄河埽岸。

上书言将帅微弱，所养非所用，不可应一旦。其略曰："臣观三代之政，至于久而不能无弊，况其下邪？自唐末大乱，盛强者争起，以分天下，所在阻兵以自守。国家得之于战争之后，上下厌兵久矣。故太祖皇帝稍敛将帅而夺之权，行之既久，其弊微弱，卒有四夷叛而起者，恐非边将之能应，况天下之势弱甚，陛下独不监秦邪？夫北狄之盛日久矣，极盛必衰，其外有黑水强大之敌，下有中山、广平强弗顺之族，臣观其势，不能无变。假如五单于复分于今，有若呼韩邪附而愿归者，不从之则合而为患，从之，则为朝廷计者将安出耶？夫人之材能不同，则上之用舍各异。夫骈胁多力，臂强走悍，刺坚而中深，此人之能也，可为人用而不能用人。今置将不问其材谋何当，一以能使之，臣见其败军也。夫以能将能，以指使指，不若臂之使指也。臣视在边之将，诚论其材谋，几能如臂指之不同耶？夫军事至重，陛下既遣将，又置监军，监军苟知兵，尚安俟将；苟不知兵，徒与将衡决，于事无益也。夫兵趋时如飘风，搏利如飞鸟，机发于心，变见于目，身走赴之，一跌则后矣，其为岂一一以书传耶？使皆上闻报可而后用之，是兵乃陛下与大臣自用也，安用将居千里之外哉？必如疑之则勿用，不疑而用之，一切可听其自为，无以寸尺绳之。如是而不效，更覆其军，可皆斩之无赦，以惩艾其后，敢以非其任而当此者，使知其果死也。夫茶盐取之山海，其出无穷，陛下苟听民之有力者，行其利于天下，卒使输粟益边，则边实可备也。"不听。

天圣中，遣御史河北聚籴以备边，公独言："河北粟少，又近边，不宜籴以空民食。不若以茶盐募江、淮入谷河阴，良便。"事下三司议，以为非是。公奏曰："臣言诚甚利。三司徒以臣贱，故沮之。臣愿身至三司，辩其非是。"从之，已而发利害十事，三司不能折其一。诏以公议当是，从之果便，由是三司始害公能。加右侍禁，监杭州驻泊兵马，公自言曰："臣始口入谷河阴，尝与三司使胡则有曲直，后盖自以事，独疑以臣故罢之，是岂能无忿于其心？今知杭州，而臣官属之，后应有以报臣也。"书上，改真州驻泊，加东头供奉官，以病乞监滁州商税，改泗州普照塔；用举者，改扬州驻泊兵马；坐免，复起为东头供奏官，监光化军商税，复阁门祗候；荐者言公能，幸他用之，改淮南西路都巡检使，恩加内殿崇班。

连上书，请民牛听耕逃闲田；请振饥民，以息寇贼；请罢荆湖路酒课，以便民，限民出钱偿官，则民不触罪；请如杀牛马之赏更倍之，以购杀人者，则罪辄得；又言："铸铜为钱，其利甚薄，两母一子，今铜复竭，宜禁民锡杂铜铸之法，其什三宜能支一切。"皆不听。上书言："臣方少时，尝愿尽其能以进效，今老矣，愿解所官。"上以为左领军卫将军，听致其仕。书方下，卒于海州，年七十有三。

公内刚外徇，居于人交欢然，及加以直，虽强其力不可以势得也。故公之所在，虽严贵人多惮之，于其所职，每列以是非争之，每摇而不动，去而其下以此多思之，皆能道其行事，以叹其后反不然者。然其直，亦其平生终不以进退得失之故以自枉，故仕尝材名矣。大臣屡荐之，卒不用。其言之又多废者，亦以此。然公益自得不悔也。尝从容与客言曰："义固有必直，虽天子，敢以死争不惮；即如非义，虽贱人，吾屈矣。然则吾亦守约矣。"

居家慈，其族多赖以养。公先娶林氏，早卒。后娶刘氏。于公之卒，林已葬，今用刘氏合葬焉。子三人：越石，秦州观察判官；子健、仁杰，皆举进士。女二人：长嫁进士招度，次嫁项城主簿宋适。孙三人：之翰、彦晖、彦卿。将以某日葬公真州扬子县某乡某原，谨状公之行事，将求世之有道者铭之。谨状。[1]

妙悟大师碑铭略　吕益柔

师讳希最，俗姓施，世为湖州人。其母感异梦而生，乳中遇相者，曰："是子骨法异常，勿染于俗。"因拾之出家，依郡之广化寺僧宝新为师。四岁遇天禧霈恩，祝发受具足戒。十五岁学天台教于钱塘名师慧才，尽传其学，悉明奥义。慧才善之，曰："天台教门又得人，宗风益不坠矣。"擢居上首，缁流竞名者爱而畏之，号曰"义虎"。治平中遂挈经箧，来讲秀州青龙镇隆平之塔院。师平日不特讲说而已，其举动语默必与其法相应而后已。名实既符，道俗咸响，讲塔院者累年。一日不得意于镇宰，即拂衣去，之雪川。师既去，学徒什伍散矣。昔之妙香宝华之所，一变而为积尘茂草之场。信士过之，莫不徜徉，重惜师之去也。镇宰替，师复来，则不复主持矣。遂买居于胜果寺，讲说如初。寺僧子云之室，屡有祟，师乃咒块土，掷于怪室中。须

---

[1]（宋）王令：《广陵集》卷二十九，上海古籍出版社1980年版，第352—357页。

臾得片纸，书曰："今被法来遣，难舍，法力没，余当复来。"于是宁息者累日，其后击物扬火，变怪大作。子云惶怖，复请师禳之。师至怪所，诃之，曰："汝果何物耶？得非未离幽壤之苦，将丐慧力以求生者耶？何为扰人不已耶？汝不闻恼法师者头破七分乎？"为之讲说轮回因缘，仍令众僧声咒以破其罪障。俄而空中轰然有声，视之得朱书数十字，自称有汉烈士沈光，大略止悔过谢罪，自蒙忏解，夜已生他化矣。师谓他化天也。呜呼，怪哉！余尝读《高僧传》，至于法兰精勤经典，山中神祇，皆来受法。人谓"德被精灵"，余窃疑其诞。及睹此，则知佛慧神通，足以斥阴妖之灵响，拔重泉之沉魂，明暗两途，各获安利。夫怪者圣人所不语，将为后世好诞者戒也。然孔子尝谓"敬鬼神而远之"，又曰"幽则有鬼神"，是岂以鬼神为无哉？今沈光变现显显若此，则凡包祸心以欺诸幽者，得不闻是而惧乎？此余所以虽怪而必书也。师临终尚说法，作偈颂，优游坐亡，时元祐庚午季秋六日。以其年孟冬十八日阇维，得利数十，莹采陆离。腊七十三，寿七十六。其徒宝觉、惠圆、惠畛用浮屠法散骨于水，因求文以贻不朽。铭曰：

禅律虽殊，归则同揆。冰泮雪消，俱成一水。师之持律，古佛是拟。闻思惟修，小不逾呎。讲明妙教，名流服膺。解破幽障，沉魂获升。利物既足，坐跻上乘。慧绩若此，宜以铭称。

左宣德郎、签书镇东军节度判官厅公事吕益柔撰并书。

左朝奉大夫、提点京西南路刑狱公事护军、赐紫金鱼袋胡宗琰篆额。

左朝奉郎、新羌通判、南安军事骁骑尉、赐绯鱼袋吕全立石。[1]

赵仲白墓志铭　刘克庄

仲白，讳庚夫，宗室，颍川郡王之后。曾大父某知鄂州，大父某，父某始为闽人。仲白少玉立，风度如仙。书一览默记，尽不卷脱一字，为文章神速。两试礼部不中，第用取应补官，久之不调。几漕辟嘉兴府海盐县酒务，府公王舍人介庵，权青龙

---

[1] 至元《嘉禾志卷》第二十一"碑碣六"，后段"世非无怪也，圣人不以语诸人……"，为至元间单庆所撰，故不录。

镇。势家或为大商地，匿税钜万，仲白捕治之急，势家诬苏于外台，下吏锻炼，成其罪，坐停官。王舍人抗论，力争于朝，不报。仲白既废，杜门苦学，贯穿百氏，特邃于《老易》。喜纬书，坐一榻，下筹布著，不已以为世道隆替、人事成坏皆系乎。数从方士，受水丹心，独神其术，谈禅尤高，朋友莫能语难。其平生志业无所洩，一寓于诗，丛稿如山。和平冲澹之语，可咀而味；愤悱悲壮之词，可愕而怒；流离颠沛之作，可怨而泣。会中朝有知仲白前事冤者，得复元官。于是，淮蜀交辟，而仲白死矣。仲白性不妄交，与潘柽、赵师秀论诗。曾极论《参同契》，辄暗合。遇贵公张谦广座，命题众宾，方嚬呻营度，仲白已飞笔满轴，神色自得。盖其所挟高，未尝靳压人，而每出人上，故爱。爱仲白者寝少严，而忌之者众矣。仲白家贫，不屑治生，乌帽唐衣，自号山中翁。所居隙地绕丈许，而花竹水石之玩皆备，古梅一株，终日吟啸其下。其归自海盐，益新脱酷吏手，李行荡失，妻子奔踣蓝缕，犹以两夫昇一鹤自随院。客京城，闻鹤死，惋惜不食，赋诗甚哀，其情致风味如此。呜呼！斯人不可复见矣。予观昔之文人若相，如李白，世称薄命，然所为文亲，蒙天子赏识，给札捧砚之事，极一时之荣焉。近世林逋、魏野，皆以夫名字流入禁中，数下诏书征聘。仲白才追昔人，会开禧、嘉定间多事，三边用武，君相所急，多材建功名之士，而山林特起之礼，其废已久，由是仲白阨穷终身，其文不达于天子，徒为闲人退士、衲僧羽客诵咏叹息之具而已。仲白卒于嘉定巳卯二月壬戌，年四十七，十一月庚申葬于城西七里甘露山。配顾氏，国子博士杞女，有高才，与仲白如宾。友男时游二十年，尝约岁晚入山读书。仲白弃予而夭，行而无所诣也，疑而无所订也，瑕而莫予攻也，怠而莫予鞭也。呜呼，悲夫！仲白既明数，前知死日，访其友寺丞方公信儒，求棺材。及死，方公捐美椟殓之。仲白诗最多，自删取五百首，所著有《周易老子注》《山中客语》《青裳集》。予早知仲白顾今学，退才尽，铭其墓，有媿色。至于附其家，教其孤，行其文字于世，方公责也。铭曰：

　　万山四图，君藏于斯。所埋者骨，不埋者诗。后千百年，陵谷或夷。读君集者，必封崇之。[1]

---

〔1〕（宋）刘克庄：《后村先生大全集》卷一百四十八，《赵仲白墓志铭》。

杜国珍墓志

公杜姓，讳国珍，君宝其字也。系族著声，历世不绝。其后徙居江南，游宦檇李，而因家华亭。曾祖永、祖显，潜德不耀。父祥，迪功郎。公初授承信郎，累仕戎司属官。少嗜学而不务进取。卜筑江皋，雅有园池之乐，以功名付后嗣。辟家塾二区：曰学古，曰桂芳。诜诜有声。场屋建置教刹，锡名"普光"。日给缁徒常二千。指寺之西偏，榜庵曰"敬"，为燕申参请之所。以至市田以代乡人之雇役，立冢以敛死者之无归。剙建祠山行宇，以便居民之祈向。造梁穿井，为之不斩。享年八十有二，可谓称德矣。嘉定八年四月二十一日卒于正寝。即其冬十二月十三日葬于县新江乡之原。母王氏，娶沈氏。俱封孺人。男五人：文彧，将仕郎，娶陆氏；崇之，保义郎，娶钱氏；屋之，成忠郎，娶姚氏；文修不仕，娶钱氏；申之，承节郎，娶董氏，继室钱氏。四子先公卒，惟崇之领诸孙以奉襄事。女二人：长适承信郎周舜卿，次适修武郎丁葳。孙男八人，孙女五人，孙婿二人。曾孙男五人，孙女二人。其详则见于宣教郎、太学博士陈公伯震之行状，朝请大夫试中书舍人兼直学士院任公希夷之墓志。吁，公平生趋向，表表于名流之称述，始终可考而无愧。

婿丁葳书而纳诸圹。[1]

宋故都监杜公墓碑

先君姓杜，讳申之，字伯禄，世居嘉兴府华亭之章庙。曾祖显之，不仕。曾祖妣马氏。祖祥，故迪功郎。祖妣王氏，孺人。父国珍，故任从义郎。妣沈氏，封孺人。先君生于淳熙乙未九月十五日，幼服儒业，以科名为意。蹭蹬不遇，勉就皇后亲属，补承信郎，材武合格。初任监绍兴府山阴县钱清镇兼巡检。满替磨勘，转承节郎。次授常州兵马监押，未赴，间婴疾，卒于正寝。时嘉定八年四月十二日也，享年四十有一。娶董氏，先十四年卒。再娶钱氏，吴越忠懿王五世孙、濠梁郡丞钱莘之仲女。男二人：士熊、士龙；女三人，长适主管皇太子宫生料库陈仲炳，余未行。先君温厚通练，喜愠不形于色。奉先大父至孝，事所生尤恭。敬兄友侄，雍睦无间言。平居以翰

---

[1] 光绪《青浦县志》卷十二"名迹·冢墓"。

墨自娱，易箦之日，闻者嗟悼。人物气概，众期远到，遽止于斯。呜呼！即以是年十二月十三日葬于本县海隅乡笠浦之西原，与前妣董氏合祔焉。士熊痛深创巨，欲报罔极，谨泣血百拜，叙大概以纳诸幽，尚当可铭于贤有文者，以垂不朽云。

婿陈仲炳填讳。

丁彦刊。[1]

宋故主簿林公墓碣

曾祖华国，故左朝请大夫、提举福建路蚕茶事。

祖公望，故任朝奉郎、建康军节度使判官厅公事。

父敷，故任文林郎、通州军事判官。

公讳沐，字子木，嘉兴青龙人也。东轩居士，迺其道号。其先世本莆阳之望族，代以儒科显。公敏而好学，博览《书》《传》，始侍父宦游钱塘，授《尚书》业于释褐焉。公讲贯日益，不久学成。次游乌江，改肄《春秋》。迨郡判公将任通州，而遽即谢世。公独身家事，侍偏亲，领诸孤，备尝艰苦；随宜处置，一无所阙，乡闾亲友闻而嘉之。嘉定庚午，天子令郡国举士，公贾勇应诏于乡，学富文赡，有司擢为举首。自后朝绅戚畹，莫不次名而敬公。端平乙未，叨特恩，主簿嘉定。闲居需次，事佛唯谨，经教禅律，罔不究心，故身虽蜩冗，口必嘿而诵之。是以临终安祥而逝，良有以夫。公感寒疾不十日，卒于正寝，实淳祐初元十月二十五日也，享年六十有七。初娶刘氏，先公三十年而亡。次夏氏，亦先公二十年而亡。次李氏。有子继曾，亦先公十二年而亡。孙男一人，寿祖。公之在世，其困衡于患难之间者至矣，暮年仅得雍容，戌将及而禄不及，得非命欤？时梓凤联姻籍，岁甲午，侍公宴鹿鸣于乡郡，见公议论文章，卓然优异，方以远者大者期公，而讣音忽来，使人痛恨不已。越岁壬寅，其孙寿祖，卜用十二月壬申，葬公于华亭县新江乡四十四保重固村篠泾北之西原，且泣血以告余，曰："今先大父卜葬有日，请为碣以识岁月"。时梓既托姻好者凡三世，

---

[1] 中国文化遗产院等编《新中国出土墓志》（上海、天津卷）上册，第26页；光绪《青浦县志》卷十二"名迹·冢墓"。

且知公之行事为详，无得而辞焉，故书。

□侄、修职郎、吏部拟注赵时梓撰。

合沙宗侄、京庠进士林宗传题盖并书。

丁日新刊。[1]

集诗

沪渎　皮日休

全吴临巨溟，百里到沪渎。

海物竞骈罗，水怪争渗漉。

吴淞江江上渔者　范仲淹

江上往来人，但爱鲈鱼美。

君看一叶舟，出没风波里。[2]

水龙吟·咏杨花　章粢

燕忙莺懒芳残，正堤上、柳花飘坠。

轻飞乱舞，点画青林，全无才思。

闲趁游丝，静临深院，日长门闭。

傍珠帘散漫，垂垂欲下，依前被风扶起。

兰帐玉人睡觉，怪春衣、雪沾琼缀。

绣床旋满，香球无数，才圆却碎。

时见蜂儿，仰粘轻粉，鱼吞池水。

望章台路杳，金鞍游荡，有盈盈泪。[3]

---

〔1〕 中国文化遗产院等编《新中国出土墓志》（上海、天津卷）上册，第26页。
〔2〕 光绪《青浦县志》卷二十八"艺文下·集诗"。
〔3〕 （宋）黄昇编：《唐宋诸贤绝妙词选》。

水龙吟·次韵章质夫杨花词　苏轼

似花还似非花，也无人惜从教坠。

抛家傍路，思量却是，无情有思。

萦损柔肠，困酣妖眼，欲开还闭。

梦随风万里，寻郎去处，又还被莺呼起。

不恨此花飞尽，恨西园、落红难缀。

晓来雨过，遗踪何在？一池萍碎。

春色三分，二分尘土，一分流水。

细看来，不是杨花，点点是离人泪。〔1〕

吴江舟中诗　米芾

昨风起西北，万艘皆乘便。

今风转而东，我舟十五纤。

力乏更雇夫，百金尚嫌贱。

船工怒斗语，夫坐视而怨。

添槔亦复车，黄胶生口咽。

河泥若祐夫，粘底更不转。

添金工不怒，意满怨亦散。

一曳如风车，叫啖如临战。

旁观莺窦湖，渺渺无涯岸。

一滴不可汲，况彼西江远。

万事须乘时，汝来一何晚。〔2〕

---

〔1〕《苏轼文集》卷五五"与章质夫三首"。
〔2〕（宋）米芾：《吴江舟中诗卷》，美国纽约大都会艺术博物馆藏。

青龙海上观潮　梅圣俞

百川倒蹙水欲立，不久却回如鼻吸。

老鱼无力随上下，阁向沧洲空怨泣。

摧鳞伐肉走千艘，骨节专车无大及。

几年养此膏血躯，一旦翻为渔者给。

无情之水谁可凭？将作寻常自轻入。

何时更看弄潮儿，头戴火盆来就湿。

回自青龙呈谢师直　梅圣俞

共君相别三四年，岩岩瘦骨还依然。

唯髭比旧多且黑，学术久已不可肩。

嗟余老大无所用，白发冉冉将侵颠。

文章自是与时背，妻饿儿啼无一钱。

幸得诗书销白日，岂顾富贵摩青天。

而今饮酒亦复少，未及再酌肠如煎。

前夕与君欢且饮，饮才数盏我已眠。

鸡鸣犬吠似聒耳，举头屋室皆左旋。

起来整巾不称意，挂帆直走沧海边。

便欲骑鲸去万里，列缺不借霹雳鞭。

气沮心衰计欲睡，梦想先到苹渚前。

与君无复更留醉，醉死谁能似谪仙。

醉眠亭　李行中

檐低槛曲莫嫌隘，地僻草深宜昼眠。

代枕暮凭溪上石，当帘时借屋头烟。

倦游拂壁画山径，贪醉解衣还酒钱。

一水近通西浦路，客来犹可棹渔船。

醉眠亭寄韩宪仲廷评　李行中

野径荒亭草没腰，一眠聊以永今朝。

放怀不管人间事，破梦时闻夜半潮。

玉柱刘叉诗未献，金龟太白酒难招。

知君有意寻安道，咫尺何时动画桡。

赵明叔太傅未识醉眠亭先贶佳篇

要识荒亭路不赊，浦西桥北对渔家。

窗嫌日曝新栽竹，蔬占畦长未种花。

壁上客来堆醉墨，篱根潮过积寒沙。

被人误号陶彭泽，也学门前五柳遮。

李行中秀才醉眠亭三绝　苏轼

已向闲中作地仙，更于酒里得天全。

从教世路风波恶，贺监偏工水底眠。

君且归休我欲眠，人言此语出天然。

醉中对客眠何害，须信陶潜未若贤。

孝先风味也堪怜，肯为周公昼日眠。

枕麹先生犹笑汝，枉将空腹贮遗编。

醉眠亭　苏辙

是非一醉了无余，惟有胸中万卷书。

已把人生比蘧篨，更将江浦作阶除。

欲眠宾客从教去，倒卧罂瓺岂暇舒。

京洛旧游真梦里，秋风无复忆鲈鱼。

同前　李常

陶公醉眠野中石，君醉辄眠舍后亭。

人知醉眠尽以酒，不知身醉心长醒。

众人清晨未尝饮，已若醉梦心冥冥。

淫名嗜利到穷老，有耳亦不闻雷霆。

醉石虽顽委山侧，苔昏剥蚀谁与扃。

牧童樵叟亦能指，卒以陶令垂千龄。

危檐弱栋倚荒渚，海雾江雨穿疏棂。

勿谓幽亭易摧折，勉事伟节同明星。

同前　陈舜俞

酒胆长轻六印腰，醉中一枕敌千朝。

兴亡貌比荣枯柳，聚散看同旦暮潮。

酣法本应尘外有，醒魂徒向水边招。

已闻佳士过从约，不似东风泛去桡。

同前　张先

醉翁家有醉眠亭，为爱江头乱草青。

不听耳边啼鸟唤，任教风外杂花零。

饮酣未必过比舍，乐甚应宜造大庭。

五柳北窗知此趣，三闾南楚谩孤醒。

同前　王观

松陵江畔客，筑室从何年。

世俗徒纷纷，不知季子贤。

在彼既不知，不如醉且眠。

声名衮衮谁知命，醉非爱酒眠非病。

长江浑浑无古今，群山回合来相映。

呼奴沽酒不可迟，买鱼斫鲙烦老妻。

何必纫绳系飞兔，百年长短空自知。

直将裈虱视天地，冥冥支枕穷四时。

九衢足尘土，朱门多是非。

秋风老莼鲈，扁舟何日归。

同前　秦观

醉来丰悴同，眠去身世失。

二乐擅一亭，夫子信超逸。

杯行徂老春，肱枕颓外日。

壮志未及伸，幽愿良自毕。

同前　张景修

樽前从客笑，梦里任花飞。

野鸟唤不醒，家童扶未归。

有荣还有辱，无是即无非。

万事藏于酒，先生亦见几。

同前　韩宗文

万虑中来搅不眠，醉时一觉自陶然。
冥冥固已忘天地，岂向林中觅圣贤。

得酒休论饮得仙，醉中遗物为神全。
世间反复无穷事，吏部难忘抱瓮眠。

昔有遗贤世所怜，沧浪亭下醉时眠。

松江变酒难终待，却对残镫理短编。

同前　苏枨

疲人思向醉中眠，物我翛然万虑闲。
渴饮蔗浆劳隐凡，吾身自足草莱间。

楚阳渴鹿背清泉，之子名亭取性便。
适意中间却无事，期君忘醉亦忘眠。

同前　晁端佑

潇洒松陵江上亭，醉来一梦傲云屏。
生前笑语君须惜，世事纷纷不用醒。

盘石幽亭乐未央，是非穷达两相忘。
尘寰下望如何许，烂醉高眠自有乡。

尘埃收得一身闲，饮尽春瓶曝背眠。
醉耳犹嫌山鸟聒，梦魂终日上高天。

一枕双壶意浩然，狂歌酒尽即高眠。
吾生久与时相弃，好逐君归作二仙。

同前　晁端彦

人生有出处，两事固希全。
达则都廊庙，致君尧舜前。
声名喧宇宙，指顾生云烟。
不然早晦隐，纵意乐当年。
第一莫如醉，第二莫如眠。

无晦水乡士，子瞻称其贤。

埋照不干世，作亭临清泉。

欢来即痛饮，酣谑竟长筵。

陶陶非假寐，泯绝平生缘。

尽得杯中趣，当为枕上仙。

影从明月照，名任清风传。

愿君遂此意，其乐更相先。

醉无三日醒，饮尽百斛船。

境界如古莽，魂梦游钧天。

莫学不佞者，徇禄遭缠牵。

进无济世志，退无负郭田。

独醒少意绪，寡睡多烦煎。

风波惊性命，鞍马积胝胼。

未得立篱下，应难卧瓮边。

区区为贫仕，短咏媿非妍。

同前　晁端禀

吏部瓮间眠，先生窗下卧。

夜偷绿醅饮，昼喜清风过。

人为清风快于酒，摆落烦襟洗尘垢。

我知醉寝胜闲睡，可以寄天真兮忘世累。

沟渎超江汉，幕席视天地。

蝴蝶不知缘变化，黄粱未熟虚营利。

从来闲处得闲乐，何者功成与名遂。

陇西夫子称世贤，世家自是酒中仙。

作亭占得松陵地，东坡名之为醉眠。

醉复眠兮眠复醉，颐养邹轲浩然气。

贤人为浊圣人清，昏昏梦寐俱忘形。

花影满身犹未觉，竹风吹面不知醒。

忆昔乐天贪醉吟，吟哦未免劳其心。

不如醉睡了无事，其乐陶陶得趣深。

我身走尘埃，羁鞅殊未息。

有所思兮在高轩，欲往从之路艰塞。

无缘一榻同醉眠，空秃千毫挥醉笔。

同前　　关景山

杜老癫狂寻酒伴，经旬出走只空床。

输君纵饮还高卧，长有生涯作醉乡。

贫饶北海樽中物，静胜长安市上眠。

乱地春风吹不醒，功成合与酒为仙。

同前　　杨蟠

江花可醉草堪眠，细想人间底处便。

客散樽空欲归去，此身还被月留连。

江上聊游我未能，羡君长醉卧高亭。

不因鹤唳破残梦，还有凉风吹酒醒。

清簟疏帘一醉身，寂寥不称咏诗人。

春风亦有怜才意，故摆残花作绣茵。

同前　　僧道潜

常闻李谪仙，饮酒兴无尽。

醉来卧空山，天地即衾枕。

当时放迹奇，流俗不可近。

君今外形骸，与世不拘窘。

寸心合虚旷，万事一以泯。

开亭向幽圃，朝夕事醉寝。

茅檐落日欲醒时，起对婵娟拂瑶轸。[1]

船子渔歌　僧妙普

船子当年返故乡，没踪迹处妙难量。

真风遍寄知音者，铁笛横吹作散场。[2]

鬼书　许尚

壮士为儒耻，捐躯志所甘。

无名预青史，幽愤亦何堪。[3]

---

〔1〕 以上诸诗皆来源于绍熙《云间志》卷下"诗"。

〔2〕 （清）释自融：《南宋元明禅林僧宝传》卷一。

〔3〕 乾隆《青浦县志》卷十七"古迹"，"沈光碑"。

三、明清青龙镇名人

王士显，字伯仁，青龙镇人。明洪武初，由科第任上海县令，后调长山。以礼化民，官至德州同知。生平好学不倦，所著诗文皆清超拔俗，有《王伯仁诗文集》十卷。年八十五卒。

参引光绪《青浦县志》卷十九"人物三·文苑传"，卷二十八"艺文·书目"。

周宣，字彦通。初居青龙，继移北泉。明弘治中进士，官广东左丞。书法端劲有骨。

参引光绪《青浦县志》卷二十二"人物六·艺术传"。

舒元辅，其先汴人，宋南渡，家寓秀州青龙镇。明洪武间举文学，任平乐府（今属广西）同知。

参引（清）陈树德：《安亭志》卷十八"寓贤·舒敦传"。

舒敦，字志学，舒元辅孙，明青龙镇人。古心古行，非圣贤书不读，居恒冠昏丧祭一遵朱子家礼，或劝之仕，谢曰："我非适用材也。"宣德初，巡抚熊概欲荐起之，以母老力辞，继而郡县敦趣应贤良方正诏，至卒不就。尝教授安亭沈璧家，从游者类多实学。年七十二卒。

参引光绪《青浦县志》卷二十一"人物五·隐逸传"；（清）陈树德：《安亭志》卷十八"寓贤·舒敦传"。

徐充，本姓蔡，字道充，明青浦人。嘉靖三十一年（1552）举人，官四川长宁县知县。长宁地处万山中，顽梗难治，徐充到任后，改县治，起学宫教民，树艺风，教大行。著有《乐陶集》。徐充为嘉靖二十一年青浦建县至万历元年复县时青龙镇县学中唯一的举人。著有《乐陶集》《种德记言》。

参引光绪《青浦县志》卷十八"人物二·仕绩传"，卷二十八"艺文·书目"。

顾听，字达夫，明代人。本昆山人，其先顾瑛有别业在青龙之新江乡，至听遂移家其地。中弘治十七年（1504）举人，授建昌府同知，以慈惠著。不久弃官归，结茅屋，自号"孤松小隐"，贫不能举火，集生徒教授，至于躬亲畚锸凡三十年而殁。

参引光绪《青浦县志》卷二十一"人物五·隐逸传"。

陆明，字令融，清青龙镇人。天性磊落，不屑治生产，倾资结客，放意诗酒，贫不谋朝夕。袁载锡谓其"酒酣得句，伸纸疾书，胸中浩浩，不以贫故动其心，由此进之，入道不难。"

参引光绪《青浦县志》卷二十一"人物·懿行传"。

林企佩，字鹤招，清青龙镇人，世居青龙。与栢古并高隐节。喜游，客横溪。与徐乾学、朱彝尊、诸嗣郢为文字交。晚年汇录诗文《诗史》《龙江集》二卷，朱彝尊为之序。企佩性高洁，每厌人言科第得失，故布衣终其身。

参引光绪《青浦县志》卷二十一"人物五·隐逸传"，卷二十七"艺文·书目"；嘉庆《珠里小志》卷十三"流寓"。

陈曰允，字耀甫，清青龙镇人。得嘉定郁士魁疡医传，善刀针，能治危症。其后裔多悬壶，如子御珍、孙佑槐等。

参引光绪《青浦县志》卷二十二"人物六·艺术传"。

沈麟，字友圣，清初青龙江人。其道风秀世，才高遇穷。初躬耕淞滨，后远游，跋山涉水，诗益豪气，著有《鹿门倡和集》。父坤仙，著《编年考》，极渊博。妻彭氏，工吟咏；其妾也能诗。

参引光绪《青浦县志》卷十九"人物三·文苑传"。

净斯，字百余，一字百愚，清僧人，南阳谷氏子。传洞山宗，因参弁山瑞白，闻钟得悟。开堂青龙隆福寺，初修青龙塔，康熙四十九年（1710）始凡十七年，建禅堂、斋堂，重建大雄、地藏、韦驮诸殿，并建普同塔，得以重兴此名刹。一生八坐名蓝，九会说法，临终书偈，云："生年五十复零六，大事因缘今已足。钓罢金鳞归去休，渔翁不向芦湾宿。"著有《蔓堂集》。

参引光绪《青浦县志》卷二十九"杂记·方外传"；青浦博物馆编《青浦碑刻》，《重兴青龙隆福寺碑记》。

智操，字寒松，清初青浦人。雍正年前后，青龙镇隆福寺百愚禅师示寂，智操继任方丈，筑揖秀、且歌二堂，置寺田百余亩以赡众僧，重兴隆福寺尤力。有诗名。

参引光绪《青浦县志》卷二十九"杂记·方外传"；青浦博物馆编《青浦碑刻》，《重兴青龙隆福寺碑记》。

陈秉钧（1839—1916），字莲舫，出生于医学世家，祖焘、父垣均工医。幼承世业，精习经方，洞晓脉理。少年时中秀才。善书画，擅绘梅花，潇洒脱俗。行医后，以其医术高超，时有"国手"之称。咸丰年间迁居朱家角镇，四方求诊者不远千里而至。光绪帝和孝钦后患病，经两江总督刘坤一、湖广总督张之洞的保荐，曾先后五次晋京入宫诊治，被誉为良医，在御药房审查方药，后以年老多病辞归。陈秉钧为人朴实，出诊多徒步，对贫困者就医不受财物。晚年应盛宣怀之邀，去上海施诊。光绪二十九年（1903），与李平书、中医朱紫衡等创立医学会，创办中医学校，三十二年又相与创办上海医务总会，以研究中西医术为宗旨，对中医教育事业作出卓越贡献。所著《医言》毁于火，仅存《风痨臌膈四大证论》《庸庵课徒草》《记恩录》等数卷。其子陈山农（字承睿）、篆篆（字承奇），孙陈范我，皆承家业，亦有医名。

参引上海市青浦县县志编纂委员会编：《青浦县志》第三十四篇"人物"，上海人民出版社1990年版，第782页。

后 记

近十多年来，随着青龙镇遗址考古工作的不断推进和考古成果的多项披露，学界对这座唐宋时期海上丝绸之路始发港之一的上海祖港青龙镇的研究越来越深入，社会各界的关注度越来越高，其历史、文化、遗产和社会价值亦越来越被认知。上海市青浦区文化和旅游局自 2024 年 9 月开始，启动了本书的编撰工作。

本次编纂工作得到了有关部门和老师的大力支持，上海博物馆考古研究部王建文老师协助提供了部分考古照片，上海市文物保护研究中心高文虹老师协助修改了部分图片，同时上海人民出版社给予了许多帮助，使本书得以顺利付梓。在此，一并深表谢意。

本书定还有不当、不足之处，敬请专家学者批评指正。

2025 年 2 月

图书在版编目(CIP)数据

青龙镇 ：上海最早的对外贸易港 / 上海市青浦区
文化和旅游局编. -- 上海 ：上海人民出版社，2025.
(青浦文化丛书). -- ISBN 978-7-208-19517-2

Ⅰ. K295.1

中国国家版本馆 CIP 数据核字第 2025UY7709 号

责任编辑 陈佳妮
封面设计 胡 斌 刘健敏

青浦文化丛书

青龙镇：上海最早的对外贸易港

上海市青浦区文化和旅游局 编

出 版 上海人民出版社
　　　　 (201101 上海市闵行区号景路 159 弄 C 座)
发 行 上海人民出版社发行中心
印 刷 苏州工业园区美柯乐制版印务有限责任公司
开 本 720×1000 1/16
印 张 26
插 页 4
字 数 409,000
版 次 2025 年 6 月第 1 版
印 次 2025 年 6 月第 1 次印刷
ISBN 978 - 7 - 208 - 19517 - 2/K • 3492
定 价 108.00 元